“军人思想道德修养与法律基础”问题引导式教学辅导用书

主　编　黄　忠　朱烨昕　何园园
副主编　石　玲　曹　进　赵　野

合肥工业大学出版社

前言

军人思想道德修养与法律基础课是生长军官学员进入军校学习的第一门政治理论课程，是一门融思想性、政治性、科学性、理论性和实践性于一体的政治理论课，是培养“四有”新时代革命军人的基础课程，也是帮助学员提高思想道德素质和法治素养的重要课程。

习近平总书记指出：“办好思想政治理论课，最根本的是要全面贯彻党的教育方针，解决好培养什么人、怎样培养人、为谁培养人这个根本问题。”当前，随着时代的发展，思想政治理论课的教学理念、教学内容、教学方式和教学手段等都发生了很大变化，这给讲好军校思想政治理论课提出了更高的要求。《“军人思想道德修养与法律基础”问题引导式教学辅导用书》旨在为军校政治理论课教学服务，力促改进课程教学理念、优化教学内容、改善教学方式，提高当前思想政治理论课教学的质效。为此，本书紧紧围绕习近平总书记提出的思想政治理论课要解决的根本问题，聚力破解一线教学中暴露出的教育内容和学员思想困惑与成长需求有差距、理论灌输和价值引导不到位、课堂生动有余但缺乏理论深度等倾向性问题。全书突出问题引导，以习近平新时代中国特色社会主义思想和习近平强军思想为指导，以解决问题为突破口，以军校学员在学习成长过程中的主要困惑为着力点，进行理论阐述、案例分析、知识拓展、实践活动设计，以达到解决问题的目的。本书既遵循了军校学员思想道德修养与法律修养形成的一般性规律，也结合了最新的教学理念，补充了党的创新理论知识和新近发生的教学案例，并借鉴了近年来高校思想政治教育教学的最新研究成果，体现了一定的理论性、系统性、深刻性、生动性、时代性和实效性。

本书在陆军炮兵防空兵学院自主立项课题《“军人思想道德修养与法律基础”问题链教学模式研究》的基础上，立足全军统编教材《军人思想道德修养与法律基础》，依据军队院校政治理论课教学大纲，并参考马克思主义理论和建设工程重点教材《思想道德与法治》（高等教育出版社2021年版）的内容要点，通过两年的调研与实践，对课程的教学内容、核心知识点、重难点进行了细化解读。本书体现了“学员主体，教员主导”的教学理念，围绕“知识”“能力”“素质”三大目标，对教材内容进行优化，提炼出思想道德和法治建设领域80多个热点难点问题。全书共分12个专题，计约25万字，集中对提炼出来的问题进行理论阐述，案例翔实，说理透彻，并在教学内容、教学资源、呈现方式、语言风格等方面进行了创新，以便学员能更加深入地了解党的创新理论，更加客观地对待成长和发展中面临的问题。由于军校教学的特殊性，目前，针对军人思想道德修养与法律基础课程的教学辅导用书非常少，期待本书的出版能为军校教员提升本课程的教学效果发挥一定的作用。同时，由于作者的水平和能力有限，本书难免存在疏漏和不足之处，恳请各位同行和读者不吝赐教，帮助我们不断完善和改进，以期共同提高军校政治理论课的教学质效。

本书编写组

2021年12月

目　录

专题一

青春之问——如何创造有意义的军旅人生

教学主题

把握人生方向 书写出彩人生

习近平总书记在北京大学师生座谈会上强调："要树立正确的世界观、人生观、价值观，掌握了这把总钥匙，再来看看社会万象、人生历程，一切是非、正误、主次，一切真假、善恶、美丑，自然就洞若观火、清澈明了，自然就能作出正确判断、作出正确选择。"① 对于军校学员来说，树立正确的人生观，不仅仅有助于思考和规划自己的人生之路，也能使自己勇于担当强国强军重任，成就有意义的军旅人生。本专题通过问题设置，主要引导学员深入思考"什么是人生观?""我们应该树立怎么样的人生目的?""如何创造有意义的军旅人生?"等几个问题，同时引导学员重点理解为什么"人的本质是社会关系的总和"、为什么要树立"为人民服务"的人生追求、衡量人生价值的标准是什么等难点问题。让学员在认知上正确认识人的本质及人生观的主要内容，在情感上树立"为人民服务"的人生追求，在行动中自觉抵制错误观念，创造有价值的军旅人生。

教学目标

知识目标： 理解人的本质，了解人生观的主要内容，明确衡量人生价值的根本标准。

能力目标： 运用马克思主义立场、观点和方法分析人的本质、个人和社会的关系，找到正确的人生目的以及衡量人生价值的方法，并结合自身实际，规划出创造有意义的军旅人生的可行性路径。

素质目标： 抵制拜金主义、享乐主义和极端个人主义，树立"为人民服务"的人生追求，辩证对待人生矛盾，实现军旅人生价值的升华。

---

① 习近平．习近平谈治国理政：第一卷［M］．北京：外文出版社，2014：173.

思维导图

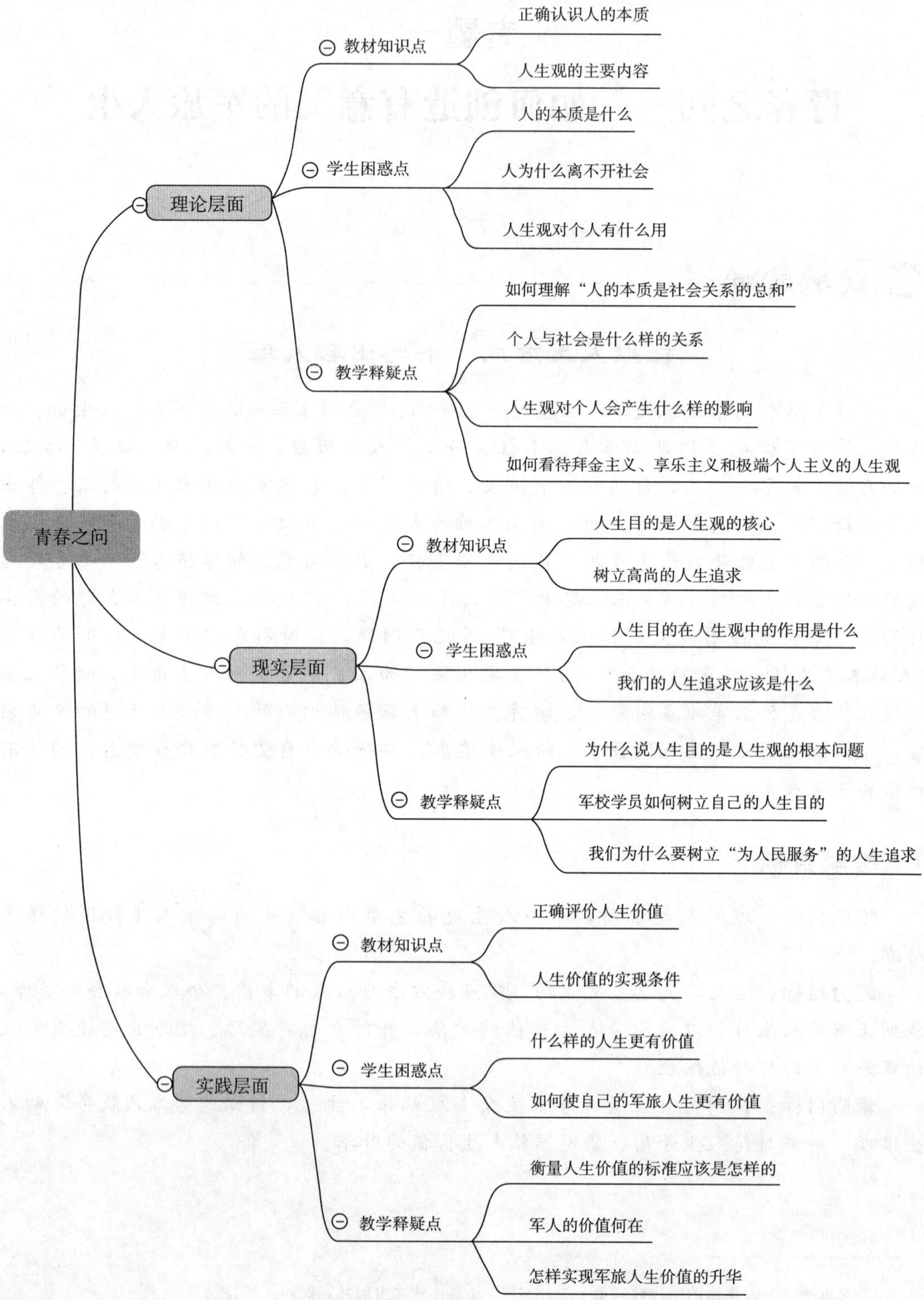
青春之问
理论层面
教材知识点
正确认识人的本质
人生观的主要内容
学生困惑点
人的本质是什么
人为什么离不开社会
人生观对个人有什么用
教学释疑点
如何理解“人的本质是社会关系的总和”
个人与社会是什么样的关系
人生观对个人会产生什么样的影响
如何看待拜金主义、享乐主义和极端个人主义的人生观
现实层面
教材知识点
人生目的是人生观的核心
树立高尚的人生追求
学生困惑点
人生目的在人生观中的作用是什么
我们的人生追求应该是什么
教学释疑点
为什么说人生目的是人生观的根本问题
军校学员如何树立自己的人生目的
我们为什么要树立“为人民服务”的人生追求
实践层面
教材知识点
正确评价人生价值
人生价值的实现条件
学生困惑点
什么样的人生更有价值
如何使自己的军旅人生更有价值
教学释疑点
衡量人生价值的标准应该是怎样的
军人的价值何在
怎样实现军旅人生价值的升华

教学详案

在2020年暴发的新冠肺炎疫情中，有这样一组数据：有1.2万多名支援湖北的医护人员是“90后”，其中有的甚至是“95后”“00后”，人数差不多占整支队伍的三分之一；全国共有5.2万多支青年突击队、118.8万多名青年团员在第一时间迅速集结，冲向了抗疫的最前线；火神山、雷神山医院能在短短几天时间拔地而起就是因为有3万多人投入到工程建设中，而其中团员青年占据了6成，他们火速组成青年突击队，成为疫情阻击战中的生力军。

人的一生会面临很多重要的选择，新冠肺炎疫情来临的时候，有人选择告别家人，星夜出征；有人选择直面危险，勇敢逆行；但有人却选择只打自己的小算盘，隐瞒行程，拒不配合隔离观察，最终害人害已。每个人的人生只有一次，在自然意义上，我们的生命体是没有多大差别的，可是为什么不同的人会做出截然不同的选择呢？核心问题就在于人生观不同。那么，什么是人生观？

一、人生观是什么

正确理解人生观的含义，解决关于人生观的困惑，首先要对“人是什么”“人的本质是什么”有一个科学正确的认识。只有搞清楚了人是什么、才能真正明白人生是什么、什么样的人生才是有意义的人生等一系列人生问题。那么，人的本质到底是什么？这是一个古老而常新的问题。自人类出现以来人类就在认识世界、改造世界的同时，不断地探索自身的奥秘。无数哲学家、思想家都曾经对这个问题从不同的角度进行过探讨。

知识链接

亚里士多德关于“人是什么”的回答

古希腊哲学家亚里士多德和他的学生关于“人是什么”的问题有过这样的一段对话。一个学生问亚里士多德：老师，人是什么？亚里士多德随口就答：人是陆栖的两脚动物。这个学生跑到外面提了一只鸡来到老师跟前说：老师，这是人吗？亚里士多德哑口无言，片刻又说：人是不带毛的陆栖两脚动物。这个学生听后把鸡毛拔了个干净，又问老师：这是人吗？这次亚里士多德彻底回答不上来了。

意大利文艺复兴时期的画家达·芬奇提出，人不过是食物的过道；英国哲学家培根提出，人是自然的奴役；美国科学家富兰克林说，人是会制造、使用工具的动物。这些都是西方哲学家对人的本质问题的探索。在中国历史上，关于人的本质问题，先贤们同样有许多探索。比如，孟子曾说：“仁也者，人也。合而言之，道也。”荀子说：“人之所以为人者，何已也？曰：以其有辨也。”中外的思想家关于人的本质的认识虽然有精辟的见解，但由于历史的局限，都没有正确地揭示出人的本质之谜，而马克思运用辩证唯物主义和历史唯物主义的立场、观点和方法，在人类历史上第一次科学地说明了人的本质。

(一) 如何理解马克思主义所说的“人的本质是社会关系的总和”?

马克思在《1844 年经济学哲学手稿》中指出：“一个种的整体特性、种的类特性就在于生命活动的性质，而自由的有意识的活动恰恰就是人的类特性。”[①] 在《关于费尔巴哈的提纲》中指出：“人的本质不是单个人所固有的抽象物，在其现实性上，它是一切社会关系的总和。”[②] 马克思关于人本质的说明，可以分为两个层面进行理解。

首先，是关于人的一般本质，主要体现在《1844 年经济学哲学手稿》中。人作为一个区别于动物的特殊类种，与动物的根本区别在于人可以进行自由的自觉的活动(劳动)。劳动，特别是物质生产实践活动，在人类逐渐从猿类演化成高级物种的过程中发挥了决定性的作用。通过劳动，猿类的四肢、大脑逐渐变为人类的四肢、大脑；通过劳动，人类逐渐在以劳动为基础而形成的社会关系上不断丰富发展着其他社会关系；通过劳动，人类在沟通合作中逐渐产生了语言和文化，逐渐发展了人类的思维和意识。

其次，是关于人的现实本质，主要体现在《关于费尔巴哈的提纲》中。劳动只是人类区别于动物的一般本质，是人作为一个整体的大类与动物的一般区别。但“人的本质不是单个人所固有的抽象物”，人的本质是具体的，在其一般本质的基础之上，由于不同的历史条件和社会经济形态，人的本质还会因以劳动为基础形成的具体社会关系的不同而具有不同的现实本质，所以马克思指出：“人的本质不是单个人所固有的抽象物，在其现实性上，它是一切社会关系的总和。”相对于人的一般本质所具有的不变性，人的现实本质是可变的，不仅不同社会形态下人的现实本质不尽相同，即使在同一社会形态下，不同阶级的人由于其从事社会实践而形成社会关系的不同，导致了其人的本质也是不同的。因此，任何人其实都是处于一定的社会关系中，这些关系可以包括师生关系、父母子女关系、业缘关系、地缘关系、政治关系、法律关系、道德关系还有物质生产过程中的各种关系，等等，个体的人正是在这些不断变化的复杂的社会关系中不断进行自我塑造和自我发展，从而成为具有独特个性特征的自我。

课堂研讨

互动内容：假设你作为学校的优秀代表，参加全军大学生学术交流活动，你将如何介绍自己。

互动时间：约 5 分钟。

① 马克思恩格斯选集：第一卷［M］. 北京：人民出版社，2012：56.
② 马克思恩格斯选集：第一卷［M］. 北京：人民出版社，2012：135.

互动目的：使学员更好地理解马克思所说的“人的本质是社会关系的总和”。

互动方式：请3～5位同学上台回答，和大家做交流。

教员点评：要让别人迅速对你有一个基本的认识和了解，你必须告诉别人你是哪个学校、哪个专业、叫什么名字等。这一切实际上都是在描绘你的社会关系。因此，当我们描绘一个人的时候，总是会用社会关系去描绘，如果脱离了这些社会关系，你还能解释清楚你是谁吗？脱离了这些关系，我们将无法使我们自己和他人区别开来。人是社会中的人，是处于各种社会关系之中的，如果脱离了这些社会关系，人将不能称为人。

根据马克思关于人的本质的科学阐释，我们可以发现：人是由自然属性与社会属性共同组成的。人的生命过程，实际上经历着两个过程：

(1) 自然过程：从小到大不断成长，并逐步走向衰老的过程。由于人是从动物进化而来的，在这一过程中，人显示出很多和动物共同具有的属性，即自然属性。比如，天生就有饥食渴饮的本领，有趋利避害和求生的本性。但与动物不同的是，人除了有自然的过程，还有社会的过程。

(2) 社会过程：每个人从降生那一刻开始，就离不开一定的社会群体，同这个群体中的人发生各种各样的社会关系。在各式各样的社会关系中学习、认识、了解基本生活技能、生产技能、社会规范、科学知识，这体现出了人的社会属性。

人的自然属性是人类生存和延续的前提，是人与其他动物的共同特性，但是自然属性其实是受制于社会属性的，总是深深地打上社会属性的烙印。拿食欲来举例，动物的食欲仅仅为了生存；而人的食欲除了生存之外，还有保健、营养、治疗、应酬等功能，饮食对人来讲已经成为一种文化现象。又如性欲，对动物而言，求偶生育完全是出于无意识支配的本能；而人则不同，人类的求偶生育完全离不开文化的约束，既要合乎法律和道德的准则，又要双方都自愿，基于感情，有所选择。因此，人的社会属性是人的本质属性，人的本质是一切社会关系的总和。

(二) 个人与社会是什么样的关系

人是社会当中的人，每个人都存在和活动于具体的现实的社会当中，而不能离开社会成为孤立的人。每一个人的人生与整个社会的社会关系和社会活动密不可分。因此，思考人生问题，树立正确的人生观，还需要正确认识与处理好个人与社会之间的关系。

总体上来说，个人与社会的关系是辩证统一的，二者相互依存，相互制约。首先，社会是由一个个具体的个体所组成，离开了个体，社会也就不复存在。同时，人是处于社会中的人，不能离开其所处的社会，就像水滴离不开大海，只有在大海之中才能存在，离开了大海，水滴将会无法生存。

案 例

疫情面前，感恩每一个默默付出的人！[①]

春节，本是阖家欢乐的节日，可2020年的春节，太多人因为疫情放弃了团圆。面对来势汹汹的疫情，各地全力进行防控。武汉"封一座城，护一国人"，一批批医疗专家"逆向而行"，为防控工作提供"最强保障"。无数医务工作者夜以继日，奋战在第一线。感动与致敬，常令我们热泪盈眶。疫情面前，有多少人没日没夜，加班加点；有多少人筋疲力尽，仍在坚持；有多少人临危不惧，忘我工作；有多少人放弃团圆，逆行一线！他们用实际行动和我们说：没事，我在！

感恩医务人员！是你们坚持在一线，是你们让我们心安。你们全力救病患，不分黑夜与白天，哪里有需要，哪里有你们的身影。哪里有危险，哪里有你们在忙碌！武汉金银潭医院隔离病房内医护人员在病人旁护理，每隔4小时换一次班。他们不分昼夜，有的医护人员轮流值守已超过400小时。脱掉厚厚的防护服，汗流浃背的他们，依然能够微笑面对，因为他们不曾辜负从医时的誓言：健康所系，性命相托，竭尽全力除人类之病痛。身临一线，他们也会恐惧，然而一旦需要，他们义无反顾。正如武汉一名一线医生所说：这是责任。面对疫情，医护人员的身体力行感动了无数网友："感谢你们，负重前行，一定要保护好自己！"

感恩解放军战士！你们逆行而去，你们维护治安，前线需要什么，你们输送什么，你们接到任务，最是坚强勇敢。危急时刻冲在一线，增兵武汉收治病患，你们是最靠得住的"神兵"！

感恩医院建设者！你们负重前行，你们不休不眠。春节期间，你们在工地上度过，十天时间，建成了火神山医院。医院的建成，不知承载多少人的希望，安慰多少人的彷徨！

感恩每一个默默付出的人！运输蔬菜的工人，捐送物资的商家，播报实情的媒体。每一个心系武汉的人，都值得感恩；每一颗诚挚祈福的心，都让人感动！疫情面前，大爱无疆，需要之时，众志成城！行业不同，领域不同，但所有人都在为防控疫情做着力所能及的贡献。

还有每一个普通人。做好防护、转发科普、斥责谣言……防控疫情人人有责，每一分努力都有用。感谢每一个为防控疫情付出的你！用爱与勇气直面困难，用信心与责任心共克时艰。咱们一起，打赢这一仗！

案例评析

疫情防控之所以能够取得阶段性的胜利，离不开社会中每一个人的努力。无论是

---

① 资料来源：搜狐网，2021年6月28日，https://www.sohu.com/a/372757800_644266.

医护人员、军人、民警、社区工作人员，还是外卖小哥、快递员，抑或是每一个严格遵守防疫规定、宅在家里为社会做贡献的普通人，在这次疫情大考中，我们都是这个时代的英雄。集体的力量是强大的，当社会中的普通个体都凝聚成一个紧密的整体，心往一处想，力往一处使时，就没有战胜不了的病毒和克服不了的困难。只有众志成城、打赢这场病毒阻击战之后，普通个体以及整个社会的利益才能共同获得最根本、最长远的保护。

个人与社会之间是相互依存，密不可分的。社会利益体现的是个人最根本、最长远的全局性利益。个人利益的实现离不开一定的社会条件，只有在社会利益一定程度上实现后，个人利益才能得到满足。如果人人都只关心自己的利益，甚至以损害他人利益、社会利益的方式满足自己的私欲，那么，人类生存的社会不仅难以发展进步，还将最终因私欲的膨胀走向崩溃，最终个人的利益也无法得到满足。因此，在社会主义社会中，个人利益与社会利益在根本上是一致的，社会利益离不开个人利益，个人利益离不开社会利益。

青年学员思考人生问题，树立正确的人生观，应当正确认识和处理个人与社会的关系，只有把小我融入大我、把个人和社会统一起来，才能在强国强军的实践中实现自己的人生价值。

（三）人生观对个人会产生什么样的影响

人的本质是社会关系的总和，人生不仅是一个时间上生命流逝的自然过程，更是一个社会化以及社会实践的过程。人们在不断变化的社会关系中观察、思考、判断和选择，在社会生活中实践自己的人生。在人生道路上，在丰富的人生实践中，人们会遇到各种各样的人生境遇，处理各种各样的问题，会逐渐形成自身关于人生的一些感悟、想法、看法，这些感悟、想法、看法就是人生观。因此，人生观是世界观在对待人生问题上的具体体现，是人们在实践中形成的关于人生的目的和意义的总观点和根本看法，主要包含人生目的、人生态度和人生价值三个方面。人生目的回答人为什么活着，人生态度表明人应当如何活着、应当以什么样的态度对待生活，人生价值判别什么样的人生才有意义。

人生观决定着人们实践活动的目标，左右着人们人生道路的方向，影响着人们对待生活的态度。在人生的实践活动中，每个人都会自觉或者不自觉地对“我为什么活着”“我要成为什么样的人”和“怎样度过自己的一生”等人生问题形成一定的认识，并且都会在这种认识的影响下实践着、体悟着自己的人生。因此，人生观决定着人生的大方向，影响着人生的轨迹，可以说有什么样的人生观就会有什么样的人生。因为人的生命只有一次，为了使我们宝贵的一生不白活，我们每个人都应该严肃认真地思考人生，努力领悟正确的人生真谛，选择正确的人生道路。

（四）如何看待拜金主义、享乐主义和极端个人主义的人生观

受各种不良因素的影响，现实社会中存在拜金主义、享乐主义和极端个人主义的错误观念和错误看法。部队不是生活在真空之中的，社会上形形色色的思想观念包括

一些极端错误的人生观，会通过各种途径传播到部队中来，会对青年学员人生观、价值观的形成产生不利的影响。是非明，方向清，路子正，只有认清这些错误思想观念的实质，认清这些错误思想观念的危害，才能警惕和自觉抵制它们的侵蚀，从而选择正确的人生道路。

1. 反对拜金主义

拜金主义是一种认为金钱可以解决一切问题，把追求金钱作为人生至高目的的人生观。在人类历史上，这种金钱至上的观念早已有之，如我国俗语中的“人为财死，鸟为食亡”“有钱能使鬼推磨”等都是拜金主义思想的体现。但在我国传统的主流思想中，对这种金钱至上的观念是持否定态度的，因此拜金主义在我国古代并没有正式形成，只能称之为一种思想观念而不能冠以“主义”二字。拜金主义作为一种社会思潮的正式形成，是伴随着资本主义的发展而进行的，在资本主义社会拜金主义尤为盛行。在此思潮的影响下，我国一些人的人生观因此发生偏移，他们以金钱为标准思考人生目的，衡量人生价值。

沉迷于拜金主义，并由此形成拜金主义的人生观，其危害显而易见。从个人层面来看，拜金主义与人的本质属性相剥离，否认社会与个人辩证统一的关系，把人降低为金钱的奴隶。拜金主义是引发自私自利、钱权交易、行贿受贿、贪赃枉法等丑恶现象的重要思想根源。从社会层面来看，拜金主义盛行的社会必然是一个物欲横流、人情冷漠、尔虞我诈、人人自危的社会，是一个道德沦丧、信仰缺失的社会。

青年学员要自觉反对拜金主义，树立正确的金钱观，要做到以下三点：首先，要正确认识金钱。金钱作为物质财富为人所创造并为人服务，金钱虽然有用，但它不是万能的，生活中还有许多靠金钱无法获得、比金钱更重要更宝贵的事物。正如挪威剧作家易卜生所说：“金钱能买来食物，却买不来食欲；金钱能买来药品，却买不来健康；金钱能买来熟人，却买不来朋友；金钱能用来奉承，却带不来信赖。”因此，我们要做金钱的主人，而不是金钱的奴隶。其次，要正确获取金钱。人们常说君子爱财取之有道，党和国家已经充分考虑军人的各种需要，给予了军人各种优待。依法享受各种福利待遇是军人的合法权益，也是社会对军人自我价值的确认。作为军人，我们在享受这些福利待遇的同时，决不能因为贪恋金钱而变着法子、不择手段地去捞“外快”，不能捞取不义之财。最后，要正确消费金钱。青年学员虽然每个人都有津贴，但我们要发扬人民军队艰苦奋斗的优良传统，消费要量入为出，节俭朴素，不能出于好面子的思想，超前消费、奢侈消费、攀比消费。

案例

上海“名媛”群刷屏！装富产业链曝光：5元能买百张照片[①]

“6个人，拼丽思卡尔顿酒店双人下午茶套餐”“60个人，每人100元拼租一天法

① 资料来源：《方圆》杂志官方账号，2020年10月15日。

拉利用来自拍”“宝格丽酒店房间，40 人分批次拍照”……

相信很多人已经看过了，这两天，一篇名为《我潜伏上海“名媛”群，做了半个月的名媛观察者》的公众号文章，在网络疯狂刷屏。截至发稿，“上海名媛群”的话题霸榜微博热搜，已破 16 亿阅读，14 万讨论。时隔一天，“男版名媛”又冲上了热搜。

看似荒唐的行为，让人不禁发问：真有人愿意为了打造显贵人设，为这样的虚荣心埋单吗？而拼出来的假象，到底能拼多久？

光鲜生活的背后，其实暗藏流水线“装富”产业链。“只要出 500 元入群费，就能进入‘上海名媛群’。”按照帖子里的描述的，“名媛群”是否真实存在一时难辨，但对“拼单、拼组装富”“伪精致”等虚假朋友圈人设的话题讨论，让不少人深有同感。网友调侃，前有自媒体入群体验“上海名媛圈”的拼单生活，后有网友报料“男版名媛”定时取图晒图。有网友说，只要你一心想装富，总能找到符合你心理价位的方式。记者了解到，目前网络平台上还能找到售卖朋友圈展示页的卖家。从价格便宜的几块钱到上百元，“高端大气上档次”的照片都可以打包奉上。

杭城网友“友友”说，网络上的“装富图”来源很难细究，卖家开出的低价是 4.9 元就能集齐 3 套，照片数量多达上百张。“付款后，秒速收到卖家给的收图链接”。“友友”说，这只是初级的入门款，“据网友报料，还有更夸张一点的，直接拉群更新图片和文案，供买家们自取发圈。”

“友友”表示，考虑到“名媛富少”的衣食住行，这些单品图基本满足了日常精致生活的“装富”需要。“晒顶级豪车的方向盘，在别墅里拆开限量款手表、球鞋、奢侈品包包的礼物包装盒，都是最基本的。‘富人’还要懂生活，搭乘头等舱、奢华邮轮走遍全球，去酒庄酒窖开一支年份红酒，在插花、茶艺、音乐会等艺术领域都有涉足。”

不仅如此，“友友”说，和“装富图”有一拼的，还有入门级的“面子图”。一些在修图方面有一技之长的卖家，通过接单的方式，帮人在线修图。“把人修得变好看，3.88 元一张”“‘妈不认’系列，5.88 元一张”，在网上兼职帮忙修图的卖家“粒子”表示近期生意不错，手上还有几个订单，“一般要等 30 分钟以上，不接急件。”

为了更“逼真”一点，修改朋友圈共享位置、上千元一次的专业约拍等升级版服务也应运而生。有卖家表示，付费多了还能独享“富人形象定制款”，彻底解决可能“撞图”的尴尬。

省吃俭用为了装富，虚假朋友圈你怎么看？

案例评析

无论是“伪名媛”还是“假富少”，打造显贵人设都是为了炫富，满足虚荣心，其本质属于赤裸裸的拜金主义。这种炫富行为看似没有什么危害，但是时间一长，这种行为就会渐渐上瘾，当事人可能会逐渐不满足于晒假照片、假视频的方式进行炫富，转而在生活中追求“真正”的财富，从而通过投机取巧甚至非法手段获取金钱，最终使自己走上不归路。生活终归要回到现实，这类朋友圈炫富行为不值得提倡。不论是伪精致还是假包装，这并不是真的我们。我们更应该去量力而行，靠个人努力获得想要的生活，自觉抵制虚荣的诱惑。

2. 反对享乐主义

享乐主义是一种把感官的需求和享乐作为至高人生目的的人生观。奉行享乐主义的人认为：“人生在世，吃喝二字”“人生如梦，及时行乐”“青春不乐，人生白过”。市场经济的喧嚣和浮躁加剧了享乐主义的大行其道，大学校园也不可避免卷入其中。一些大学生在攀比的错误心理下盲目追求高消费，随意挥霍父母辛苦挣来的血汗钱，有的大学生甚至为了追求排场、面子而使自己负债累累。享乐主义的错误人生观很显然会存在一些危害：首先，享乐主义危害大学生的健康成长，容易造成大学生不思进取、消解意志、精神萎靡、玩物丧志。在本应学习的年纪，却把精力放在了享乐上，耽误了自身的成长；其次，享乐主义还会败坏社会风气，直接导致奢靡之风盛行，最终都会滑向利己主义，造成社会财富和资源的巨大浪费，影响社会公平正义，甚至造成社会的混乱和解体。成由勤俭，败由奢靡。享乐主义对个人和社会都会造成极大的影响，危害国家和家庭的稳定，我们必须要旗帜鲜明地反对享乐主义。

3. 反对极端个人主义

极端个人主义，突出强调以个人为中心，在个人与他人、个人与社会的关系上表现为极端利己主义，以实现个人利益作为人生的至高目的。极端个人主义，其本质特点表现在以下几个方面：一是无论何时何地做任何事情首先考虑的是个人的私利；二是凡事只考虑自己的个人私利，不管他人的、社会的利益；三是为了实现个人私利，可以背叛良知、违背道德、违反法律，认为“人不为己，天诛地灭”“人人为自己，上帝为大家”。极端个人主义会腐蚀人的思想，滋生腐败，扰乱社会市场秩序，作为军校大学生，我们要坚决反对极端个人主义。

二、我们应该树立什么样的人生目的

人生目的，是指在一定历史条件下的人，对于“人为什么活着”这一人生根本问题的认识和回答，是人在人生实践中关于自身行为的根本指向和人生追求。人生目的是人生观的根本问题，是人生观的核心，在人的人生实践中具有重要的作用，不同的人生目的对个人的人生轨迹有着重要的影响。

（一）为什么说人生目的是人生观的根本问题

1. 人生目的决定人生道路

人生目的是人生活动的总目标，对人生的各种活动起着导向作用。古今中外很多创造了辉煌人生的伟大人物，都在青年时期就确立了正确的人生目的，正是这种正确的人生目的使得他们的人生始终沿着正确方向不断前进。马克思在中学毕业时，决心要选择“最能为人类而工作的职业”；13 岁的周恩来用“为中华之崛起而读书”回答老师关于“为什么读书”的提问；邓小平一直把自己看作“中国人民的儿子”，他为中国人民的利益而奋斗，拼搏了一生。

2. 人生目的决定人生态度

在人生的道路上，面对各种矛盾和困难，有没有明确的人生目的，直接影响人生态度。有明确的人生目的就会有期盼、有奋斗；有正确的人生目的就会使人积极进取，顽强拼搏；有错误的人生目的就会使人铤而走险，违法犯罪；而没有人生目的，人生则会无所事事，陷入绝望。

3. 人生目的决定人生价值

不同的人生目的使人拥有不同的人生价值标准，正确的人生目的会以人的社会价值为人生的评价标准。错误的人生目的往往只顾及人的自我价值，将人的社会价值抛之脑后。正确的人生价值会使人把人生价值理解为对社会的奉献，从而使人在工作中做到尽职尽责、无私奉献。错误的人生价值会使人把人生价值理解为向社会的索取，从而处处追逐个人私利，漠视对社会的义务与责任。

不同的人生目的对于个人的人生轨迹有重要影响，人生目的是人生命活动的总目标，是人生实践活动的前提和起点，决定着人生的道路选择、生活态度以及价值评价标准，是人生观的根本问题。

（二）军校学员如何确立自己的人生目的

人生目的是人生的航标，指引着人生的航向。有了正确的人生目的，人生才能朝着正确的方向航行。青年学员如何确立自己的人生目的？

任何一个个体，只有当自身的人生目的与他所生存的那个小群体的主导目的、主导的奋斗目标趋向一致时，才有利于自身价值的实现。作为军人，我们的人生目的必须要与国防和军队的总体目标相一致，要和我们的听党指挥、作风优良、能打胜仗的强军目标相一致。只有将自己的人生目的与国家前途、民族命运、人民幸福紧密联系在一起，才能在国防和军队的伟大建设目标中不断奉献自己，实现自己的人生价值。

当然，这并不是说军人只允许有一种人生目的，军人作为社会一员，身份是多重的，人生目的也是多方面、多层次的。但是这些多方面、多层次的人生目的在相互一致时是可以自行调节的，而在相互冲突的时候则需要做出正确选择。军人进行人生目的的选择应当遵守的主要原则是：一般目的必须服从与军人特殊身份相适应的目的；低层次目的必须服从高层次目的；短期目的必须服从长远目的。处理好各种目的的冲突，做出正确的权衡和选择，对于个人利益的得失来说，有时是要做出一些让步乃至重大牺牲的。人生目的的现实规律告诉我们，要做出这些必要牺牲，才能保证个人的人生目的和社会主流目标的一致性，也才能在更高的层次上实现人生价值，否则就会陷入或大或小的人生被动场景，甚至造成“一失足成千古恨”的人生悲剧，更有甚者成为千夫所指的罪人。对于军人来讲，“为人民服务”的人生追求，是我们必须树立的与军人特殊身份相适应的、高层次的、长远的人生目的。

（三）我们为什么要树立“为人民服务”的人生追求

从“人为谁而活”的角度看，人一方面是为自己而活，表现为自下而上、享受、发展，为创造自我而活着；另一方面又是为他人而活着，如为家人、国家和社会而活着。毛泽东同志在1944年写的著名的《为人民服务》一文中指出："我们的共产党和共产党所领导的八路军、新四军，是革命的队伍。我们这个队伍完全是为着解放人民的，是彻底地为人民的利益工作的。"① 这是对中国共产党和人民军队性质宗旨的精辟概括，这样一种性质宗旨反映在军人的人生实践上，就表现为"为人民服务"的人生追求。

1. "为人民服务"的人生追求建立在人民群众创造历史的唯物史观基础之上

在非马克思主义唯物史观的历史著作中，历史往往被描述为少数英雄豪杰、帝王将相的争权夺利史，而把人民群众视同群氓、视作玩偶。这样一种英雄史观反映在人生追求上面，那必然不能形成科学正确的人生追求。马克思把辩证唯物主义推广和贯彻到历史领域，创造了唯物史观，就为科学高尚的人生追求的形成奠定了理论基础。马克思主义唯物史观认为：人民群众是社会历史的主体，是社会物质财富和精神财富的创造者，是社会变革的决定力量。在这样一种理论基础上所建立的人生观，必然把人民群众作为最高的价值主体，必然把"为人民服务"作为高尚的人生追求。

2. "为人民服务"的人生追求反映了我党领导下的人民军队的性质和宗旨

我军是坚持党的绝对领导的无产阶级性质的人民军队，应当大力弘扬、倡导和实现无产阶级的人生观，以党的宗旨为宗旨，以党的目标为目标，始终如一地为人民而战斗。历史证明，只有坚持"为人民服务"的人生追求，我军才能真正被人民群众看作自己的军队，赢得人民群众的竭诚拥护；我军才能形成团结一致的坚强政治基础，保持艰难奋战而不溃散的凝聚力；我军才能具有压倒一切敌人，而绝不被敌人所压倒的一往无前的革命精神。为人民的利益去战斗，"为人民服务"的人生追求，这是我军战斗力的不竭源泉，是我军从胜利走向胜利的根本思想保证。

3. "为人民服务"的人生追求是军校大学生成长成才的内在要求

"为人民服务"的人生追求体现了社会和个人辩证统一的关系。"为人民服务"最朴素的含义，就是为社会中的其他人服务。每个人在社会当中既是服务的给予者，又是服务的接受者，社会就是在这种给予与接受的不断转化中发展进步的。每个人只有努力为社会和他人多做贡献，社会物质和精神财富才会不断丰富和发展，反过来又会为自身的完善和发展创造必要的条件。作为一名军校大学生，如果仅仅把谋生作为人生目的，虽然也会为他人和社会做出一定贡献，但却不是最好的人生选择。军校大学生应该有更高的人生追求，关心国家和人民的命运，把服务人民作为自己的人生目的，自觉承担起我军历史使命，全心全意为人民服务。

三、如何创造有意义的军旅人生

价值是一个经济学的概念，用来反映商品中体现的社会必要的、一般人的劳动。而人生价值是一种特殊的价值，是人们从价值的角度去思考人生、评判人生，表现为人的生活实践对于社会、他人以及自我所具有的作用和意义。人生的意义需要从人生

① 毛泽东选集：第三卷［M］．北京：人民出版社，1991：1004.

价值的角度进行审视和评价。青年学员在新的历史条件下要创造有意义的军旅人生，就必须首先正确掌握衡量人生价值的标准。

(一) 衡量人生价值的标准应该是怎样的

价值有大有小，同样人生价值也有大小之分，但是与物品的价值相比，人生价值的衡量与评价具有鲜明的主观倾向性，不同阶级有不同的回答。封建地主阶级把等级地位的高低、权力的大小作为评判人生价值的标准。西欧君主以下就有公、侯、伯、子、男 5 个爵位，古代中国君主以下也分为诸侯、大夫、士和庶民。在封建社会中爵位越高，权力越大，人生价值也就越大。而在资本主义社会，资产阶级则把资产的占有和金钱的多寡视为人生价值的砝码。

那么，人生价值到底如何衡量呢？马克思给出了正确的回答：一个人的价值就是通过自己的劳动对满足社会需要所做的贡献。一个人满足社会需要的程度越高，对社会的贡献越大，其人生价值就越高；满足社会需要的程度越低，对社会的贡献越小，其人生价值就越小；不能满足社会需要，对社会没有贡献，就没有价值；违背社会需要，对社会有危害，还会产生负价值。因此，评价人生标准的根本尺度是看一个人的实践活动是否符合社会发展的客观规律，看他为社会所做的贡献的大小。

但现实生活中，对一个人的人生价值的评价，往往没有那么简单，我们在评价人生价值时，往往会遇到各种情况。为了客观、公正、准确地评价社会成员人生价值的大小，除了要掌握科学的评价标准外，还需要掌握恰当的评价方法。

1. 坚持物质贡献与精神贡献相统一

在现实生活中，人们容易把个人对社会的贡献局限于物质贡献，而忽视精神方面所做出的贡献。物质的贡献是有限的，精神的贡献则是无法计量的。比如，雷锋以他年轻的 20 多岁的生命，以不朽的雷锋精神激励着一代又一代的年轻人，使他们在自己的工作岗位上勤勤恳恳、兢兢业业、努力奉献，由此而创造的精神财富是无法计量的。又如，中国女排团结拼搏的精神，诠释了中华民族团结一致、艰苦奋斗、不屈不挠、越挫越勇的国魂，“女排精神”作为一笔宝贵的精神财富，一直以来都具有催人奋进的价值。

案例

一命换一命，值不值

邱兴和是原广州军区司令部警卫营二连代理排长，中士军衔，曾连续 4 年被评为优秀士兵，荣立三等功一次。2013 年的一天，他在珠江宾馆附近路段执勤时，突然听见有人呼救，原来有一位轻生的市民投河了，他未经任何思考就跳入水中，将轻生者救起，而他自己却牺牲了。[①]

① 珠江无情再吞英魂．人民网，2013－6－27，http：//www.people.com.cn/24 hour/n/2013/0627/c25408－21995655.html.

2007年11月30日，军官孟祥斌带着妻子和女儿到金华市婺城区购物。在经过通济桥时，一名轻生女青年从10多米高的桥上跳下，孟祥斌一边冲向桥栏，一边脱掉身上的衣服，跳水救人。10分钟后，前来救援的摩托艇渐渐靠近了他们，孟祥斌用尽最后一丝力气将女青年托出水面，交到救援人员的手中，而自己却沉入水中，28岁的年轻生命陨落了。[①]

1982年7月11日，西安康复路的小商品批发市场像往常一样热闹。突然，从附近传来呼救声，在一个老旧厕所后边，69岁的掏粪老汉魏志德在3米多深的化粪池里工作时，被有毒沼气熏倒，跌入粪池。恰好路过此处的第四军医大学学员张华立刻赶到现场，此时魏志德已经俯卧在粪水里，只有头发露在外面，好心人李正学正要下去救人。张华一把拉住他说："你年龄大，我下去。"他沿着竹梯下到粪池，一手抓紧梯子，一手从一米外拽过老汉，抱在腰间，同时向着粪池上的人群喊："快放绳子，人还活着……"话音未落，浓烈的沼气也把张华熏倒了。"扑通"一声，他同老汉一起跌入粪水之中。当群众把张华救出来送进医院时，他因严重中毒窒息时间过长，心脏永远停止了跳动，牺牲时年仅24岁。[②]

案例评析

舍己救人作为一种巨大的道德力量，它所展现的是一种无私奉献的高尚品格。作为强大的精神力量，它强烈地震撼和感召了无数人的灵魂。我们在评价人生价值时，不能只注意物质方面的成就，而忽视了精神方面的贡献；只注意有形价值，而忽视无形价值。不能把人生价值的选择和评价建立在功利的简单比较之上。当我们面对重大灾情险情时，如果救助者在决定救助之前，把自己和被救助者的年龄、知识、地位等情况先进行一番精确比较，那么及时救助就不可能实现，社会中也就很难见到无私奉献、见义勇为等高尚行为了。

2. 坚持完善自身和贡献社会的统一

人生价值是由社会价值和自我价值共同构成的，人生的社会价值是实现自我价值的基础。我们在评价个体的人生价值大小时，主要看他对社会所做的贡献。但这并不意味着否认人生的自我价值，因为人生的自我价值是个体生存和发展的必要条件。对于我们个人来说，我们应将自我价值的实现与社会价值统一起来，在实现自我价值的同时实现社会价值。

我们选择了军营，就选择了贡献社会的事业，选择了要实现自身的社会价值。同时在选择军营贡献社会的火热实践当中，我们的自我价值也是处于不断完善之中的：

---

① 2007感动中国年度人物——孟祥斌．共产党员网，2007-11-30，https：//www.12371.cn/2013/08/23/ART1377226039694784.shtml? from=groupmessage

② 第四军医大学学员张华光荣献身．光明网，2018-3-17，https：//epaper.gmw.cn/w2b/html/2018-03/17/nw.D110000w2b-20180317-2-08.htm

人格走向完美，才智攀向时代的高峰。最终我们实现了完善自身和贡献社会的统一。

3. 坚持能力有大小与贡献须尽力的统一

每个人的文化素质、知识结构、实践经验、职业内涵不同，因此对社会贡献的绝对量也不同。我们不能简单、片面地认为，能力强、贡献绝对量大的人就实现了人生价值，能力弱、贡献绝对量小的人就没有实现人生价值。考察一个人的人生价值时，要从他的能力、职责等多方面综合考虑，任何人只要在自己的岗位上尽职尽责、勤勤恳恳、兢兢业业，就应该对他的人生价值给予肯定的评价。

案　例

捐款战“疫”：“知恩者”的爱心接力[①]

1月27日晚，浙江湖州市吴兴区，徐丹百无聊赖地刷着抖音。这名麻辣小龙虾店的老板娘习惯了日夜颠倒的作息。知道现在是疫情紧要关头，徐丹足不出户，只能在家玩手机。

突然，一条“回收废品的老人到社区捐款1万，留名：知恩者。‘国家有困难，我就要出份力！’”的抖音视频吸引了她的注意。

视频中，身形佝偻、穿着朴素的老人一边急切地挥动双手，一边激动地表示：“不要报道我，不要写我名字，要写名字就写‘一个知恩者’。”

在这条目前已有630多万点赞、20多万评论的视频下面，网友们纷纷表示“感动哭了”。许多网友评论说，“想到老人要收多少废品，才能攒下这1万元，忍不住落泪了……”“他值得我们年轻人学习”。

“我见过他，他家应该跟我家隔一条马路。有时候，他半夜出来收废品。”徐丹还曾将留下来的纸板、瓶子送给对方。

一名经济远不如自己宽裕的老人尚能关心全国疫情防控，为之捐款，徐丹钦佩之余，又有些惭愧。她强烈地觉得自己要做些什么。

和朋友商量后，晚上11点15分，徐丹在微信朋友圈里发起了捐款行动。她写道：“我们只需要出100元，100个人就能把他这笔款项凑回来。”

爱心一点点汇聚，1月28日上午，1万元凑齐了。中午，徐丹和一位朋友在ATM机上取了钱，从社区工作人员处打听到了老人住址。“他不肯收，我把钱硬塞给了他。”

徐丹对新华每日电讯记者说：“这笔钱可以说是给老爷爷，也可以说是给国家，算是我们为疫情防控做的一点贡献吧。”

那么，抖音视频中的老人是谁？为何他称自己是“知恩者”？

① 资料来源：新华社客户端官方账号，2020-1-30.

1月28日下午，新华每日电讯记者来到了老人所在的湖州市吉山四社区。社区党支部书记黄春丽告诉记者，老人名叫林子根，是一名83岁的老党员。他和老伴都有退休工资，并非网友以为的以拾荒为生。不过，老人的经济条件的确一般，尤其老伴患病常年卧床。所以，老人平常会收废品补贴家用。

27日上午10点，街道联居干部正在开疫情工作布置会。老人走进社区，将一沓钱放在桌子上，说要捐给武汉，捐给疫情防控。

社区副主任俞芳华熟悉老人家庭状况，劝他三思而后行。林子根老人坚持道："我受党的恩惠太多，国家有困难，我一定要尽一份力。"

最终，遵照老人的意愿，社区工作人员将1万元捐给了吴兴区红十字会。

新华每日电讯记者随即上门拜访了老人。林子根老人向记者道出了他想署名"知恩者"的缘由——

林子根出生在绍兴一户农家，自幼家境贫寒。1946年，老人9岁，正值解放战争时期。某天，母亲掩护了一名正被追捕的地下党员。这名党员恰好是当地一所小学的校长。为感谢林母，校长让林子根去学校读书。

"好好读书，会翻身的。"老人至今记得这句话。这次邂逅改变了林子根的一生，林子根一路读到大学。1962年，他从浙江大学毕业，进入煤矿系统工作，直至退休。后来在工作中，他曾遭遇矿难。生死关头，又是解放军救了他的命。现在他的老伴又享受了医疗救助。

老人从没有忘记是中国共产党给了他新生。"没有国就没有家，没有党就没有我。我知恩、感恩，只能尽自己的一点力，向奋战在一线的医务工作者和党员致敬。"林子根说。

记者了解到，28日中午，林子根又第一时间把徐丹给他的1万元捐给了吴兴区红十字会。这一次填写汇款单时，老人的落款是——一群网友。

案例评析

虽然林子根并不拥有明星、富豪那样一掷千金的能力，所捐献的1万元钱也不是动辄几百万、上千万的天文数字，但这却是这位老人辛苦多年的积蓄，一分一毛都是通过老人合法劳动所得，这反而更加难能可贵。我们不应该拿对社会贡献的金钱和数量去衡量一个人的人生价值的高低，只要有这种像老爷爷和龙虾店老板娘一样为社会做贡献的心，他们的道德同样高尚，他们同样都是有利于社会的人。

正如毛泽东同志所指出的："一个人能力有大小，但只要有这点精神，就是一个高尚的人，一个纯粹的人，一个有道德的人，一个脱离了低级趣味的人，一个有益于人民的人。"①

① 毛泽东选集：第二卷［M］. 北京：人民出版社，1991：660.

对我们军人来说，只要在本职岗位上尽心尽力、兢兢业业，能为军队建设做出力所能及的贡献，就是值得称道的，就是有价值的人生。

（二）军人的价值何在

军人是一种特殊的职业，军人的人生价值主要体现在军人的职业价值关系之中。军人的职业价值关系是历史的、具体的。不同历史时期，不同阶级与不同国家的军队，职业价值关系也不尽相同。我军是党的军队、人民的军队、社会主义国家的军队，同时也是中华民族的军队。因此，军人的人生价值，只能在军人与党、与人民、与社会主义国家、与中华民族的价值关系中体现出来。具体来说，军人的人生价值主要体现在以下几方面。

在和平时期，以强大的威慑力量，维护我国的国际地位，保卫祖国的和平与安宁。实践证明，正是因为有了这样一支用现代化装备武装起来的威武之师、文明之师、和平之师的存在，中华民族才得以维护自己的独立与尊严，中国的发展才能赢得一个长期和平稳定的发展环境。军人抛弃了自己优越的生活条件戍边守岛、默默无闻、甘愿吃苦、无私奉献，甚至牺牲自己的生命，才能给国家带来了和平和安全，我们的人民也才能过上幸福安宁的生活。

在非常时期，为维护国家主权和领土完整，勇于献出鲜血和生命。一方面在遭到外敌入侵，国家主权和领土完整受到侵害时，革命军人为捍卫祖国主权和领土完整，保卫社会主义革命、建设和改革发展的成果，坚决听党指挥，勇往直前，浴血奋战，一往无前打败侵略者；另一方面，在少数破坏分子制造分裂，国家安全稳定受到威胁时，革命军人视人民利益高于一切，为维护国家利益和人民生命财产安全，制止动乱，平定暴乱，赴汤蹈火，在所不辞，彰显作为人民利益忠实捍卫者的坚强决心和重要力量。

在自然灾害降临时，为保卫人民生命财产发挥中流砥柱的重大作用。革命军人作为应对突发情况和抢险救灾的主力军，无论是在唐山、汶川的抗震救灾一线，还是在洪水滔天、雨雪冰冻的灾区和熊熊烈火的林区，哪里有险情，哪里有危险，哪里就有人民子弟兵。在急难险重任务中，在人民财产受到严重威胁之时，总会看到军人舍生忘死、不畏艰险的身影。

案　例

抗洪战士冒小驰："走上大堤，我已做好牺牲一切的准备"[①]

冒小驰的 25 岁生日，是在病床上过的。

4 次肺泡灌洗手术、呼吸机辅助呼吸、多轮抗感染治疗……8 月 7 日，经过 16 天救治，第 72 集团军某旅排长冒小驰脱离生命危险，病情趋于平稳，转至普通病房接受

① 童祖静．付出再大代价，也决不后悔［N］．解放军报，2020－08－17（01）．

后续治疗。

病房内，冒小驰躺在病床上，脸色仍有些苍白。看到生日祝福视频里仍在抗洪一线的战友们，他忘记了嘴角尚未愈合的伤口，露出笑容。

这一幕，让指导员光启龙看得湿了眼眶。他告诉记者：“医生从小驰的肺泡中吸出大量污水和水草。短短10多天，他整个人瘦了一圈。”

病房里摆放着获救群众送来的鲜花和卡片，一位老师在卡片上写道：“最可爱的人啊，请你一定要醒来。你是孩子们心中的英雄！”

英雄，这个代表荣耀的词汇，对年轻的冒小驰来说，是一段危险的生死旅程。

7月22日上午，安徽白石天河石大圩段决堤，高差近7米的洪流沿着决口倾泻而下。堵决口的6台挖掘机，总重量超过60吨，瞬间被洪水冲走。

短短数分钟，圩内农田、池塘等低洼地域就连成一片汪洋。此时，下游7个行政村的群众还未撤离完毕！

“党员骨干留下转移群众，其他人员迅速撤离！”营长范金鑫果断下令，28人的党员突击队火速转移村民。

担任值班员的排长冒小驰背起救援绳，护送村民转移。就在他和战友们转移完村民时，又接到救援请求。原来，2名地方企业员工往外撤离时被洪水围困。

没有片刻犹豫，冒小驰与战友们立刻折返，再次拉起绳子筑起人墙，保护2名群众转移。此时，村庄的多间房舍已经垮塌，突击队员脚下站立的地方即将成为孤岛。但通往高地的路上，还有一段长约40米的受阻道路。

“我是值班员，让我到最危险的地方去！”被淹道路中间地势最低、水势最急，冒小驰主动站在了中间位置。此时，决口越来越大，洪水夹杂着大量木桩和树枝，把近似直线的人墙冲成弧形。冒小驰，就站在这条弧线的最顶端。

就在最后2名群众拽着绳索、倚着官兵安全抵达对岸时，激流之中的冒小驰忽然被洪水冲倒。

“抓住！抓住！抓住！”身边战友大声呼喊，试图通过绳索将他拉回队伍之中。

急流直下的洪水形成巨大漩涡，冒小驰拼尽浑身力气挣扎，还是被猛烈的洪水卷入漩涡中。

在漩涡中心挣扎的5分钟，对冒小驰来说很漫长。浑浊的洪水混杂着杂草灌进他的身体，直到他失去意识。

这5分钟，对他的战友来说只是一瞬间。跑向下游，跳进洪水，截住冒小驰……

“当时周围一片汪洋，我们马上在洪水中托起他，按压他的胸口进行心肺复苏。”回忆起当时营救的情景，范金鑫心有余悸。

终于，冒小驰吐出一大口污水，意识逐渐恢复。

人民至上，生命至上。回想起自己在洪水中转移群众而落水负伤的经过，冒小驰态度坚定。他说：“走上大堤，我已做好牺牲一切的准备，付出再大代价，也决不后悔！”

英雄归来，洪水退去。子弟兵危难时刻舍生忘死的战斗身影，永远铭刻在人民心中。

案例评析

中国军人从来都不是精致的利己主义者。在灾难面前，在人民群众的生命财产面前，中国军人不计个人得失。灾难来临，军人挺身而出；群众需要，军人冲锋在前。尽管时代在变，但是军人的精神不会变，军队的性质宗旨不会变。相对于革命战争年代的战火硝烟，和平时期，血战沙场不是军人价值体现的唯一方式，守护人民群众的生命、保护人民群众的安全也是军人价值的重要体现。冒小驰一句“走上大堤，我已经做好牺牲一切的准备，付出再大代价，也绝不后悔!”彰显了新时代革命军人无私奉献的精神境界，让他的个人价值也在抗洪一线得到了最大的升华。

（三）怎样实现军旅人生价值的升华

习近平总书记指出：“每一代青年都有自己的际遇和机缘，都要在自己所处的时代条件下谋划人生、创造历史。”① 在新的时代征程下，强国强军的伟大实践，为青年学员实现人生梦想提供了广阔的平台和空间。青年学员要在科学高尚的人生观的指引下，努力提升精神境界，实现军旅人生价值的升华，在行动上做到与历史同向、与党同心、与祖国同行、与人民同在。

1. 与历史同向

历史车轮滚滚向前，不可阻挡，不以人的主观意志为转移。只有坚定者、奋进者、搏击者才会受到历史眷顾。青年学员要正确认识世界和中国发展大势，尊重、顺应历史的选择和人民的选择，准确把握中国特色社会主义进入新时代的历史方位，提升民族自信心，增强时代责任感，与历史同步伐，与时代共命运。

2. 与党同心

我军是党缔造和领导的人民军队，与党同心，就是要忠诚于党，忠诚于党的事业。只有听党话、跟党走，才能在任何情况下把党和人民的利益看得高于一切，才能自觉履行革命军人的神圣职责。在新冠肺炎疫情防控中，无数的青年党员、革命军人闻令而动，坚决听从党中央、中央军委、习主席的号令，毅然投入到抗疫战斗中，展现了军人的“战疫”速度。2020 年 1 月 24 日，陆军军医大学仅仅用了 6 个小时就完成了医疗队抽组；21 点，150 人的医疗队集结完毕。23 点 44 分，解放军从上海、重庆、西安三地派出的三支医疗队共 450 人，全部抵达武汉天河机场，比军委命令时间提前了 15 分钟。这样惊人的速度和执行力来源于服从命令的军人天职、对党忠诚的军人灵魂。在使命的召唤下，革命军人以这样的方式向党和祖国报告：听党指挥，招之即来，来之能战，战之必胜。作为人民军队的一分子，青年学员只有与党同心，才能找准人生坐标，只有把个人追求融入党的伟大事业中，完成党所赋予的使命和任务，才能实现人生价值的最大的升华。

---

① 习近平．习近平谈治国理政：第一卷［M］．北京：外文出版社，2014：167.

3. 与祖国同行

当代中国正处于中华民族伟大复兴的关键时期，全面建设社会主义现代化强国任重道远。青年学员只有把小我融入大我，把个人梦融入强国梦、强军梦之中，与国家命运同向而行，才能最大限度地实现自己的价值。

案 例

全国政协委员陈薇：争分夺秒，让疫苗捍卫生命[①]

“最艰难的成功，不是超越别人，而是超越自己。”

从抗击非典，到援非抗埃，再到此次武汉抗疫，在生物安全领域这个没有硝烟的战场上，全国政协委员、中国工程院院士、军事科学院军事医学研究院研究员陈薇一直在努力超越自己。

1 月 26 日，陈薇受命率军事医学专家组紧急赶赴武汉，带领团队围绕新型冠状病毒的病原传播变异、快速检测技术、疫苗抗体研制等，与军地有关单位迅速建立起联防、联控、联治、联研工作机制。

核酸检测是有效防控新冠肺炎疫情的关键技术支撑。抵达武汉后，陈薇带领专家组仅用一天时间即完成帐篷式移动检测实验室和检测平台搭建工作，应用自主研发的检测试剂盒，配合核酸全自动提取技术，迅速形成日检 1000 人份的核酸检测能力。

为加快推进科研与临床有效融合，陈薇率领科研人员在病原学、免疫学、空气动力学等领域展开研究，快速建立“核酸检测—抗体筛查—多重病原检测”的鉴定链条，精准诊断临床患者感染类型，率先在火神山医院等 3 家医院推广应用，有效提高了临床诊断准确率和治愈率。

疫苗，是终结新冠肺炎最有力的科技武器。在武汉，陈薇率领团队与后方科研基地联合作战，集中力量展开应急科研攻关，争分夺秒开展腺病毒载体重组新冠病毒疫苗的研究。

这是一个个值得铭记的闪光时刻——

3 月 16 日，陈薇带领科研团队研制的新冠病毒疫苗，成为国内第一个获批正式进入临床试验的疫苗。

4 月 10 日，完成疫苗一期临床试验接种的 108 位志愿者，全部结束集中医学观察，健康状况良好。

4 月 12 日，该疫苗开展二期临床试验，成为当时全球唯一进入二期临床试验的新冠病毒疫苗。

谈及疫苗研发，陈薇说：“拥有自主知识产权的疫苗成功进入临床试验，是我国科技进步的体现，也是大国形象、大国担当的体现，更是对人类的贡献。”

① 邵龙飞. 争分夺秒，让疫苗捍卫生命 [N]. 解放军报，2020 - 5 - 14 (01).

建设国家生物安全科学与产业创新中心，是陈薇的梦想。作为一名政协委员，她一直在为此积极建言、大声呼吁。

“已知有手段，未知有能力。”这是陈薇常挂在嘴边的一句话。面对已知和未知，她带领团队枕戈待旦，不断超越自己……

案例评析

当年陈薇院士从学校毕业后，果断放弃了高薪就业的机会，坚定地选择使自己的职业与祖国的需要相结合，在病毒实验室耕耘奋斗几十年，最终使自己的人生价值得以最大化的实现。人生的价值在于对社会和祖国的贡献。一个人的个人职业、个人梦想只有与祖国的需要、祖国的梦想相结合，才会有更大的施展平台，个人才有创造更大价值的可能。正是在这种正确的人生观指引下，陈薇院士数十年如一日为国奉献，关键时刻闻令而动、敢打敢拼，用实际行动展现了钢铁战士的血性本色，谱写了绚丽的奋斗篇章。

4. 与人民同在

人民群众是实践的主体、历史的创造者。我军来源于人民，依靠人民，为了人民，始终与人民群众血脉相连、生死与共。从抗洪抢险的血肉长城，到抗震救灾的生命接力；从抗击疫情的生命驰援，到雨雪冰冻的艰苦鏖战；无论练兵备战还是科研攻关，无论是生死对决的战场还是险象环生的救援，人民的呼唤始终是子弟兵前行的方向。

青年学员要时刻捍卫党和人民的利益，把人民利益高高举过头顶，牢记全心全意为人民服务的根本宗旨，牢记为人民扛枪、为人民打仗的神圣职责，永远做人民的子弟兵。

教学拓展

（一）知识拓展

1. 阅读推荐

（1）《为人民服务》，《毛泽东选集》第3卷，人民出版社，1991年版。

（2）《习近平的七年知青岁月》，中共中央党校出版社，2017年版。

（3）钱穆：《人生十论》，生活·读书·新知三联书店，2019年版。

2. 观看推荐

《陆军首届“四有”新时代革命军人标兵颁奖仪式》。

(二) 能力拓展

1. 体验实践

实践主题：体验死亡，领悟生命的意义。

实践目的：体验"死亡"，更直接地面对人生，领悟生命的意义，教育青年学员活出一个精彩的、充满意义的人生。

实践方案：

(1) 针对有的青年学员认为生命还很长，甚至有挥霍人生的现象，以大学生自编自演情景剧的方式让大学生体验死亡，领悟生命的意义。

(2) 演出结束后，以班级为单位讨论，究竟什么才是生命的意义。

(3) 围绕主题，每个班交一份怎么样才能实现生命意义的讨论稿。首先，要珍爱时间，敬畏生命；其次，对待理想，要以不断出发的姿态，走在路上，永不退缩。

2. 思考"人生价值"

实践主题：思考人生价值，明确人生选择。

实践目的：让学员自主思考自己人生的价值，明确哪些事项有助于实现自身的人生价值，使学员在以后的学习工作中做出正确的人生选择。

实践要求：分析体现自身人生价值的事项，掌握人生价值的衡量标准和评价方法，思考进一步提升人生价值的方法路径。

实践方法：在一张纸上，写下自己认为最能体现人生价值的 5 项事物，并进行相应的排序，同时思考自己为什么做出这样的选择。

教学评价：教员对每名学员的人生价值剖析进行点评，明确人生价值的衡量及判断标准，并帮助学员找到创造有价值的军旅人生的实现路径，让该实现路径更具合理性和可操作性。

3. 微辩论

实践主题：人工智能机器人是否会取代人类。

实践目的：

(1) 通过正反论辩，启发理性思考，锻炼综合能力。

(2) 通过活动，让学员深入理解马克思关于人的本质的阐释，明晰人与动物、人与机器的最主要区别，从而对"人是什么"有一个正确的认识。

实践要求：

(1) 自由组队，正反方各选派 4 人参赛，全班推荐 1 名主持人。

(2) 正反方由抽签决定。

实践步骤：

(1) 立论环节：正方一辩立论，阐述本方观点，时间为 3 分钟（提示时间）；反方一辩立论，阐述本方观点，时间为 3 分钟（提示时间）。

(2) 驳论环节：反方二辩针对正方立论观点进行反驳，时间为 2 分钟（提示时间）；正方二辩针对反方立论观点进行反驳，时间为 2 分钟（提示时间）。

(3) 攻辩环节：攻辩环节提问方只能提问，回答方只能回答，不得反问。

正方三辩提问反方一、二、四辩各一个问题，反方辩手分别应答。每次提问时间不得超过 15 秒，三个问题累计回答时间为 1 分 30 秒。

反方三辩提问正方一、二、四辩各一个问题，正方辩手分别应答。每次提问时间不得超过 15 秒，三个问题累计回答时间为 1 分 30 秒。

攻辩小结：正方一辩进行小结，时间为 1 分 30 秒；反方一辩进行小结时间为 1 分 30 秒。

（4）自由辩论环节：每方 4 分钟，首先由正方开始，双方交叉应答。

（5）结辩环节：反方四辩总结陈词，时间为 3 分钟（提示时间）；正方四辩总结陈词，时间为 3 分钟（提示时间）。

专题二

价值之问——如何弘扬和践行社会主义核心价值观

教学主题

坚定价值观自信　弘扬社会主义核心价值观

习近平总书记在北京市海淀区民族小学主持召开座谈会时指出："一个民族的文明进步，一个国家的发展壮大，需要一代又一代人接力努力，需要很多力量来推动，核心价值观是其中最持久最深沉的力量。"[①] 社会主义核心价值观是当代中国精神的集中体现，凝结着全体人民共同的价值追求。社会主义核心价值观是军校学员思想道德修养的重要内容。本专题通过循序渐进的问题设置，一步一步引导学员深入思考"社会主义核心价值观是什么？""为什么要提出社会主义核心价值观这一重大命题？""军校学员应如何弘扬和践行社会主义核心价值观？"通过学习，使学员准确把握社会主义核心价值观的基本内涵，深刻理解提出社会主义核心价值观的战略考量，明晰学习践行社会主义核心价值观的实践要求，增强价值观自信。

教学目标

知识目标： 了解价值观、核心价值观、社会主义核心价值观、社会主义核心价值体系的基本内涵，明晰不同概念之间的关系。

能力目标： 运用比较分析的方法深刻剖析东西方价值观的差异，提高运用辩证唯物主义和历史唯物主义方法分析、解决现实问题的能力。

素质目标： 从宏观层面充分认清弘扬社会主义核心价值观的重大意义，增强战略素质；充分认清西方推行所谓"普世价值"的险恶用心，提升政治素养；准确把握社会主义核心价值观的精髓要义，增强价值观自信。

① 习近平．习近平谈治国理政：第一卷［M］．北京：外文出版社，2014：180.

思维导图

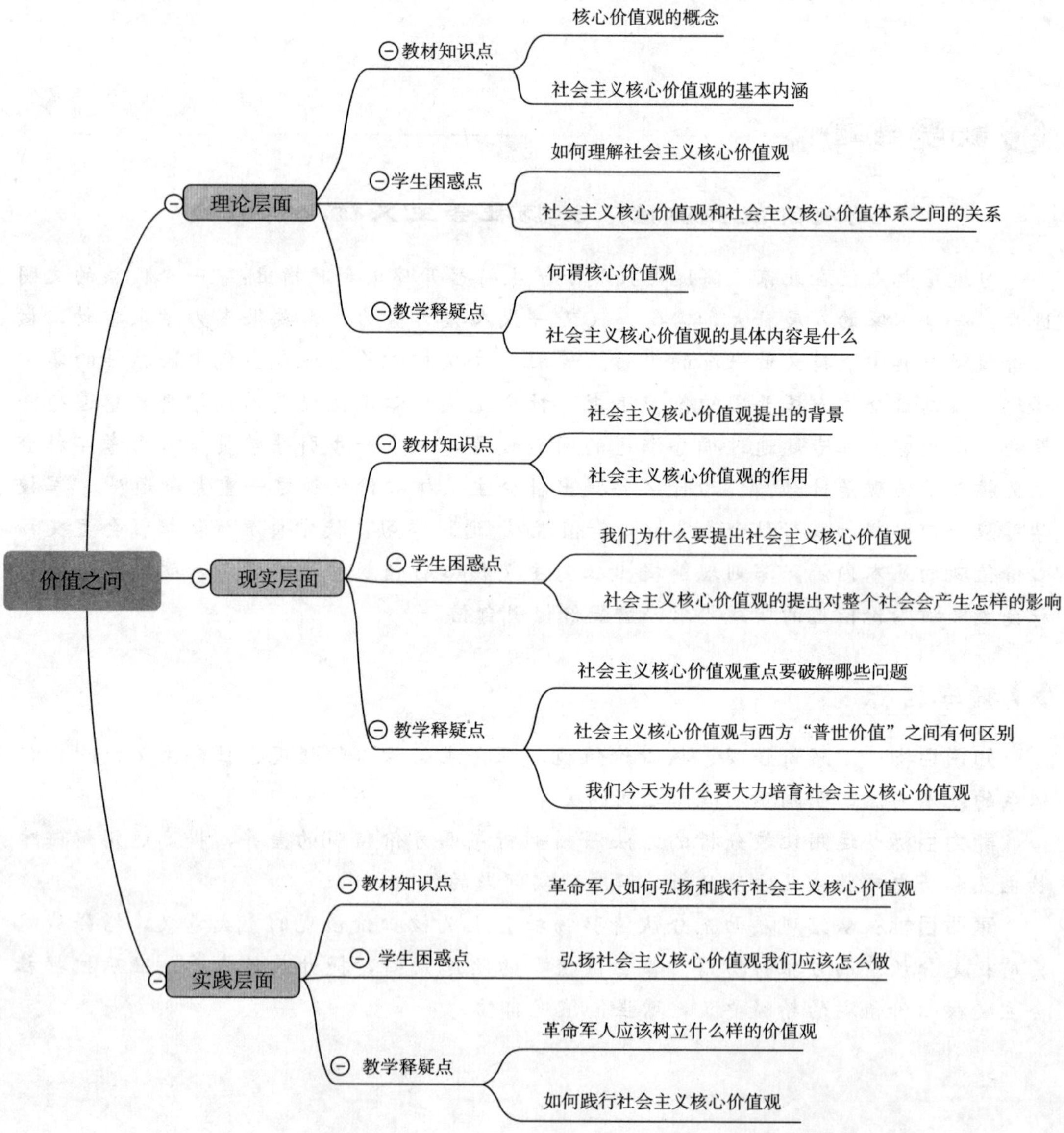
价值之问
理论层面
教材知识点
核心价值观的概念
社会主义核心价值观的基本内涵
学生困惑点
如何理解社会主义核心价值观
社会主义核心价值观和社会主义核心价值体系之间的关系
教学释疑点
何谓核心价值观
社会主义核心价值观的具体内容是什么
现实层面
教材知识点
社会主义核心价值观提出的背景
社会主义核心价值观的作用
学生困惑点
我们为什么要提出社会主义核心价值观
社会主义核心价值观的提出对整个社会会产生怎样的影响
教学释疑点
社会主义核心价值观重点要破解哪些问题
社会主义核心价值观与西方"普世价值"之间有何区别
我们今天为什么要大力培育社会主义核心价值观
实践层面
教材知识点
革命军人如何弘扬和践行社会主义核心价值观
学生困惑点
弘扬社会主义核心价值观我们应该怎么做
教学释疑点
革命军人应该树立什么样的价值观
如何践行社会主义核心价值观

教学详案

2021 年 6 月 29 日，庆祝中国共产党成立 100 周年“七一勋章”颁授仪式在北京人民大会堂隆重举行。习近平总书记为 29 名优秀代表颁发勋章。他们当中，有爱国报国的模范代表：卫国护海的王书茂，卫国巡边的魏德友；有爱岗敬业的模范代表：具有工匠精神的艾爱国，与荒沙碱滩不屈抗争 40 多年的石光银；更有献身国防的战斗功臣：王占山、孙景坤、陈红军、柴云振、郭瑞祥。他们始终把党、国家和人民的利益高高举过头顶，充分体现了中国共产党人的理想信念和价值追求。他们的感人事迹是对社会主义核心价值观的生动诠释。习近平总书记指出：“人类社会发展的历史表明，对一个民族、一个国家来说，最持久、最深沉的力量是全社会共同认可的核心价值观。核心价值观，承载着一个民族、一个国家的精神追求，体现着一个社会评判是非曲直的价值标准。”[①] 构建具有强大感召力的核心价值观，关系社会核心稳定，关系国家长治久安。作为新时代革命军人，我们要继承和弘扬中国共产党人的优良传统，学习和践行社会主义核心价值观。

一、社会主义核心价值观的基本内涵是什么

（一）何谓核心价值观

1. 什么是价值

关于“价值”的理解，不同的学科有不同的认识。从哲学层面来讲，价值是指客体能够满足主体需要的效益关系，是表示客体的属性和功能与主体需要间的一种效用、效益或效应关系的哲学范畴。经济学认为，价值泛指客体对于主体表现出来的积极意义和有用性。在经济学中，价值是商品的一个重要性质，它代表该商品在交换中能够交换得到其他商品的多少。按照马克思主义政治经济学的观点，价值就是凝结在商品中无差别的人类劳动，即商品价值。马克思还将价值分为使用价值（给予商品购买者用的价值）和交换价值（使用价值交换的量）。商品的价值表明：①商品必须具有使用价值，才会有价值，使用价值是价值存在的物质承担者。②价值是由抽象劳动而不是具体劳动形成的，具体劳动和自然物质相结合创造出商品的使用价值，抽象劳动凝结在商品中才成为价值。③价值是看不见、摸不着的，它只有在商品交换中，通过一种商品与另一种商品的相互对等、相互交换的关系才能表现出来；价值是交换价值的内容，交换价值是价值的表现形式。④价值是商品的社会属性，它体现了商品生产者互相交换劳动的社会关系[②]。无论从哪个方面看，价值都体现了客体对主体的有用性。

2. 什么是价值观

价值观，是指人们关于什么是价值、怎样评判价值、如何创造价值等问题的根本观点。价值观在实践中形成，其内容一方面表现为价值取向和价值追求，凝结为一定

① 习近平．习近平谈治国理政：第一卷［M］．北京：外文出版社，2014：168.

② 马克思．资本论：第一卷［M］．北京：人民出版社，2004：102－103.

的价值目标；另一方面又表现为价值尺度和价值准则，凝结为一定的价值判断和价值规范。

课堂研讨

价值观有哪些特点？

时间：约 5 分钟。

目的：通过思考，引导学员分析价值观的突出特点。

方式：讨论交流，请 3～5 位同学回答。

价值观具有如下特点：一是具有稳定性和持久性。价值观是人们关于价值问题的根本观点，在特定的时间、地点、条件下，人们的价值观总是相对稳定和持久的。比如，对某种人或事物的好坏总有一个看法和评价，在条件不变的情况下这种看法不会改变。二是具有历史性与选择性。物质决定意识，任何价值观的形成，都离不开它所处的那个时代的制约。在不同时代、不同社会生活环境中形成的价值观是不同的。一个人所处的社会生产方式及其所处的经济地位，对其价值观的形成有决定性的影响。三是具有主观性。价值观属于主观意识，对于事物的有无价值或价值大小的判断，不同的人会得出不同结论。

3. 什么是社会主义核心价值观

核心价值观是某一社会群体判断社会事务时依据的标准、遵循的行为准则。它承载着一个民族、一个国家的精神追求，体现着一个社会评判是非曲直的价值标准，是一个国家的重要稳定器。社会主义核心价值观是社会主义核心价值体系的内核，体现社会主义核心价值体系的根本性质和基本特征，反映社会主义核心价值体系的丰富内涵和实践要求，是社会主义核心价值体系的高度凝练和集中表达。

知识链接

社会主义核心价值观与社会主义核心价值体系是什么关系？

社会主义核心价值体系与社会主义核心价值观既有内在联系，又各有侧重，相互区别。

从横向角度看，社会主义核心价值体系与社会主义核心价值观是一种包含与被包含的关系。社会主义价值体系是融汇理想与现实、核心价值与基本价值的有机整体。一方面，社会主义价值体系是一个包含丰富内容的多层次体系，既有其核心价值，又有其基本价值、具体价值。另一方面，社会主义价值体系既包含着理想性的价值诉求，又体现着现实性的价值要求；既有感召人们不断递升的先进性价值理念，又有大多数人可以接受并实践的广泛性价值体现。

从纵向角度看，社会主义核心价值体系与社会主义核心价值观存在承递关系。社会主义核心价值体系是社会主义核心价值观的基础和前提，是社会主义核心价值观形成和发展的必要条件。社会主义核心价值观是社会主义核心价值体系的内核和最高抽象，体现社会主义的价值本质，决定社会主义核心价值体系的基本特征和基本方向，引领社会主义核心价值体系的建构。

（二）社会主义核心价值观的具体内容是什么

党的十八大提出："倡导富强、民主、文明、和谐，倡导自由、平等、公正、法治，倡导爱国、敬业、诚信、友善，积极培育和践行社会主义核心价值观。""这24个字的社会主义核心价值观，富强、民主、文明、和谐是国家层面的价值目标；自由、平等、公正、法治是社会层面的价值取向；爱国、敬业、诚信、友善是公民层面的价值要求。这个概括，实际上回答了我们要建设什么样的国家、建设什么样的社会、培育什么样的公民的重大问题。"

1. 建设什么样的国家①

富强是国家生产力发展水平的重要标志，是人民幸福生活的重要保证。在中国历史上，不乏国家富强的时代。近代以来，旧中国落后于时代发展，备受列强欺凌，国家贫弱不堪，沦为半殖民地半封建社会。实现国家富强和人民富裕，成为近代以来中华儿女最强烈、最执着的愿望追求。我们倡导的富强，是人民共同富裕和国家繁荣强盛的有机统一，是和平发展与共享共赢的崭新模式。"贫穷不是社会主义""两极分化也不是社会主义"，社会主义的优越性不仅体现在最终能够创造比资本主义更发达的生产力，更体现在让发展成果更多更公平地惠及全体人民。我们追求的富强，不崇尚弱肉强食的丛林法则，而是希望通过和平共赢、互惠互利的方式与世界各国和睦相处、和谐发展，实现国家富裕强盛。

民主是现代文明的重要标志。作为一种价值理念和政治实践，社会主义始终把真正实现人民当家作主作为根本价值追求。可以说，没有民主就没有社会主义，就没有社会主义现代化。我们倡导的民主，是真正的民主，不受财产、地位、民族、性别、宗教等因素限制，每个人都能平等享有政治权利；是广泛的民主，绝不以牺牲多数人利益为代价来保护少数人的利益，绝不存在特权阶层，同时又尊重和照顾少数人，充分反映和协调各方面的意愿和利益；是高效的民主，既真切全面地反映人民意愿，又致力于尽快形成统一意志、统一行动以解决实际问题；是丰富的民主，是保证人民依法实行民主选举、民主协商、民主决策、民主管理、民主监督的全过程人民民主。

文明折射国家发展的境界、社会进步的状态。"观乎人文，以化成天下"。中国是世界文明古国，五千年的文化源远流长。我们倡导的文明，是以道路选择、理论指引、

① 摘编自王易．"思想道德修养与法律基础"教学疑难深度解析［M］．北京：中国人民大学出版社，2019：107.

制度建构为主要内容，追求全方位的发展与进步。坚持以人为本的核心理念，让物质文明、政治文明、精神文明、社会文明、生态文明协调发展；坚持开放包容、海纳百川、兼收并蓄，汲取人类一切优秀文明成果。既不妄自尊大，也不妄自菲薄；既坚持民族性，又坚持国际化。

和谐蕴含着中国人的生存智慧，体现着中国人的精神基因，也昭示着中国人的社会理想。中国人自古就有天人合一、协和万邦、和而不同的思想观念。今天，我们倡导的和谐，是人与人、人与社会、人与自然的有机统一。和谐的中国，是民主与法治相统一、公平与效率相统一、活力与秩序相统一、人与自然相统一的社会主义国家。和谐的中国，秉持世界持久和平的理想，心系人类共同繁荣的命运，担当永续发展的历史责任。

2. 建设什么样的社会①

自由是活力之源，马克思主义认为，实现人的自由而全面的发展是社会主义发展的最高目标，也是社会主义区别于其他社会形态的本质属性。我们倡导自由，是真实的自由，不是虚伪的自由；是多数人的自由，不是少数人的自由；是实质上的自由，不是形式上的自由；是受到道德和法律约束的自由，不是凌驾于他人利益之上的、绝对的个人自由。社会主义的自由，不只是追求物质生活的改善，更重要的是保证人民充分享有发展自我、实现自我的机会，使每个人都能人生出彩、梦想成真。

案例

2020 年的春天，新冠肺炎疫情席卷世界。作为首个大规模暴发疫情的国家，中国科学研判、果断处置，封城、封路、封小区，严控人员流动，仅用两个月时间就控制住了这场疫情。中国人识大体、顾大局，用足不出户的自觉行动为战胜疫情赢得了宝贵时间。正如网友们所说："拥有生命才是最大的自由"，"宅在家里就是为国家做贡献"。但对此，一些别有用心的外国政客和新闻媒体却罔顾事实，肆意攻击中国政府"限制人身自由""侵犯公民合法权利"。

境外疫情集中暴发后，其他国家却以"自由"为借口，消极防疫。美国，确诊病例世界第一，可许多美国民众依然不戴口罩，他们认为戴口罩妨碍了他们呼吸的自由。无独有偶，英国提出要"群体免疫"，不会限制个人行动。意大利在采纳中国专家建议后开始封城，民众却高声抗议"还我自由"……为什么这些我们看来非常可笑的行为却在西方国家能够大行其道？为什么我们都能理解的"行动限制"，西方人却无法接受？什么是自由？为什么中西方人对"自由"理解会有差异？

① 摘编自王易．"思想道德修养与法律基础"教学疑难深度解析［M］．北京：中国人民大学出版社，2019：107.

案例评析

一个民族、一个国家的核心价值观必须同这个民族、这个国家的历史文化相契合，同这个民族、这个国家的人民正在进行的奋斗相结合，同这个民族、这个国家需要解决的时代问题相适应。自由是人类的天性，就像享受阳光、呼吸空气一样，与生俱来。人类追求自由，不分出身、种族、文化背景、信仰、贫富、性格、智力水平。但东西方在历史国情、社会制度、文化底蕴等方面存在差异，对"自由"这个人类社会的共同价值追求的理解也必然有所不同。

平等是社会和谐稳定的压舱石，是调整人与人、人与社会之间关系的基本尺度。我们倡导的平等，是兼顾效率与公平的平等，不是"不患寡而患不均"的绝对平均主义；是实实在在的平等，不是形式上的平等。我们倡导的平等，是要让人人都能公平行使社会权利、履行社会义务、分享社会成果、政治上平等参与、经济上共同富裕、文化上共建共享、同祖国和时代一起成长进步。

公正是人民权利的捍卫者，更是社会良性发展的重要保证。古往今来，人类追求的幸福生活，只能建立在公平正义的基础之上。社会主义在同资本主义不公正的经济政治秩序的斗争中诞生。所以，对公平正义的追求是社会主义社会的内在要求。我们倡导的公正，不仅仅强调机会平等和程序正义，更加强调结果正义，体现在社会生活各个领域、各个层次、各个方面的公正。社会主义社会的各项制度安排，是要将最广大人民的根本利益作为出发点和落脚点，在社会发展过程中尽最大努力实现人民的愿望、满足人民的需要、维护人民的根本利益。

法治是现代政治文明的核心，是维护社会公平正义的底线。法治是现代国家治国理政的基本方式，自由、平等、公正得以真正实现的制度保障。我们倡导的法治，不是对资本主义法治理念的照抄照搬，更不能对西方宪法法律制度体系采取"拿来主义"，而是要辨证地吸收借鉴。要立足中国特色社会主义制度，立足中国的历史传承、社会现实和文化传统，坚持党的领导、人民当家作主、依法治国的有机统一。社会主义法治，不是维护某些利益集团、特权阶层的工具，而是国家运用人民赋予的权力，体现人民的根本意志，保护人民的根本权益，并最终成为国家长治久安、社会安定有序、人民安居乐业的坚强柱石。

3. 培育什么样的公民①

爱国是民族精神的核心，是对公民最基本的道德要求。爱国是中华民族的优良传统，爱国主义是民族精神的核心和集中体现。忠诚祖国、热爱祖国，是中华民族最深沉的文化基因。我们倡导的爱国，就是把个人的价值追求同实现中华民族伟大复兴紧密联系起来，把热爱祖国同热爱社会主义统一起来，把人生意义的提升同增进最广大人民的福祉联系起来，不断加深对祖国历史认同、文化认同，不断增强做中国人的底

① 王易．"思想道德修养与法律基础"教学疑难深度解析［M］．北京：中国人民大学出版社，2019：109.

气、骨气、志气。把个人梦融入强国梦、强军梦，用自身的实际行动投身到建设社会主义强国的伟大事业中。

敬业是职业道德的核心要求，为个人发展奠定基础，为社会进步注入活力。敬业乐业的民族，必定是令人肃然起敬的民族；缺乏敬业精神的社会，难免被人诟病和轻视。中华民族是一个敬业、勤业、精业的民族，正是靠着勤勉敬业的精神，我们才前所未有地靠近世界舞台中央。我们倡导的敬业，就是要增强事业心和责任感，追求崇高的职业理想，激发积极进取的奋斗热情，秉持认真负责的职业态度，锻造严谨细致的工作作风；就是要让敬业成为实现梦想的动力之源，以那么一股干劲、拼劲、闯劲，续写中国奇迹，靠辛勤劳动、诚实劳动、创造性劳动，开创美好未来。

诚信是社会公序良俗的基本要求，也是为人处世的道德底线。“徙本立信”“一诺千金”，自古以来，诚信就是中国人安身立命、干事创业的基本准则。“人无信不立，业无信则不兴”，失去诚信，个人就会失去立身之本，社会就会偏离运行之轨。社会主义市场经济不仅是法治经济，更应是信用经济。我们倡导的诚信，就是要以诚待人、以信取人，做老实人、说老实话、办老实事。要以真诚的人格力量、个人的遵信守诺，构建言行一致、诚信有序的社会；激活宝贵的无形资产，以良好的信用关系，营造“守信光荣、失信可耻”的风尚，增强社会的凝聚力和向心力。

友善是调节人际关系、构建和谐社会的重要“润滑剂”。随着信息技术的发展，人与人的交往更加频繁、更加密切，突破了血缘地域的限制。在这样的社会里，从陌生到熟悉，从戒备到信任，需要“人人为我、我为人人”的亲善、互助、友爱。我们倡导的友善，是与人为善、与物为善。善待亲人、善待家庭、善待他人、善待社会、善待自然，“己所不欲，勿施于人”“老吾老以及人之老”“幼吾幼以及人之幼”“四海之内皆兄弟”，广聚爱心，乐善好施，让世界充满爱，是友善的理想境界。

“富强、民主、文明、和谐，自由、平等、公正、法治，爱国、敬业、诚信、友善”，把涉及国家、社会、公民的价值要求融为一体，成为我们时代价值的最大公约数①。

社会主义核心价值价值观中的自由、平等、公正、民主与西方话语体系中的价值观有何区别？为什么不同？

习近平总书记指出：“我们提出的社会主义核心价值观，把涉及国家、社会、公民的价值要求融为一体，既体现了社会主义本质要求，继承了中华优秀传统文化，也吸收了世界文明有益成果，体现了时代精神。富强、民主、文明、和谐，自由、平等、公正、法治，爱国、敬业、诚信、友善，传承着中国优秀传统文化的基因，寄托着近代以来中国人民上下求索、历经千辛万苦确立的理想和信念，也承载着我们每个人的美好愿景。”② 社会主义核心价值观孕育于中华文明，立足于中国实际，带有鲜明的中

① 王易．“思想道德修养与法律基础”教学疑难深度解析［M］．北京：中国人民大学出版社，2019：109－110.

② 习近平．习近平谈治国理政：第一卷［M］．北京：外文出版社，2014：169.

国烙印。同理，西方社会的价值理念也是西方国家社会存在的反映，只能反映西方资本主义社会的意识形态和价值追求。

现代社会自由、平等、公正的价值理念，发端于14世纪到16世纪欧洲，通过人文主义运动的形式，在破除封建社会对人的束缚，解放和发展资本主义生产力方面发挥过积极的历史作用。强调人的尊严和人生价值。但是，自由、平等、公正的价值理念，并不是资本主义社会所独有的，它本质上是人类社会和人类文明发展的产物，可以由不同的社会形态所共享，由不同社会形态来充实，以不同的形式来体现。资本主义的自由、平等、公正的价值观如同资本主义制度一样，绝不是人类社会的价值“终结者”，而是一个处于过渡时期的“过渡者”。自由、平等、公正作为人类恒久追求的意义和价值，在人类全部历史中存在并且在“世界历史中生成”。社会主义的自由、平等、公正的价值观依赖于历史运动本身创造的现实基础。当前，认为我们的价值观与西方社会价值观无异的观点，实际上西方资本主义为我们设置的“普世价值”陷阱，妄图用他们的话语体系来解释人类的共同价值追求，把西方的价值观、道德观强加给我们。“鞋子合不合脚，自己穿了才知道”。选择和倡导什么样的价值观，取决于一个国家的社会实际、政治制度和历史底蕴。我们弘扬和践行社会主义核心价值观，应坚持中国特色社会主义的根本属性，坚持人民立场，不断夯实社会主义价值的现实基础，不断赋予自由、平等、公正等价值观念更加真实和丰富的内涵，彻底打破资本主义对自由、平等、公正等价值理念的话语霸权和话语垄断，让自由、平等、公正等价值在人类进步事业上闪耀光辉、指引发展①。

二、我们为什么要提出“社会主义核心价值观”这一重大命题

（一）破解价值观冲突错位的关键抓手

1. 当代中国人的精神世界存在哪些问题

当代中国社会正在发生着前所未有的深刻历史性变革，利益调整复杂多样，各种矛盾相互交织，人们的生活方式、行为习惯、价值观念都会发生明显的变化。可以说，改革开放40多年来，社会生产力得到极大解放，人民的物质生活得到极大的改善。但是，随着经济全球化的深入，西方的一些腐朽思想文化也随之而来，正慢慢地侵蚀着人们的精神世界，一点点瓦解着人们的理想信念。一是精神生活的物质化。在现代化进程中，整个社会“物的依赖”特征十分明显，“拜金主义”思想仍有市场。二是精神的空洞化，缺乏信仰，缺乏追求，不知为何而生活。三是精神简单化，对待事物与认识非左即右、非黑即白，缺乏辨证思维、全面思维，容易被“带节奏”。四是精神碎片化，受各种思潮、议论观点所左右，缺乏独立的思维体系和价值判断，常常表现为无所适从。五是精神生活低俗化，沉迷于低俗、媚俗、庸俗文化，缺乏高尚的道德追求。精神懈怠、心理焦虑、道德困惑、价值迷茫、理想淡漠、信仰缺失等一定程度地存在于当代中国人的精神世界里，严重影响到人们正常的精神生活，并引发了不同程度的

① 王易．“思想道德修养与法律基础”教学疑难深度解析［M］．北京：中国人民大学出版社，2019：111.

社会问题。

2. 出现问题的根本原因是什么

出现上述问题的实质就是价值观的冲突与错位。

一是传统价值观与现代价值观的冲突。这种冲突在社会转型期尤为明显。因为在相当长的一段时间内，“新”“旧”观念会呈现出剧烈的对抗。在新的价值观尚未成熟之时，人们面临着价值观变革与价值观重建的双重任务，很容易产生价值迷茫或者价值错位，并引发精神世界的诸多问题。

二是东西方价值观的冲突。这种冲突实际上是中西文化软实力的较量。改革开放以来，西方价值观借助于发达国家的经济优势、多元的文化产品、先进的技术媒介、多样的社会思潮，越来越广泛地渗透到人们的精神生活中，对于精神世界尤其是价值观的影响不容小觑。尤其是西方敌对势力，以政治宣传、影视产品、文化艺术等多种载体，大肆传播西方价值观，并散布“中国威胁论”“历史终结论”等蛊惑人心，对人们的理想信念与共产主义信仰的冲击很大，侵蚀着人的精神世界，很可能使已有问题恶化，甚至激化人民与国家之间的矛盾与对抗。

三是主导价值观与个体价值观的冲突。这种冲突实质上是国家、社会与个人之间的矛盾在价值观层面上的呈现。主导价值观与主流意识形态相符，是占有统治地位的生产关系在上层建筑层面的要求和体现，代表的是国家、社会最根本的利益和诉求，它并不是天然地就能够为人们所接受与认同，也不是直接地就等同于个体价值观。很多时候，社会利益与个人利益之间会发生矛盾，主导价值观与个体价值观之间也会有冲突，这种冲突会造成个体精神世界的一些问题，或者是引发精神世界要素之间的激烈对抗，尤其表现为人们知与情、知与意、知与信之间的矛盾。在这里，需要特别指出的是，在当代中国，这种冲突并不是不可调和的。恰恰相反，在社会主义制度下，主导价值观与个体价值观在本质上是一致与统一的，偶尔表现出来的冲突，也是二者相互促进、相互补充的一个体现。

3. 解决问题的关键是什么

解决冲突错位的关键就是要充分发挥社会主义核心价值观对精神世界的引领作用。社会主义核心价值观既反映了马克思主义价值追求，又反映了当代中国人独特的精神世界，具有深厚的理论基础和情感基础，能充分反映其精神面貌和精神品性，能集中反映出现实问题，可以有效地整合与规范多样的价值。同时，它对于个人、社会、国家有极强的凝聚力和号召力，可以有效地调动不同层面、不同领域的合力。而社会主义核心价值观建设也必须把精神世界的构建作为中心任务，以铸牢当代中国人的理想信念，坚定共产主义信仰，让人的精神世界真正有所寄托、有所追求。

（二）回击西方“普世价值”论调的有力武器[①]

一些西方国家将其倡导的民主、自由、平等、人权等包装为“普世价值”，鼓吹他

① 王易．“思想道德修养与法律基础”教学疑难深度解析［M］．北京：中国人民大学出版社，2019：116－117.

们口中的价值观就是人类共同追求的价值观，谁否定“普世价值”谁就是站在民主、自由、平等、人权的对立面。什么是“普世价值”?“普世价值”，就是指不分时空与地域，不分国家、民族和阶级，对任何社会形态、任何人都适用的价值。

1. 世界上有没有“普世价值”

从哲学的角度来说，世界上没有“普世价值”。社会存在决定意识形态，社会存在的多样性决定了价值观念的多样性。世界上各个国家、各个民族的历史文化、经济发展、社会制度具有差异性，这就决定了能够超越时空、跨越地域，不分国家、民族和阶级，具有永恒性的价值是不存在的。世界上没有两片完全相同的树叶。从横向来说，人与人之间会因不同的国家、种族而有所不同，同一国家的人也会因民族、地域、家庭环境、成长经历、教育背景等而有所差异，价值观就更是因人而异。世界上可能存在某种价值，适用于个别人、少数人甚至是多数人。但是，具有绝对的普遍适用性的价值是不存在的。从纵向来说，历史是变化发展的，不同的社会形态，甚至是同一社会在不同的时代，所倡导和奉行的价值都各不相同。世界上可能存在某种价值，可以适用于一时一地，但是，不以任何条件为转移的、超越时空的、永恒的价值是不存在的。

从人类发展史的角度来说，世界上也没有“普世价值”。价值和价值观与道德息息相关，尤其是进入阶级社会以来，价值与道德更是相互渗透，价值总是蕴含着一定的道德规范与道德追求，道德也总是承载着一定的价值选择与价值目标。价值与道德一样，不是从来就有的，而是历史性的范畴，也都具有阶级性。恩格斯曾尖锐地批判“永恒真理”和“永恒道德”，指出：“我们拒绝想把任何道德教条当作永恒的、终极的、从此不变的伦理规律强加给我们的一切无理要求，这种要求的借口是，道德世界也有凌驾于历史和民族差别之上的不变的原则。相反，我们断定，一切以往的道德论归根到底都是当时的社会经济状况的产物。而社会直到现在是在阶级对立中运动的，所以道德始终是阶级的道德。”[①] 也就是说，我们不能超越历史与阶级去空谈道德与价值。任何道德与价值都是历史发展的产物，并随着历史的发展而变化。

2. “普世价值”的实质是什么

“普世价值”思潮不仅仅是一个理论问题，它实质上是一个政治问题。围绕着“普世价值”思潮而展开的论战也并不是单纯的理论探讨或观点辩论，它实际上是关乎命运与存亡的意识形态之争、道路之争、制度之争。因此，要正确认识“普世价值”思潮，就不能仅停留在理论的层面上，从学术的角度去分析，更要站在政治的立场上，从政治的高度去探究其产生与实质。

“普世价值”思潮，发端于20世纪90年代初的“全球化视域中的普世伦理问题”。2005年10月，境内外敌对势力和自由派知识分子就以所谓“普世价值”为理论武器，攻击我国的社会主义民主政治建设。“普世价值”思潮一经产生，就有着明确的政治意图，它以所谓的“自由、民主、平等、博爱”为主要内容，试图把“社会主义核心价

---

① 马克思恩格斯选集：第三卷［M］. 北京：人民出版社，2012：471.

值体系”冠以“普世价值”的头衔，妄图以此赋予“普世价值”合法性，以进一步推销西方价值，颠覆马克思主义的指导地位。

“普世价值”的实质是西方的价值，他们将“自由、平等、人权”，定义为普适价值，就是要将其与资本主义关系绑定在一起。他们的“逻辑”是：认同“普世价值”，就要接受资本主义生产关系，接受资本主义制度。这充分反映了西方社会的霸权思维和强权政治，充分反映了其利用强大国力和话语优势进行价值输出、思想专制的本质。“普世价值”的实质是反动的价值，“普世价值”思潮有鲜明的指向。在政治领域，它妄图颠覆党的领导和中国特色社会主义制度；在意识形态领域，它否认马克思主义的一元化指导地位；在经济领域，它为全盘私有化造势；在社会领域，它诋毁中国特色社会主义建设的成果。其实质是意图对中国进行“和平演变”，推动中国的政治体制掉入西方“民主化”的陷阱，以西方价值取代马克思主义，以资本主义制度取代社会主义制度。

3. 如何回击“普世价值”论调

在中西文化交流交锋日盛、意识形态领域斗争激烈的今天，广大青年学员要保持清醒的头脑，不要盲从迷信西方的价值；要坚定文化自信，不要妄自菲薄，背叛自己的历史；要正确地进行价值的甄别、判断与选择，坚决抵制“普世价值”错误思潮；要坚定立场与原则，勇于担当，自觉去做社会主义核心价值观的践行者与社会主义事业的接班人，积极捍卫和守护社会主义建设事业的胜利果实，为实现中华民族伟大复兴的中国梦而不懈奋斗①。

（三）培育社会主义接班人的现实需要

1. 确保党和国家事业后继有人

习近平总书记强调：“一个民族、一个国家的核心价值观必须同这个民族、这个国家的历史文化相契合。同这个民族、这个国家的人民正在进行的奋斗相结合，同这个民族、这个国家需要解决的时代问题相适应。”② 在当代中国建设和发展进程中，悠久深厚的中华优秀传统文化、党和人民在长期奋斗中开创的革命传统文化、改革开放过程中吸收的世界文明有益成果交汇融合，结晶形成了其社会主义核心价值观。今天我们在青年中培育和践行社会主义核心价值观，就是让广大青年增强文化自觉和文化自信，在内核上、精髓上和本质上传承中华优秀传统文化，传承社会主义先进文化，就是在培育壮大我们的国魂和民族魂，促进我们党和国家事业薪火相传、兴旺发达。③

2. 广泛汇聚实现中国梦的青春力量

实现中国梦，需要依靠青年，也能成就青年。圆梦要靠奋斗，而奋斗需要价值观指引。回顾历史，为了实现中华民族伟大复兴这个近代以来中国人民最伟大的梦想，党领导人民用伟大的中国道路、中国精神、中国力量，不断改变着国家、民族和人民

① 王易．“思想道德修养与法律基础”教学疑难深度解析［M］．北京：中国人民大学出版社，2019：119.
② 习近平．习近平谈治国理政：第一卷［M］．北京：外文出版社，2014：171.
③ 王易．“思想道德修养与法律基础”教学疑难深度解析［M］．北京：中国人民大学出版社，2019：112.

的面貌，取得了举世瞩目的成就。中国道路、中国精神、中国力量背后最深层、最持久的支撑，就是在民族复兴征程中不断探索和形成高尚的价值追求。今天，我们距离实现中国梦的目标越来越近，但前进的道路上依然充满各种困难、风险和挑战。广大青年学员只有与全国各族人民一道，始终不渝地坚持和弘扬这些价值追求，咬定青山不放松地奋斗，才能为实现第二个百年目标注入强大青春力量。

3. 促进当代青年健康成长

习近平总书记强调，“青年的价值取向决定了未来整个社会的价值取向”，并告诫青少年“人生的扣子从一开始就要扣好”[①]。青年是人生价值观形成的关键时期，只有抓小抓早，才能让社会主义核心价值观在广大青年心中生根发芽，并茁壮成长为参天大树。尤其是在复杂多变的社会环境影响青年成长、国内外各种势力都在力图同我们争夺青年一代的背景下，唯有通过全社会培育和弘扬社会主义核心价值观的协同行动，才能帮助青年增强精神力量、提高思想“免疫力”，按照国家和社会发展的需求健康成长。

三、革命军人如何弘扬和践行社会主义核心价值观

军队是特殊的集体，军人是特殊的职业。在培育和践行社会主义核心价值观方面，人民军队理应走在前列、标准更高，革命军人要成为全社会学习践行社会主义核心价值观的模范和表率。

（一）革命军人应树立什么样的价值观

从走进军营那天起，革命军人这个称号就内在地决定了我们的价值取向和人生追求。革命军人的价值观，具有鲜明的政治性、人民性、先进性，是我们立身做人、建功军营的思想道德基础，也是我们这支军队永葆初心本色、履行使命任务的不竭动力源泉。

1. 爱党忠诚

忠诚是人类社会的基本伦理规范，是古今中外军队的共同品格要求。忠于谁、听谁话、跟谁走，历来是一支军队也是每名军人首先要弄清的基本问题。爱党忠诚，意味着我军官兵对党的理想高度认同、对党的组织忠贞不渝、对党的要求坚定恪守，统领着革命军人的价值追求，是革命军人最重要的政治品格。

案　例

赵尚志

“一钱骨头一钱金，一两肉得一两银。”这是日寇对曾任东北抗日联军总司令赵尚志的“通缉悬赏”。这位为民族独立出生入死、令敌人闻风丧胆的抗日名将，曾 2 次被捕入狱，但他始终坚贞不屈、没有丝毫动摇。特别是在“左”倾错误路线的影响下，他曾被开除党籍，但一刻也没有放弃自己的信仰和对党的忠诚，仍然指挥部队与鬼子

① 习近平．习近平谈治国理政：第一卷［M］．北京：外文出版社，2014：172.

周旋在林海雪原，直至受重伤被俘英勇就义。他在给党组织的请求书中写道："党籍是每个共产党员的生命。因为我参加党、做革命斗争已将近15年，党的一切工作，就是我一生的任务……我一天也不能离开党，党也不能一天放弃对我的领导。"

案例评析

我们党的崇高理想、远大目标、伟大事业具有无穷魅力，能把千千万万有追求有抱负的人们凝聚在一起，并为他们指引正确的人生方向，从而获得广大党员由衷认同与真诚拥护。只要跟党走，就会有方向、有力量，就一定能得胜利，这是广大党员和我军官兵一路走来的坚定信念和高度自觉。

我军是党亲手缔造和领导的人民军队。热爱党、忠于党是人民军队的本质属性要求，也是革命军人政治坚定、头脑清醒的核心要义。作为党的战士，只有坚守爱党忠诚的坚定政治立场，才能在大是大非面前旗帜鲜明、在诱惑挑战面前经受考验，自觉爱党、忧党、兴党、护党，真正做到绝对忠诚、绝对纯洁、绝对可靠。

2. 爱国报国

这凝结着对祖国的热爱、对理想的追求、对职责的坚守，体现了军队职能的本质内涵，贯穿于军人的全部实践活动，是我军官兵在党的领导下为人民利益奋斗的基本表现形式，是履行使命、创造荣誉的基本价值目标。

知识链接

程开甲

"两弹一星功勋奖章""八一勋章"获得者程开甲，是中国核武器事业开拓者和中国特色核试验科学技术体系创建者之一，为我国核武器研制和试验建立了卓越功勋。1946年，程开甲抱着科学救国信念远赴重洋，到英国留学，获得博士学位后，他婉谢导师的一再挽留，毅然回到祖国。归国后，程开甲坚决服从组织安排，三度变更研究方向。每次核试验，他都身先士卒，奋战在最艰苦、最危险的第一线，多次进入地下核试爆后的现场，甚至最危险的核爆中心。他常说："我这辈子最大的心愿，就是国家强大，国防强大。"程开甲一生为国铸核盾，以实际行动诠释了一名共产党员忠诚奉献、科技报国的赤子情怀，用毕生精力诠释了"两弹一星"精神。

无论时代如何变化、社会如何发展，爱国报国始终是革命军人坚定的人生追求，也是革命军人道德操守的永恒主题。今天，我们置身于实现中华民族伟大复兴的时代洪流，爱国报国正当其时，报国之路、用武之地更加广阔。当然，爱国报国不仅只是一种激情和愿望，更应该是一种实实在在的行动。革命军人只有把爱国之情、报国之志，体现到一言一行，熔铸于一岗一哨，落实在一职一位，才能真正实现爱国报国的崇高理想和价值追求。

3. 爱民为民

人民军队来自人民、为了人民、服务人民。革命军人永远是人民的子弟兵。爱民为民，鲜明表达了我军官兵为了人民、服务人民的根本立场和态度，深刻揭示了我军一切奋斗发展的价值归宿和动力源泉。

案例

人民军医为人民

2020 年伊始，一场突如其来的新冠肺炎疫情在武汉集中暴发。危难关头，处在疫情中心地带的中部战区总医院，第一时间响应、第一时间出动、第一时间战斗，2245 名党员组成党员突击队，白衣为甲、逆行出征，勇挑重担、不辱使命，用生命践行了“人民至上、生命至上”的价值理念，在疫情防控阻击战中向祖国和人民交上了合格答卷。原疾控科主任靳桂明，66 岁仍坚持每天工作 10 余小时；57 岁的感染科主任江晓静，既参与发热门诊又负责病区救治，累了困了就在办公室打个盹；感染科护士王艳，推迟婚期、穿上防护服返回战位；还在哺乳期的护士长周守风，提前给孩子断奶，义无反顾走上抗疫战场；返家休假的护士王欢，从吉林四平出发，辗转 2000 多公里“逆行”返岗……世上没有从天而降的英雄，只有挺身而出的凡人。对人民的一腔热血，让他们不避危险、不畏生死、不计得失，给病毒肆虐的漫漫黑夜带来了光明，为疫情笼罩下的江城人民注入了信心和力量，送去了温暖和希望。

【案例分析】

新时代，我军所处的社会环境、担负的使命任务都发生了巨大变化。作为革命军人，必须把爱民为民作为高尚情操来坚守、作为行为准则来践行，尊重人民守住本，热爱人民见真情，服务人民尽好责，为促进国家富强、守护人民幸福作出新的贡献。

4. 爱军精武

当兵不习武，不算尽义务；武艺练不精，不是合格兵。爱军精武，是军人的本职本分，集中体现了革命军人担当重任、忠于职守的精神品格，也是官兵成长成才的现实途径、争创荣誉的实践依托。

知识链接

“全军备战标兵个人”淳静

“战场无亚军，岗位即战位。”这是被表彰为“全军备战标兵个人”淳静的口头禅。2006 年，他带着国家发明专利、全军优秀博士学位论文奖的光环，放弃留校任教的机会，毅然回到荒山沟壑。为攻克技术难关，他带领课题组从零起步，像钉子一样铆在战略武器研究试验第一线；为了一个数据，他往往几天几夜不眠不休，一遍又一遍推理演算、模拟仿真，一年后终于实现了重大突破，填补了多项技术空白。在庆祝中华人民共和国成立70周年阅兵式上，他参与研制的"国之重器"雄赳赳气昂昂驶过天安门，实现了潜心铸造大国"神剑"、做"科研战场上的狙击手"的梦想。

军队因战争而存在，军人以制胜为荣光。军队建设的各个岗位，都是备战打仗不可或缺的重要战位。锻造一支威武之师、胜利之师，必然要求每名军人恪守爱军精武的职业道德，自觉把对军人职业的热爱之情转化为练好本领、提高技能的内在动力，按照打仗要求严训苦练、真打实备，做到召之即来、来之能战、战之必胜。

5. 爱岗敬业

岗位是追梦圆梦的大舞台，是建功立业的主阵地。爱岗敬业，就要热爱本职、忠于职守、尽心尽责，这是革命军人履行使命的基本要求、从军报国的价值体现。平凡岗位连着伟大事业，普通一兵也会大有作为。"金头盔"是空军战斗机飞行员比武竞技的一项顶尖赛事。有一位80后曾三次获得"金头盔"，成为人们眼中的"王牌飞行员"，他就是空军某部部队长、特级飞行员——蒋佳冀。他热爱飞行事业，高考后放弃做民航飞行员的机会，选择当空军飞行员，且决心要当战斗机飞行员；军校毕业，他放弃留校任教的机会，选择到军事斗争准备最前沿的一线作战部队；成为合格飞行员后，他放弃在二代机部队提前晋职的机会和安稳舒适的生活，选择从头开始改装新型战机。这个有着一身冲劲的小伙子无论飞哪个机型，都始终干一行、爱一行、钻一行、精一行，努力学习新知识、掌握新技能、练就新本领。在航校时，他就展现出过人的飞行天赋，在同批战友中，他第一个放单飞，第一个改装三代机，第一个任长机、教员、指挥员，第一个参加重大行动任务。他善于深钻细研、敢于求变求新，始终瞄准实战创新战法训法，积极探索复杂电磁环境下空战对抗和对地突击的特点规律，研究摸索出混编突防等20多套有效管用的战术战法，在上级组织的多次重大演习演练中得到有效验证并取得优异成绩。2011年，他参加空军组织的首次"金头盔"比赛，被空军评为"对抗空战优秀飞行员"，荣获象征中国空军飞行员至高荣誉的"金头盔"。2012年，他再度夺取"金头盔"，成为空军首位蝉联此荣誉的飞行员。2015年，他第三次夺得"金头盔"，成为空军首个三夺"金头盔"的飞行员。蒋佳冀身上所折射出的敬业精神，正是社会主义核心价值观的生动体现。军营是所大学校，虽然岗位分工有差别，但敬业标准无高低。作为新时代革命军人，我们要干一行、爱一行、钻一行、专一行，立足本职岗位，强化责任意识，砥砺严谨作风，练就精湛技能，勇做强军兴军的奋进者、搏击者。

（二）如何践行社会主义核心价值观

人的一生虽然漫长，但紧要处只有几步。每个人都有自己的际遇和机缘，都要在自己所处的时代条件下谋划人生、创造历史。在思想文化交融交锋、价值观念多元多样的当下，人生选择的机会更多、空间更广。作为新时代革命军人，只有在正确价值观的指引下，勇于改造自我、注重人生再造，才能作出理性的人生选择，自觉投身强军兴军伟大实践，努力成就精彩军旅人生。

1. 正确对待梦想

梦想就是希望，梦想就是目标。一个人有了梦想，才会拥有明确的方向和前行的动力，在追梦圆梦路上才会不断攀登人生高度、领悟人生意义、升华人生价值。2018年，习近平总书记视察北京大学时召开师生座谈会，一名退伍女兵作为唯一的学生代表，向习近平总书记汇报从军经历，被习近平总书记点赞，夸她像《红海行动》中那位女兵一样出色。她，就是“最美退役军人”宋玺。2015年，大二的她不顾家人反对，“先斩后奏”报名参军，怀揣着成为一名海军陆战队战士的梦想，毅然走进军营。入伍后，宋玺每天坚持高负荷训练，攀爬铁丝网、五公里武装越野、实弹射击、擒拿格斗、深水潜泳等。这些对女生来说难度很大的训练课目，她都咬牙一一坚持下来，付出了比常人更多的泪水汗水。她以全优成绩通过考核，最终如愿成为海军陆战队某旅女子侦察队队员，并光荣成为海军第25批护航编队唯一的女子特战队员，收获了“我追过、我拼过、我无悔”的青春梦想。走进新时代，我们都是追梦人。强国强军伟大事业，为广大官兵提供了实现梦想的沃土、筑梦圆梦的舞台，只有把个人梦融入中国梦强军梦，敢于有梦、勇于追梦，脚踏实地、努力奋进，才能最终圆梦，实现人生价值。

2. 正确对待担当

担当，就是扛起责任，更是一种迎着时事上，不为挫折惧、勇挑重担干的强烈事业心和进取心。人民军队历来是敢担当、有担当、能担当的军队，背负着民族的命运，肩负着实现强国强军伟大梦想的神圣使命。战争年代，无数革命先辈年纪轻轻就谋复兴、干大事，担当起救亡图存、振兴中华的历史重任，“以青春之我构建青春之中国”，用强烈的担当精神染红了我党我军的精神底色。时代变迁，这种担当精神在继承中弘扬、在守正中创新、在创新中彰显，造就了一代代富有忠魂热血的革命战士。如今，只要党、国家、人民需要，革命军人依然可以做到誓死向前、不辱使命。值得警惕的是，现实生活中，有的同志为了不出事、宁可不干事，有的遇大事躲避、遇难事推诿，有的不愿站排头、只愿当“跟班”……所有这些现象，与“铁一般担当”的要求格格不入。面对新的挑战和考验，我们要敢于担当责任，勇于直面矛盾，善于解决问题，发扬“扛红旗、争第一”“啃硬骨头、打硬仗”的优良作风，保持拼搏进取的精神状态，摒弃怕出事的消极心态，练就“铁肩膀”，锻造“金刚钻”，工作岗位履职尽责，关键时刻不负重托，努力创造经得起实践、人民、历史检验的实绩。

3. 正确对待得失

得失问题是价值观的具体体现。如何认识和对待得失问题，说到底是一个人基于人生目的和意义的一种价值评判。离开正确的人生追求，孤立地看待得与失，很多具体问题就看不懂、想不通了。火箭军某部一级军士长刘国栋，从军30余年练就了一身绝活，曾有公司开出百万年薪“挖”他，但都被他毫不犹豫地拒绝了。有人说他当兵当傻了，还有人问他在部队究竟得到了啥。刘国栋的回答是：“我带出100多名业务尖子，这辈子值了。""值了"这两个字，注解了一个老兵面对得失的鲜明态度。军人这个职业，历来就与离别、牺牲、危险、奉献紧密相伴，与边关、哨卡、荒漠、高原紧密相连。"若以小利计，何必披征衣。"作为革命军人，虽然我们时常会失去天伦之乐、发财机会、花前月下等，但换来的是国家安宁、军队强大、人民幸福，得到的是祖国的关爱、人民的褒扬、人生价值的实现。作为革命军人，我们不能局限于个人利益看得与失，要自觉站在全局的高度，善于算大账算总账，不能只算个人的小账；不能过分看重得与失，"舍得"才能拥有美好人生，计较得越多往往失去得越多，摆脱名利缰绳的羁绊反而可以轻装上阵、行稳致远；不要计较一时一地的得与失，不为当前的"得"停下前进步伐，也不因眼前的"失"而灰心懈怠，这样才能在知得明失中经受考验、彰显境界。

4. 正确对待压力

人的一生总会遇到各种难题，承受压力是一道人生必答题。国外某网站曾发布一份全球职业压力排行榜，对200多个职业进行评估，现役军人名列榜首。军人是个高强度、高奉献、高风险的职业，"压力山大"是无法回避的职业常态，但只要拥有科学态度，找到正确方法，压力就会变成激发潜能的动力。我们要辩证看待压力，充分认清压力既可能成为人生的绊脚石，也可成为成长进步的垫脚石；学会缓释压力，面对工作生活中的问题和烦恼，应懂得"放下"、学会自我缓解；勇于战胜压力，树立信心、挑战自我，在不断超越自我中锤炼坚强、创造奇迹。火箭军某旅士官朱红军，刚下连时被分配到难度极高的导弹控制专业，闹出把继电器符号当扑克牌的笑话，第一次理论考试就不及格。但他并没有被击垮，而是顶着压力钻理论、研电路、背规程、记参数，战胜了专业上的"拦路虎"，成为雷霆方阵的"兵专家"。朱红军战胜压力成为工作生活中的强者，为我们提供了有益借鉴。压力并不可怕，只要我们始终保持积极心态，勇于面对矛盾问题，善于释放心理负担，就能在驾驭压力、化解压力中实现人生跨越。

教学拓展

（一）知识拓展

阅读推荐

（1）刘云山：着力培育和践行社会主义核心价值观，《求是》，2014（2）。

（2）李建华：积极培育和践行社会主义核心价值观　推进国家治理体系现代化，《光明日报》，2014－02－10。

（3）黄坤明：培育和践行社会主义核心价值观，《人民日报》，2017－11－17。

（二）能力拓展

1. 主题演讲

主题词：社会主义核心价值观；当代革命军人核心价值观。

实践目的：

（1）通过演讲展示当代军校学员的价值观追求。

（2）通过演讲，让学员联系实际，反思自身，思考如何以实际行动践行社会主义核心价值观。

实践要求：

（1）以班级为单位，每班推选一名学员参加主题演讲比赛。

（2）围绕主题，结合自身经历，自拟演讲题目，演讲中要注重故事性。

（3）演讲时间不少于 5 分钟，不超过 8 分钟。

（1）学员推荐 1 名主持人、5 名评委。

评比标准

序号	评分标准		分值	得分
1	演讲内容（30 分）	主题鲜明、突出、标题醒目	5 分	
		观点正确、鲜明，角度新颖、得当	10 分	
		内容原创，材料典型，事迹感人，事、情、理交融	10 分	
		用词精炼，逻辑严谨，说服力强	5 分	
2	语言表达（20 分）	表达准确、自然流畅	10 分	
		语言生动、形象，语气、语调、声音、节奏富于变化，轻重缓急，抑扬顿挫切合演讲内容	5 分	
		普通话标准，脱稿演讲	5 分	
3	形象气质（20 分）	精神饱满，表情动作恰当	10 分	
		仪表端庄，举止自然，军人气质佳	10 分	
4	现场效果（20 分）	具有较强的吸引力、感染力、号召力	10 分	
		能较好地与听众互动和交流情感	10 分	
5	时间（10 分）	少时扣 2 分（如：时间限制为 5—8 分钟，若少时或者多时，每分钟扣 2 分）	10 分	
	备注	评分采取 100 分制，每位选手不当场亮分，待所有人演讲全部结束后，由裁判汇总后得平均分，最后亮分	总分	

2. 观影活动

观看陆军第四届“四有”新时代革命军人标兵颁奖仪式。

实践目的：

通过观看视频，让学员了解标兵的先进事迹，感悟标兵的价值追求，汲取标兵的精神力量，自觉为自己的行动树立正确的价值导向。

实践要求：

（1）利用课余时间组织全体学员集体观看。

（2）观看之后，每名学员撰写观影体会并上交。

专题三

理想之问——如何补足精神之“钙”

教学主题

坚守初心　扬帆远航

习近平总书记在给北京大学援鄂医疗队全体“90后”党员回信中写道：“青年一代有理想、有本领、有担当，国家就有前途，民族就有希望。”对于军校学员来说，正确的、崇高的理想，不仅能给军人个体的成长成才指引方向，也能为强国强军梦的实现提供和汇聚强大能量。本专题结合教材知识点和学员的现实困惑点，通过问题设置，引导学员深入思考“什么是理想?”“为什么需要理想?”“应树立什么样的理想?”“如何面对理想追逐过程中的矛盾和困难?”等问题，侧重解答“社会理想对个体有什么意义?”“应如何正确认识中国特色社会主义共同理想?”等难点问题，让学员在认知上熟悉理想的含义及其重要性，在情感上认同中国特色社会主义共同理想的科学性，在行动上注重理想的选择和理想的实践性。

教学目标

知识目标：了解理想、信念的深刻内涵，明确理想信念对军校大学生成长成才的重要意义。

能力目标：运用马克思主义立场、观点和方法分析理想和现实的关系，个人理想和社会理想的关系，能够科学树立个人的理想目标，并为自己规划出实现理想的可行性路径。

素质目标：树立中国特色社会主义共同理想，坚定实现中国梦、强军梦的信心。

思维导图

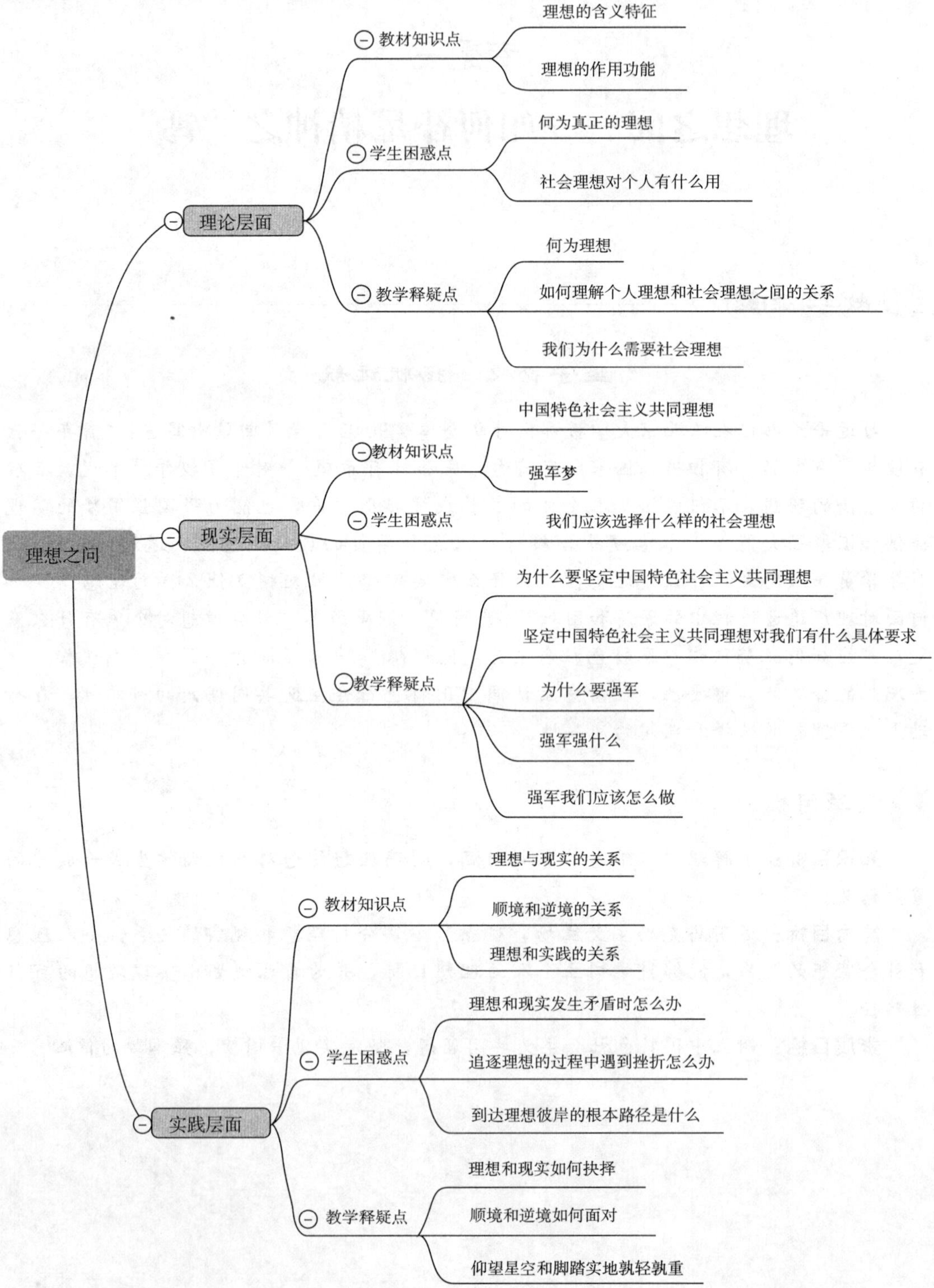
理想之问
理论层面
教材知识点
理想的含义特征
理想的作用功能
学生困惑点
何为真正的理想
社会理想对个人有什么用
教学释疑点
何为理想
如何理解个人理想和社会理想之间的关系
我们为什么需要社会理想
现实层面
教材知识点
中国特色社会主义共同理想
强军梦
学生困惑点
我们应该选择什么样的社会理想
教学释疑点
为什么要坚定中国特色社会主义共同理想
坚定中国特色社会主义共同理想对我们有什么具体要求
为什么要强军
强军强什么
强军我们应该怎么做
实践层面
教材知识点
理想与现实的关系
顺境和逆境的关系
理想和实践的关系
学生困惑点
理想和现实发生矛盾时怎么办
追逐理想的过程中遇到挫折怎么办
到达理想彼岸的根本路径是什么
教学释疑点
理想和现实如何抉择
顺境和逆境如何面对
仰望星空和脚踏实地孰轻孰重

教学详案

有一位教授给学生做过一个测试。

教授问：“你去山上砍树，面前有两棵树，一棵粗，一棵细，你砍哪一棵？”

大家都说：“当然砍粗的了！”

教授一笑：“那棵粗的是普通的杨树，而那棵细的却是红松，你会砍哪一棵？”

同学们一想，红松比较珍贵，就说：“砍红松！”

教授又问：“如果杨树是笔直的，红松却七歪八扭，你砍哪一棵？”

同学们有些疑惑，就说：“这样的话，还是砍杨树！”

教授说：“杨树虽然笔直，可中间大多空了，你会砍哪一棵？”

终于，有人问：“教授，您到底想告诉我们什么呢？”

教授收起笑容，说：“你们怎么就没人问问自己，到底为什么砍树？虽然条件不断变化，可是最终结果取决于你们最初的动机。如果想要取柴，你就砍杨树，想做工艺品，就砍红松。”

听了这番话，大家心中似乎都有所感悟。

这个故事告诉我们什么呢？路遥在《人生》一书中写道：“人生，其实无非是矛盾与选择的综合体。”我们每个人的一生都在不断面临各种矛盾和选择，在这个过程中，如果我们没有明确的目标，在人生的选择中就可能会摇摆不定。而有了明确的追求目标，才能朝着这个目标做出坚定选择。正如习近平总书记主持十八届中共中央政治局第一次集体学习时指出：“理想信念就是共产党人精神上的‘钙’，没有理想信念，理想信念不坚定，精神上就会‘缺钙’，就会得‘软骨病’。”① 那么，什么是理想呢？

一、理想是什么

（一）何为理想

“理想”这个词在我们的生活中可以说是一个高频词，从小到大，我们也都被问过很多次，“你的理想是什么？”

每个人都有自己的理想，每个人的理想也都不太一样。有人说自己的理想是赚钱，有人说自己的理想是找个好工作，等等。但也有人疑惑，赚钱是不是理想？找个好工作是不是理想？这就涉及第一个问题，到底什么是真正的理想？

知识链接

理想的词源

“理想”这个词最初来源于希腊语“idea”，也就是奋斗目标的意思。在中国

① 习近平．习近平谈治国理政［M］．北京：外文出版社，2014：15.

古代，理想往往被称作“志”，也就是志向。在《现代汉语词典》（第7版）中，理想主要有两层含义：一是对未来事物的想象或希望（多指有根据的、合理的，跟空想、幻想不同）；二是符合希望的，使人满意的。

在“军人思想道德修养与法律基础”课程中，理想主要指的是人们在实践中形成的，具有现实可能性的，对未来社会和自身发展目标的向往和追求。它是人们的世界观、人生观、价值观在人生奋斗目标上的集中体现。简单地说，一个人想做什么？追求什么？将来想要成为什么样的人等等类似的问题，都是理想问题。从这个层面来说，我们可以这样理解：

1. 理想是一种社会意识

理想并非与生俱来的，它是人们在社会实践当中形成的，是社会关系的产物。正因为如此，理想带有强烈的时代烙印和阶级烙印。不同时代生产力发展水平不同，理想往往也不同。比如在新民主主义革命时期，无数革命先烈抛头颅、洒热血，为挽救民族危亡，驱逐外国侵略者而树立崇高的理想，那是革命一代最伟大的理想。在社会主义建设时期，雷锋、王进喜、钱学森、钱三强、焦裕禄等英雄模范，为了新中国能够强大起来而奉献终身，这是建设一代的理想。新时代，我们为实现中华民族伟大复兴的中国梦而努力，这是新时代青年的理想追求。每一代人的理想之所以不一样，根本原因就在于，每一代人所处的社会环境不一样，时代条件不一样。归根结底，我们有什么样的理想追求，受到我们所处的社会环境的制约。

2. 理想是人类的一种精神现象

理想作为一种意识，是人类进入文明社会的产物，是人类精神世界的一个极其重要的组成部分。从马克思主义关于人的学说的角度来看，一个没有理想的人，很难称为真正意义上的人。著名作家雨果曾说：“动物生存，而人生活。”有了理想，有了追求，我们才能够谈生活。所以，精神追求成了人之所以为人的重要支撑。尤其是进入文明社会之后，随着人的实践活动的不断拓展，理想甚至成了人的精神世界中最闪亮的一道光，它随着人类社会的发展，演绎出无穷的可能性。

3. 理想是对未来的向往和追求

理想外在的表现往往是人们出于对自身现状的不满足，从而对未来产生强烈的期待和向往。理想的内容往往不是现有的、已经获得或存在的东西，它是指向未来的目标体系，是人们的要求和期望的表达。这种对未来的期许，往往成为激励人们前行的动力，也为人生指明努力的方向。

4. 理想是具有现实可能性的

理想是基于现实的，是对客观现实的自觉反映，但理想又是高于现实的目标追求，人们往往不会追求当下已经拥有的东西。因此，理想的内容是客观的，它不可能是天生就存在于人的大脑中的，也不可能是在个体所处的现实生活环境中从未接触到的，或者在大脑中从未认知到的东西，这就决定了理想的树立与人们自身的成长环境、与其所接触到的万事万物有着直接的联系。在现实基础上构建起来的理想蓝图，才可能是合理的、科学的，才是有希望的。如果脱离现实，不具有转化为现实的可能性，那它就不是理想，而是空想或幻想。

知识链接

理想 空想 幻想

空想和幻想也是人们对未来的向往和追求，也是人的精神现象，表现为人的一种想法、意志，但它们与理想在本质上又有区别。

理想强调的是其现实性，是在现有条件下，通过自己的努力能够实现的目标追求。

空想只强调“想”，它往往脱离现实，没有客观依据或科学依据，不符合社会发展规律，或者缺乏可实现的路径导致目标根本无法实现。

幻想是个人对未来的希望的想象过程，它以个人愿望或社会需要为基础。比如，当个人遇到困难时，以虚构的方式想象应对挫折的方法，从而获得心理的满足。幻想有两种：一种是完全不切实际的想象，几乎等同于空想。另一种是符合现实生活发展要求的想象，只不过它与现实有较大差距，目前不具备实现的条件，在将来具备实现条件的时候，有可能实现。因此，幻想具有潜在的实现可能性。

在现实生活中，不同的人会有不同的理想，这就体现为理想的不同类型。了解理想的不同类型，是确立自己理想和目标的必要前提。理想是多方面和多类型的。按性质可分为科学理想和非科学理想、崇高理想和一般理想。按时间可分为长远理想、中期理想和近期理想。按对象可分为个人理想和社会理想。其中，最常讲的就是个人理想和社会理想。

个人理想主要是指个人对自己未来目标的向往和追求。它包括个人的道德理想、生活理想、职业理想等。

社会理想是一定的个人和社会阶级对社会的经济、政治、文化状况的期望、设想和追求。一定程度上说，社会理想是社会中占主导地位的绝大多数人，甚至可以说是社会全体成员共同的理想追求。比如，在对社会形态的期许方面，近代中国，孙中山提出“三民主义”，希望建立一个资本主义社会，而中国共产党则希望建立以马克思主义为指导思想的社会主义国家，2017 年 10 月习近平总书记在党的十九大报告中提出“把我国建设成为富强民主文明和谐美丽的社会主义现代化强国”。这都是社会理想，是对美好社会形态的一种追求和向往。

在现实生活中，个人理想和社会理想相比较而言，个体往往更偏向于个人理想的追求，个人理想对人生的重要意义，大家也更加容易理解和接受。在很多人看来，社会理想离我们似乎比较遥远，与我们的个人理想好像没太大关联。但是，在今天这个崇尚自由、个性的时代，我们却在反复强调要树立社会理想，原因是什么？这就需要我们搞清楚社会理想和个人理想之间有什么关系？

（二）如何理解个人理想和社会理想之间的关系

案例

照亮“神舟”回家路①

“返回舱进入黑障区，我目不转睛地盯着雷达屏，忐忑不安。当听到发现目标、捕获成功，我悬着的心才放下来，喜悦之情油然而生。”航天科工集团二院23所高级工程师朱颖对参与神舟八号回收的情景记忆犹新。那是2011年，刚毕业工作两年、年满26岁的他不仅参与了“回收一号”雷达系统升级，而且赴回收现场，经受实战磨砺。

“习总书记在讲话中勉励青年在工作中增长才干、练就本领。我理解，就是期望我们在诸如飞船回收这样的实践中摸爬滚打，锤炼成长。”朱颖深有感触地说。

2009年，朱颖从电子科技大学硕士毕业，所学的波束控制是雷达领域的重要技术，与航天科工集团二院23所非常对口，也契合了他学有所用、以用促学的择业目标，于是他选择加入航天科工。入职两个多月后，他就被安排参与“神舟”飞船返回的雷达跟踪系统“回收一号”的升级工作，航天报国之路由此开启。

刚毕业就参与“国”字号工程，这是一种幸福，更是一份责任。朱颖说，他的机会虽然与老师引导、自己努力分不开，但从根本上说，是快速发展的中国航天赋予的。彼时，中国已实现航天员自主出舱活动，正待突破空间交会对接技术，向载人空间站建设大步挺进。新的飞船回收任务需要优异设备，而“回收一号”已服役10年，一些部件老化，亟待全面升级，朱颖的专业能力正是系统升级所急需的。

正如习总书记寄语青年的那样，今天，新时代中国青年处在中华民族发展的最好时期，既面临着难得的建功立业的人生际遇，也面临着“天将降大任于斯人”的时代使命。朱颖肩负时代使命，航天报国梦圆。他清楚地意识到，航天报国任重道远。“习总书记说，奋斗是青春最亮丽的底色，我一定牢记这句话，永不懈怠。”朱颖说。

案例评析

朱颖只是神州团队中的一个缩影。他肩负的历史使命在某种意义上说是一种社会理想，而其个人对自身发展的向往和追求则是个人理想。他将个人的成长进步，归功于个人的努力和追求，更从根源上归功于中国航天事业的发展。他在个人理想和社会理想之间找到了衔接点，以社会理想为牵引，树立具体的个人理想。对他来说，圆航天报国梦，圆的既是国家的梦，也是个人的梦。

由此，我们可以看出，社会理想和个人理想的关系，在一定程度上来说是个人和

① 张保淑．青春“天团”接续奋斗新时代［N］．人民日报海外版，2019-05-06（01）．

社会的关系在奋斗目标上的体现。两者既不是对立的关系，也不是彼此孤立的关系，而是相互制约、相互影响、相互促进、辩证统一的关系。

一方面，社会理想决定、制约着个人理想，能为个人理想提供导向，引导个人应该追求什么，不应该追求什么。个体只有结合自身实际和社会现实，以社会理想为导向来确立自己的个人理想，个人理想才能在其所处的现实条件下得以实现。同时，社会理想的实现是个人理想实现的前提条件，没有社会理想的实现作保证，个人理想也难以实现。比如，近代中国内忧外患，个人的人身安全和尊严无法得到保障，个人想要追求自身的理想，前提是国家民族首先得到独立解放。因此在近代中国，无数仁人志士将救亡图存、建立一个民主独立的国家作为个体的追求，这就是社会理想对个人理想的制约作用。

另一方面，个人理想是社会理想的基础，是一个个独立个体理想的汇聚和升华。在历史的长河中，人类社会的每一次发展进步都离不开个体的努力奋斗，可以说，社会的发展有赖于个人的努力，社会理想的实现也有赖于个人理想的树立。

个人理想是社会理想的基础，社会理想的实现有赖于个人理想的树立，但这是不是意味着个人理想比社会理想更重要，或者意味着我们不需要树立社会理想呢？答案显然是否定的。

（三）我们为什么需要社会理想

从根本上说，社会理想和个人理想也是社会利益和个人利益关系的重要体现。社会理想的实现是个人利益得到保障的基础和前提，个人的生活幸福与国家兴衰、社会进退息息相关。当社会理想无法实现时，个人理想就失去了实现的现实条件。尤其是在我们国家，人民的利益高于一切，个人利益、集体利益和国家利益在本质上是一致的，国家利益、集体利益体现的是个人根本的、长远的利益，是集体所有成员共同利益的统一。同时，每个人的正当利益，又是集体利益不可分割的组成部分。国家、社会集体利益的发展，本身也集中体现着每个人利益的增加。

案例

在中国治疗新冠肺炎要花多少钱？①

2020 年春节，突出其来的新冠肺炎疫情打乱了人们的生活。面对庞大的感染人群，患者的救治费用一直是人民群众关心的热点。治疗一名新冠肺炎患者的平均费用是多少，这些医疗费用由谁承担？就这些问题，中央纪委国家监委网站专访了国家医疗保障局医药服务管理司负责同志。

问：截至目前，医保系统共为全国新冠肺炎患者结算、支付了多少资金？被医院

---

① 国家医保局：以人民为中心，切实保障患者医疗费用［EB/OL］.（2020－03－29）.http://www.xinhuanet.com/politics/2020—03/29/c_1125784154.htm.

收治患者的平均治疗费用是多少？

熊先军（国家医保局医药服务管理司司长）：疫情发生以来，国家医保局认真贯彻党中央、国务院统一部署，将维护人民健康放在首要位置。1月22日，国家医保局会同财政部明确要求，对于确诊和疑似患者全部实行先救治、后结算。费用在基本医保、大病保险、医疗救助等按规定支付后，个人负担部分由财政给予补助。

截至3月15日，31个省（区、市）和新疆生产建设兵团报告，全国新冠肺炎确诊和疑似患者发生医保结算93238人次（包括门诊患者多次就诊结算），涉及总费用103960万元，医保系统共支付67734万元。全国确诊患者结算人数为44189人，涉及总费用75248万元，人均费用1.7万元，其中医保支付比例约为65%（剩余部分由财政进行补助）。

为缓解医疗机构垫资压力，医保经办机构还专门预付专项资金用于患者救治。截至3月19日，各地医保部门累计拨付资金193亿元，其中湖北省37亿元。

据了解，1.7万元只是一个平均数字，可能无法反映不同类型患者治疗费用的差距。

在3月初发布的《新冠肺炎诊疗方案（试行第七版）》中，对新冠肺炎患者的临床分型包括四类——轻型、普通型、重型、危重型。

华中科技大学同济医学院附属同济医院的一位医生向《中国经济周刊》记者介绍，粗略估算的话，一位高度疑似患者的治疗费用在5000元左右，一些普通型患者的治疗费用也可能上万，危重症患者的治疗费用甚至可以达到百万元以上。

虽然每个患者治疗的时间、用药类型及多少等不同，费用方面会存在差异，但不管费用是多还是少，患者们都不需要担心，财政部已发话国家财政兜底。

美国新冠肺炎治疗人均费用是中国8.5倍①

近日，美国卫生政策分析组织KFF发布一项研究显示，有重大并发症和合并症的新冠肺炎住院患者，平均总费用为20292美元，折合人民币约14.4万元，是我国人均费用的8.5倍。

相比之下，没有并发症的患者的平均治疗费用为9763美元。对于所有入院患者，包括无并发症的患者，平均自付费用可能超过1300美元。

美国新冠肺炎
治疗有关情况

此外，根据美国《时代周刊》报道，美国一名女性患者Danni Askini表示，在接受新型冠状病毒检测和治疗后，她收到了总计34927.43美元的账单，折合人民币约25万元。其中新冠病毒检测费用为907美元，折合人民币约6400元。

① 新冠治疗费用人均1.7万元美国是中国8.5倍，https：//ishare.ifeng.com/c/s/7vlaLR8qfNN.

案例评析

从这场波及每个人日常生活的新冠肺炎疫情中，我们可以看到，国家的综合国力和我们每个人的切身利益息息相关。从2003年的“非典”疫情、2008年的汶川大地震和南方大冰雪灾害，到2011年甘肃玉树大地震，再到2020年的新型冠状病毒和南方地区的洪涝灾害，在每一次巨大的灾难面前，国家与民族都把人民的利益置于最高位置，为普通百姓的生命和财产安全保驾护航。国家每一次的全面部署、每一次的高效协同、每一次的咬牙攻坚，都让我们强烈地感受到“中国”这两个字带来的安定。而国家利益正是由像钟南山、李兰娟那样的国士，由抗疫一线将普通生命高高举过头顶的英雄，由每一个自觉居家隔离不给祖国添乱的普通人共同努力成就的。在强大的国家利益的支撑下，我们每个普通人才得以感受静好岁月。所以，从根本上说，家国难分，国家利益与个人利益紧密相连。国家好，民族才会好，个人才能去追求自己的幸福。从根本上说，将个人理想完全从社会理想中抽离出来，那是不现实的，也是难以实现的。

因此，我们需要树立正确的社会理想，具体而言：

1. 社会理想的正确树立，能够帮助我们找到适合自己的个人理想

唯物史观告诉我们，只有顺应社会历史发展规律，才能推动社会进步发展，而人民群众是推动历史发展的力量，要在历史的洪流中实现自己的人生价值，必须在了解和把握社会的前提和基础上，结合社会现实和自身实际，以社会理想来牵引个人理想。毛泽东年轻的时候，和他的朋友讨论关于理想的问题。他说有的人想当教育家，有的人想当军事家，实际上这不是叫立志，不过是羡慕人家的成功而已，真正的立志是认识真理、追求真理、实现真理。毛泽东所讲的立志，其实就是认清社会发展规律，自觉地按照社会发展的客观规律推动社会前进。回顾我们党的历史，可以看到，革命战争年代，一代又一代共产党人，就是认清楚了当时中国的社会现实，认清了共产主义这个理想的真理性、崇高性，才将实现共产主义，实现民族解放、国家富强、人民幸福的伟大理想，当成个人的毕生追求。今天，在实现中华民族伟大复兴的道路上，我们必须认清这个发展趋势，顺势而为，这样才能找到自己的追求，最终实现自己的价值。

2. 社会理想的正确树立，能在实现个人理想的过程中激发更深刻持久的精神力量

在激励人们前行的精神力量中，最深入最持久的就是理想信念的力量，而当个人理想与崇高的社会理想融合在一起时，这种力量越发强大。回望伟大的两万五千里长征，红军将士在没有任何现代化交通工具的情况下，历时两年，徒步跋涉，辗转10余省，平均日行军70多公里，跨越近百条江河，走过有“死亡陷阱”之称的高原沼泽，翻越20多座海拔4000米的雪山，途中进行大大小小600多次战役战斗。所以，长征被称作是人类军事史上的奇迹，是人类潜能发挥的奇迹，也是一首壮丽的史诗。是什么让一群平均年龄才20岁左右的红军战士们拥有那样惊人的力量？是什么让他们拥有那样坚强的意志？是什么让他们那样勇往直前、无所畏惧？邓小平曾说：“为什么我们过

去能在非常困难的情况下奋斗出来，战胜千难万险使革命胜利呢？就是因为我们有理想，有马克思主义信念，有共产主义信念。"① 革命战争年代，无数仁人志士和革命先辈，无私无畏、视死如归，就是因为他们对社会主义、共产主义远大理想和奋斗目标坚贞不渝。

知识链接

什么是长征精神？

对于什么是长征精神，党和国家领导人曾做过精辟论述，许多研究长征精神的专家学者也有不同的表述。中国人民解放军军事科学院的专家们认为，在多种论述和表述中，对长征精神基本内涵的认识是高度一致的，那就是：革命理想高于天的忘我牺牲精神；敢于战胜一切敌人而不被敌人所屈服的革命英雄主义精神；顾全大局、紧密团结的集体主义精神；坚韧不拔、百折不挠的艰苦奋斗精神；一切从实际出发，坚持走自己道路的求实创新精神。

红军将士为之奋斗的社会主义理想、共产主义理想属于社会理想，在这一崇高的社会理想的激励下，红军将士迸发出超乎常人的意志品格。无论是在革命战争年代，还是在今天，我们从具有伟大人格的模范人物身上，都可以发现这样一种规律，越是树立了远大的、崇高的理想的人，斗志越昂扬，意志越坚定。高尔基曾说："一个人追求的目标越高，他的才力就发展得越快，对社会就越有益。"今天，在人民军队中涌现出了无数模范人物，他们之所以能够建功立业，无一不是在崇高理想的激励下实现的。

案例

为梦想而生、以英雄命名、用生命奋斗②

两度飞天的聂海胜、三上太空的景海鹏，功成名就却立志再闯九天；神七任务中，翟志刚、刘伯明拼死也要让五星红旗在太空展现；邓清明 3 次与飞天任务失之交臂而初心不改；李庆龙、吴杰作为我国最早选拔的航天员始终甘为人梯……

正是对党的绝对忠诚，让他们无怨无悔、勇往直前，用行动诠释了一名共产党员的初心与使命。

20 年来，全体航天员始终仰望星空、脚踏实地，刻苦训练、为国出征，取得了六

① 邓小平．邓小平文选：第三卷［M］．北京：人民出版社，1993：110.

② 【时代楷模】中国航天员群体——中国航天梦之队，搜狐网，（2018－12－19）。https：//www.sohu.com/a/282963033_355467.

战六捷、次次圆满的飞天奇迹，被誉为“航天强国征途上的时代先锋”。

航天员们不仅刷新着中国人的飞天高度，也在太空书写了壮丽精神史诗。

他们的先进事迹，充分体现了航天员群体“问鼎苍穹心向党”的坚定信念、“敢教日月换新天”的创业豪情、“矢志一流谋超越”的进取精神、“计利当计天下利”的崇高境界，生动展示了担当民族复兴大任时代新人的良好精神风貌。

案例评析

航天员团队被评为时代楷模，他们当之无愧。为什么航天员群体能够二十年如一日执着追梦，为什么航天员群体能够为了航天事业甘愿牺牲奉献一切，因为他们深知自己肩负着党和人民的重托，带着中华民族的飞天梦想。航天梦不仅仅是个人的梦，也是民族的梦。追逐航天梦，不是追求个人出名出彩，而是为了圆民族的梦。这个伟大的梦想给了他们超越自我、攻坚克难的勇气。

3. 社会理想的正确树立，有助于帮助个人拒腐防变

在现实生活中，为什么有的人能得到万人敬仰，而有的人却被万人唾弃。这跟一个人到底追求什么有着密切的关系，如果一个人心中只有自己，那么这个人往往会痴迷于当下的享受，面对社会中的各种诱惑，失去抵抗力。

案　例

2019年3月26日，十九大以来第一个落马的正部级干部，宣传部原副部长、中央网信办原主任鲁炜案在浙江省宁波市中级人民法院公开宣判，其直接或者通过他人非法收受、索取财物3200万余元，因受贿罪获刑14年，并处罚金300万元。鲁炜在忏悔书中写道：“我在政治上、经济上、工作上、生活上，都犯下了严重的不可饶恕的错误，严重丧失了一名共产党员基本的党性原则和操守底线……我严重违反六大纪律，‘七个有之’条条都犯，自己犯错之多、之深、之恶劣，给党的事业带来了巨大伤害，给党的形象抹了黑，辜负了总书记和党中央的信任重托，辜负了组织30年的教育培养……”①

《正风反腐就在身边》
（1－4集合辑）

案例评析

很多党员在刚走上领导岗位的时候，也曾信心满满，要为国家、为社会、为人民

① 鲁炜的妻子为何对他绝望？大老虎的忏悔书里还说了什么，新浪网，（2018－11－15）。https：//news.sina.com.cn/c/2018－11－15/doc-ihmutuec0443984.shtml.

做有益的事。但经过一段时间之后，有的开始迷茫、动摇。鲁炜作为党的高级干部，在从政的过程中，就没有经受住"糖衣炮弹"的攻击，没守住底线，丧失了理想信念，导致在党的十八大之后不收敛、不知止，最终沦为腐败分子。

毛泽东曾指出，一些共产党人经不起糖衣炮弹的攻击，根源就是这部分人最大的追求是自己个人的幸福甚至是享乐。所以，毛泽东曾希望用社会理想来鼓励人们不要放松，继续前进。只有坚守崇高理想信念的人，才能战胜腐朽思想，成就人生辉煌。在价值观多元的时代背景之下，在西方意识形态的侵蚀下，一些党员干部丧失了最初的理想，为名利所牵绊，导致政治上变质、经济上贪婪、道德上堕落、生活上腐化。而坚定的崇高的理想，可以帮助一个人经受住各种诱惑的考验。

4. 社会理想的正确树立，有助于凝聚共识，激发中国力量

理想是国家、民族和个人保持生机活力的源泉和动力。习近平总书记指出："经过几千年的沧桑岁月，把我国56个民族、13亿多人紧紧凝聚在一起的，是我们共同经历的非凡奋斗，是我们共同创造的美好家园，是我们共同培育的民族精神，而贯穿其中的、更重要的是我们共同坚守的理想信念。"① 可以说，共同理想在一个国家和民族中，具有强大的凝聚作用，它可以将无数普通个体的力量，聚集在同一个目标上，形成强大的中国力量。几千年以来，正因为中华儿女始终凝神聚气，我们这个民族才得以延续数千年而从未中断。哪怕是近代以来，中华民族面临内忧外患、遭遇亡国灭种的危险，也总有一批富有斗争精神的志士仁人，在关键时刻用生命和鲜血唤醒整个民族，凝聚起中华民族最强大的救亡、复兴力量。今天，实现中华民族伟大复兴的梦想，不仅仅是国家的梦、民族的梦，也是每个中国人的梦。在这个共同梦想的引领下，必将汇聚起中华民族最持久、最磅礴的追梦力量。无数个体在追梦路上久久为功，国家、社会也便有了经久不衰的前行动力，让更多人敢于做梦、勇于追梦、努力圆梦，在逐梦的征程中，无数中国人凝聚起了推进实现民族复兴的中国力量。

那么，作为新时代的革命军人，我们应该树立什么样的社会理想呢？

二、革命军人应该坚守什么样的理想

新时代革命军人要真正肩负起自己的历史使命，就必须坚定中国特色社会主义共同理想，坚定实现强军梦的宏伟理想。这是新时代革命军人加强思想道德修养，提高精神境界的核心。

（一）坚定中国特色社会主义共同理想

在我们国家，社会理想总体上可以划分为两个层次：一是走中国特色社会主义道路、实现中华民族伟大复兴的共同理想，具体来说，就是在中国共产党的领导下，走中国特色社会主义道路，实现中华民族的伟大复兴；二是实现共产主义社会的最高理想。

① 习近平．习近平谈治国理政［M］．北京：外文出版社，2014：39.

1. 我们为什么要坚定中国特色社会主义共同理想

共同理想能够激发中国力量。改革开放后，随着社会主义市场经济的持续发展，我国的经济成分、组织形式、就业方式、利益关系和分配方式都发生了深刻的变化，人们的社会意识和价值追求也开始呈现多元化、多样化的特征，有的人对建设中国特色社会主义开始怀疑动摇。此时需要有一个能够代表广大人民根本利益，为社会各个阶层广泛认可和接受的共同理想，并且这个共同理想要落实到个人的具体工作中，这样才能有效凝聚各方面的智慧和力量，打牢全党全国各族人民团结奋斗的思想基础。当社会全体成员都能够把共同理想和各行各业的工作、和自己的岗位职责、和自己的人生追求相结合，宏观上朝着同一个目标，微观上从各自的实际出发，朝着自己的理想努力，全体社会成员才能走出一致的步调，产生同频共振的效应。这个共同理想，必须是中国特色社会主义的共同理想，这是历史发展的必然要求，也是人民利益和意志的根本体现。这个共同理想，把党在社会主义初级阶段的目标、国家的发展、民族的振兴与个人的幸福紧密联系起来，是最能够代表广大社会成员心声，最具有凝聚力的共同目标。

2. 坚守中国特色社会主义共同理想对我们的具体要求是什么

一是坚定对中国共产党的信任。《中国共产党党章》上面有这样一段话：“中国共产党是中国工人阶级的先锋队，同时是中国人民和中华民族的先锋队，是中国特色社会主义事业的领导核心。”中国共产党自诞生之日起，就高举马克思主义的旗帜，将中华民族伟大复兴的使命扛在肩上。这是历史的选择，人民的呼唤。建党 100 多年来，中国共产党带领中国人民完成了新民主主义革命，实现了民族独立、人民解放；完成了社会主义革命，确立了社会主义基本制度；进行了改革开放，完成了新的伟大革命，开创、坚持、发展了中国特色社会主义。

从 100 年的建党历史看，正是有了中国共产党的领导，中国人民和中华民族的前途命运才从根本上发生了改变，近代中国内忧外患、积贫积弱的悲惨命运才得以结束，中华民族从站起来到富起来，再到强起来的历史进程才能够开启。实践证明，没有中国共产党，就没有新中国；没有中国共产党，就没有今天中华民族伟大复兴的光明前景。当然，我们也认识到中国共产党在历史上曾出现过不少失误，自身肌体内存在不少问题。但是，和历史上其他任何政党相比，中国共产党有一个显著的特点，就是她不仅始终坚持与国内外敌人斗争，她还敢于和自己斗争。中国共产党的历史，不仅是一部苦难辉煌的历史，也是一部自我革命的历史。不管在革命战争时期，还是在社会主义建设时期，中国共产党都能够依靠自身的力量和人民群众的帮助解决自己的问题。因为中国共产党具有敢于坚持真理、修正错误的品格和胸怀，有与时俱进的科学理论做指导，有经过实践证明了的一系列正确的路线、方针、政策，有最广大人民的拥护和支持，还有一支在任何时候都舍生忘死、冲锋在前的党员干部队伍。纵观建党百年历史，中国共产党从 100 年前只有 58 名党员的小党，发展到今天拥有 9000 多万党员的大党；中华民族从一个百年前积贫积弱的民族，到今天史无前例地站在了世界舞台的中央，我们有充分的理由坚信，在当今中国，只有中国共产党才能领导中国人民建设和发展中国特色社会主义，只有中国共产党才能带领中国人民创造幸福生活，也只有中国共产党才能带领我们实现中华民族伟大复兴的中国梦。作为军校学员，我们只要坚定地在中国共产党的领导下，为祖国奉献青春，就一定能够大有作为。

二是坚定走中国特色社会主义道路的信念。习近平总书记在纪念红军长征胜利80周年大会上的讲话中指出："中国特色社会主义，承载着几代中国共产党人的理想和探索，寄托着无数仁人志士的夙愿和期盼，凝聚着亿万人民的奋斗和牺牲，是近代以来中国社会发展的必然选择。"[①] 这条道路是历史的结论、人民的选择。鞋子合不合脚，只有自己知道。一个国家，适合实行什么样的主义，关键要看这个主义能否解决这个国家面临的历史性课题和现实性难题。回想中国革命斗争的苦难辉煌，展望改革开放以来的沧桑巨变，历史和现实都有力地证明：只有社会主义才能救中国，只有中国特色社会主义才能发展中国，社会主义没有辜负中国，中国也没有辜负社会主义。中国特色社会主义的发展成就，终将证明我们的这条道路必将越走越宽广。所以，我们要正确认识过去、当下和未来，正确认识我们同发达资本主义国家之间所存在的差距，正确认识我国当下所面临的世情、国情，在此基础上坚定中国特色社会主义的信念，高举道路自信的"旗"、坚持理论自信的"魂"、把握制度自信的"度"、保存文化自信的"根"。

知识链接

正确认识我国同发达国家之间的差距[②]

结合科教文卫综合评判，我国距离成为发达国家还有很长的路要走。

（1）科学教育方面，中国独角兽公司数量占比28.8%，仅次于美国；专利申请、科技期刊数量世界第一；但是2016年每百万人中科研人员仅1206人，低于世界平均的1473人；高等教育入学率51%，与发达国家差距甚大；中国的应用软件、家电电子制造等领域竞争力强大，但芯片、发动机、基础材料等基础领域跟美国比处处是短板。

（2）社会福利方面，我国劳动者每年平均工作时长2200小时，超出美国400小时，超欧洲国家近700小时；2015年社会保障支出占GDP比重11.5%，不及欧盟占比最低的拉脱维亚（14.5%）。

（3）卫生环境方面，2016年我国每千人内科医生数1.81人，每千人床位数1.8张，甚至低于部分发展中国家；2016年农户仅36.2%使用水冲式卫生马桶，超过50%的人尚未使用净化自来水；城镇住房25.8%无独立抽水马桶，8.6%无独立厨房；全国56.33%的人暴露在PM2.5超标环境下。

① 习近平．习近平谈治国理政：第二卷［M］．北京：外文出版社，2017：51.

② 任泽平．中国是发达国家还是发展中国家？［EB/OL］．（2019－02－28）．https：//finance. sina. com. cn/china/gncj/2019－02－28/doc－ihsxncvf8514151. shtml.

(4) 基础设施方面，高铁基础设施高速发展，2017 年客运量占比 56.8%，但公路里程密度、港口基础设施质量、搭乘飞机人数远低于发达国家；互联网渗透率仅 54.3%，与南非持平，安全互联网密度不足欧美的 1%。

(5) 从各省发展水平看，地区差异较大，京沪津苏浙闽粤七省市已迈入高收入经济体行列，但绝大部分省份仍然处于中低收入国家水平。

预计到 2022 年我国人均 GDP 有望超过 13000 美元，接近高收入国家水平下限，到 2030 年 HDI 指数有望超过 0.8，与部分发达国家比肩。

要客观看待中国经济社会发展所取得的成就和不足，清醒认知中美差距。我们建议：第一，更大力度地推动改革开放。建立更高水平的市场经济和开放体制，降低关税、放开投资限制、加强知识产权保护，建立中美自贸区；第二，进一步补短板。加强对薄弱领域的资金投入、人才培养和体制改善，提高综合国力。

三是坚定实现中华民族伟大复兴的信心。党的十八大以来，习近平总书记反复强调要实现“中国梦”。什么是中国梦？习近平总书记指出：“我以为，实现中华民族伟大复兴，就是中华民族近代以来最伟大的梦想。这个梦想，凝聚了几代中国人的夙愿，体现了中华民族和中国人民的整体利益，是每一个中华儿女的共同期盼。”①

中华民族是一个历史悠久的伟大民族，在数千年的历史长河中，我们创造了灿烂辉煌的文明，也为人类社会做出了巨大的贡献。在历史上，中华民族曾一度在世界上遥遥领先，唐朝时期的长安曾是当时世界上最大的都城，日本等国跟中国学习了无数的文化，鉴真东渡、张骞出使西域的故事也广为流传。但是，自鸦片战争以后，中华民族经历了一段战败、屈辱和苦难的历史，有学者对鸦片战争后的中国作出这样的描述：“19 世纪强加给中国的一系列不平等条约、协定和治外法权条款，使人们清清楚楚地看到，不仅中国作为一个国家地位低下，而且中国人作为一个民族同样地地位低下。”中国这个曾经令世界向往的伟大国度，在近代却沦为了积贫积弱、任人宰割的半殖民地半封建社会。这与古代的中国形成了巨大的落差。因此，被西方侵略者的铁蹄惊醒的中国人民，开始苦苦追寻中华民族伟大复兴的梦想。然而，从太平天国到戊戌变法到义和团运动，再到辛亥革命，中国人民进行了种种斗争，但最终都失败了。直到中国共产党成立，把马克思主义基本原理与中国实践相结合，才找到了一条符合中国国情的革命道路，最终完成了民族独立和人民解放的历史任务，进而在我国确立社会主义制度，开启了走社会主义道路，实现中华民族伟大复兴的历史征程。改革开放以来，我们找到了建设和发展中国特色社会主义的正确道路，民族伟大复兴事业获得了新的生机，呈现出无比光明的前景。今天，中国人民不仅自己当家作主了，而且经

① 习近平．习近平谈治国理政［M］．北京：外文出版社，2014：36.

过改革开放之后，中国的综合国力大大增强，国际地位也明显提升了。但中国仍然处在将强未强的状态，距离中华民族伟大复兴还有一定的差距。但我们离中国梦已经越来越近了，在未来的道路上，只要我们坚定不移地走中国特色社会主义道路，不惧风险考验，实现中华民族的伟大复兴便指日可待。

(二) 坚定实现强军梦的宏伟理想

实现中华民族伟大复兴的中国梦，对军队来说就是强军梦。那么，我们为什么要强军？强军强什么？我们能为强军梦做些什么？这是今天每名军人都必须认真思考和回答的时代之问。

1. 为什么要强军

强国必须强军，这是中华民族历经百年风霜、百年坎坷的历史启示。实现中华民族伟大复兴，必须坚持富国与强军的统一。国不富，则民不安；军不强，则国不安。在这方面，历史给了我们血淋淋的教训。

案　例

1894 年，甲午战争中国战败。1895 年，大清帝国的全权代表李鸿章，去日本与日本全权代表伊藤博文进行签约谈判，地点在日本马关一个富有诗意的地方"春帆楼"。4 月 10 日下午 4 点，李鸿章面前是日本人写好的"和约节略"，其中要割取台湾和澎湖列岛等地、索取 2 亿两白银，等等。李鸿章刚坐下，伊藤博文就声明："中堂只能回答允不允两句话。"李鸿章："难道不准分辩？"伊藤博文："可以，但是不能减少。"李鸿章："再减 2000 万。"伊藤博文："不可，一两不可少。"李鸿章："是否能割台一半？"伊藤博文："断不能。"李鸿章："赔款割地，双管齐下如此口紧手辣，吾将来必记之！"伊藤博文："此重任惟中堂一人能够担任。"李鸿章："赔偿既不能减，地可稍减少乎？到底不能一毛不拔！"伊藤博文："如不在停战期限定议，将索赔更多，此乃大日本举国之意！"李鸿章："交割台湾头绪复杂，能否在交割的时间上缓期？台湾既然是贵国的口中之物，又何必那么着急！"伊藤博文："尚未下咽，饥甚！"李鸿章："难道两万万两不足可疗饥？"史书记载："鸿章辩久，伊藤愈坚，且限四日复。鸿章电奏，得旨允可，乃互签约。"

案例评析

这样的场景，今天读来仍然让人心碎。从 1840 年到 1919 年，中国与列强签订了近千个丧权辱国的不平等条约。历史与现实警示世人：国富军弱必然引来祸端，刺刀下的"和约"签得再多，也未必能保证和平。没有一支强大的军队，话语权和主权就无从谈起。

一个强大的国家，必须要有一支强大的军队做保证，国家的主权、安全，人民的生命、财产安全，都需要强大的人民军队来捍卫，没有强大的军事力量做支撑，即使国家富有，也可能只是昙花一现，甚至招致祸害。一个国家往往在两个时期面临的外部压力最大，一个是积贫积弱之时，容易陷入弱肉强食、任人宰割的境地；另一个是发展振兴之时，容易招致其他国家的觊觎、排挤和打压。不管是何种时候，军队都是这个国家最坚强的后盾。

当前，世界面临百年未有之大变局，我国正处在将强未强、将起未起的关键阶段。习近平总书记更是提出了“三个前所未有”，即前所未有地靠近世界舞台的中心；前所未有地接近实现中华民族伟大复兴的目标；前所未有地具有实现民族复兴的能力和信心。习近平指明的当前中国所处的历史方位，为我们进行战略部署确定了出发点和落脚点，也让我们清醒地意识到，能战方能止战，我们必须具备一支与之相匹配的军事力量。中华民族伟大复兴的目标，需要一支强大的军队为实现其提供力量支撑。没有强大的军队，没有巩固的国防，强国梦就难以真正实现。

2. 新时代强军强什么

习近平总书记总结我军历史和现实需要，鲜明提出“军队的样子”不只是面子，而是面子里子都要有样子。新时代，我们实现强军梦，也要重点思考我们要让军队成为什么样？2017 年 10 月召开的党的十九大的报告中指出，中国特色社会主义进入了新时代，明确党在新时代的强军目标是建设一支听党指挥、能打胜仗、作风优良的人民军队，把人民军队建设成为世界一流军队。

首先，听党指挥是灵魂，决定军队建设的政治方向。战争是政治的继续，这是马克思主义战争理论的一个基本观点。所以，强军首先要强政治。对于一支军队来说，政治过不过硬，直接关乎生死存亡。20 世纪 80 年代以来发生在世界范围内的一些亡党亡国事件，给了我们深刻的启示。可以说，听党指挥是我军的命脉所在，坚持党对军队的绝对领导，是我党我军在战争年代，在血与火、生与死的斗争中逐步形成、发展和完善的根本原则，这也是我们历史和实践经验的总结，在任何时候，这一条我们都不能丢，都必须把它坚持下去。

其次，能打胜仗是核心，反映了军队的根本职能和军队建设的根本指向。军队的职能是打仗，军人的天职是打赢，强军说到底要强在战斗力上。人民军队一路走来，经历了 470 多次大的战役和不计其数的小规模战斗，正是在这些殊死搏斗中，我们打败了一个又一个强敌，创造了以少胜多、以弱胜强、不断从胜利走向胜利的奇迹。人民军队之所以闻名于世，就是因为我们始终能够做到召之即来、来之能战、战之必胜。今天，虽然硝烟看似远离我们，但敌人从未远离。所以，党的十八大以来，习近平总书记对军队强调最多的就是能打仗、打胜仗，要求我们这支军队必须具备维护国家安全的能力，面对未来战场上可能的作战对手要有制胜的能力。有了能打胜仗的能力，国家的主权和发展利益才有根本保证，对手才不敢轻易来犯。

再次，作风优良是保证，关系到军队的性质、宗旨、本色，还关系到军队的形象和战斗力。作风优良是我军的鲜明特色和政治优势，在井冈山斗争时期毛泽东提出的“三大纪律八项注意”，将我军与以往任何一支旧式军队区分开来，至此，严明的作风纪律也让我军始终能够保持和人民群众的血肉联系，成了我军获得人民支持的重要原因。党的十八大以来，习近平把作风优良作为实现强军目标的保障，提出了依法治军、从严治军的要求，持续深入开展作风建设和反腐败斗争，使军队的好传统得到了延续和传承，也激活了强军兴军的强大正能量。

党的十九大着眼全面建成世界一流军队，对宏伟蓝图做出战略安排：2020 年基本实现机械化，信息化建设取得重大进展，战略能力有大的提升；2035 年基本实现国防和军队现代化；21 世纪中叶把人民军队全面建成世界一流军队。世界一流军队必须是军魂永驻的革命化军队，必须是强军制胜的现代化军队，必须是依法从严的正规化军队。国家只有拥有了这样一支军队，才能称得上真正的世界强国。

3. 新时代革命军人能为强军梦做什么

中国梦、强军梦是国家的梦、军队的梦，也是我们每个人的梦。

大家来到部队，都怀揣着自己的梦想，都想实现自己个人的愿望，但个人追求只有与军队建设的需要统一起来，才能在部队实现价值。

案例

2020 年 6 月 23 日，我国在西昌卫星发射中心用长征三号乙运载火箭将最后一颗北斗三号组网卫星成功送入预定轨道。至此，北斗三号全球卫星导航系统星座部署全面完成。这意味着，中国北斗正式走出中国，走向世界，将可以为全球用户提供基本导航（定位、测速、授时）、全球短报文通信、国际搜救等服务。而这份荣耀，离不开一支团队的共同努力。那就是享誉全军的北斗团队。它是一个平均年龄只有 30 多岁的年轻群体，他们为了打造中国人自己的“千里眼”，拒绝高薪诱惑，默默拼搏奋斗，把自己的青春年华融入祖国的航天事业，在攻克一个又一个难关中实现了自身价值，成就了光荣与梦想。

案例评析

强军事业为我们每个人都提供了人生出彩的机会和施展才华的平台。大家选择了军营，只要把个人的“小梦想”与中国梦强军梦这个“大梦想”紧密结合起来，就能走上成长成才的“星光大道”，在强国强军的新征程中做更优秀的自己。

当然，将自己的个人梦想融入强军梦，最重要的就是要锤炼过硬素质本领，能力素质不过硬，梦想就可能沦为空想。某潜艇支队三级军士长郑同柱，2019 年 4 月 7 日登上央视《挑战不可能》的舞台，同时观察 9 段视频、13500 帧画面、目标人物画面仅出现 0.04 秒，从 24 个孩子中找出唯一目标……评委们都认为的“不可能”，结果却被他 1 次挑战成功，而这正是他在潜艇雷达兵的岗位上练就的“火眼金睛”。走好强军路就要像郑同柱那样，始终保持一股尚武、精武的劲头，练就过硬的打仗本领。只要每个人都能够扎根岗位、苦干实干，青春就一定能在强军兴军的事业中开花结果。

三、我们该如何到达理想的彼岸

(一)“现实的苟且”和“诗与远方”，如何抉择

“生活不止眼前的苟且，还应该有诗和远方。”这句话曾一度被人追捧。在现实生活中，的确也有很多人困惑，当理想和现实发生冲突，到底是屈从于物质追求，放弃人生理想，还是坚守人生理想，追求诗与远方？要做好这道选择题，必须搞清楚理想和现实的关系。

1. 理想源于现实

现实孕育着理想，理想的形成以现实为依据，是现实条件和主观要求的统一。一方面，理想的内容来自现实，一个人树立什么样的理想，往往与他有过什么样的现实经历有着直接的关联。另一方面，理想实现的可能性也源自现实，理想虽然高于现实，但是，它的根源在于现实条件，现实条件也是理想实现的最基础保证，在一定条件下，理想可以转化为现实，某种意义上说，理想的实现过程就是改变现实的过程。

2. 理想高于现实

理想是经过人脑加工的设想和预期，表达的是人的美好愿望，是将现实中美的、善的、有前途的东西加以整合形成的，它是高于现实、优于现实的。因此，我们在处理理想和现实的关系时，就要注意避免两种认识误区：一个是“用理想否定现实”，在现实生活中，最常见的情形就是用理想的标准来衡量和要求现实，当发现现实不符合理想的标准，就产生抱怨、消极、自甘堕落，甚至逃避现实的状态；另一个是“用现实否定理想”，当发现理想遥不可及的时候，就决定放弃理想，完全用现实标准牵引自身行动。

3. 理想和现实的差距是动态的

理想和现实的矛盾，其实是“应该怎样”和“是怎样”的矛盾，是价值目标和事实存在之间的矛盾。理想本身具有超前性，这就注定理想和现实之间必然存在差距。但这种差距是动态的，在不同的阶段会以不同的形式表现出来，在一定条件之下，理想会转化为现实，而促使理想向现实动态转化的主要路径就是艰苦奋斗。

我们在确立理想和追求理想的过程中，对于理想和现实之间的矛盾可能会感受更加强烈。这时候，我们就必须走出误区，看清理想和现实的矛盾后，永葆对理想的信心和热情。

(二) 顺境和逆境，如何面对

在现实生活中，人们常用“万事如意”“心想事成”“美梦成真”等美好的语言来表达对别人的祝福，但实际上一马平川的道路是不存在的，河流也几乎都是九曲十八弯的，更何况人生。人生理想的实现过程一定是顺境和逆境交替、前进与曲折相统一的。在为理想奋斗的过程中，每个人都不可避免地会遇到一些挫折。只有正确对待挫折和逆境，坚定信念，奋斗不止，才可能实现自己的理想。

1. 要认识到挫折和逆境不可避免

挫折和逆境不可避免，这主要是由人生环境的多样性和复杂性所决定的。人生的环境是多种多样纷繁复杂的，例如家庭环境、自然环境、社会环境、组织环境等，而

这些环境又是千变万化的，这些变化不可避免地会给人生理想的实现带来影响，负面的影响就是困难、挫折和逆境。俗语说，天有不测风云，人有旦夕福祸，说的就是困难和挫折的不可避免性。

2. 挫折逆境和顺境是相互依存、相互包含、相互转化的辩证统一关系

老子说：“祸兮福所倚，福兮祸所伏。”培根讲：“一切幸运并非没有烦恼，而一切噩运也并非没有希望。”这些说的都是顺境和逆境是相互包含，相互转化的关系。顺境和逆境是相对的，没有逆境就谈不上顺境，没有顺境也就没有逆境，逆境和顺境是相比较而存在的。同时，顺境中有逆境，逆境中也有顺境，一个人在实现理想的路上，不可能一路都是顺境，也不可能一直都处在逆境之中。正因为如此，顺境和逆境在一定条件下可以相互转化。

3. 在挫折和逆境中成才

纵观历史，我们发现，古今中外一些伟人、名人的成功其实都有一个相似的地方，那就是他们很多都曾身处逆境，甚至身处绝境，但在逆境中，人的态度不同往往导致结果不同。在困难面前踌躇不前、止步不前的人，最终往往一事无成，并且丧失了面对任何一次挫折的勇气；而不轻易在困难和逆境中低头的人，经过顽强的拼搏，最终往往能走出逆境，创造辉煌。

为什么逆境对人会产生这么大的影响呢？因为人有自然属性，当自己的基本生理需求得到满足后，就有可能安于现状，不思进取，身上的潜能就会被惰性所抑制，处于一种“冬眠”状态。相反，当人们处于逆境中，遭遇噩运时，人就面临着生存的威胁。这时，人的生存本能就会激发出他的潜能去拼搏、去进取，从而成才并创造出光辉业绩。另一方面，人又具有和动物不一样的社会属性，人不仅有基本的生理需求，更有精神需求。在挫折和困境中，人能够激发意志，感受一点点克服挫折所带来的精神上的满足。所以，在现实生活中，当我们身处低谷时，不妨再坚持一下。毛泽东有一句名言：“有利的情况和主动的恢复，产生于‘再坚持一下’的努力之中。”这句话表达的就是在逆境中坚持的重要性。

（三）仰望星空和脚踏实地，孰轻孰重

从字面上看，仰望星空和脚踏实地似乎是一对矛盾体。仰望星空如何顾及脚下的道路？专注于脚下的道路，又如何仰望星空？但我们从人生的角度去看，仰望星空和脚踏实地并不冲突，星空是理想，大地是实干；星空是方向，脚踏实地是态度。仰望星空，是对真理的追寻，而脚踏实地，则是现实与理想之间的桥梁。我们要有理想，更应脚踏实地，因为勇于实践、艰苦奋斗是打开成功之门的钥匙。青年马克思早早就立志要为共产主义事业奋斗终身，这是他的星辰大海，而大英图书馆里日夜手不释卷，数十年如一日的笔耕不辍正是脚踏实地。如若问，何者更重要？显然，如果没有胸怀世界的信仰，马克思当然不会成为“千年伟人”；如果没有脚踏实地的探索，梦想也就仅仅是一个美丽的梦。所以，头顶的星空，对我们来说，是我们脚踏实地前行过程中遇到风雨阻挠时的勇气之源，而脚踏实地则是最终触摸到头顶星空的路，到达理想彼岸的基点就是把人生理想落实在自己的工作岗位上，落实到脚踏实地的平凡点滴中。

案 例

伟大的事业源于梦想与实干创新[①]

——中国嫦娥四号探测器系统总设计师、火星探测器系统总设计师孙泽洲的演讲

“嫦娥四号”成功之后，国家和人民给了我们很高的褒奖。伟大事业都始于梦想，梦想是激发活力的源泉。就拿“嫦娥四号”来讲，我们深空探测的整个团队起步晚，我们做的很多事情，可能都是别人干过的，甚至是几十年前就干过的，我们肯定是要跟跑一段时间，不可能一下子就超越所有人。但是跟跑不代表仅限于跟跑，我们的团队还有很大的梦想：做别人没做过的，即使做别人做过的，也做更有意义的。这就是梦想，正因为有这样的梦想，才成就了“嫦娥四号”任务的实现。

有梦想，有目标，但是去实现这个梦想，去实现这个目标，要靠什么？就是要靠实干。在实干的前提下还要有自己的思考，有自己的创新才可以。美国和苏联都实现过月球的着陆，甚至美国还实现过火星的着陆，但我国的月球探测并不是简单重复他们的。我们有自己的特点，有自己的技术，有自己创新的内容在里面。最后，所有的过程都需要实干来实现。“嫦娥四号”的成功，离不开我们团队中每个人的付出。

案例评析

我们常说，“空谈误国，实干兴邦；空谈误事，实干兴军”，要实现理想，就必须“撸起袖子加油干”，就是要求真务实，身体力行，扎扎实实地从奠基的实事做起，一步一个脚印地向前迈进。

今天，作为新时代的革命军人的我们既要仰望星空，坚定强国强军梦，更要脚踏实地，将梦想融入当前的学习之中，付诸将来的社会实践之中，在部队和学校这两个大熔炉里，学习知识、学会做人，坚定强军理想，坚定强军信念，彰显新时代革命军人的好样子。

① 新华访谈．孙泽洲：青年人要仰望星空，也要脚踏实地．[EB/OL]．(2019-04-19)．http://www.js.xinhuanet.com/ft/2019ft/sunzz.htm.

教学拓展

（一）知识拓展

1. 阅读推荐

（1）《青年运动的方向》，《毛泽东选集》第2卷，人民出版社，1991年版。

（2）《怎样评价一个国家的政治体制》，《邓小平文选》第3卷，人民出版社，1993年版。

（3）习近平：《在纪念五四运动100周年大会上的讲话》。

2. 观看推荐

《军营第一课》系列微视频：《迈向世界一流军队》。

（二）能力拓展

1. 主题演讲

主题词：新时代·军人·梦想。

实践目的：

（1）通过演讲展示学员的理想追求，引发学员思考作为新时代的革命军人，应该追求什么样的理想。

（2）从演讲中，让学员联系实际，反思自身，思考实现理想的现实路径。

实践要求：

（1）以班级为单位，每班推选一名同志参加主题演讲比赛。

（2）围绕主题，结合自身经历，自拟演讲题目，演讲中要注重故事性。

（3）演讲时间不少于5分钟，不超过8分钟。

（4）学员推荐1名主持人、5名评委。

评比标准：

序号	评分标准		分值	得分
1	演讲内容（30分）	主题鲜明、突出、标题醒目。	5分	
		观点正确、鲜明，角度新颖、得当。	10分	
		内容原创，材料典型，事迹感人，事、情、理交融。	10分	
		用词精炼，逻辑严谨，说服力强。	5分	

（续表）

序号	评分标准		分值	得分
2	语言表达（20分）	表达准确、自然流畅。	10分	
		语言生动、形象，语气、语调、声音、节奏富于变化，轻重缓急，抑扬顿挫切合演讲内容。	5分	
		普通话标准，脱稿演讲。	5分	
3	形象气质（20分）	精神饱满，表情动作恰当。	10分	
		仪表端庄，举止自然，军人气质佳。	10分	
4	现场效果（20分）	具有较强的吸引力、感染力、号召力。	10分	
		能较好地与听众互动和交流情感。	10分	
5	时间（10分）	少时扣2分。（如：时间限制为5～8分钟，若少时或者多时，每分钟扣2分）	10分	
	备注	评分采取100分制，每位选手不当场亮分，待所有人演讲全部结束后，由裁判汇总后得平均分，最后亮分。	总分	

2. 制定“大学学习规划”

实践主题：规划大学生涯，明确奋斗目标。

实践目的：让学员自主思考，并科学合理规划大学四年的成长路径。

实践要求：分析自身的优势与不足；确立自身的成才目标、学习目标；达到目标的现实方式路径；规划大学四年如何度过。

实践方法：在进行自我剖析的基础上，根据自己的理想与未来发展，对自身优势与不足进行自我剖析，大学四年的目标及实施思路分解到各个学期，撰写一份《我的大学四年规划》，并将其绘制成思维导图。

教员点评：教员对每名学员的规划进行点评，并帮助学员调整成长规划，让学员的成长路线图更加科学合理，具有可操作性。

3. 微辩论

实践主题：顺境/逆境更有利于个人成长。

实践目的：

（1）通过正反论辩，启发理性思考，锻炼综合能力。

（2）通过活动，让学员明白顺境和逆境之间的关系，并思考该如何面对在实现理想的道路上遇到的逆境。

实践要求：

（1）自由组队，正反方各选派4人参赛，全班推荐1名主持人。

（2）正反方由抽签决定。

实践步骤：

（1）立论环节：正方一辩立论，阐述本方观点，时间为3分钟（提示时间）；反方一辩立论，阐述本方观点，时间为3分钟（提示时间）。

（2）驳论环节：反方二辩针对正方立论观点进行反驳，时间为2分钟（提示时间）；正方二辩针对反方立论观点进行反驳，时间为2小钟（提示时间）。

（3）攻辩环节：攻辩环节提问方只能提问，回答方只能回答，不得反问。

正方三辩提问反方一、二、四辩各一个问题，反方辩手分别应答。每次提问时间不得超过15秒，三个问题累计回答时间为1分30秒。

反方三辩提问正方一、二、四辩各一个问题，正方辩手分别应答。每次提问时间不得超过15秒，三个问题累计回答时间为1分30秒。

攻辩小结：正方一辩进行小结，时间为1分30秒；反方一辩进行小结，时间为1分30秒。

（4）自由辩论环节：每方4分钟，首先由正方开始，双方交叉应答。

（5）结辩环节：反方四辩总结陈词，时间为3分钟（提示时间）；正方四辩总结陈词，时间为3分钟（提示时间）。

专题四

信仰之问——如何拧紧人生的“总开关”

教学主题

坚定信仰 砥砺前行

党的十九大报告指出：“人民有信仰，国家有力量，民族有希望”。一个国家，一个民族，要始终前进，离不开这个社会绝大多数人共同的理想信念作支撑。作为军校学员，不仅要树立崇高远大的理想，更要选择科学的信仰，因为信仰是理想信念的核心问题。然而，在价值多元的背景之下，信仰的选择也是多样的。作为军校学员，在价值和信仰的选择面前，避免不了诸多疑问，比如：“我们一定要有信仰吗?”“我们真的有信仰吗?”“我们需要什么样的信仰?”“如何去判断一种信仰的好坏?”“如何去选择自己的信仰?”“我们为什么要坚定共产主义信仰?”等等。我们如果不从理论上帮助学员解答这些困惑，坚定信仰就无从谈起。本专题主要结合理论和现实，引导学员思考信仰在一个人的成长道路上的重要作用，拉直学员在信仰问题上的诸多问号，让学员在多元价值的碰撞中，学会判断信仰的标准和方法，懂得如何明辨科学信仰和非科学信仰，并最终坚定马克思主义、共产主义信仰。

教学目标

知识目标：掌握信仰的理论含义，理想与信念的区别和联系，共产主义信仰的含义、特征等。

能力目标：能分辨信仰的好坏，能够在不同的信仰中选择科学的信仰，在科学信仰的指引下走好军旅人生路。

素质目标：在价值多元的时代背景中，坚定共产主义信仰。

思维导图

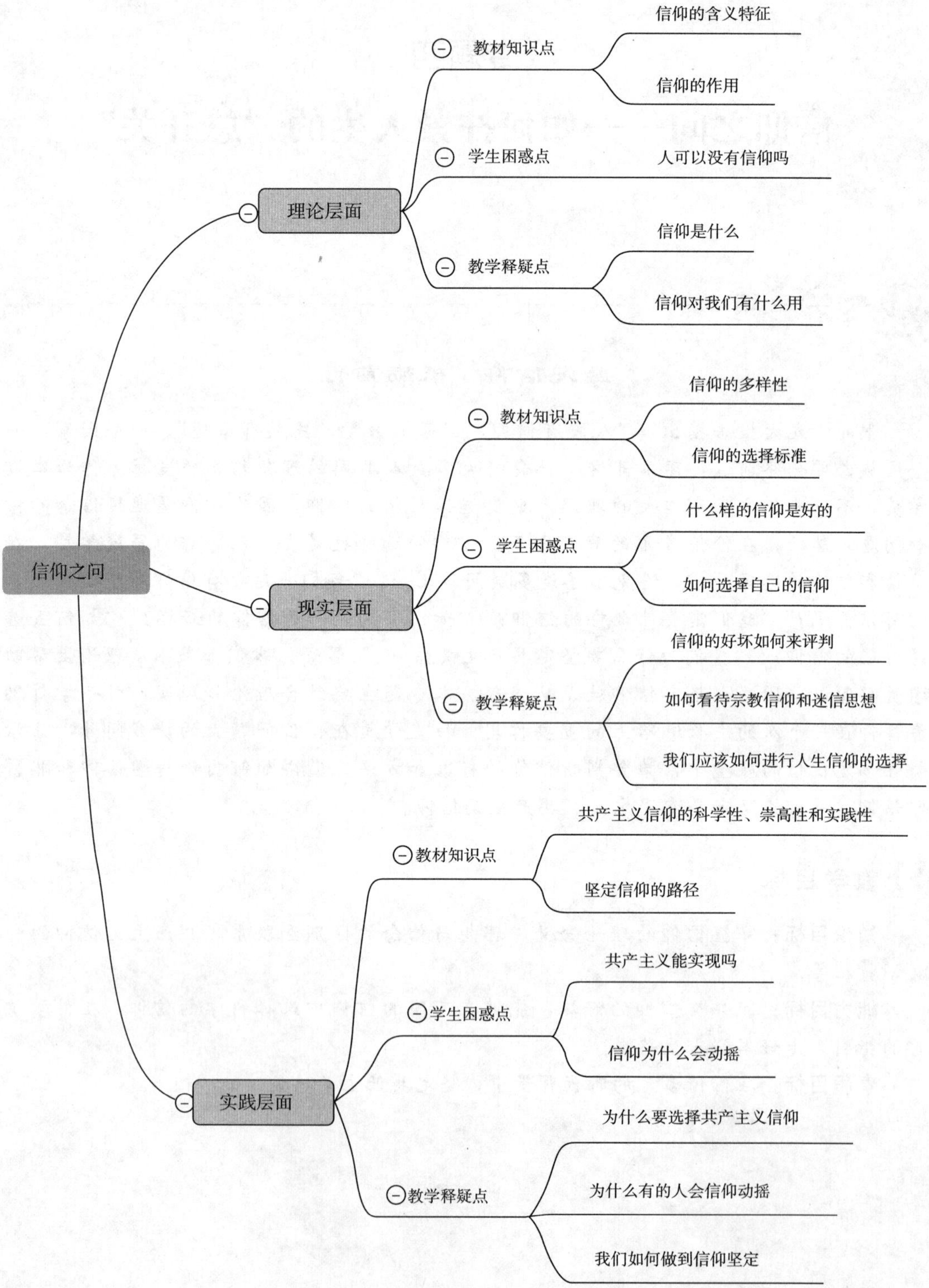
信仰之问
理论层面
教材知识点
信仰的含义特征
信仰的作用
学生困惑点
人可以没有信仰吗
教学释疑点
信仰是什么
信仰对我们有什么用
现实层面
教材知识点
信仰的多样性
信仰的选择标准
学生困惑点
什么样的信仰是好的
如何选择自己的信仰
教学释疑点
信仰的好坏如何来评判
如何看待宗教信仰和迷信思想
我们应该如何进行人生信仰的选择
实践层面
教材知识点
共产主义信仰的科学性、崇高性和实践性
坚定信仰的路径
学生困惑点
共产主义能实现吗
信仰为什么会动摇
教学释疑点
为什么要选择共产主义信仰
为什么有的人会信仰动摇
我们如何做到信仰坚定

教学详案

金一南在《心胜》一书中记录了这么一段历史。

1935年初，由红十军团组成的北上抗日先遣支队在皖浙赣交界处的怀玉山失败，红十军团大部分将士壮烈牺牲。21师师长胡天桃负伤被俘，蒋军悍将王耀武负责审讯，王耀武与胡天桃展开如下对话：

王耀武：“蒋委员长对你们实行宽大及感化教育，只要你们觉悟，一样得到重用。”

胡天桃：“我认为只有革命，坚决打倒帝国主义、封建主义及军阀，中国才有办法。”

王耀武：“我们也希望国家好，也反对帝国主义的侵略。你说国民党勾结帝国主义，有什么根据?”

胡天桃：“国民党掌握的军队不抗日，却来打内战，还请帝国主义的军官当顾问，这不是勾结帝国主义是什么。”

王耀武：“共产主义不适合国情，你们硬要在中国实行，这样必然会失败的。”

胡天桃：“没有剥削压迫的社会，才是最好的社会，我愿为共产主义牺牲。”

王耀武：“你知道方志敏现在什么地点?”

胡天桃：“不知道。”

王耀武：“方志敏对未突入封锁线的部队有什么指示?”

胡天桃：“不知道。”

王耀武：“你家在哪里，家里还有什么人？告诉我们，可以保护你的眷属。”

胡天桃：“我没有家，没有家人，不要保护。”①

胡天桃被枪杀了。那场谈话中所表现出来的共产党人的意志与决心，却让王耀武回想了几十年。

这段历史，向我们揭示了“东方之谜”的奥秘所在，那就是：这支军队从一开始，就被共同的理想和信念聚合到一起，正是胡天桃和无数个像胡天桃一样的官兵，用他们前赴后继的牺牲，成就了不同于以往任何军队的一支军队。他们在敌人的枪口前倒下时，可能并没有意识到那就是一种信仰，但从他们立誓开始，这种信仰就已经融入了他们的血液，直到生命的终点。从南昌起义到二万五千里长征，从十三年腥风血雨的抗日战争到抗美援朝扬我国威军威……这支军队不断从胜利走向胜利，这种胜利其实也是信念的胜利。这是革命战争年代，信仰所彰显出来的伟大力量。

今天，作为身处新时代的军校学员，我们还需要信仰吗？今天我们还有信仰吗？如果一定要选择一个信仰，我们又应该选择什么样的信仰呢？

一、军校学员为什么需要信仰

信仰是我们日常生活中的一个高频词。人类从最初因畏惧自然而产生对图腾的崇

---

① 金一南．心胜2［M］．武汉：长江文艺出版社，2016：112.

拜，到后来广泛意义上地产生对宗教的信仰，再到今天，信仰在很多领域当中都存在。比如，2019年年底，新冠疫情暴发后，4000名解放军和武警部队官兵驰援湖北，用实际行动阐释了信仰对于军人而言的时代内涵——“为人民利益而战”，这一时代内涵实际上是共产主义信仰的题中之义。

既然信仰经历了这么长时间的发展变化，可以存在于不同的领域、不同的场合，那么，我们今天谈信仰，就有必要寻根问源，领悟信仰蕴含的深刻内涵和强大精神力量。

（一）信仰是什么

《现代汉语词典》中对信仰的解释是：“对某种主张、主义、宗教或者某人的信奉和尊敬，是可以拿来作为自己行动指南和榜样的人或物。”从这个解释中，我们看到，信仰的对象并非仅仅局限于我们平常所理解的某一种思想，它可以是人，是物，可以是一种理论、观点、主张或者某种主义，还可以是一种虚幻的、想象的东西。比如，周恩来在《抗战军队的政治工作》中写道：“要以耐心说服诱导的精神，争取官兵和人民的信仰，团结他们在革命主义与政纲的领导下而坚决奋斗。”周恩来在这里所写的“信仰”的对象显然是一种政治主张，一种主义。巴金在《小人，大人，长官》中写道：“对长官的信仰由来已久。多少人把希望寄托在包青天的身上，创造出种种离奇的传说。”这里信仰的对象显然主要是指对人的信仰。古朴在《中华民族不信邪信道理》中写道：“所谓信仰归根到底也只不过是一种对道理的崇敬与膜拜。实际上，中国人只是不信邪而已。因此，中华民族不是没有信仰，只是不迷信而已。”这里“信仰”的对象又是一种思想、一种观念。

不管信仰的对象是什么，归根到底，信仰在本质上说包含三层要义：第一层要义是要“相信”，相信它“管用”，相信它能带来实实在在的益处；第二层要义是要“敬仰”，也就是要心存敬畏，做事必须要有个度；第三层要义就是要“真诚”，就是真信而不是虚情假意，做两面派。

在实际生活中，我们在使用信仰一词时，经常将信仰和理想、信念两个词混在一起用。那么，信仰跟理想和信念有什么区别呢？

1. 理想与信仰

理想是人们在现实基础之上构建的，对未来的一种追求和向往。信仰是在对现实认知的基础上，融入情感和意志从而形成的一种更具体、完整、确定的目标体系。理想只是一种价值目标，而实现这种目标，则需要信仰的支撑。

2. 信念与信仰

信仰是一种信念，具备信念的一些基本特征，但并不意味着信念就是信仰。一般来说，信念的最高形式即表现为信仰，也就是说信仰是由信念发展而来的。两者在对象、程度和观念的组织形式上都有所区别。

在对象上，信念主要是对于某一具体事物或者某一具体事件，比如要完成某一个具体目标；信仰则主要是偏向于根本观念的信念，比如宗教、社会理想和学说。

在程度上，信仰和信念一样，都是认知、情感和意志三者的统一体。但信念主要表现为一种坚定不移、执着追求的精神状态，是一种意念；而对于信仰，由于主体对信仰的对象进行了一定程度的分析和逻辑论证，进而升华到对于信仰对象在理论上的坚信，因此它是一种整体性的姿态，它不仅仅是相信，而是确信，并且一旦确信就表现出愿意全心全意为之奋斗的状态。所以，信仰是比信念更高层次的“信”。

在观念组织形式上，信念呈现出来的往往是零碎的、彼此分割的状态，因此一个一个的信念可能是相互矛盾的；信仰一般是主体对众多信念经过了深刻思考、逻辑推理，最后总结形成的一个体系。因此，相对来说，信仰体系要比信念稳定可靠。信念在一定时期是相对稳定的，但从长远来说，当认知发生变化时，信念也可能会发生变化，而信仰因为经过深层次的思考而构建起了一个体系，它往往是坚不可摧的。

理想、信念、信仰既有区别又有联系。理想是以现实为基础的，因此内容和目标更为具体和接近现实；信念是一种高于理想的意志和精神状态；信仰则是最高价值的信念。这三者在反映价值意识和态度方面基本是相同的，但在层次和程度上有所区别。

（二）信仰对我们有什么用

信仰对我们有什么用？这个问题的实质是我们为什么需要信仰？就是在回答一个东西的价值所在，哪个东西更重要。关于这个问题，早在2000多年前孔子就给出过一个参考答案。春秋战国时期，子贡问孔子：“老师，怎样才能治理好一个国家呢？”孔子答道：“只需要三个元素——粮食、军队、信仰。”子贡又问：“太多了，能否去掉一个？”孔子再答：“那就去掉军队吧。”子贡接着问：“还是太多了，如果只保留一个呢？”孔子坚定地回答：“那就保留信仰！”为什么信仰如此重要呢？

1. 信仰是人的一种特殊的需要

1950年，刚刚成立的新中国面对着百废待兴、人才奇缺的困局，数千名海外留学生克服重重阻力回到中国，其中包括被美军称为“抵得上五个师”的钱学森。多年以后，当有人问他为何抛弃美国优越工作生活环境，而选择回国呢？钱学森回答：“因为选择了马克思主义，选择了共产主义的理想。”

像钱学森这样不为财富，不为权力，甘愿放弃优越的生活而做出“另类”选择的人，他们到底在追求什么呢？现实生活中，的确会有人评价那些放弃高薪选择默默奉献的人为“傻瓜”。可真的是因为他们傻吗？不是，钱学森说，因为自己选择了马克思主义，选择了共产主义理想。这是他的选择，他的信仰。一定程度上说，这也是人的一种需要，一种精神层次的需要。

马斯洛关于人的需求理论当中提到人有五种基本需求，除了生理需求和安全需求之外，人还有情感需要、社交需要、尊重需要、自我价值实现的需要。而信仰就是一种特殊的安全需求和价值需要。

有这样一则小故事：

有人问贤者：“信仰是什么？”

贤者答：“你走过大桥吗？”“走过。”“桥上有栏杆吗？”“有。”“你过桥的时候扶栏杆吗？”“不扶。”“那么，栏杆对你来说就没用了？”“当然有用了。没有栏杆护着，掉下去怎么办？”“可是你并没有扶栏杆呀？”“可是……可是没有栏杆，我会害怕！”那么，信仰就是桥上的栏杆！

可见，信仰能给人安定、坚定，或者说一种精神的寄托。在现实生活中，我们每个人都需要安全感，都需要价值感，而信仰能赋予我们安全感、价值感。有些人看上去似乎没有信仰，其实不然，只不过他们没有意识到自己有对信仰的需要，或者没有意识到自己对信仰的需要到底是对什么的需要。事实上，当一个人想要去了解世界并找到自己的定位、想要认识自己并找到人生的价值、想要看清生命的有限性而去挑战不可能时，这本身就是对信仰的需求。而今天，在这个物质生活越来越丰富，人们越来越追求精神富足的时代，更多人对精神的需求也越来越明显。可见，信仰是我们的一种特殊需要。

2. 信仰能在艰难时刻给人以力量

毛泽东曾说星星之火可以燎原，他说这句话的时候，是在革命最艰难的时候。而正是这样一种信仰，让一大群革命人士在极为艰难的时刻拥有了勇气和力量。所以，有人曾说，不是因为看到了才相信，而是相信了所以看见。这就是信仰的力量。

案例

提起革命烈士，估计很多人会想起南京雨花台。从1927年蒋介石发动“四一二”政变到1949年新中国成立前夕，雨花台是国民党屠杀中国共产党员和爱国人士的刑场。这22年中，约有近十万的共产党人、工人、农民、知识分子等革命的志士、爱国人士在此壮烈牺牲。可以说这里洒满了烈士们的鲜血。

然而很多人不知道的是，在那里长眠的雨花英烈有三个典型特点：第一，家境好；许多人都出生富贵，衣食无忧；第二，学历高，70%的烈士都受过师范以上的教育，有些人更是留学海外；第三，年龄小，已知姓名的烈士中平均年龄不到30岁，最小的只有16岁。

案例评析

是什么力量让他们面对死亡大义凛然，面对牺牲义无反顾呢？答案就是烈士纪念馆进门口的五个大字：“信仰的力量”。2014年12月习近平总书记在江苏调研期间指出的：“在雨花台留下姓名的烈士就有1519名，他们的事迹展示了共产党人的崇高理想信念、高尚道德情操、为民牺牲的大无畏精神。”① 雨花英烈之所以能够在漫长的革命道路中冲破黑暗，无所畏惧，从不动摇，根本原因就是他们始终把实现共产主义作为自己的价值理想，信仰对他们而言，就像是黑暗中的一束光，幻化成他们勇往直前的动力。

① 弘扬雨花英烈精神 用好用活党史资源［EB/OL］.（2015-11-16）. http：//theory.people.com.cn/n/2015/1116/c398752－27821132.html.

知识链接

犹太民族的信仰[1]

今天的香格里拉有着连绵雪山，道路艰难而难以逾越，历史上靠双脚从这里走过的只有两支队伍，一支是喇嘛教的僧侣，另一支是中国工农红军，他们都在追求自己的精神天堂。

同样能证明信仰力量的还有一个民族，那就是犹太民族。犹太民族历经千年大流散，形散而神聚，1500万人的民族却产生了五分之一的诺贝尔奖获得者。力量之源何在？爱因斯坦说：“每个人都有一个不同的信仰，这种信仰决定着他的努力和判断的方向。”犹太民族之所以能够延续至今，并成为全世界屈指可数的富有民族，靠的就是信仰的力量。第二次世界大战期间，欧洲某国某都市街道上，发生了一件事。那时，这个国家已经被得德国军队占领了，有一天，所有的居民都被叫到一个广场上集合，训完话后，纳粹军官从犹太人群中拉出一个老师模样的中年男子，军官以为只要这位老师肯放弃犹太教，其他犹太人一定会效仿。

“放弃犹太教吧，只要你肯改教，保证一辈子吃香的、喝辣的。”纳粹军官大声地宣布，唯恐大家听不到。

“我拒绝。”骨瘦如柴的教师这样回答。

“你只要诅咒你的神，那么，你的生活和你的家人就能够受到永远的保护。”

“我拒绝。”教师的声音很平静。

“你知不知道你现在在说什么？假如你还这样嘴硬，我就先杀了你，再说一次，你到底放不放弃犹太教？”

广场上的人都紧张得屏住气息，一动也不敢动，世界像是静止般，他们有的注视着军官，有的凝视着教师，有些女人甚至闭着眼睛，不敢观看，这一幕实在是太恐怖了。

“我不放弃。”老师铁青着脸回答，这时，纳粹军官再也忍不住了，从枪套掏出手枪，伸直右手，瞄准教师，“砰”一声枪响，射中教师的肩膀，刹那之间，教师站立不稳，便倒在地上了，血流不止，但还不断低吟：“无论如何我都不会改变我的信仰。”

“你只要说一句放弃犹太教，我马上送你去医院，治好你的伤，然后，你就可以和你的家人一起过着幸福、快乐的日子。”军官说道。

“我不放弃。”教师一边喘着气，一边回答。

---

① 犹太人：人因信仰而伟大，https：//baijiahao. baidu. com/s? id=1622799604114409716.

军官直立不动，他似乎呆住了，转瞬间，大家都看到军官的脸上布满了恐怖的表情，然后，他举起手枪，向躺在地上的教师开枪，一枪、两枪、三枪……在枪声中，大家断断续续地听到教师说："不放弃——不放弃——"的声音，直到他离开了人世。

故事中的那位犹太人可敬可佩，他在生命受到威胁时仍没有放弃自己的信仰，信仰就是力量，是支撑起他一切的动力。

3. 信仰能在选择时刻给人定向定位

法国哲学家萨特说："世界上有两样东西是亘古不变的，一个是在每个人头顶上的日月星程，一个是深藏在每个人心底的宝贵信仰。"有了信仰，我们就有了归属和方向。方向对人的重要性不言而喻，我们经常能看到，当一个人有信仰时，在价值时空中总能坚定自己的选择，不管遇到什么困难，不管遇到什么诱惑，都能沿着明确的方向走下去。

案例

李聚奎的遗产清单[①]

陈先义

已经十几年过去了，但开国上将李聚奎的音容笑貌依然时时在我眼前浮现。这位被称作"将圣"的红军战将，一生战功卓著。作为他麾下的一名老兵，他给我印象最深的是他那句带着浓重湖南口音的口头禅："共产党员，除了追求信仰之外，应该别无所求。"

为了他的这句话，他用了毕生的实践。人们或许记得毛泽东那首《渔家傲·反第一次大"围剿"》中的词句："雾满龙冈千嶂暗，齐声唤，前头捉了张辉瓒。"这个打龙冈活捉张辉瓒的一线指挥员，就是时任红军27团团长的李聚奎。此后李聚奎先后在两个师担任过师长。第四次反"围剿"，作为第九师师长的李聚奎率部再传捷报，他仅用40分钟时间，歼灭了敌人一个师部和一个旅。而这些，他一生都鲜有提及。

长征开始，作为红一师师长的李聚奎率部作为开路先锋，蒋介石派精锐部队数度"围剿"包抄，但他一路过关斩将，以巨大的牺牲连破敌人四道封锁线，保证了中央红军渡过湘江。此后，不论四渡赤水还是强渡大渡河，都是他率红一师打先锋。17勇士强渡大渡河，他是站在河岸的一线指挥员。长征，他是冲锋在前的传奇英雄。许多年前，当我为解放军史料写他的经历，向他提及他的这些辉煌过去，他淡淡地一句话：

① 陈先义．李聚奎的遗产清单［EB/OL］．（2015－03－17）．http：//dangshi.people.com.cn/n/2015/0316/c85037－26699807.html.

“多写那些牺牲的战士，不要写我。为了信仰，他们血洒征途，我们算幸运者。没啥写的。”

那是1936年11月11日，中共中央和中央军委决定，河西部队称西路军。时任红9军参谋长的李聚奎率红9军（军长王树声）和红5军、红30军一起西渡黄河，遭遇到驻守甘肃、青海的马步青和马步芳以骑兵为主力的“马家军”3万余人和10万“民团”的疯狂围追堵截。李聚奎参与指挥红9军攻占甘肃土城、永昌等战斗，予敌以重大杀伤。然而，到了1937年1月，身陷绝境的西路军终因寡不敌众，全军覆没于河西走廊，于是骄横凶悍的马家军骑兵撒开了一张张密密实实的大网，在整个河西走廊围追捕杀打散的红军，许多同志惨遭杀害。

部队被打散，李聚奎身边只剩下一个警卫员，最后警卫员双脚冻烂，无法行走，他只好将警卫员委托给一家老乡，孤身一人，开始了寻找中央的迢迢征途。河西走廊离延安千里之遥，但他无比坚定，只有一个念头，绝不能脱离党的队伍，一定要找到党中央，回到革命队伍，继续为伟大理想奋斗。千里征途，经历了无数生死考验，他把空枪拆散，把一枚红星奖章藏起来，打扮成一个叫花子。白天藏匿于山沟、草丛，晚上沿着无人处潜行，累了就地一滚露宿荒野，饿了就着雪水吃口向百姓讨来的干粮。在近两个月的逃亡中，他带着一只干粮袋、一根讨饭棍、一个指北针，行乞千里，机智地躲过了敌人的多次搜捕，最后终于回到了红军的行列。

此后，不论在抗日前线，还是在解放战争，抗美援朝战争，李聚奎都是让敌人闻风丧胆的传奇英雄。新中国成立以后，当祖国急需石油时，毛主席一声令下，要他当石油部长去开采石油，他二话没说，打起背包到了荒凉的克拉玛依，到了寒风刺骨的大庆。

1995年6月25日，这位曾经威震敌胆的传奇将军去世了，弥留之际，他把所有儿女叫到床前，说：“我，一个老共产党员，一辈子为信仰奋斗，没有个人私产。”老将军颤巍巍地把他在5张白纸上一笔一画写的遗产“清单”交给5个孩子。孩子们展读，那上边赫然写的是“三大纪律八项注意”。这就是一个传奇将军、一个老共产党人的情怀。

案例评析

“魂者，器物之统摄也。”一个人有鲜明政治立场的人，一个有崇高理想信念的人，在面临选择或困惑时才能不被迷惑，不走偏道。党的十八大以来，当徐才厚、谷俊山等高级领导干部先后被查处时，人们为此拍手叫好，但也有不少人在疑惑：他们这些人身居高位，国家也给予了他们丰厚的待遇，为什么他们还要贪腐？贪官养尊处优，在物质上他们的确什么都不缺，但他们的信仰已经丢失，丢失信仰就等于丢失了灵魂，失去了灵魂也就失去了善恶美丑的辨别能力。而李聚奎始终坚守信仰，毕生为信仰而奋斗，他以国家为家，以党的事业为最高追求，正是因为始终有明确的追求，有坚定的信仰，所以在任何时候，他都能站稳立场，不迷失方向。

二、我们应该选择什么样的信仰

信仰是个复杂的问题，选择得好，能给我们力量，给我们方向，给我们以精神支撑，而选得不好，则可能将我们带入歧途。所以，我们必须要选择好信仰，但前提是我们必须要能够分清信仰的好坏。

（一）信仰好坏如何来评判

要评判信仰好坏，我们首先要知道信仰一般有哪些种类。

知识链接

信仰的分类

就历史发展看，分为原始信仰、宗教信仰、哲学信仰；

就信仰对象看，分为政治信仰、道德信仰、宗教信仰、法律信仰、职业信仰等；

就信仰性质看，分为科学信仰、非科学信仰；

就表现形态看，分为具象信仰、抽象信仰。

信仰的好坏之分，主要就是从性质上看有科学信仰和非科学信仰之分。科学信仰来自人们的正确认识，非科学信仰是盲从和迷信。具体而言，如何来判断科学信仰与非科学信仰呢？

1. 要看这种信仰的立足点是否是科学

信仰是否科学，主要指信仰是否是对真理的追求。科学是人改造世界的有力武器，遵循客观规律，有科学理论作为支撑的信仰才值得我们选择，如果一种信仰是建立在非科学理论的基础之上，那么我们就要慎思了。

2. 要看这种信仰如何看待现实生活

我们提倡的是积极向上的生活态度，并鼓励大家立足现实，通过自身努力去改变现实，获取自己所要的幸福生活。如果一种信仰是引导人们通过逃避、放弃现实生活，而到另一个虚构世界中去寻找幸福，那么，我们就应该对其保持警惕。

3. 要看这种信仰所追求的道德和精神境界如何

如果一种信仰引导人们追求真善美的精神世界，那么，这种信仰毫无疑问是值得我们追求的。但如果一种信仰引导大家追求的是世俗权力或者个人崇拜，这种信仰则是有害的。

总之，在现实生活中，我们一定要立足现实，看清一种信仰是否是理性的、科学的、是否是立足现实的、是否是追求高尚的。只有这样建立起来的信仰才是可靠的、明智的。

（二）如何看待宗教信仰和迷信思想

我们国家法律规定，公民有宗教信仰的自由。但在现实生活中常常出现这样两种情况：一种是把宗教等同于迷信，或者把宗教活动误认为是迷信活动，从反对迷信活动的立场出发，禁止、抵制或打击一切宗教活动，从而干涉和侵犯公民的宗教信仰自由；另一种是把迷信活动误认为是宗教活动，认为制止迷信活动就会干涉和侵犯公民的宗教信仰自由，从而对迷信活动放任不管。这两种认识都是不正确的，因为宗教信仰与迷信活动是有严格区别的。

知识链接

《中华人民共和国宪法》第三十六条规定：“中华人民共和国公民有宗教信仰自由。任何国家机关、社会团体和个人不得强制公民信仰宗教或者不信仰宗教，不得歧视信仰宗教的公民和不信仰宗教的公民。国家保护正常的宗教活动。任何人不得利用宗教进行破坏社会秩序、损害公民身体健康、妨碍国家教育制度的活动。宗教团体和宗教事务不受外国势力的支配。”

迷信是人对事物的一种盲目的、不加分辨的痴迷和信任状态。

宗教信仰和信仰一样，也是受客观存在制约的一种社会意识形态。恩格斯说：“一切宗教都不过是支配着人们的日常生活的外部力量在人的精神中的幻想的反映；在这种反映中，人们的力量采取了超人间力量的形式。”也就是说，宗教信仰是一种将崇拜、敬畏对象神圣化、系统化、正规化、组织化的信仰。宗教信仰的对象虽然是以对世界的一定认识为基础，但由于这种对象并非客观存在的事物，往往是人大脑幻想出来的一个对象。因此宗教信仰是对于世界的歪曲反映，人甚至无法证实它的存在，它只能建立在“我相信是因为我应该相信”的原则上。

总体来说，一般宗教信仰与迷信的区别，就在于宗教信仰有一个理论体系，而迷信只是简单盲目相信神仙鬼怪，没有一个理论体系。具体而言，主要表现在以下几个方面：

首先，宗教也是一种信仰，一般有自己系统的教义、成文的哲学理论和规范的活动仪式，并且有相对较为固定的活动场所。迷信一般是由巫婆、算命先生等从事的抽签、算命、看相、看风水、驱鬼等骗人的活动，从事这些活动的人一般都是为了骗取钱财而胡编乱造一些谎话，从事的活动也是一种比较原始、愚昧和低层次的零散活动。

其次，宗教都有信仰者组成的宗教团体和宗教组织，宗教团体和宗教组织有宗教教职人员主持，宗教教职人员有严格的戒律和教阶制，各宗教还开办各种形式的宗教院校。迷信活动没有政府认可的团体和组织，迷信业者没有固定的场所，呈现单个分散和游击式活动的状态。

再次，宗教是一种世界观，有一定的哲学理论基础，和哲学、社会科学和艺术等领域都有一定的相通性，对人们的道德观念也会产生一定影响，尤其是对宗教的信仰者而言，道德观、人生观、价值观都深受所信仰宗教教义的影响。而迷信活动不是一种系统的世界观，没有理论基础，往往也与社会所提倡的道德观念相悖而行，是一种封建社会遗留下来的落后的思想意识，迷信活动的从事者也未必相信他所从事活动的内容，大多是将迷信活动当成迷惑他人的工具。

最后，宗教活动一般不会对社会构成危害。所以，正常的宗教活动是受法律保护的。而迷信活动，是以迷惑群众，骗取钱财为目的的，会对社会造成一定危害，对人们的思想产生一定的毒害，甚至会威胁人们的生命，所以，我们国家法律和政策明确反对、禁止和取缔迷信活动。

由此可见，宗教信仰并非洪水猛兽，在特定时期它也能发挥一定的积极作用。对待宗教信仰，我们既不需要全盘否定，也不能认为宗教信仰可以解决一切。归根到底，宗教信仰主要解决的是个人灵魂失衡的问题，用一个形象的比喻来说，面对一条被污染的河流，宗教信仰的目的是将污染水源中的鱼救出来，而科学信仰的目的则是治理整条河的水，让所有鱼得以生存。因此，我们应当辩证地看待宗教信仰。

那么，我们作为革命军人，到底该如何选择信仰呢？

(三) 我们应该如何进行人生信仰的选择

在进行人生信仰的选择时，我们在考虑什么？其实我们在考虑哪个对我、或者他人、或者社会和国家更有价值，更重要。但我们在信仰选择的过程中，必然会受各种因素的影响。比如社会主流价值的影响，人们生活的社会环境的影响，个人家庭成长环境的影响等等，其中，社会主流价值观对一个人信仰的选择影响是极为巨大的。

案 例

八旬"新"党员牛犇：一生跟党走[①]

央视网消息：从1945年拍摄首部电影，至今的73年间，电影艺术家牛犇已塑造了近百个荧幕形象。他曾数次获得中国电影金鸡奖、大众电影百花奖、中国电影表演艺术学会金凤凰奖、电影电视百合奖等国内业界顶尖的奖项，以出色的演技和敬业精神，得到了几代中国观众的认可和好评。被誉为"影坛常青树"的他，可谓德高望重。

然而，已过耄耋之年的牛犇心里有一个存在了六十多年的愿望还没有实现，那就是加入中国共产党。

如今这个心愿终于实现了。"我志愿加入中国共产党！宣誓人牛犇！"6月6日下午，在上海影城一号大厅，83岁牛犇举起右手、握紧拳头，向中国共产党党旗庄严宣誓。现场近千名参加2018年度上海"电影党课"启动仪式的党员为他见证。"从今天起，我是你们的同志了。"宣誓现场，老人的眼眶湿润了。

我接受党的教育已经60多年了

"我要入党，不是冲动。"牛犇激动地说。早在20世纪50年代、未满18岁时，他

① 八旬"新"党员牛犇：一生跟党走［EB/OL］．（2018－06－28）．https：//news.cctv.com/2018/06/28/ARTIiax3UJ8wtnDYaPfDeeME180628.shtml.

就想做党的同路人。用他的话说，接受党的教育已有60多年了，中间经历过很多，但这个信念未断。

2002年，好友刘琼去世，在追悼会上，牛犇才知道老朋友在1983年就实现了加入中国共产党的夙愿。这对牛犇触动很大，年轻时想要入党的心，再次燃烧了起来。

2016年上影集团拍摄影片，讲述邹碧华法官的故事。在收集材料时，邹碧华的一桩桩事迹、一句句话直击牛犇心灵深处。剧组庆祝杀青之际，他正式递交入党申请书。

而这封申请书，他写了几乎一整夜。其中很多内容的年份必须准确，“等查清楚都半夜了，脑子迷糊了，就在桌前趴着睡了两个钟头，醒了就凌晨三四点了，继续写。”那大段的入党志愿一气呵成，他想，大概是这些话搁在心里大半辈子了。

“我是已逾80余岁的老人了，我一直有一个心愿，能做一名光荣的中国共产党的党员。现已向组织递交了入党申请书，更希望为中国的文艺振兴做点努力。”在写给电影表演艺术家秦怡、上影集团董事长任仲伦这两位入党介绍人的信中，他诚恳地写下了这段话。

跟着党走，生命才更有意义

“我是在旧中国受苦受难下成长的城市贫民，家里穷，没吃过饱饭，从小便死了父母，随着哥哥流浪……儿时，又去了香港，在英国殖民统治下的中国人民依然是受苦受难……是共产党解救了我们的家，给我新生活……我也暗下决心，要跟着共产党干革命，一辈子不回头。”在入党申请书中，牛犇这样表达了自己的坚定信念。

八十多岁的“新”党员，也许有人会质疑其象征意义大于实际意义。然而牛犇并不这么认为。追求思想和行动上进步的心与年龄无关，年长的前辈更应追求进步，才能为青年一辈做出榜样。

如今，依旧活跃在表演一线的牛犇，感到自己身上的担子更重了，肩上的责任更大了。“要为党的电影事业努力地工作”，以党员的身份更加严格要求自己，把有限的生命活得更加有意义，是牛犇的终身目标。

“因为我是一名党员，接个剧本、做什么事，不能仅凭个人的好恶，更要看它对社会的效应是什么。不管给不给酬劳，只要对社会有贡献，我就去演；如果没有，我跟以前一样，不管怎样，都不会去的。过去是这么做的，今后更要这样做。”党员牛犇坚定地说。

案例评析

牛犇是一个从旧社会走过来的人，他经历过从小父母双亡后生活的窘迫，也体会过跟着组织“吃饱”的感觉。前辈们的革命热情潜移默化地影响着他，让他坚定了“跟着党一辈子不回头”的信念。在入党的路上，他退缩过，迟疑过。但随着党的十八大以来持续开展的正风反腐，党内政治生态越来越好，尤其是他在2016年参演《邹碧华》时，听到邹碧华生前这样说过：“我们生活的世界本来不完美，但正因为它的不完美才需要我们去努力，去奋斗，我们的存在才有价值。”牛犇听了这话，才决定正式递交入党申请书。可以说，牛犇对党的追求矢志不渝，正是源自他人生经历中对党的恩惠最深切的体会，源自身边榜样对他心灵产生的潜移默化的影响，源自十八大以来党中央正风反腐过程中他对党的深刻认知。当一个人认识到真正的价值所在，便会将其设定为自己的目标并矢志不渝地坚持下去。青年马克思曾这样写道：“如果我们选择了最能为人类福利而劳动的职业，那么，重担就不能把我们压倒，因为这是为大家而献身。”

可见，在信仰问题上，归根到底是自己的一种选择，所以，我们必须要持一种自觉自主的态度去选择，但这并不意味着我们在选择信仰的时候就可以为所欲为，尤其是军人，我们在选择信仰的时候，也必须考虑对自我、家庭和社会的责任。信仰的选择是一种权利，也是一种责任。

三、新时代军校学员如何坚守共产主义信仰

众所周知，西方人的精神世界主要由宗教支撑，辅之政治活动和职业精神。但在中国，我们似乎找不到一种像西方一样的宗教信仰来作为精神支撑，所以，有人就曾经说，中国人没有信仰。中国人真的没有信仰吗？我们当然有信仰。作为在农业经济基础上成长起来的中国，我们没有像西方一样选择宗教信仰，因为宗教信仰不足以支撑我们这个民族的永续发展。几千年以来，中华民族始终相信人定胜天，必须要靠自己的双手才能改造这个世界，创造美好生活。从中西方古代神话故事中，我们能感受到这种信仰的差异性。比如火的来源，在西方的神话故事中，火是普罗米修斯盗取天神的火种送给人类的。在中国神话故事中，火是燧人氏钻木取得的。两个简单的故事中可以看到，中国人认为人自己的双手和智慧才是最可信最可靠的。

历史发展到近代，在民族面临内忧外患的时候，在国家面临分崩离析的时刻，在各种信仰的碰撞中，我们最终选择了共产主义信仰。

（一）为什么要选择共产主义信仰

马克思主义科学地揭示了人类社会最终走向共产主义的必然趋势。对马克思主义的信仰，对社会主义和共产主义的信念，是共产党人的政治灵魂，是共产党人经受住任何考验的精神支柱。但在现实生活中，不少人仍然认为共产主义的实现可能性很小，甚至有的认为“共产主义是不可能实现的”。共产主义到底能不能实现？它的发展前景到底有多大？这就需要我们首先搞清楚，到底什么是共产主义？

1. 共产主义信仰是什么

习近平曾多次推荐过一篇文章《信仰的味道》。这篇文章发表在2012年11月27日《人民日报》第四版“人民论坛”栏目。这个栏目主要讲述的是近百年来共产党人寻求真理、坚持信仰、实现理想的故事。其中最令人难忘的就是陈望道潜心翻译《共产党宣言》时，将墨汁当成红糖吃掉而浑然不觉的故事。

案　例

信仰的味道[①]

作者：伍正华

1920 年的春夜，浙江义乌分水塘村一间久未修葺的柴屋。两张长凳架起一块木板，既是床铺，又是书桌。桌前，有一个人在奋笔疾书。

母亲在屋外喊：“红糖够不够，要不要我再给你添些?”儿子应声答道：“够甜，够甜的了!”谁知，当母亲进来收拾碗筷时，却发现儿子的嘴里满是墨汁，红糖却一点儿也没动。原来，儿子竟然是蘸着墨汁吃掉粽子的!

国家记忆：陈望道翻译的《共产党宣言》

他叫陈望道，他翻译的册子叫《共产党宣言》。

墨汁为什么那样甜？原来，信仰也是有味道的，甚至比红糖更甜。正因为这种无以言喻的精神之甘、信仰之甜，无数的革命先辈，才情愿吃百般苦、甘心受千般难。

信仰是朴素的。宋庆龄在写给美国同学的信中说：“孙中山好几次告诉我说……他下了决心，认为中国农民的生活不该长此困苦下去。中国的儿童应该有鞋穿，有米饭吃。就为这个理想，他献出了他四十年的生命。”

信仰是无私的。1930 年 8 月 27 日，临刑前的几分钟，共产党员裘古怀有感于“每一个同志在就义时都没有任何一点惧怕，他们差不多都是像完成工作一样跨出牢笼的”，匆匆写下《给中国共产党和同志们的遗书》，饱含深情地用“满意”和“遗憾”四个字诠释自己对信仰的理解：“我满意为真理而死！遗憾的是自己过去的工作做得太少，想补救已经来不及了。”

历史证明，谁守住了这份朴素和无私，谁就能获得人民最可靠、最永久的支持。历史和人民为什么最终选择了中国共产党？那是因为“共产党、红军信仰他的主义，甚至于每一个兵，完全是一个思想”。

一百年过去了，嘉兴南湖的红船依旧，而党的实力、中国的面貌早已发生了巨大的变化。那时，我们的党员不过几十人，如今则是拥有九千多万党员的大党；那时，我们党哪有什么家当，连开会的路费都是想方设法筹来的。如今，单从经济总量来看，中国已经跃居世界第二。

“我们错了!”美国《时代》周刊这句迟来的道歉，也许可以看作对中国共产党执政业绩的生动旁注。香港回归前夕，其姊妹杂志《财富》曾作出《香港之死》的错误预判。然而，谁也不得不承认，香港不仅“舞照跳，马照跑”，而且“比殖民地时更繁荣”。

从《财富》杂志的悲观断言，回溯到毛泽东当年带领党中央进京时的“赶考”之

① 伍正华．信仰的味道［N］．人民日报，2012－11－27（04）．

说，一百年来，我们党可谓大考不断，小考不停！面对一场场严峻的考试，中国共产党不仅没有被考倒，反而无数次考出了让世界惊叹和震撼的好成绩，让“中国崩溃论”一次次崩溃。世界看到的是一个更加繁荣富强的中国，一个更加充满生机活力的中国共产党。

若论今昔生活对比，相信许多党员同志都会由衷地说：“够甜，够甜的了！”然而，越是在日子够甜的时候，每一名共产党员越要自觉保持纯洁性和先进性，越要深味服务人民的精神之甘，复兴民族的信仰之甜。

恽代英在文中写道：“我们吃尽苦中苦，而我们的后一代则可享到福中福。为了我们崇高的理想，我们是舍得付出代价的。”

墨汁为什么那样甜？这种信仰的味道，只有真正的共产党人才能品味地到。

案例评析

老一辈无产阶级革命家追逐信仰的故事，让我们感受到了共产主义信仰的巨大魅力。在人类信仰史上，一种新的信仰的形成对一个国家的发展会产生极大影响。而更为难能可贵的是，一批先知先觉者，在一种新的信仰面前，能够认识到它的可贵之处并去坚守它。共产主义信仰就是这样一种科学信仰，它一产生就吸引了无数革命者为之前仆后继，因为他们意识到这是一种能够改变中国命运、改变世界、改变人类社会的信仰。也正是共产主义信仰，让中国共产党汇聚起一股强大的精神力量，推动中华民族的伟大复兴。

那么，共产主义信仰到底是什么呢？

总的来说，共产主义是人类获得自由而全面发展的理想社会。具体来说，它主要包括两个部分：第一部分是辩证唯物主义的世界观，这是共产主义信仰的理论基础；第二部分是共产主义的远大理想，这是共产主义的核心和关键。马克思主义为我们概括了未来的社会形态，即物质产品极大丰富，消费资料按需分配；社会关系高度和谐，人们精神境界极大提高；每个人自由而全面的发展，人类从必然王国向自由王国飞跃。这是共产主义信仰的社会理想和价值目标。

2. 共产主义信仰的魅力何在

一直以来，西方社会将共产主义信仰视为洪水猛兽，甚至不惜一切，打压遏制共产主义。这不仅仅因为共产主义信仰与西方资本主义国家的信仰是相对立的，更因为他们看到了共产主义信仰的巨大能力，这就是它拥有不惜一切实现其价值目标的能力。而这种能力也正是它的魅力之所在，即共产主义具有科学性、崇高性和实践性。

首先是科学性。共产主义信仰是建立在共产主义科学理论基础之上的，共产主义是由哲学、经济学、政治学等科学理论组成的完整严密的理论体系。共产主义传播到中国后，中国共产党人一直在不断地创新，将其与中国革命和建设相结合，形成新的思想。这就始终保持了共产主义的正确性、科学性和先进性。

其次是崇高性。共产主义信仰追求的不是某一个人或者某一小部分人的解放，而是全人类的解放。它主张建立一个没有阶级、没有剥削、没有压迫，能够实现人类自我解放的社会。它不是为了某一个人，也不是为了某一个阶级的利益服务的，而是为了整个人类的共同利益，最终目标是人类的共同自由的全面发展。

再次是实践性。共产主义信仰不是要一种精神解脱，而是以实际行动改变世界，改变全人类的命运。共产主义信仰不是给人画一幅空想的蓝图，而是描绘出未来社会形态的同时，也指明了到达共产主义社会的可行性路径。这就使得信仰成了可触碰、可实现的理想。这也是共产主义信仰区别于其他信仰的一个显著特征。

尽管共产主义信仰吸引了一大批人为之前仆后继，抛头颅洒热血，但是我们发现，仍然有一些人在确立了共产主义信仰后，其信仰又发生了动摇。

（二）为什么有的人会信仰动摇

1921 年 7 月，一大在上海召开，当时参加一大的代表总共有 13 位，原本这 13 位代表都是共产主义的信仰者。然而，这 13 个代表后来的选择却发生了诸多变故。1922 年陈公博脱党，1923 年李达脱党，1924 年李汉俊脱党，1924 年周佛海脱党，1924 年包惠僧脱党，1930 年刘仁静被党开除，1938 年张国焘被党开除。13 位党代表中，脱党的、被党开除的有 7 位，占了半数以上。不管是革命战争时期还是建设时期，不管是改革开放时期还是今天的新时代，确立共产主义信仰之后又发生动摇的人，一直都存在。

知识链接

十八大、十九大以来落马省部级名单①

中国经济网编者按：党的十八大以来，中央坚持“老虎”“苍蝇”一起打，至少已有 205 名省部级及以上官员被调查。

据中国经济网党政领导人物库统计，落马省部级以上官员中，徐才厚是自 2012 年 11 月十八大后落马的首名中央政治局原委员，孙政才是首名落马的在职中央政治局委员，苏荣是十八大后落马的首名副国级官员，周本顺是十八大后首名落马的在职省委书记，杨栋梁是十八大以来落马的首个国务院直属机构现任“一把手”，苏树林是十八大后首名落马的在职省长。蒋洁敏、李东生、杨金山、令计划、周本顺、杨栋梁、苏树林、王珉、田修思、黄兴国、王建平、李立国、孙怀山、项俊波、王三运、孙政才、杨焕宁、吴爱英、张阳、房峰辉、杨晶、努尔·白克力、赵正永等 23 人为十八届中央委员，李春城、王永春（非省部级）、万庆良、陈川平、潘逸阳、朱明国、王敏、杨卫泽、范长秘、仇和、余远辉、吕锡文（女）、李云峰、牛志忠、杨崇勇、张喜武、莫建成、陈刚等 18 人为十八届中央候补委员。年龄最大的是 1942 年 12 月出生的周永康，也是由

① 图说：大老虎陆续被打 十八大、十九大以来落马省部级名单［EB/OL］.（2020－10－09）. http：//finance.jrj.com.cn/people/2021/10/08095533661643.shtml

中纪委查办的最高级别正国级官员；年龄最小的是1968年7月出生的安徽省副省长周春雨。

部分党员信仰发生动摇，原因是多种多样的，既有客观原因，也有主观原因。

1. 客观方面

首先是历史背景。在我国，封建主义社会延续了两千多年，封建思想根深蒂固。由于我国的特殊国情，近代中国我们直接跨过了资本主义社会，进入到社会主义社会，没有经历资本主义社会的我们却透过西方资本主义社会的现象，看清了资本主义的本质。所以，进入社会主义初级阶段后，我们重视对资本主义思想的批判，却忽视了对封建主义思想的批判。这导致长期以来，封建主义残余势力在很多地方，特别是在基层，仍然具有深远而广泛的影响。比如等级观念、官本位思想、特权思想等等。因此，尽管我们已经进入社会主义社会阶段，但人们的观念还没彻底进入社会主义。

其次是社会因素。在社会转型期，有些人将转型期出现的问题放大化，比如腐败问题、贫富差距问题、社会不公问题等等，这导致人们不可避免对党和政府产生不信任，进而对社会主义制度、对马克思主义信仰产生动摇，对共产主义产生悲观情绪。

再次是受国际环境的影响。20世纪以来，国际共产主义运动走向低潮，很多人由此对共产主义开始失去信心。与此同时，世界局势动荡不安，敌对势力不断对我国进行西化分化和抹黑。比如新冠疫情发生后，美国除了“甩锅”中国之外，还将新冠病毒称为“中国病毒”“武汉病毒”，炮制“中国隐瞒疫情论”“中国数据造假论”，制造“新冠病毒来自中国实验室”等荒谬言论，不断向中国“泼脏水”。美国政客这些颠倒黑白的做法可谓是用心险恶。这些意识形态领域的斗争，一定程度上也冲击了部分人的思想。

2. 主观方面

改革开放后，我们很多党员干部都放松了对马克思主义的理论学习，降低了自我管理的力度，这导致很多党员干部丧失了在广大群众中的先锋模范作用。更有甚者，忘了党员的初心，在权力金钱面前丧失了抵抗力，不是把精力放在工作中，而是忙于迎来送往，跑官要官，追求低级趣味，最终让敌人找到了突破口。

面对纷繁复杂的国内外形势，我们该如何做到信仰坚定呢？

（三）我们如何做到信仰坚定

罗曼·罗兰曾说过：“信仰不是一种学问，信仰是一种行为；它只在被实践的时候，才有意义。”在实际生活中，我们要做到信仰坚定，首先要明白信仰从哪来？

政治上的坚定来自理论上的清醒，信仰的坚定离不开对理论的不断学习。所以，我们要首先加强理论学习。

1. 要在增强对共产主义的理性认同中坚定共产主义信念

坚持以科学理论引领，用科学理论武装，是马克思主义政党区别于其他政党的本质特征。实践证明，理论掌握越深，信仰才能更加牢固。一个人的理论修养、精神追求并不是与生俱来的，而是在不断的学习中建立并坚定的。毛泽东曾说，他之所以能建立起对马克思主义的信仰，跟三本书有很大的关系，这三本书是《共产党宣言》《阶级斗争》《社会主义史》。直到毛泽东去世，他的卧室床边还摆着三个版本的《共产党宣言》，而就是这本小册子，他来来回回读了一百多遍。可见，信仰是建立在深入地学习、准确地认知和深刻地理解之上的。因此，这个时代很多人信仰缺失、信仰不坚定，甚至认为这是一个没有信仰的时代，归根到底，是因为在这个信息爆炸、知识爆炸的时代，很多人无法沉下心来系统地、深入地学习理论知识，很多学习都是浮于表面，浅尝辄止，这样的学习态度和学习方式，直接影响到了个人的认知和理解。作为新时代的青年学员，我们必须从现在开始，认真学习、深入学习、善于学习，在真学真知中实现真信。

2. 要在加强对基本国情的准确把握中坚定共产主义信念

要坚定自己的信仰和追求，就必须对国家的基本国情有一个深刻的了解。15 岁的习近平刚到黄土高原时，也曾经历过一段时间的迷惘和彷徨，甚至还按捺不住孤独苦闷独自跑回北京。后来，在经历一段时间与当地百姓“一块吃、一块住、一块干、一块苦”的生活后，他懂得了“什么叫实际”，从而找到了坚定的人生目标，建立起了对党、对党的事业的坚定执着。可以说，习近平正是因为在七年知青岁月中，读懂了人生、读懂了中国、读懂了民心、读懂了中国共产党，从而建立起了稳固的信念。今天，我们要让自己的信仰坚定，就必须从读懂中国的基本国情，读懂中国共产党的事业开始。

案　例

新中国建设成就的关键词

一是中国跨度。2018 年 12 月港珠澳大桥实现通车，飞架三地，55 公里跨度，气贯长虹，中国交通创造了一个又一个最长、最高、最快……“天堑变通途”的跨越让中国有了“当惊世界殊”的底气。

二是中国高度。2017 年 5 月，C919 成功首飞，实现了国产大型客机“零的突破”；2019 年 8 月 25 日，月亮上的“嫦娥”“玉兔”又醒了！嫦娥四号着陆器和“玉兔二号”巡视器再次通过月夜低温考验，分别自主唤醒，进入第九月昼，继续开展科学探测任务；北斗系统服务区由亚太拓展到全球，比原计划提前两年开通全球服务。

三是中国速度。时速 350 公里的高铁已经遍布全国；2019 年 5 月，设计时速 600 公里的高速磁悬浮试验样车在青岛下线；5G 开启商用，半秒能下载一部影片。

四是中国深度。3658 米，国产钻井平台的最大作业水深，“可燃冰”喷薄而出；7018 米，“地壳一号”万米钻机于 2018 年 6 月 2 日完成“首秀”，创造了亚洲国家大陆科学钻井新纪录，标志着我国成为继俄罗斯和德国之后，世界上第三个拥有实施万米大陆钻探计划专用装备和相关技术的国家。

五是中国气度。与178个国家建交、已经与136个国家和30个国际组织签署"一带一路"合作文件，构建人类命运共同体多次写入联合国决议。①

案例评析

这些成就的取得，源自中国特色社会主义制度的优越性。这种制度的优势在于我们能够集中力量办大事，在于它是为最大多数人谋利益的制度，能够调动最广大人民的积极性。正因为有了中国特色社会主义制度作保证，所以，我们更加有理由相信共产主义必定能实现。

3. 要在明辨是非中坚守信仰

随着我们国家经济的高速发展、国家地位的显著提高，针对我们国家的意识形态斗争也日益尖锐和激烈。新冠肺炎疫情暴发以后，国外从未停止对我国的攻击。比如在疫情暴发之初，我国政府果断做出武汉封城的决定，但国外有的媒体却攻击我国说这是对人权、对人身自由的侵犯；人民军队除夕出征，火速赶往武汉增援，国外媒体又说我们这是派军队去镇压。这些言论背后无一没有敌人别有用心，但国内有的民众却在这些言论中丧失了判断力，一些人对这些言论表达赞同，甚至质疑中国特色社会主义制度。由此我们看出，在意识形态领域的斗争面前，并非所有人都能明辨是非，看清真相。不能明辨是非者，很有可能在各种谣言阴谋中迷失自我，动摇信念。我们必须在各种现象和舆论面前，保持清醒和理智，用自己的认知去判断是非对错，并强化认知，坚定信仰。

4. 要在脚踏实地中砥砺信仰

很多人觉得，信仰就是宏观的、远大的、难以触及的，从而产生畏难、抵触、质疑心理。其实，信仰对我们一个人而言，从理论上讲的确是小人物与大目标的关系，但从实践上讲，它就是小人物与小目标的关系。也就是说，我们需要在共产主义的大目标下，立起一个个追求美好的小目标。比如学习一个新本领，锻炼一个好身体，学习一种新语言，创新一种新的训练方法，赢得一次比赛等等。我们在自己的岗位上，脚踏实地、持之以恒地去实现自己一个个小目标，就是对信仰的一种坚守。

案例

为信仰而来的专家②

谈起阳早，夫人寒春很坦然，不见脆弱。她说，初次踏上中国国土的阳早还是个

① 新华社《新中国成立70周年成就》系列述评［EB/OL］.（2019-09-04）.https：//www.12371.cn/2019/09/04/ARTI1567578911448314.shtml.

② 张红，李木子.一个高尚纯粹的人［N］.人民日报海外版，2004-02-25（03）.

充满好奇与激情的年轻人。“1945年，我哥哥韩丁来过中国，回美国后，向同屋的阳早描述了这里的情况。阳早便对‘小米加步枪’的神话充满了好奇。二战结束后，在我姐姐的安排下，阳早以联合国善后救济总署奶牛专家的身份来到中国。”这位年轻的专家在南方目睹了街边饿死的人群，见识了那种水深火热的生活。后来，他到了延安农场。“阳早在延安看到的是干部群众穿着一样的衣服，精神抖擞，和他在南方看到的景象截然不同。那里的积极向上让他觉得心情舒畅。”不过，阳早最初并没打算长期留在中国。最终让他改变主意的是一场战争。

1947年春，胡宗南率20万军队进攻延安。经过1年多的战斗，共产党领导的2万人民解放军以少胜多。“我们的人数并不是两万，因为我们还有千千万万的老百姓。”这个伟大的胜利给阳早带来了极大的震撼。寒春回忆说：“战争胜利后，阳早说，他原来以为自己什么都知道，现在才发现，自己必须从‘零下’开始学。”面对笔者疑惑的目光，寒春笑着解释：“就是从基础的基础重新学习。”他们相信，拥有百姓支持和信任的中国共产党一定能实现“解放全人类”的理想，他们愿意为“小米加步枪”的神话贡献自己的力量。“无疑，毛主席对我们的影响是巨大的。我们来到中国，不是为了养牛，是为了信仰。”

从此，两位专家兢兢业业，为自己的信仰，也为中国的奶牛事业奉献着自己所有的热情与智慧。

案例评析

很多人觉得共产主义信仰遥不可及，有的人觉得共产主义信仰虚无缥缈，不知道从何做起。阳早和寒春，这对因为共产主义信仰而来到中国的美国夫妇，用选择和行动告诉了我们，共产主义信仰不在遥远的未来，就在我们每个人的脚下，只要我们怀揣着共产主义的崇高信仰，将“解放全人类”的目标付诸自己力所能及的工作，这就是对共产主义信仰最好的坚守。

教学拓展

（一）知识拓展

1. 阅读推荐

（1）徐川：《顶天立地谈信仰》，人民出版社，2017年版。

（2）内蒙轩：《马克思靠谱》，东方出版社，2016年版。

（3）保罗·柯艾略：《牧羊少年奇幻之旅》，南海出版社，2009年版。

2. 观看推荐

纪录片《信仰的力量》。

（二）能力拓展

1. 微研讨

研讨主题：共产主义信仰离我们有多远？

实践目的：

（1）通过讨论让学员进一步理解共产主义的内涵。

（2）通过讨论坚定学员对马克思主义的信仰。

实践要求：

（1）以班级为单位，划分为研讨小组。

（2）每个班形成一篇研讨文章，并选派学员代表发表观点。

（3）发言时间每组控制在5～8分钟。

教员评价：教员对每组的研讨发言进行点评，并遴选质量较高的发言稿进行展示。

2. 观影活动

影视欣赏：观看经典红色影视剧《觉醒年代》《理想照耀中国》。

实践目的：通过影视剧、纪录片让学员感受信仰的力量。

实践要求：

（1）利用课余时间组织全体学员集体观看。

（2）观看之后，每名学员撰写观影体会并上交。

专题五

忠诚之问——如何做到对党绝对忠诚

教学主题

听党指挥　绝对忠诚

忠诚自古至今都被视为人的高尚美德，是古今中外军队的共同品格要求。对党绝对忠诚是革命军人最重要的政治品格，是必须坚守的政治底线。本专题通过问题设置，主要引导学员深入思考“什么是忠诚?”“革命军人如何做到对党绝对忠诚?”“军队为什么要听党指挥”等问题，同时引导学员重点理解“为什么对党绝对忠诚是革命军人最重要的政治品格?”“为什么要始终不渝地坚持党对军队的绝对领导”等问题。使学员从理论、历史、领导体制、经验教训和现实需求等多方面深刻理解党对军队绝对领导的科学真理性、历史必然性和现实紧迫性，深刻理解革命军人对党绝对忠诚的极端重要性，明确对党忠诚的标准要求，切实增强对党忠诚的政治自觉和行动自觉。

教学目标

知识目标：了解忠诚品质的内涵，熟知党对军队绝对领导的一系列基本制度，理解革命军人对党绝对忠诚，党对军队绝对领导的极端重要性。

能力目标：运用马克思主义立场、观点和方法分析党对军队绝对领导的科学真理性、历史必然性和现实紧迫性。掌握革命军人对党绝对忠诚的内在要义，增强对党忠诚的政治自觉和行动自觉。

素质目标：掌握革命军人对党忠诚的标准要求，坚定军魂意识，坚持贯彻落实党对军队绝对领导的基本制度。

思维导图

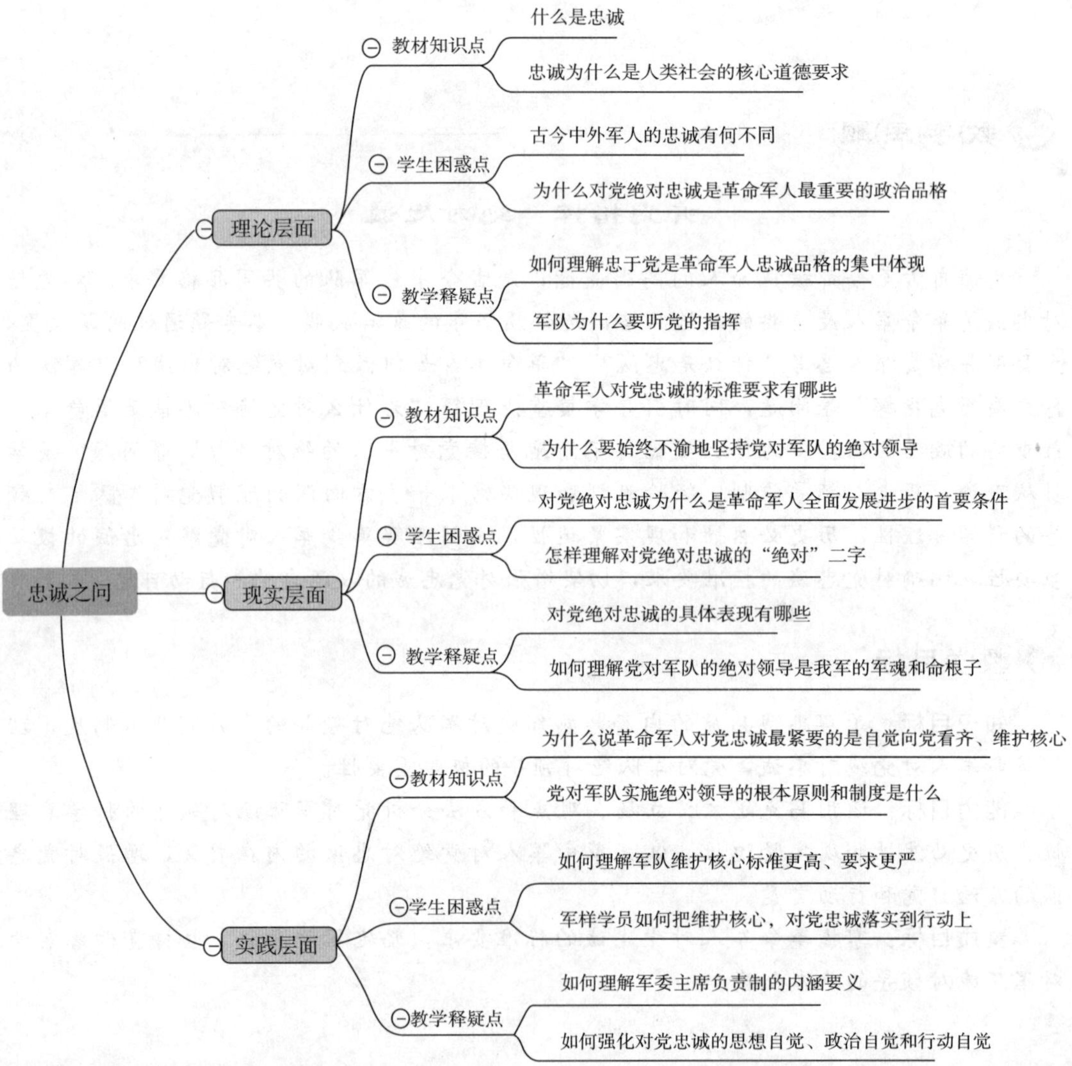

忠诚之问
理论层面
教材知识点
什么是忠诚
忠诚为什么是人类社会的核心道德要求
学生困惑点
古今中外军人的忠诚有何不同
为什么对党绝对忠诚是革命军人最重要的政治品格
教学释疑点
如何理解忠于党是革命军人忠诚品格的集中体现
军队为什么要听党的指挥
现实层面
教材知识点
革命军人对党忠诚的标准要求有哪些
为什么要始终不渝地坚持党对军队的绝对领导
学生困惑点
对党绝对忠诚为什么是革命军人全面发展进步的首要条件
怎样理解对党绝对忠诚的“绝对”二字
教学释疑点
对党绝对忠诚的具体表现有哪些
如何理解党对军队的绝对领导是我军的军魂和命根子
实践层面
教材知识点
为什么说革命军人对党忠诚最紧要的是自觉向党看齐、维护核心
党对军队实施绝对领导的根本原则和制度是什么
学生困惑点
如何理解军队维护核心标准更高、要求更严
军梓学员如何把维护核心，对党忠诚落实到行动上
教学释疑点
如何理解军委主席负责制的内涵要义
如何强化对党忠诚的思想自觉、政治自觉和行动自觉

教学详案

毛泽东曾经指出：自从有了中国共产党，中国革命的面目就焕然一新了。今天，我们可以说，自从有了中国共产党，不仅中国革命的面目焕然一新，整个中国的面目都焕然一新。

知识链接

入党誓词

我志愿加入中国共产党，拥护党的纲领，遵守党的章程，履行党员义务，执行党的决定，严守党的纪律，保守党的秘密，对党忠诚，积极工作，为共产主义奋斗终身，随时准备为党和人民牺牲一切，永不叛党。

100 年前，50 多名有志之士组成了一个叫“中国共产党”的“天团”，并立下了一个目标：人民不再受欺凌，不再挨打；72 年前，这个“天团”给我们建立起了一个新家，并定下一个目标：人民不再忍饥挨饿；2012 年，这个人数已经壮大成 9000 多万的“天团”，又给我们定下了一个目标：国家富强、民族振兴、人民幸福。今天的中国，在这个“天团”的带领下，北斗上天、蛟龙入海、航母列装，跻身世界强国之列，以一种全新的面貌迎接世界的挑战，向着中华民族伟大复兴的梦想大步前进。如今，我们能底气十足地说：“犯我中华者，虽远必诛！”革命军人是我党绝对领导下的武装集团中的光荣一员，听党指挥，对党忠诚是军人最重要的政治品格。为什么要对党绝对忠诚？怎样把握对党绝对忠诚的标准要求？军队为什么要听党指挥？本专题就和大家深入探讨这些问题。

一、革命军人为什么要对党绝对忠诚

课堂研讨

入党誓词中有“对党忠诚”这句话。有的同学提出疑问，我现在还不是党员，只是一名普通的军校学员，我也要对党忠诚吗？

时间：10 分钟。

目的：通过讨论，使学员进一步理解革命军人对党忠诚的极端重要性。

方式：课堂分组讨论，并请各组代表陈述小组的讨论观点。

我军是党绝对领导下的人民军队，我们都是这支革命队伍中的一员。入伍誓词中的第一句就是“服从中国共产党的领导”，这是对每名军人的忠诚提出的明确要求。那么，什么是忠诚？它是古今中外的军队对军人的共同要求吗？革命军人为什么要做到对党绝对忠诚呢？

知识链接

入伍誓词

我是中国人民解放军军人，我宣誓：服从中国共产党的领导，全心全意为人民服务，服从命令，严守纪律，英勇顽强，不怕牺牲，苦练杀敌本领，时刻准备战斗，绝不叛离军队，誓死保卫祖国。

（一）什么是忠诚

忠诚是人类社会的核心道德要求。虽然在不同的时代和不同的领域，对于忠诚的理解不尽相同，但人们都把忠诚视为高尚的道德品质。"天下至德，莫大于忠"，在中国传统文化中，"忠"位列"八德"之首。古人云："人无忠信，不可立于世"。在《说文解字》中，对忠诚是这样界定的："忠，敬也，从心"；"诚，信也，从言"。从字面上看，"忠"字，上中下心，不存邪念；"诚"字，左言右成，说话算话。可见，忠诚既有内心崇敬之意，也有言行一致之意。具体而言，忠诚，是指对特定对象矢志不移、尽心竭力的思想觉悟和道德情操，即忠贞不贰的思想道德品格。任何一个国家、一个社会都会对所属成员提出忠诚的要求，因为它不只是关系个人品德修养的问题，更是关系一个组织团结统一、发展壮大的重要问题。

对于军人而言，忠诚于谁，听谁的话，跟谁走，是从军入伍必须首先要弄清的问题。党在新时代的强军目标，第一条就是"听党指挥"；对"四有"新时代革命军人的第一条要求是"有灵魂"；当代革命军人核心价值观第一条是"忠诚于党"；军队好干部"五条标准"第一条也是"对党忠诚"。这四个"第一条"，集中体现了忠诚对于我们革命军人的极端重要性，它是我们党、军队永远立于不败之地的法宝，也是我们区别于其他一切政党、一切军队的特有政治优势。

（二）古今中外军人的忠诚有什么不同

军队是国家政权的重要组成部分，是维护统治阶级利益的暴力工具，军队的这种特殊性决定了古今中外各个国家和政治集团都十分看重军人的忠诚品质。

忠诚，作为中华传统武德的重要内容，其历史源远流长。从古至今，历代兵家都将"忠诚"列为军人必备的素养，把"忠诚"看作是军人的立身之本。我国春秋时期的著名军事家孙武，就把"与上同意"即"忠"，放在战胜敌人的五大要素之首，并要求将帅"进不求名，退不避罪，唯民是保，而利合于主"。古代兵书《尉缭子》中记载："将受命之日忘其家，张军宿野忘其亲，援枹而鼓忘其身。"这种"三忘"思想，是中国古代将帅忠君报国的集中体现，也是兵家的共同主张。三国时，诸葛亮亦有言："人之忠也，犹鱼之有渊，鱼失水则死，人失忠则凶。故良将守之，志立而名扬。"

不仅是我国古代军队，资产阶级国家的军队也非常重视军人的忠诚品格。在意大利不勒斯博物馆里珍藏着一套两千多年前的士兵头盔和长矛。为什么一名普通士兵的遗物受到如此礼遇？原来，这套头盔和长矛是在庞贝古城的废墟中被发现的。当火山喷发，古城面临毁灭时，这名士兵没有像其他人一样逃跑，而是选择了坚守岗位。人们敬仰它，并不是头盔和长矛本身有多么贵重，而是敬仰它的主人对岗位的无限忠诚。西方著名军事理论家克劳塞维茨也强调，军人坚守忠诚，要像“站立在海上的岩石一样，经得起海浪的冲击”。可以说，忠诚既是一种优秀品质，也是一种卓越能力，既是一个人对自己内心的追寻和坚守，也是对社会和他人应有的承诺。可见，忠诚是不同时代、不同国家军队的共同品格要求。

古今中外的军队都崇尚忠诚，那么，古今中外军人的这种忠诚品格是否有区别呢？其实，忠诚于古今有别，于中外有别。

南宋抗金名将岳飞去建安受职之前，其母在他身上刻了四个字“尽忠报国”。岳飞背负民族大义和母亲的嘱托，经过16年的努力，终于打败了金兵主力，眼看就要收复失地，但昏庸的宋高宗赵构却听信了奸臣秦桧的谗言，连下12道金牌，催他班师回朝。为了不失忠君大节，岳飞忍痛撤军，使得北伐中原功亏一篑。第二年，还被奸臣扣上了“莫须有”的罪名惨遭杀害。可见，中国封建统治者所极力推崇的“忠”，其本质是要军人无条件地忠于封建帝王的“家天下”、忠于皇帝、忠于朝廷。所以，所谓的“忠君”情结，在历史上常常酿成空怀壮志、报国无门的“愚忠”悲剧。

资产阶级的忠诚，宣传军人要忠诚于宪法和国家，这相对于封建社会那种忠于个人的忠诚而言，的确是一大进步，避免了军队成为个人的工具，但是，以下案例也许能让我们看清其忠诚的本质。

案 例

美国种族伤疤被撕开　明尼苏达一万三千国民卫队士兵镇压[①]

美国示威者继续愤怒，明尼苏达州部署空前警力压阵；特朗普认为情况已和遭白人警察锁喉杀害的黑人男子脱钩。

涉嫌谋杀黑人男子的白人警察已经被捕，但美国由来已久的族群伤疤被撕开，星期五开始的宵禁与2500名士兵没能让愤怒的民众停下，5月30日星期六，美国明尼阿波利斯市政府宣布部署空前警力压阵。

明尼苏达州州长蒂姆—瓦尔兹周六宣布，“明尼阿波利斯的情况已经与乔治—弗罗德的死亡毫无关系，现在的事态已经变成了灌输恐惧，搅乱城市”。瓦尔兹宣布，鉴于情况变化，动员1万3千名美国国民卫队士兵，并向美国军务部申请支援。

美国国家安全部队高层表示，目前动员的士兵数量巨大，但“面临的是数万名的暴乱分子”。地方政府表示，有迹象显示，白人至上主义者团体和暴乱分子通过网络，组织行动。明尼阿波利斯市长雅各布—福莱表示，“彰显军事能量，是为了恢复秩序、安全、和平”。

---

① 美国种族伤疤被撕开　明尼苏达一万三千国民卫队士兵镇压［EB/OL］.（2020-05-31）. https://3g.163.com/dy/article/FDUU7VA605179N6G.html.

根据美国现行政策，除非出现叛乱，军队不能以保护民众为由，在美国领土上展开合法军事行动，而这种情况从1992年的洛杉矶暴乱之后，还未再次出现过。当年的洛杉矶暴乱，导火索同样是警察暴力执法与族裔冲突，在国民警卫队等的强行压制下才得到控制。

明尼苏达州国民警卫队与警察的强硬行动得到了特朗普的赞扬，在一条推特中，特朗普写道："国民警卫队在明尼阿波利斯完成了民主党市长未能完成的工作。"特朗普表示，其实应该在2天前就采取这样的措施，那样的话就不会有这么多损坏，警察总部也不会被接管。在推特的最后，特朗普写道："国民警卫队干得好！这不是游戏！"

然而，特朗普的言论引起了许多网友的不满，一名网友留言道："我无法相信特朗普做出了这样的评论。在我来看，他是在火上浇油。"还有网友说："他们的做法给许多和平抗议者与无辜民众带来了伤害，我们不应该忽视这一点。"

案例评析

美国国民警卫队是美军的重要后备力量，其镇压普通民众示威手段之强硬，和美国警队暴力执法无异。关键是这种暴力行径还获得了总统特朗普的支持。

西方资产阶级国家、政府和宪法，归根到底，都是代表少数资产阶级利益的，他们只是打着民主的旗号，蒙蔽鼓舞军人在镇压其他阶层和其他国家人民的非正义战争中为少数人卖命。从一定意义上说，这种忠诚，也是一种愚忠，只不过这种愚忠，比封建社会更隐蔽、更具有欺骗性而已。

课堂研讨

我军官兵的忠诚与资产阶级军队宣扬的忠诚相比，有何本质上的不同？

时间：约10分钟。

目的：通过讨论，引导学员深入思考资产阶级所宣扬的忠诚的本质，使学员对我军官兵的忠诚品格有更深入的理解。

方式：课堂分组讨论，并请各组代表陈述小组的讨论观点。

无产阶级军队的忠诚，不需要对自己的阶级属性、政治任务和革命目的做任何隐瞒，这就使得无产阶级军队的忠诚品格更加自觉、更加彻底，这种忠诚达到了历史上一切旧军队都无法达到的境界。今天，我们革命军人的忠诚是一种在批判地继承历代军人优秀忠诚品格的基础上，融忠诚于党、忠于人民、忠于祖国和忠于社会主义为一体的忠诚，是忠诚于绝大多数人利益的忠诚，而其中，对党忠诚是对革命军人的最高政治要求。

（三）为什么对党绝对忠诚是革命军人的最高政治要求

政治要求，相对于道德品质而言，又上升了一个层次。新时代革命军人的忠诚品格，包括了忠于党、忠于人民、忠于祖国、忠于社会主义。这几方面实际上都是政治要求，但为什么我们要将对党忠诚作为最高政治要求呢？

案　例

忠诚与背叛

1948年，重庆地下党机关报——《挺进报》被破坏，敌人先后抓捕了时任重庆地下党市委书记的刘国定、副书记冉益智和其他几个领导干部，这些人先后叛变。国民党特务机关根据他们的交代，对重庆地下党组织进行了大肆破坏，抓捕了许多地下党员。江姐的原型人物江竹筠、罗世文、陈然等一大批地下党员都被抓进了“白公馆”“渣滓洞”，受尽各种酷刑。江姐的十根手指被钉进了竹签子，但就是这样也没能让她屈服。与领导干部叛变截然相反的是，基层的共产党员极少有人叛变，被抓进白公馆、渣滓洞的20余名女性共产党员无一人叛变。后来，狱中的幸存者——罗广斌，带出了一份2万多字的《关于重庆组织破坏经过和狱中情况的报告》，报告的第七部分就是“狱中八条”。提出了“防止领导成员腐化”“惩办叛徒、特务”的建议。刘国定、冉益智等叛徒最终都没有好下场，有的在新中国成立后被逮捕审判，有的甚至死于国民党之手。

案例评析

对党绝对忠诚是革命军人打牢政治底色的根本要求。如果失去忠诚的品格，就失去了立身做人的根基，失掉了革命军人的政治底色，必然遭到历史的审判和世人的唾弃。当年被关押在渣滓洞、白公馆的革命烈士用鲜血和生命写成的“狱中八条”，也是他们向党组织的“最后嘱托”。每一名革命军人都要牢记初心，严格自律，铸牢理想信念，严明组织纪律，注重道德情操，把对党的绝对忠诚时刻内化于心、外化于行。

知识链接

《狱中八条》

一、防止领导成员腐化；

二、加强党内教育和实际斗争的锻炼；

三、不要理想主义，对上级也不要迷信；

四、注意路线问题，不要从“右”跳到“左”；

五、切勿轻视敌人；

六、重视党员特别是领导干部的经济、恋爱和生活作风问题；

七、严格进行整党整风；

八、惩办叛徒、特务。

——节选自罗广斌《关于重庆组织破坏经过和狱中情况的报告》

首先，对党绝对忠诚是革命军人打牢政治底色的根本要求。人民军队的政治底色是由我们党的政治本色所决定的。中国共产党是中国工人阶级的先锋队，同时也是中国人民和中华民族的先锋队。我军从诞生那一天起，就从党这个先进的“母体”中传承了先进的红色基因。党的先进性赋予人民军队的先进性，把我们这样一支以农民为主要成分的军队改造成无产阶级性质的新型人民军队，确立了全心全意为人民服务的根本宗旨，使我军始终沿着党指引的方向前进，成为革命的依托、民族的希望，成为巩固党的长期执政地位，保证社会主义红色江山永不变色的中流砥柱。作为人民军队的一员，我们必须深刻认识党的先进性，坚定在党的绝对领导下为人民牺牲奋斗的政治自觉和行动自觉。

其次，对党绝对忠诚是革命军人履职尽责的可靠保证。军队因使命而存在，军人因履行使命而光荣。回顾我军成长壮大的历史，我军之所以能够由小到大、由弱到强，之所以能够始终保持人民军队的性质、本色和作风，战胜各种挑战，履行好党在革命、建设、改革等各时期的历史任务，最根本的就是有党的坚强领导。每当国家遇到重大困难，人民遇到重大灾难时，我军总是不折不扣地执行党的各项指示。抗洪抢险、抗震救灾、反恐、国际维和、国外撤侨行动……我军总是在国家和人民需要的时候招之即来、来之能战、战之能胜。忠诚，造就了人民军队对党的赤胆忠心，造就了人民军队和人民的鱼水情谊，造就了人民军队为党和人民冲锋陷阵的坚定意志。在新的长征路上，我们还有许多新的“娄山关”“腊子口”要攻，还有许多暗礁险滩要过，使命更艰巨，任务更繁重。只有绝对忠诚于党，才能把党的政治优势和组织优势转化为制胜优势，获得战胜一切艰难险阻的强大力量。

案例

抗疫一线写忠诚

在2020年的抗击新冠肺炎疫情中我们看到，无数共产党员、革命军人闻令而动，坚决听从党中央、中央军委、习主席的号令，毅然投入到了抗疫战斗之中。从行动速度中就能看到军队对党的绝对忠诚。

1月19日，中共中央组织部发出通知，要求各级组织部门坚决贯彻习主席重要指示精神和党中央决策部署。

1月24日，陆军军医大学仅仅用6小时就完成了医疗队抽组。21点，150人的医疗队集结完毕。23时44分，解放军从上海、重庆、西安三地派出的3支医疗队共450人，全部抵达武汉天河机场，比军委命令的时间提前了15分钟。

1月27日晚，军队紧急运送1.5万套防护服发往武汉，仅用20多分钟就完成了装载、倒运。

为什么会有这样惊人的速度？因为，服从命令是军人的天职，对党忠诚是军人的灵魂。党赋予的任务，革命军人必须分秒必争，不舍昼夜，以最快的速度完成。

案例评析

革命军人只有听党话、跟党走，才能在任何情况下把党和人民的利益看得高于一切，自觉履行革命军人的神圣职责。只有听党指挥，忠诚于党，才能找准人生坐标，只有把个人追求融入党的伟大事业中，完成党所赋予的崇高使命，才能实现人生价值的最大化。

再次，对党绝对忠诚是革命军人全面发展进步的首要条件。对党绝对忠诚，不仅是人民军队最重要的政治品格和道德标准，也是我们革命军人走好军旅人生路，实现全面发展进步的首要条件。革命军人成长发展，离不开特定条件，其中最重要的就是党的领导。作为一名军人，只有做到对党绝对忠诚，才能在任何复杂情况下、任何艰难困苦面前，保持清醒头脑，明辨是非黑白，坚守革命军人的道德情操，保证我们的军旅人生路始终朝着正确的方向，在党的领导下充分施展个人才华，为党和人民建功立业。

案例

忠诚战士——陈修文[①]

1971 年 9 月 13 日凌晨，林彪乘 256 号三叉戟飞机从山海关机场狼狈出逃，在蒙古国的温都尔汗坠机身亡。其死党于新野、周宇驰、李伟信等人携带党和国家的大量机密材料，打着“执行紧急任务”的旗号，蒙骗空军某部飞行员陈修文，妄图利用直升机尾随林彪出逃。飞行中，陈修文发现了他们的反党叛国阴谋。周宇驰凶相毕露，掏出手枪，威逼陈修文向境外飞。陈修文沉着机智地与敌周旋，将罗盘反调 180 度，使飞机返回了北京怀柔区境内。在飞机被迫降即将着陆时，被周宇驰发现。陈修文在飞机着陆的一刹那返身扑向周宇驰，同叛逃分子展开了殊死搏斗，被周宇驰开枪杀害，英勇牺牲。周宇驰及于新野、李伟信被迫降后见大势已去，商定集体自杀，周、于二人对准自己太阳穴开枪，李伟信朝天开枪，被我包围上来的解放军和民兵抓捕，并在后来的审讯中，向党和人民交代了当时直升机中发生的一切。陈修文以自己的生命，保住了国家和军队的大量机密，粉碎了叛逃分子的阴谋。1978 年陈修文被中央军委授予“忠诚战士”称号。

案例评析

陈修文在政治考验面前毫不动摇，保持清醒头脑，表现出极强的政治觉悟和政治立场，保住了国家和军队的大量机密，粉碎了叛逃分子的阴谋。以生命践行了对党的绝对忠诚。由此可见，革命军人只有对党绝对忠诚，才能在任何复杂情况下，分清敌我，明辨是非，坚定正确的政治方向。

---

① 陈修文（解放军烈士），360 百科。https://baike.so.com/doc/5662633_10434996.html.

二、革命军人如何做到对党绝对忠诚

我军是拿枪杆子的，不仅要对党忠诚，而且要绝对忠诚。这是革命军人的政治底线，如果这一条守不住，一切都无从谈起。对党绝对忠诚不是空洞的口号，而是要落实到行动上，以行动来检验忠诚，践行忠诚。

(一) 绝对忠诚的具体表现有哪些

习近平总书记指出："对党忠诚不是抽象的而是具体的，不是有条件的而是无条件的，必须体现到对党的信仰的忠诚上，必须体现到对党组织的忠诚上，必须体现到对党的理论和路线方针政策的忠诚上。"[①] 这段论述，从三个维度阐述了绝对忠诚的具体表现，也是对党绝对忠诚的三大基本原则。

1. 忠诚于党的信仰

在上海法租界和嘉兴红船上，党的"一大"胜利召开，宣告了中国共产党的成立。当时参加"一大"的代表有 13 人，这 13 个人里有 5 人脱党，2 人（刘仁静、张国焘）被开除党籍，2 人（陈公博，周佛海）当了大汉奸，在抗战胜利后被判处死刑。有 4 人在革命中牺牲。坚持到革命胜利，最后站到天安门城楼的只有 2 个人——毛泽东和董必武。毛泽东同志说：星星之火，可以燎原。这并不是在开国大典五星红旗冉冉升起时说的豪言壮语，而是在 1929 年大革命失败，革命最艰难的时候说的。所以说，有的人看到了才相信，但有的人却因为内心相信，最终亲眼看见。

1927 年，八一南昌起义失败后，整个起义部队只剩 800 人，大家都说散了吧。此时朱德第一个站出来反对，他坚定地说："即使失败了，我们依然要革命！要革命的跟我走！"后来据留下来的同志回忆说，大家也不知道朱德的信心来自哪里，但就是被他打动了。也就是这 800 人，奠定了中国革命的根基。朱德、林彪、陈毅、粟裕，开国三大元帅、第一大将，都站在这 800 人里。这就是信仰的力量。这种信仰，不是靠想，也不是靠说，而是靠做，甚至要在生与死之间做出选择，直至付出生命。据统计，新中国成立前全国各地有据可查的烈士就达 170 多万。毛泽东为革命牺牲了 6 位亲人，包括他的妻子、儿子、大弟、小弟、堂妹和侄子。徐海东大将家族牺牲 70 多人。正如邓小平同志指出的那样，为什么我们过去能在非常困难的情况下奋斗出来，战胜千难万险使革命胜利呢？就是因为我们有理想，有马克思主义信念，有共产主义信念。

2. 忠诚于党的组织

忠诚于党的组织就是任何时候都与党同心同德，时刻想到自己是党的人，是组织的一员，相信组织、依靠组织、服从组织，自觉接受组织的安排和纪律的约束，自觉维护党的团结统一。毛泽东同志在革命中多次遭受处分、打击，包括开除党籍处分、开除政治局委员、撤销职务、赶出红军等共有 20 次，但他说："撤了我的职务，还开除党籍，也不打紧嘛，总不至于不准我革命。"邓小平同志"三落三起"，不放弃对组

① 习近平．习近平谈治国理政：第二卷［M］．北京：外文出版社，2017：189.

织的信赖，最终成为中国改革开放的总设计师。两位伟人在遭受不公时依然考虑的是为组织尽责，这就是对组织的忠诚。贺龙元帅有句掷地有声的话：“就是刀架在脖子上，我也要跟着共产党走革命的路，坚决走到底!”红军时期战士中流传着一首歌谣：“深山野洞是我房，青山绿叶是我床，红薯葛根是我粮。一心向着共产党，哪怕敌人再围剿，头断血流不投降，只要坚持干到底，总有一天见太阳。”这些都道出了革命军人忠诚于党的内心独白。①

3. 忠诚于党的理论和路线方针政策

党的理论和路线方针政策是党在理论探索和实践探索中形成的宝贵成果，是被实践证明了的科学真理。党在引领革命、改革和建设伟大征程中，做出了许多具有伟大意义的决策部署，也正因为革命先辈对党的路线方针政策的无限忠诚，党的意志才得以在祖国大地上迸发出伟大的力量。

（二）怎样理解对党绝对忠诚的“绝对”二字

战争年代，共产党员时时面临生死考验。对党忠诚，往往意味着抛弃幸福，献出生命；而对党不忠，则意味着背叛革命，出卖同志。所以，对党忠诚的要求必须是绝对的、百分之百的，不能有丝毫杂质和水分。这种忠诚，体现在共产党员身上，是陈树湘落入敌手后牺牲的壮烈，是刘伯坚被俘后慷慨赴死的从容，是江姐在黎明就义前的坚贞，是程昭续在刺刀下被逼问“要头还是要共产党”时斩钉截铁的回答“当然是共产党”。

现在，对党忠诚的考验不像战争年代那么严峻了，对党忠诚度的检验也不像战争年代那么直接了，但对党忠诚的绝对性要求却丝毫没有两样，同样容不得半点含糊。因为，革命军人忠诚度哪怕欠缺1%，都可能成为导致信念滑坡的一块石子，成为政治变节的一个分子，成为敌人撕开的一道口子，从而使剩余的99%荡然无存，由“不纯”而蜕变为“不忠”，由亚忠诚转变为不忠诚。②

在对党忠诚的问题上，有人嘴里喊着“忠”，心里却打着自己的小算盘。对党中央的决策部署选择性执行，对自己有利的就执行，对自己不利的就自动屏蔽。这是伪忠诚，不是真忠诚。所以，习近平总书记强调，对党绝对忠诚要害在“绝对”两个字，就是“唯一的、彻底的、无条件的、不掺任何杂质的、没有任何水分”的忠诚。我们如何理解这句话呢？

1. 唯一的

唯一的忠诚，是指革命军人忠诚的对象是唯一的，只能是中国共产党而不能是其他任何政治力量或个人。中国共产党是中国人民解放军中唯一存在的政党组织。不能有其他党派对我军实施领导，甚至不能有其他党派在我军发展组织，革命军人只能忠于中国共产党。抗日战争时期，王明主张“一切经过统一战线”“一切服从统一战线”，

---

① 曹新旺．有一种传承叫信仰［N］．周口日报，2018-11-19.

② 周永德．常问自己，对党的忠诚有多纯［EB/OL］．（2016-06-15）．http：//theory.people.com.cn/n1/2016/0615/c49150-28446064.html.

有些人以做国民党的军官为荣。而反观陈赓，他是蒋介石的救命恩人，面对蒋介石送来的中将参谋长的委任状和衣帽服饰，陈赓丝毫不为所动，凛然道：“此衣不能穿，此帽不能戴，此官不能当!”他宁可当共产党的旅长，也不当国民党的中将参谋长。可见，在真正共产党人的心中，对党绝对忠诚高于天。

2. 彻底的

彻底的忠诚，是指我军对党的忠诚必须坚定不移，始终不渝，不惜牺牲个人的一切，甚至生命。对党忠诚，不是选择题，更不是主观题。60 分不行，99 分也不行，必须要 100 分。这个彻底性，强调的是忠诚的纯度和程度。

我党著名的情报人员，后“龙潭三杰”之一的熊向晖，1936 年入党后，受周恩来指派潜伏到胡宗南身边开展工作。由于出色的工作，熊向晖很快受到胡宗南重用，成为他身边的重要秘书。长期在国民党内部工作，并没有改变熊向晖对党的忠诚。他“出淤泥而不染”，始终保持着共产党人的赤胆忠心。熊向晖不计较个人名誉得失，忍辱负重，心甘情愿地为党工作，先后向中央传递了胡宗南进攻延安的计划等核心机密，毛泽东盛赞他“一个人顶几个师”。这就是对党彻底忠诚的真实诠释。

案 例

林俊德院士坚守大漠 52 年　以战士冲锋姿态跨越生死之界[1]

林俊德，生前系原总装备部某基地研究员，中国工程院院士。他投身国防科技事业 50 多年，是我国爆炸力学与核试验工程领域著名专家，年过七旬依然战斗在科研试验第一线，最终病逝在工作岗位上。先后荣立一等功 1 次、二等功 1 次、三等功 2 次，被中央军委授予“献身国防科技事业杰出科学家”荣誉称号、全军挂像英模。

他始终胸怀报国强军的坚定信念，携笔从戎，毅然走进“死亡之海”罗布泊，一辈子战斗在科研试验一线，即使身居艰苦环境、几经岗位调整，甚至遭遇人生挫折和病痛折磨，也无怨无悔、从未动摇，生动诠释了一名革命军人的真挚情怀。

林俊德出生在闽南山区一个贫苦家庭，父亲早逝，母亲含辛茹苦拉扯 5 个孩子，生活十分艰难，曾被迫辍学。新中国成立后，他依靠政府助学金重返学校，并以优异成绩考入浙江大学。

1955 年，从未离开过大山的林俊德，怀着母校永春一中资助的 20 元钱，穿着母亲织的土布袜子和草鞋，来到了美丽的西子湖畔。在大学里，不仅所有学费生活费都由国家负担，而且老师和同学们在班上为他组织募捐。林俊德深知，没有共产党，没有新中国，就没有自己的一切。他暗下决心，一定要用知识和本领报效党和祖国。

① 中广网，2012 年 09 月 24 日。http：//news. cntv. cn/china/20120924/101775. shtml.

1960年，大学毕业的林俊德携笔从戎，胸怀强军报国之志，长期扎根戈壁大漠，始终坚守科研试验一线，为铸就国防盾牌，挺起民族脊梁做出了卓越贡献。

他始终保持着对事业的执着、对责任的担当，直面挑战不言退，奋力进取不停滞，一年365天只在春节给自己放3天假，每天工作12个小时以上，年轻时这样干，评上院士后依然这么干，年过七旬还负责重大国防科研项目。在被确诊为胆管癌晚期到去世的20多天里，因担心治疗影响身体状态以致耽误项目进展，他毅然放弃手术和化疗，坚持把病房当作战场、与死神争分夺秒，把一生从事科学研究的学术思想和技术思路整理出来。“我要工作，不能躺下，一躺下就起不来了！”这是他在生命最后时刻说得最多的一句话。在生命的最后三天里，他先后整理科研资料1.5G，即便在去世前时而昏迷时而清醒的5个小时里，仍反复嘱咐身边的学生和家人，办公室里还有什么资料要整理，密码箱怎么打开，整理时要注意保密，等等，为国防科技事业奋斗到生命最后一息。

凭着舍生忘死、舍家为国的崇高精神风范和顽强意志品质，林俊德重任在肩压不垮、危难关头全不怕，敢于迎战一切困难挑战，书写出壮美感人的人生华章。

案例评析

林俊德院士入伍52年，参加了我国全部核试验任务，为国防科技和武器装备发展倾尽心血。在癌症晚期，仍以超常的意志工作到生命的最后一刻。以战士冲锋的姿态跨越了生死之界。这是怎样的一种思想境界，又是怎样的一个坚定选择啊！富有真才实学、真做实干“含金量”的林俊德，是真正的共产党员和革命军人，也是真正的科学家。他的一生忠诚于党的事业，奉献给祖国和人民，忠诚誓言无声，“马兰”精神永存！

3. 无条件的

无条件的忠诚，是指对党忠诚要心甘情愿、不讲价钱，泰山压顶不弯腰，虽九死而不悔。

案　例

刘邓大军千里跃进大别山

1947年7月23日，刘邓大军发起的鲁西南战役尚未结束，中央发来电报，要求他们在山东战场敌人主力回接之前，直插大别山吸引敌军，缓解西北战场压力，争取全国战场的战略主动权。当时，刘邓大军已连续作战一个多月，部队还没有得到休整，尚未做好挺进准备。如果此时进行大规模军事行动，必将困难重重。刘伯承和邓小平在权衡以后，向中央发电，一方面表示拥护中央决定，另一方面客观地陈述了自己的困难，希望能选择更为有利的时机再挺进。7月29日，中央发来急电称：

“现在陕北情况甚为困难，如陈谢及刘邓不能在两月内以自己有效实际行动调动胡军一部……，致陕北不能支持……，你们的困难亦增加”。此时，毛泽东、周恩来以及中央机关仅有几个连护卫，却已在山沟里同敌人的7个旅周旋了近5个月，险情时时出现。中央希望刘邓尽快进入大别山，调动西北之敌。邓小平心系中央安危，立即回电：“半个月后行动，跃进到敌人后方去，直出大别山”。当时，毛泽东对这一战略举措估计了三种结局：一是付了代价站不住脚准备回来；二是付了代价站不住脚，在周围坚持斗争；三是付了代价站稳了脚。在他这样前途未卜的情况下，刘邓大军二话不说，什么样的困难也不顾，遵照中央指示，在没有后方支援的情况下义无反顾地向大别山挺进。

案例评析

这就是对党绝对忠诚的政治品格，这就是胸怀全局的大局观念。党的指示就是行动的命令，即使有再大的困难也要无条件地坚决执行。刘邓大军千里跃进大别山的精神就是一种“听党指挥、对党忠诚、勇担大责、艰苦奋斗、实事求是”的红色精神。

4. 不掺任何杂质的

不掺任何杂质的忠诚，是指对党忠诚要赤胆忠心，不能存私心、求私利、徇私情。前面提到的红岩中的叛徒——重庆地下党市委书记刘国定，他的掩护身份是一个药店老板。但他把掩护身份当真了，用党提供给他的活动经费为自己谋私利。在他被抓起来以后，心里还惦记着自己药店的生意。所以，像刘国定这种有私心的共产党员，往往还没等敌人严刑拷打，就出卖了组织，出卖了同志。

金钱面前检验绝对忠诚。抗日战争时期，胶东地区诞生了我军第一支“黄金部队”，这支部队共送出13万两黄金，没有一点遗漏，更没有人携款叛逃。事实证明，对党忠诚贵于黄金。

5. 没有任何水分的

没有任何水分的忠诚，是指对党忠诚必须襟怀坦白、言行一致，不能做“两面人”。对党绝对忠诚，是每名军人必须一生恪守的诺言、终身实践的课题。搞亚忠诚、伪忠诚、相对忠诚、有条件的忠诚，到了关键时候就难以忠诚。一部“红岩史”，真切地告诉人们什么是没有任何水分的绝对忠诚，什么是相对忠诚。而相对忠诚者，往往会成为变节投敌者。

对党绝对忠诚的“绝对”二字，表达的是恪守根本建军原则的鲜明态度，传递的是坚持党的领导的坚强决心，明确的是革命军人政治操守的最高标准。

（三）如何把维护核心，对党忠诚落实到行动上

我们党是高度集中统一的马克思主义政党，思想上的统一、政治上的团结、行动上的一致是党的事业不断发展壮大的根本所在。革命军人讲政治，讲对党忠诚，最重要的就是自觉向党看齐、维护核心。这绝不是空洞的表态，需要每名军人不折不扣地落实到行动上。作为新时代的革命军人，我们必须坚定看齐追随，着眼使命要求，在

努力践行中展现作为，用实际行动坚决维护核心，熔铸忠诚品格。

1. 要做忠诚核心、听从号令的革命军人

只有在思想上高度认同、情感上高度信赖，才能把核心意识植入灵魂。革命军人的忠诚，第一条就是听从统帅号令。而忠诚核心、听从号令，最重要的就是贯彻军委主席负责制，做到一切重大事项由习主席决定，一切工作对习主席负责，一切行动听习主席指挥。最紧迫的是听招呼、守规矩，决不允许对党中央和中央军委大政方针妄评妄议、说三道四，决不允许有令不行、有禁不止。

课堂研讨

有种错误观点认为，维护核心是领导机关的事，与军校学员个人关系不大，我们只要平时服从上级命令就行了。作为新时代的军校学员，维护核心是不是我们应该严守的政治纪律？为什么？

时间：约 10 分钟。

目的：通过讨论，使学员理解革命军人忠诚核心、维护核心的重大意义。

方式：课堂分组讨论，请各组代表陈述小组的讨论观点

维护核心，人人有责。首先要强化大局意识。要坚持个体服从整体、局部服从全局、小道理服从大道理，充分相信和依靠组织，不盲目攀比、不斤斤计较、不任性妄为，保持思想定力和良好心态；其次要强化组织意识。站到维护核心、看齐追随的政治高度来认识改革、拥护改革、支持改革，追随习主席强军脚步，对改革中的各项工作任务安排、时间节点安排，做到不讲条件、不打折扣、不搞变通地坚决执行。做到心中无问号、嘴上无杂音、脚下有行动；再次是要强化责任意识。更加自觉地强化“坚决服从、坚定信心、干好本职、谋好发展”的精神，按照上级党委的决策部署，一步一步地走，一锤一锤地干，立足本职践行忠诚。

2. 要做忠诚核心、严守纪律的革命军人

心存敬畏，方能行有所止。作为新时代的革命军人，严守纪律是维护核心、对党忠诚的现实要求。我国正处在大发展大变革大调整中，敌对势力加紧对我军进行渗透破坏，特别是互联网时代的各种信息，容易以假乱真，给别有用心者以可乘之机。少数同学可能还存在着政治敏锐性和辨别力不强等问题。要忠诚核心、看齐追随，就要始终坚守革命军人思想道德的防线，做到任何情况下都能稳得住心神、管得住行为、守得住清白。

要注重坚定性，严格制度落实。现在，制度“笼子”越织越密，从政治规矩到生活待遇，从作风规定到实施细则，规矩越来越细，监督越来越严，而且这是今后的常态。要确保习主席和中央军委决策指示落到末端、落到实处，我们就要在“学、畏、行”三个字上下功夫：“学”，就是要学政策、学规定，把哪些能干、哪些不能干搞清楚，真正掌握规定、入脑入心；“畏”，就是对法规条令、党纪条规心存敬畏、行有所惧，不越“雷池”，不闯“红灯”；“行”，就是制度怎么规定怎么办，养成在组织中生

活、制度下办事、工资里消费的习惯。

要把握具体性，做到抓细抓小。就是要从现在抓起、从小事严起，严细严小，促使我们管住心不乱想、管住嘴不乱说、管住手不乱拿、管住腿不乱跑。比如，有些同学平时不太注意，在亲朋好友聚会时口无遮拦，或是在网上尤其是“微博、微信、新闻客户端”上跟风传小道消息等等。这些问题看似不大，但如果不早抓严改，很容易形成“破窗效应”，对单位建设和个人成长都会带来负面影响。要做忠诚核心，严守纪律的革命军人，就必须在思想上经常“对对表”，在言论上经常“查查岗”，在行为上经常“杀杀毒”，始终以更高标准、更严要求、更实举措践行“两个维护”，时时、事事、处处都要践行忠诚刻度。

3. 要做忠诚核心、担当有为的革命军人

维护核心，就是要自觉恪尽职责，担当作为，做强军思想的坚定信仰者、强军目标的模范践行者。担当大小，体现着胸怀、格调，有多大担当才能干多大事业。作为军校学员，不管将来身处什么岗位、从事什么工作、都要做到干一行、爱一行、精一行，把工作当事业干，把岗位当阵地守。要用忠诚之心、务实之举、自觉之行，时刻置身于能打仗打胜仗的使命召唤之中。把精力用在做实事上，把功夫下在抓落实上，把标准定在强素质上。

案　例

初心的传承：从张富清到杜富国[1]

2019 年初夏，两位共和国军人的人生故事，在短短一周内刷爆了朋友圈。

一个是 95 岁的“人民功臣”张富清，一个是 28 岁的排雷英雄杜富国。他们用各自的人生选择，诠释了什么是真正的“对党忠诚”。

老英雄张富清，60 多年深藏功名，一辈子坚守初心、不改本色。在部队，他保家卫国；到地方，他为民造福。新中国走过 70 多年风风雨雨，他的岗位、身份也一再改变，唯一不变的，是他对党的“绝对忠诚”。

排雷英雄杜富国，3 年来千余次进雷场，排除 2400 余枚爆炸物，处置 20 多次危情，被称为“全能雷神”。危险关头，他的一句“你退后，让我来”更是立起了铁心向党、勇于担当的精神丰碑。把忠诚品格熔铸于灵魂、融入于岗位。

案例评析

铁心向党、至死不渝，英雄用生命捍卫的，是人民军队坚决听党指挥的赤胆忠心，是人民军队对党绝对忠诚的优良传统。在强军兴军的新征程上，我们要牢记嘱托，铁心向党，矢志强军，纠治和平积弊，苦练素质本领，把该担的责任担起来，把该做的

① 资料来源：https：//www. sohu. com/a/316893282249364.

工作做到位。以忠诚、干净、担当的良好形象争做维护核心的新时代革命军人，用实实在在的行动践行对党忠诚的誓言。

三、军队为什么要听党的指挥

一位长期研究我军历史的外国军事专家曾谈到，在解放军的历史上有三个现象值得回味：一是从来没有一支整建制部队被策反、被拉走；二是党内出现的阴谋家、野心家篡夺军权的图谋没有一次得逞；三是在重大政治关头，军队总是与中国共产党在政治上保持高度一致。

出现这三种现象的原因是什么？归根到底是因为有党对军队的绝对领导，有革命军人对党的绝对忠诚。

案例

土耳其军事政变频发[①]

1960年至2016年间，土耳其军队发动了5次军事政变，平均每十年一次。1960年4月27日，土耳其武装部队总参谋长杰马勒·古尔塞勒将军发动政变，推翻时任曼德列斯政权，并出任临时总统、总理兼国防部长。1961年10月大选后，军人政权还政于民。1971年3月12日，因不满土耳其各种激进组织出现，土耳其军方向苏奈总统和国民议会提交了一份备忘录，要求建立“一个强大的可信赖的政府”。当天，1965年开始执政的德米雷尔正义党政府被迫辞职，史称“备忘录政变”。1980年4月，土耳其选举期间，由于左右势力势均力敌，选举旷日持久，经济形势每况愈下。同年9月12日，土耳其武装部队总参谋长科南·埃夫伦发动武装政变，宣布解散议会和内阁，成立国家安全委员会，接管国家权力。埃夫伦将军自任国家元首，建立军政府。后来的1997年6月18日，在军方的强大压力下，宗教色彩浓厚的总理埃尔巴坎辞去职务。2016年7月16日，土耳其爆发了由武装部队总参谋部部分军官发动的第五次军事政变。

案例评析

土耳其政变频发的最根本原因就是土耳其国家安全委员会是由总统和军队总参谋长共同领导，没有形成集中统一的领导权。土耳其宪法要求内阁优先考虑国家安全委员会认为攸关国家存亡的决定，该委员会由总参谋长和总统领导，还有内阁成员，但宪法明确规定至少一半成员必须是军官。这就给了军队巨大的权力，在制定国家目标和计划时，土耳其总参谋部的军人比政治领导人更有影响力。事实也是如此，在1960年至1997年间，军方四次荡涤政坛，平均每十年一次，三次推翻时任总理，一次驱逐了刚上台一年的伊斯兰福利党。

---

① 陈伟斌．军队50多年来第7次出手 土耳其为何频发军事政变［N］．钱江晚报，2016-07-17.

(一) 为什么要始终不渝地坚持党对军队的绝对领导

我军九十多年成长壮大的历史证明，没有无产阶级政党，就没有无产阶级军队；没有无产阶级政党的领导，无产阶级军队就不可能战胜强大的敌人。习近平主席反复强调，党对军队绝对领导不仅是"我军的立军之本和建军之魂"，而且是我军的"强军之魂"。他指出，听党指挥是我军的命脉所在，这一条丢了，其他工作再怎么做，最终也会全盘皆输。坚持党对军队的绝对领导，是我们党经过长期探索得出的真理性认识，也是我军的优良传统、政治优势和不变的军魂。

为什么要始终不渝地坚持党对军队的绝对领导呢？

1. 坚持党对军队的绝对领导，是马克思主义学说同中国革命和人民军队建设实践相结合的伟大创造。马克思主义学说的一个重要内容是揭示国家、政党、军队之间的内在联系。其中，军队的领导权问题，是马克思主义建军理论的一个核心理论。在马克思主义理论中，对共产党和人民军队的关系又有多种表述：如党指挥枪、军队不打自己的旗帜、军队听党话、跟党走，等等。尽管表述不同，但实质是一样的，那就是军队一定要服从一定政党的领导和指挥。中国共产党正是将马克思主义建党建军学说运用于中国实际，创造性地提出并实行了党对军队绝对领导的根本原则和制度，从而使得军队成了人民解放自己的工具。我们坚持党对军队绝对领导，具有非常坚实的理论基础。它实际上就反映了马克思主义学说当中阐明的党和军队的本质联系。

知识链接

马克思主义关于党对军队绝对领导的有关理论观点

"国家是文明社会的概括，它在一切典型的时期毫无例外地都是统治阶级的国家，并且在一切场合在本质上都是镇压被压迫被剥削阶级的机器。"①

——恩格斯《家庭、私有制和国家的起源》

2. 坚持党对军队的绝对领导，是中国历史发展的必然选择。历史是厚重的载体，分析研究我国历史上军队领导制度的利弊得失，可以使我们用历史的眼光，更加全面、更加辩证地看待党对军队绝对领导的科学性。因为自从有军队有政党以来，就有一个统治者怎么对军队掌控和领导的问题。

迄今为止，人类社会有两种政治统治形式：一种是君主政治，一种是政党政治，由此形成了两种不同的军队领导制度。在君主政治条件下，君主对军队拥有至高无上的权力。这种条件下的军队，实际上是直接为君主个人或少数人利益服务的。也正是由于这个原因，中国历史上历朝历代都将兵权作为国家之神器，把掌握军队作为维护

① 恩格斯．家庭、私有制和国家的起源［M］．北京：人民出版社，2018：195.

统治的根本手段。因为有了天下就有了兵权，而失去了兵权也往往意味着大权旁落，江山不保。对此，宋太祖赵匡胤有句警世名言：“兵权之所在，则随之以兴；兵权之所去，则随之以亡”。

案　例

宋朝兵制弊端探微①

北宋初建之时，除了北方辽国之外，其军队横扫天下，堪称无敌，然而到了北宋中后期，曾经强悍的宋军却变得羸弱不堪，那么宋军是如何一步步变弱的呢？其实制度才是根本，贯穿两宋的宋朝兵制，才是宋朝军队战斗力急速下滑的“罪魁祸首”。

一、强干弱枝。在汲取了唐末以来藩镇割据，以及五代十国以来的乱世经验，为了防止地方势力过强，威胁到中央统治，赵匡胤在兵力配置上基本遵循了“强干弱枝”的原则，即从各地厢军、乡兵中抽调精锐组成禁军，从而使得禁军成为最精锐的军队，而禁军的指挥权又直属于皇帝，如此便使得地方势力得到了弱化。不过，如此一来宋军的战斗力将完全由禁军来保证，地方军队则已经丧失了战斗力。

二、兵权分离。宋朝禁军分为殿前军和侍卫亲军，由殿前司和侍卫亲军司分别统率，但侍卫亲军司和殿前司的长官却并非常职，后因侍卫亲军司和殿前司长官长期虚而不置，侍卫亲军司便逐渐分为了侍卫马军司和侍卫步军司两个衙门。殿前司、侍卫马军司和侍卫步军司便是我们常说的“两司三衙”。此外，宋朝为了避免武将权力过大，又对兵权进行了进一步拆解，其中“两司三衙”只有统兵之权，调兵之权则归属枢密院，而率兵之权则在战时由皇帝临时任命率臣负责。兵权分离固然可以防止将领擅权，但同样容易导致军事行动遭到掣肘，反而影响军队的战斗力。

三、兵无常帅。宋朝规定，京城禁军和地方禁军必须定期换防，这种轮流驻防的方式被称为“更戍法”。然而，军队调防，将领却并不随军调防，如此一来便达到了兵不识将，将不识兵，兵无常帅，帅无常师的目的，有效防止了各级将领彻底掌握军权。然而，这种方式同样导致军队战斗力和将领才能根本无法发挥，军队的凝聚力和忠诚度也很难得以保证。

案例评析

宋朝的兵制尽管在一定程度上达到了控制军权的目的，北宋政权也保持了100多年的稳定，却极大地影响了军队战斗力，以至于宋朝在与辽、金、西夏的战争中，连连败北，最终使宋朝成了中国历史上少有的在外敌入侵下灭亡的朝代。

到清朝末年，在太平天国起义之后，清王朝下令可以由个人招兵选将，实行兵为

① 资料来源：https://www.360kuai.com/pc/97e5bcd953a8e45f2?cota=3&kuai_so=1&sign=360_57c3bbd1&refer_scene=so_1.

将有，来提高部队的战斗力，于是出现了曾国藩的湘军、李鸿章的淮军、袁世凯的新军等。曾国藩效忠朝廷，他拥兵不会威胁到皇权。但并不是每个统兵的人都会效忠朝廷，这样的制度又为军阀的产生埋下了祸根。在辛亥革命前就形成了以袁世凯为首的北洋军阀集团。袁世凯就是靠其掌握的重兵在辛亥革命后取得了在中国政治上的主导地位。袁世凯死后，北洋军队分裂成三个派系，即直系、皖系和奉系，形成军阀割据、军阀混战的局面。政党和政府对军队不起作用了，政权像走马灯似的轮换，国家因此动荡不安，仅仅1916年到1928年12年间，就发生大的战争140余次。

实际上，早在1924年，孙中山在改组国民党、实行国共合作的时候，就决定参照苏联的军事制度，建立由国民党直接控制的军队。但不幸的是1925年孙中山因病去世。此后，担任国民党军队总司令的蒋介石企图“枪指挥党”，最终，国民党的军队沦为蒋介石实行个人独裁的工具。直到1927年南昌起义，我们党开始独立创建属于自己的武装力量，经过“三湾改编”，创造性地把“支部建在连上”，从组织上解决了党直接掌握士兵群众的问题，又经过古田会议，确立了党领导军队的一系列根本原则和制度，逐步把我军改造成了一支无产阶级的新型人民军队。这才结束了长期以来枪杆子由个人、少数人掌握的历史，实现了军权向先进的阶级、向最广大人民群众的代表、向工人阶级政党转变的历史性变革。习主席在庆祝建军90周年大会上指出，党对军队绝对领导的根本原则和制度，发端于南昌起义，奠基于三湾改编，定型于古田会议，是人民军队完全区别于一切旧军队的政治特质和根本优势。坚持党对军队绝对领导的原则和制度，是中国历史发展的必然规律，是中国革命发展的必然规律，是历史的选择，是人民的选择。

3. 坚持党对军队的绝对领导，是对一些国家和地区执政党丧失政权教训的深刻反思。坚持党对军队绝对领导，既是从中国历史发展的过程中得出的结论，也是分析研究世界上其他国家执政党丧失政权教训之后得出的结论。20世纪80年代以来，世界范围内发生过4次政权颠覆的高潮，分别是东欧剧变、苏联解体、颜色革命和“阿拉伯之春”。其政权的丧失，无一不是从执政党丧失对军队的指挥权开始的。

长期以来，苏联一直坚持党对武装力量的绝对领导，但1985年戈尔巴乔夫上台后，推行所谓的“新思维”，鼓吹“军队非党化”，把改革变成了“改向”。党对军队绝对领导被逐步放弃。导致苏共和苏军灭顶之灾的主要有以下三个原因：

第一是放弃了党对军队的思想领导。1990年苏共接受反对党提出的“军队非党化”主张，在军队中取消了原有的思想政治教育工作，这就首先解除了官兵的思想武装，从而放弃了党对军队的思想领导。

第二是放弃了党对军队的组织领导。1990年10月，苏联颁布了《社会团体法》，该法规定军人活动不受政党决议的束缚，这就放弃了党对军队的组织领导。

第三是将党在军队中的政治机关全面改组或撤销。1991年初，原总政治部更名为总军事部，不再是党在军队中的最高领导机关，而是国家最高指挥机关的组成部分，隶属于国防部和总统办公厅。各级政治机关从事党团工作的业务部门，如组织部(处)、党委、支部等均被撤销。

在1991年的“8·19事件”中，在苏共生死考验的关键时刻，担负保卫莫斯科安全的苏联军队不仅不听苏共的指挥，反而与反共势力站在一起。紧急状态委员会调来了著名的塔曼摩步师，本来希望靠它来保卫政权，但是现场指挥官阿加耶夫少校却让叶利钦登上坦克发表演说，致使部队调转炮口，瞄准了克里姆林宫，逼迫政府下台。苏共领导人为巩固执政地位所做的最后一次努力，由于军队的不配合甚至倒戈而失败。

苏联解体的教训发人深省。戈尔巴乔夫推行“新思维”，鼓吹“军队非党化”，取消了党对军队的绝对领导。一支由共产党领导的苏联军队，不仅没有成为捍卫党和国家政权的坚强柱石，反而成为把苏共和苏联送上不归路的“掘墓人”。我们要深刻总结苏联共产党丧失政权的教训，坚持我党对一切工作的领导，确保我党在世界形势发生深刻变化的历史进程中始终走在时代前列，在应对国内外各种风险和考验的历史进程中始终成为全国人民的主心骨，在坚持和发展中国特色社会主义的历史进程中始终成为坚强领导核心。

同样，20世纪90年代初东欧国家相继发生剧变，虽然各国剧变的原因、方式不尽相同，但国内外敌对势力搞“和平演变”的突破口却是惊人的一致。那就是这些国家和军队，最后都不服从执政党的领导，甚至倒戈站到反对派的立场上。

与此形成鲜明对比的是，新中国成立以来，尽管我们党的政权也遇到过种种政治考验，也经历过局部的风浪冲击，但我们党始终岿然不动，这与我们党始终牢牢掌握着军队是密切相关的。这充分说明，无论是对于国内的异己分子，还是敌对势力，军队都是相互争夺的焦点，而只要我们党紧紧依靠人民，牢牢掌握人民军队，国家就出不了大乱子。

4. 坚持党对军队的绝对领导，是实现强军目标、全面建设世界一流军队的根本保证。党的十八大以后，我军开启了由大向强的新征程。习近平总书记多次重申坚持党对军队绝对领导的极端重要性。实践表明，加强党的领导是我军实现强军目标，全面建成世界一流军队的根本保证。

“听党指挥、能打胜仗、作风优良”，是习近平强军思想的核心内容，是我军建设发展的时代主题。在这一目标体系中，听党指挥是第一位的要求，为实现强军目标指明了方向、提供了动力。党是中国特色社会主义事业的领导核心，我军只有坚持党的绝对领导，才能从根本上保证人民军队的性质、宗旨、本色永不变质，才能经受各种考验，不断取得新胜利。在这个根本问题上发生动摇，就等于丢掉了灵魂，军队就会失去凝聚力、生命力和战斗力。实现党在新时代的强军目标，只有抓牢党对军队绝对领导这个命根子，始终同党中央在思想上政治上行动上保持高度一致，模范贯彻执行党的路线方针政策，贯彻党的主张和意志，遵守党的章程和纪律，才能从根本上为强军兴军提供力量源泉和坚强保证。

国防和军队改革是全面建成世界一流军队的时代要求，是决定我军发展壮大、制胜未来的关键一招。优化领导指挥体制、调整军队规模结构、持之以恒抓作风建设，党中央、中央军委和习主席聚焦的都是国防和军队建设中的深层次矛盾和问题。要啃下这些“硬骨头”，根本的就是要毫不动摇坚持党对军队绝对领导，摆脱利益羁绊，冲破观念束缚。唯此，才能紧紧扭住深化国防和军队改革的大局，全面实施改革强军战略，才能有足够的自信和能力，解决影响国防和军队建设的体制性障碍、结构性矛盾、政策性问题，全军上下团结奋斗、攻坚克难，实现改革的既定目标。

（二）党对军队绝对领导的基本制度是什么

党对军队绝对领导不是抽象的原则要求，而是有一系列科学严密的制度作为保证。这些制度的建立与实施，实现了党的组织与军队建制的统一，集体领导与首长分工负责的统一，思想政治领导与军事行政领导的统一，为党对军队绝对领导提供了坚如磐石的保证。

1. 军队的最高领导权和指挥权属于党中央、中央军委

军队的最高领导权和指挥权属于党中央、中央军委。这是党对军队绝对领导的集中体现和最高要求。党的中央军事委员会，是党中央的军事领导机构，其组成人员由中央委员会决定。这就明确要求，国防和军队建设的一切重大问题由党中央、中央军委做出决策，全军各部队和所有人员都必须无条件服从党中央、中央军委的指挥。这一制度能够最集中地代表党的意志，保证国家和人民的根本利益，确保我军高度集中统一，坚决听从指挥，有效防止一切野心家、阴谋家篡夺军权的活动。

2. 军委主席负责制

军委主席负责制是党章和宪法明确规定的重大制度，是坚持党对军队绝对领导的根本制度和根本实现形式。对于保证党中央、中央军委牢牢掌握军队最高领导权和指挥权具有根本性、决定性作用。坚持全国武装力量由军委主席统一领导和指挥，国防和军队建设一切重大问题由军委主席决策和决定，中央军委全面工作由军委主席主持和负责。贯彻好这一制度，有利于军委主席对全军实施集中统一领导和高效指挥，有利于加强军委班子自身建设和高级领导干部教育管理，有利于全军全面准确、及时有效地贯彻落实军委主席的决心意图和决策指示。全军各单位要严格执行请示报告、督促检查、信息服务工作机制，确保政令军令畅通。要坚定自觉维护这一制度，不折不扣贯彻落实党中央、中央军委和习主席决策指示。

知识链接

军委主席负责制与党对军队绝对领导一系列制度是怎样的关系？[1]

党对军队绝对领导是要靠一系列的制度来保证的，我们在长期的实践中，已经形成了这样一整套完整的制度体系：党委制、政治委员制、政治机关制、支部建在连上的制度，还包括我们各级党组织实行党委统一的集体领导下的首

① 央广军事．军委主席负责制与党对军队绝对领导一系列制度是怎样的关系？［EB/OL］．（2018－01－05）．http：//military.cnr.cn/jssp/jq/20180105/t20180105_524088680.html.

长分工负责制等等，这样一个完整完备的制度体系，保证了我们党对军队的绝对领导能够落到实处。

但是在这个制度体系中是有主次之分的，其中居于核心地位的就是军委主席负责制。形象地来说，如果把党对军队绝对领导的制度体系比作一条巨龙的话，军委主席负责制是龙头，居于核心统帅的地位；党委制等其他制度好比龙身，主要是解决政令畅通的问题；支部建在连上等制度，就好像龙尾，确保党指挥枪能够落地生根。

军委主席负责制是党对军队绝对领导的最高实现形式，它是这一套制度体系中的核心制度，是一个关键制度，它可以统领和带动其他制度的贯彻落实。把这个制度抓住了，落实到位了，我们党对军队绝对领导才能够真正得到实现。

3. 党委统一的集体领导下的首长分工负责制

这是党的民主集中制在军队领导制度上的具体运用，是最具我军特色的科学领导制度。民主集中制是民主基础上的集中和集中指导下的民主相结合的制度，是党的根本组织原则和领导制度。这一制度，融合了党委制和首长制的优长，既能充分调动集体的智慧，最大限度地保证党委决策的正确性，又能保证首长带领部队快速、高效地完成各项任务。

4. 党委制、政治委员制、政治机关制

这是我军建设的一项重要的组织制度，是我们党在思想建党、政治建军过程中，通过艰辛探索创造、吸收经验教训而丰富发展、逐步定型的。是坚持党对军队绝对领导的重要保证。

5. 支部建在连上

“支部建在连上”是建党建军的一项基本原则和制度。1927 年 9 月，毛泽东同志率秋收起义余部挺进井冈山途中，有感于南昌、秋收起义相继失败，“这是缺乏革命中心力量招致革命失败的血的教训”。于是确定在江西永新三湾村改编部队，实行“支部建在连上”：在连队设党支部，在优秀官兵中发展党员，在班排设党小组，在连以上设党代表并担任党组织书记。这就在部队建起严整的党组织体系，为党全面建设和掌握部队提供了可靠组织保证。后来，毛泽东等在领导“工农武装割据”斗争中，深切体会到“红军所以艰难奋战而不溃散，‘支部建在连上’是一个重要原因”。经过实践总结，“支部建在连上”制度逐渐完善，遂纳入 1929 年底古田会议通过的决议案并形成定制，成为建党建军的基本原则和制度延续至今。

这是我们党建军治军的重要创举，是保证党对军队绝对领导在基层落实的重要制度。在美军教材《军人的政治教育》中也有如此的总结：“在战争中从未发现一支健全的共产党军队陷入解体。不管这支军队如何遭到惨败，损失如何严重，或者近期根本看不到胜利的前景，他们总能从暂时的失败中恢复过来。”

反观国民党，正是由于不重视基层组织建设，在军队中没有坚强的党组织，最终走向了失败。1938年冬至1939年春，一份针对国民党147个部队单位（以师为单位）的调查显示：有30%的士兵竟然不知道有国民党，52%的士兵不知道三民主义。到1946年，一则材料显示国民党已变成了这样一种局面：“上层有党，下层无党；城市有党，乡村无党；沿海有党，内地无党”。毛泽东同志曾说，党的建设是党克敌制胜的一大法宝，这个法宝最重要的一点就是党的支部建设。实践证明，支部建在连上，党就有了联系广大官兵的桥梁和纽带，就能够确保党对军队绝对领导真正在末端落实，就能汇聚起贯彻党的意志主张、完成党的任务的强大力量。我军之所以始终在党的领导下行动和战斗，有效履行党和人民赋予的使命任务，重要的是党支部发挥了战斗堡垒作用。①

党对人民军队的绝对领导制度，是我国的军事制度和中国特色社会主义政治制度的重要组成部分。这种集中统一、权威高效的新型军事领导制度，彻底颠覆了军权私有的制度规定，从根本上实现了党的军队、人民的军队、社会主义国家的军队的高度统一，是我国国家制度和国家治理体系的显著优势。实践证明，这些根本制度的实施对于在组织上保证党巩固执政地位和实现执政使命，保证国家的长治久安，保证我军的性质宗旨不发生变化，发挥着不可替代的作用。我们必须坚定对这种新型军事领导制度的制度自信，任何时候任何情况下都不能动摇。

教学拓展

（一）知识拓展

1. 阅读推荐

（1）《习近平强军思想学习纲要》，解放军出版社，2019年版。

（2）《军委主席负责制学习读本》，解放军出版社，2018年版。

2. 观看推荐

（1）大型电视纪录片《祖国在召唤》第二集《忠诚》。

① 卢震，李进．“支部建在连上”制度的形成、发展及其重要启示［EB/OL］．（2018-12-14）．http://cpc.people.com.cn/n1/2018/1214/c422374－30467703.html.

（2）电视纪录片《支部建在连上》。

（二）能力拓展

忠诚卫士访谈

主题词：忠诚卫士话忠诚

实践目的：认真倾听对党忠诚的优秀共产党员的心路历程和人生感悟，寻找事迹中的忠诚本色，树立并坚定维护核心，对党忠诚的信念。

实践要求：

围绕课堂上所学的铸牢军魂，对党忠诚的理论，设计一次针对优秀共产党员的人物访谈活动，进行社会实践，并撰写人物访谈报告。

（1）具体形式不限，探访、微电影制作、座谈会、讲座等均可。

（2）以小组为单位设计实践方案，提交教员指导，方案通过后展开实践。

（3）每组撰写实践报告一份，各小组推选代表进行课堂汇报。

专题六
传承之问——如何传承爱国主义精神

教学主题

传承爱国主义　矢志强军报国

爱国，是人世间最深层、最持久的情感，是一个人立德之源、立功之本。孙中山先生说，做人最大的事情，就是要知道怎么样爱国。军人肩负着民族复兴的历史重任，担当着强国强军的时代使命。本专题通过问题设置，引导学员深入思考军校学员“为什么要弘扬爱国主义?”“如何自觉做新时代的忠诚爱国者?”“如何传承和弘扬爱国主义精神?”等问题，同时引导学员重点理解“为什么要坚持爱国与爱党、爱社会主义相统一?”“经济全球化背景下为什么仍然需要弘扬爱国主义?”等难点问题，进一步激发学员对祖国的认同感、归属感和责任感，树立理性爱国的信念，做忠诚、精武、奉献的新时代爱国者。

教学目标

知识目标：了解国家和祖国的概念，明确爱国主义的基本要求和新时代爱国主义的本质，理解新时代爱国主义的世界胸怀。

能力目标：运用马克思主义立场、观点和方法分析爱国与爱家的关系，爱国与爱党、爱社会主义的关系，认清强军报国的责任和使命，能够自觉传承和弘扬爱国主义精神，将爱国之情化为报国之行。

素质目标：增强对祖国的认同感、归属感和责任感；培养爱国主义情感、砥砺强国强军之志、实践忠诚报国之行。

思维导图

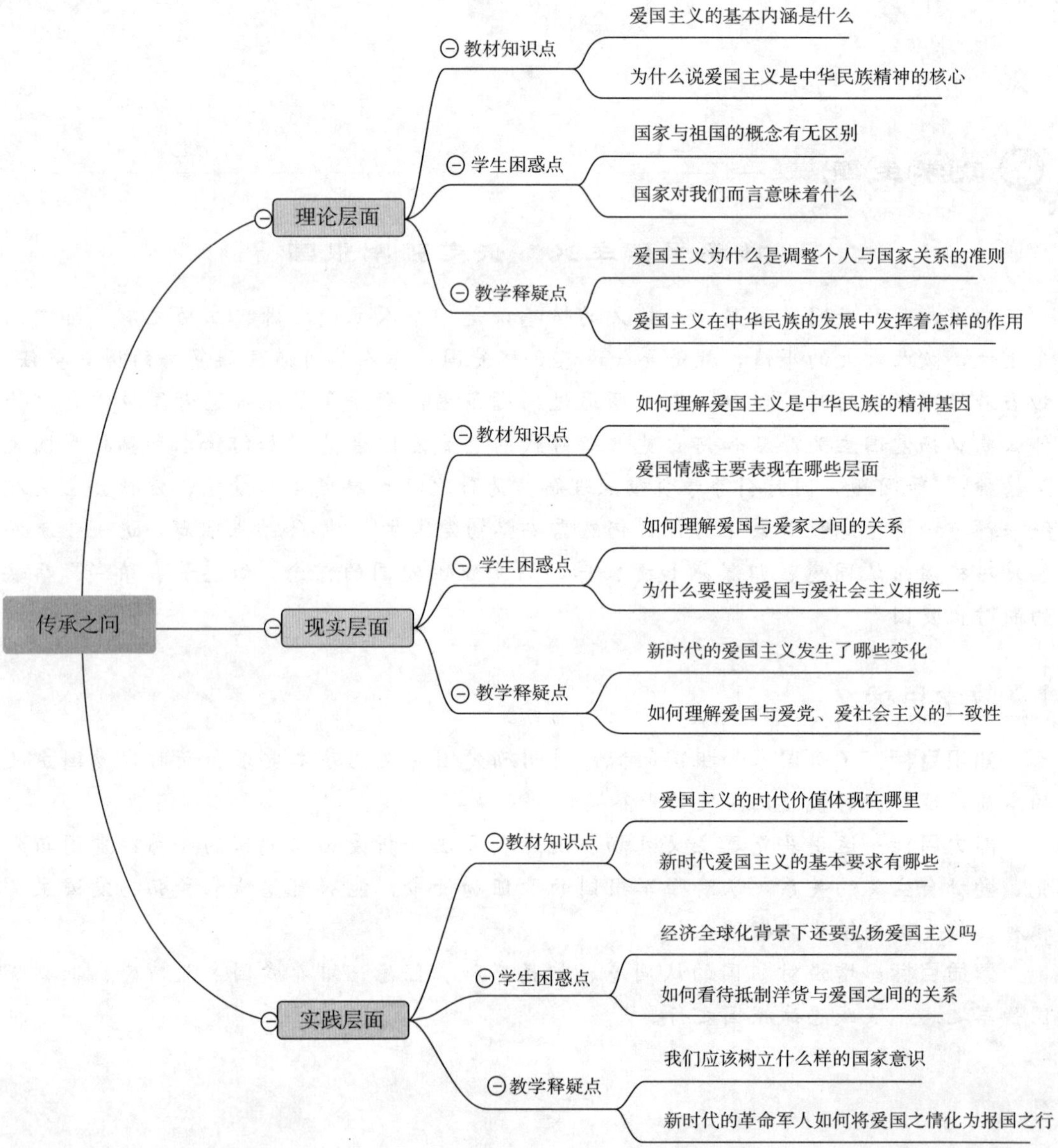
传承之问
理论层面
教材知识点
爱国主义的基本内涵是什么
为什么说爱国主义是中华民族精神的核心
学生困惑点
国家与祖国的概念有无区别
国家对我们而言意味着什么
教学释疑点
爱国主义为什么是调整个人与国家关系的准则
爱国主义在中华民族的发展中发挥着怎样的作用
现实层面
教材知识点
如何理解爱国主义是中华民族的精神基因
爱国情感主要表现在哪些层面
学生困惑点
如何理解爱国与爱家之间的关系
为什么要坚持爱国与爱社会主义相统一
教学释疑点
新时代的爱国主义发生了哪些变化
如何理解爱国与爱党、爱社会主义的一致性
实践层面
教材知识点
爱国主义的时代价值体现在哪里
新时代爱国主义的基本要求有哪些
学生困惑点
经济全球化背景下还要弘扬爱国主义吗
如何看待抵制洋货与爱国之间的关系
教学释疑点
我们应该树立什么样的国家意识
新时代的革命军人如何将爱国之情化为报国之行

教学详案

1935 年 9 月 17 日，在南开大学新学年“始业式”上，张伯苓校长向学生们连问了三个问题：“你是中国人吗?”“你爱中国吗?”“你愿意中国好吗?”。八十多年过去了，这“三问”犹在耳畔、醍醐灌顶。2019 年，习近平总书记在南开大学考察时，高度评价了张伯苓的“爱国三问”。中国成其为中国，正在于有千千万万中国人生于斯、长于斯、情感系于斯、认同归于斯。深沉的爱国主义、浓厚的家国情怀，早已融入民族心、铸就民族魂。军人历来都有浓厚的爱国情怀，作为新时代的青年军人，大家能回答好这“爱国三问”吗？为什么要传承弘扬爱国主义精神？如何做一个新时代的爱国者？如何把爱国之情转化为报国之行？

一、为什么要弘扬爱国主义

孙中山先生说：做人最大的事情，就是要知道怎么样爱国。为什么爱国如此重要，为什么要传承和弘扬爱国主义呢？

从陆游的“一寸赤心惟报国”到鲁迅的“我以我血荐轩辕”，从谭嗣同的“我自横刀向天笑，去留肝胆两昆仑”到秋瑾的“无限伤心家国恨，长歌慷慨莫徘徊”，从方志敏的“我生存一天就要为中国呼喊一天”到陶行知的“国家是大家的，爱国是每个人的本分”，古往今来，无数仁人志士用言行诠释了一个朴素道理：爱国之情是再朴素不过的情感，强国之志是再基本不过的抱负，报国之行是再自然不过的选择。

有人觉得，爱国是天经地义之事，用得着专门强调吗？确实，本来作为“分内之事”，爱国“无需赘言”。但是，也有个别人总觉得爱国虽然很重要，但因为身处和平年代，觉得爱国与我无关，是他人的事情；或者认为“最大的事情是自己的生活”，事不关己高高挂起；或者“爱国”与“害国”总是分不清，不是视爱国为幌子，借爱国主义之名行道德绑架之实，就是将爱国主义“狭隘化”“情绪化”“污名化”，甚至有极少数人总觉得“外国的月亮比中国圆”，一味“崇洋媚外”。可见，爱国这件“做人最大的事情”，并非无须多言，恰恰应当高度重视。

（一）爱国需要理由吗

以前我们常说爱国不需要理由，也很少追问过理由，认为对祖国有一种天然热爱之情，是作为中国人的本分。但在当今的全球化时代，除了自发的爱国之情之外，我们有必要思考爱国的深层次理由，思考我们和国家之间的紧密关系。

1. 爱国的情感之维——因为朴素美好的情感

爱国之情是个人和祖国在一种生死与共、血脉相连的依存关系中所产生的，它和父母亲情相似但又不同。在这种情感中，每个人都找到了自己的归属感、安全感、认同感、尊严感和荣誉感。所以当一个人失去了祖国，就如同浮萍一般无所归依。那这种情感中包含什么内容呢？繁体字的“國”字从会意字的角度来看，“囗”表示领土疆域，“口”表示人口人民，“一”表示耕地，“戈”表示军队，所以，我们的爱国情感中包含着对祖国大好河山的热爱、对自己骨肉同胞的热爱、对祖国上下五千年灿烂文化的热爱，还有对自己国家的热爱。正如习近平总书记所言："对每一个中国人来说，爱国是本分，也是职责，是心之所系、情之所归。"[①]

案 例

600 岁的"网红"故宫[②]

近年来，600 岁的故宫既"卖得了萌"，又"耍得了酷"，成为当之无愧的网红。这与故宫的掌门人密切相关，他就是故宫博物院院长单霁翔。

单霁翔对故宫乐此不疲的"改造"，源自他对故宫和中国传统文化的热爱。他说："文物从来不是尘封的古董，要让故宫充分发挥博物馆的价值"。他不仅要让观众更容易、更方便地走进故宫，还要让大家深入了解故宫蕴藏的深厚历史文化。故宫的首部纪录片《我在故宫修文物》呈现出文物修复师的工匠精神；第一张数字音乐专辑《古画会唱歌》让古画"活起来"；主题漫画《故宫回声》展现惊心动魄的文物长征路；"科技＋文化"创新实验室让《千里江山图》清晰可见，层出不穷的文创产品凸显故宫"萌萌哒"的新形象。近年来，故宫每年都举办 1000 多场公益教育活动，孩子们在穿朝珠、画龙袍、做拓片等实践活动中体悟源远流长的中华传统文化。

"网红"故宫已频频成为热点，年轻化与时尚化的商业尝试多次引发关注。越来越多的年轻人不仅仅没有远离传统文化，反而越来越渴望和热爱传统文化。"网红"故宫还更加高调地走出国门，走向世界。过去六年，故宫博物院已有 135 项展览走出自己的馆室，成为全世界举办外国展览最多的博物馆。一件件文物，充满活力的故宫，让世界各国友人感受到中国灿烂的传统文化。

案例评析

"网红"故宫的背后，是一群故宫博物院工作者、中华文化传承者对中华文化的热爱和信仰，他们肩负传播和传承中华文化的重任。本案例结合故宫在单霁翔院长带领下进行的系列改革创新，叙述了故宫赢得人气、人心的基本原因，那就是以人为中心、以观众为中心，尊重和热爱文物与文化，敢于运用新思维打造适合人们生活需要和审美需要的文化产品，将故宫文物与文化的价值最大化。对祖国悠久历史、深厚文化的理解、接受、认同和尊重，是培育和发展人们爱国主义情感的重要条件。

2. 爱国的利益之维——因为荣辱与共的利益

为什么要爱国，不仅是因为情感，还因为我们和祖国之间有着命运与共、荣辱与

① 习近平．习近平谈治国理政：第三卷［M］．北京：外文出版社，2020：334.

② 摘编自：新京报．600 岁故宫与顶级网红：难以复制的"逆生长"？［EB/OL］．(2018－12－25)．https：//tech.qq.com/a/20181225/001198.htm.

共、生死与共的利益攸关。怎么理解呢？曾在网络上刷屏的两张照片就很好地诠释了这个道理。当记者把相机对准叙利亚难民营中的一个孩子时，他却惊恐地举起了双手。他以为，那是枪口对准了他。一个本该无忧无虑的孩子，为什么如此恐惧？因为他失去了心中最宝贵的安全感。而另一张照片中的中国孩子快乐得像一只小鸟，好像刚从外地旅游归来。其实她是一个在也门撤侨中被祖国接回家的孩子。你从她的身上能看到一点惊恐、焦虑和不安吗？看不到。为什么？因为拥有祖国赋予的强烈安全感。事实上，这样的事情不止一次，利比亚撤侨、埃及撤侨、新西兰地震、尼泊尔地震、以色列大火等等，每当战争或灾难来临时，祖国就是我们最强大的“护身符”，给了我们十足的归属感和安全感。这些对于我们每个人来说都是利益相关，甚至是性命相关。

3. 爱国的规则之维——因为立身社会的基本规则

有人说，爱不爱国，是我的自由。我不要这样的利益不行吗？我不要这样的情感不行吗？不行！因为它还是我们立身社会的基本规则，是一种道德要求、政治原则和法律规范。具体说来，爱国是一种道德要求。从古至今，我们在评判一个人的时候，爱国总是为人之大节，叛国总是为人之大忌。所以，那些为了国家利益而牺牲个人利益的人，都会受到尊重和赞扬，而为了个人利益而损害国家利益的人，必定受到谴责和唾弃。此外，爱国也是一种政治原则。《中国共产党章程》规定共产党员必须履行的义务：“为了保护国家和人民的利益，在一切困难和危险的时刻挺身而出，英勇斗争，不怕牺牲”，这就是一种明确的政治原则和要求。爱国还是一种法律规范。在我国的多部法律当中，都对公民维护国家利益和安全的权利义务做出了明确规定。可见，爱不爱国并不是个人自由的选择，它是我们立身社会的基本规则。当然，爱国的最高层次和境界是一种高尚的情操。

知识链接

《中华人民共和国宪法》第二章“公民的基本权利和义务”中明确规定：“中华人民共和国公民有维护国家统一和全国各民族团结的义务。”“中华人民共和国公民有维护祖国安全、荣誉和利益的义务，不得有危害祖国安全、荣誉和利益的行为。”“保卫祖国、抵抗侵略是中华人民共和国每一个公民的神圣职责。”

《国歌法》《国旗法》《国徽法》规定，要维护国歌、国旗、国徽等国家象征物的尊严，增强公民的国家观念，弘扬爱国主义精神。

《英雄烈士保护法》规定，国家和人民永远尊崇、铭记英雄烈士为国家、人民和民族做出的牺牲和贡献，要传承和弘扬英雄烈士精神、爱国主义精神。

4. 爱国的精神之维——因为高尚的情操

当爱国升华为一种情操的时候，它就为情感注入理性，用大义超越利益，把规则升华为高度的精神自觉。它体现了一个人为了祖国心甘情愿地付出自己的利益甚至生命。翻开中华民族的历史，我们所看到的那些灿若星辰的英雄们的名字，他们身上展现的不仅仅是一种朴素的情感，更不是一种利益的计算或被动的服从，而是一种高尚的自觉的情操。今天，我们重读八十多年前革命烈士方志敏在狱中所写下的《可爱的中国》，仍然心潮澎湃，为之动容。

知识链接

方志敏《可爱的祖国》（节选）

啊！我虽然不能实际的为中国奋斗，为中国民族奋斗，但我的心总是日夜祷祝着中国民族在帝国主义羁绊之下解放出来之早日成功！假如我还能生存，那我生存一天就要为中国呼喊一天；假如我不能生存——死了，我流血的地方，或者我瘗骨的地方，或许会长出一朵可爱的花来，这朵花你们就看作是我的精诚的寄托吧！在微风的吹拂中，如果那朵花是上下点头，那就可视为我对于为中国民族解放奋斗的爱国志士们在致以热诚的敬礼；如果那朵花是左右摇摆，那就可视为我在提劲儿唱着革命之歌，鼓励战士们前进啦！

总之，爱国不仅一种出于自发天然的最深沉、最持久的情感，还为我们处理个人与国家之间的关系提供了基本遵循。

（二）为什么说爱国主义是中华民族精神的核心①

中华民族精神内涵丰富，包含着重德、务实、宽容、自强等许多元素，可我们却常说“弘扬以爱国主义为核心的民族精神”。爱国主义为什么能成为中华民族精神的核心呢？

英国历史学家汤因比曾说，在近六千年的人类历史上，出现过二十六个文明形态，但是只有中华文化是延续至今而且从未中断过的文化。中华民族虽然历经数次分裂与动荡，尤其是近代以来的侵略与瓜分，但并没有被击垮，而是一次次重整旗鼓继续前行，创造出非凡的中华文明。其中一个重要原因就在于，中华民族形成了以爱国主义为核心的民族精神。爱国主义在维护祖国统一和民族团结、抵御外来侵略和推动社会进步等方面，具有独特属性和关键作用。

1. 从历史维度而言

爱国主义贯穿中华民族的历史发展进程，其核心地位是历史选择和塑造的结果。最初的爱国主义表现为一种朴素的形态，包括对故土的依恋、对乡亲的亲近等。春秋战国时代的诸子百家纷纷著书立说、游说诸侯，为自己的国家奔走呼号、献计献策。孔子曾教导弟子们说，夫鲁，坟墓所处，父母之国，国危如此，二三子何为莫出？意指鲁国是祖宗坟墓所在的地方，是生养我们的国家，祖国危险到这种地步，诸位为什么不挺身而出呢？随着时间的推移，各个时期都涌现出影响历史进程的民族英雄，留下了脍炙人口的伟大诗篇。比如，文天祥的“人生自古谁无死，留取丹心照汗青”，陈

① 王易．“思想道德修养与法律基础”教学疑难深度解析［M］．北京：中国人民大学出版社，2019：71－74．

毅的“取义成仁今日事，人间遍种自由花”等等。今天，爱国主义有了新的形式，如：抗疫英雄陈薇院士不畏挑战、求索创新的精神，排雷英雄杜富国勇于担当、爱国奉献的精神，等等。

爱国主义也是中华民族精神生成与发展的根基。中华民族精神吸纳了许多不同气质的元素，既有儒、墨、道、法、佛等各种思想的影响，也有匈奴、羯、氐、羌等少数民族的印记。在各种文化元素的交流融汇中，爱国主义坚持求同存异、优势互补，吸收优秀文化，淘汰落后文化，逐步形成了具有开放性和包容性的中华民族精神。

2. 从理论维度而言

首先，爱国主义既是道德规范，也是法律义务和政治原则。它不仅和其他民族精神一样是道德领域的自律要求，也是法律和政治领域的强制约束。爱国主义能够将自律和他律结合起来，调控社会生活的各个方面，监督并确保民族成员恪守对民族和国家的忠诚。

其次，爱国主义精神的对象非常明确，那就是具有地理、文化和政治三重意义的国家，而其他中华民族精神的目标对象相对宽泛。比如，艰苦奋斗、无私奉献等精神，既可以指向国家、民族，也可以为了某件事、某个家庭甚至某个人。对国家的情感抒发和行为表达，是一种具有明确实体又充满说服力的公共意识，容易迅速形成价值共识和强大合力。因此，爱国主义精神拥有其他中华民族精神所无法企及的感染力、凝聚力，有利于引导全体民族成员为共同目标努力奋斗。

3. 从现实维度而言

以爱国主义为核心是当代中国发展的必然要求。党的十八大以来，中国梦成为社会主题词。习近平主席强调：“实现中国梦必须弘扬中国精神。这就是以爱国主义为核心的民族精神，以改革创新为核心的时代精神。”[①] 只有高举爱国主义旗帜，才能激发人们对国家前途命运的责任感和使命感，唤起爱国热情，凝聚民族力量。

目前，中国的发展还面临许多风险和挑战，比如贫富差距、环境污染等，这些都需要弘扬爱国主义精神来推进问题的解决。因为一个稳定发展的中国和一个繁荣昌盛的中华民族，是各个阶层或群体的共同需求。引扬爱国主义精神，就是将每个人的前途命运与国家和民族的前途命运紧密相连，利于缓和社会矛盾，凝聚社会共识，形成推动国家发展进步的强大正能量。

同时，爱国主义还是抵御西方错误思想的有力武器。中国的迅速崛起，令仍具有冷战思维的西方国家大为紧张，它们加紧进行思想渗透。境内外敌对势力在网络上相互呼应，对政府工作横加指责，对社会矛盾夸大其词，对国民素质妄加评论。他们还利用游戏、影视、课程等载体传播西方价值观，致使历史虚无主义、“普世价值”等各种错误思潮甚嚣尘上。面对严峻挑战，我们要弘扬爱国主义精神，巩固国家意识和民族认同，牢牢掌握意识形态领域的主导权和话语权。

---

① 习近平．习近平谈治国理政［M］．北京：外文出版社，2014：40.

总之，在经济全球化和改革开放的时代背景下，弘扬中华民族精神必须高扬爱国主义旗帜，增强人民群众对中华民族的归属感、对中国共产党领导的社会主义中国的认同感。

(三) 爱国主义在中华民族的发展中发挥着怎样的作用

作为中华民族精神核心的爱国主义，在我们中华民族几千年的发展中又发挥着怎样的作用呢?

1. 爱国主义赋予了中华民族强烈的认同感和归属感

列宁曾对爱国主义做过精辟论述，他指出：爱国主义就是千百年来固定下来的对自己的祖国的一种最深厚的感情。在中华民族发展史中，这种深厚的感情突出表现为强烈的认同感和归属感。主要有：

一是对中华民族的认同和归属。在中华民族大家庭中的56个民族，虽然风俗习惯各异，但都认同自己是中华民族大家庭中的一员，这种强烈的认同感和归属感源于中华民族源远流长的历史发展，已深深地根植于中华民族思想意识中，成为摧不垮打不烂的情结。

二是对疆域的认同和归属。在中华民族历史上，虽然出现过多次政权并立、分裂局面，但最后都走向了统一。正是在漫漫的历史长河中，中华各族人民共同生活、共同劳动、共同战斗、共同创造，产生了强烈的认同感和归属感。

三是对文化的认同和归属。中华文化是中华各族人民共同创造的结果，也是吸收融汇外来文化的结果。正因为如此，中华文化所孕育的价值观念，诸如“苟利国家生死以，岂因祸福避趋之”“位卑未敢忘忧国”“天下兴亡，匹夫有责”等所体现出的爱国主义精神和文化认同感，成了中华民族团结合作的文化基石。

2. 爱国主义赋予了中华民族独具特色的品格

中华民族是拥有五千年悠久历史的伟大民族，爱国主义是维系其生生不息、坚不可摧的纽带，铸就了中华民族独具特色的思想品格。

一是强烈的忧国忧民意识。纵观中华民族发展史，许多仁人志士，以强烈的爱国之情和忠诚的报国之志，书写着豪情悲壮的爱国之举。春秋战国时期的爱国思想家、政治家屈原，怀着强烈的报国之心，提出了联齐抗秦的主张。但楚怀王听信谗言，将屈原罢官流放。当屈原听到楚国灭亡的噩耗，悲愤交加，投身汨罗江，谱写了一曲忠贞报国的壮丽诗篇。近代，英、美殖民主义者在中国大量倾销鸦片，危害中国百姓。时任湖广总督林则徐上书道光皇帝，力陈鸦片的危害。道光皇帝任命林则徐为钦差大臣到广州查禁鸦片。1839年6月3日，林则徐在广州虎门海滩上当众销毁查抄的鸦片，有力地打击了外国侵略者的嚣张气焰，鼓舞了中国人民的斗志，也表明了中国人民维护尊严，反抗外国侵略的坚定决心。现代，伟大的无产阶级革命家、中国共产党的主要创始人之一李大钊同志，在中华民族面临危难之际，苦苦探索着救国救民的道路，表现出忧国忧民的爱国情怀。可见，从古到今，中华民族涌现出众多忧国忧民的仁人志士。爱国情结已深深地植根于中华各族儿女的心灵深处，成为中华民族宝贵的精神财富。

知识链接

鲁迅名言

寄意寒星荃不察，我以我血荐轩辕。

中国自古以来，就有埋头苦干的人，就有拼命硬干的人，就有为民请命的人，就有舍身求法的人。——他们是中国的脊梁。

唯有民魂是值得宝贵的，唯有它发扬起来，中国人才有真进步。

二是威武不屈的气节。中华民族在历史的风霜岁月中，铸就了威武不屈的民族气节，尤其是在事关国家荣辱之际，这种气节就更加凸显光芒。西汉时期，苏武受命出使匈奴，被匈奴单于软禁多年。匈奴单于想尽办法劝苏武投降，但苏武不为所动，虽历尽磨难，拒不变节，不辱使命。这种威武不屈的高尚民族气节成了千古绝唱。南宋民族英雄文天祥，兵败被俘，坐牢三年，多次严词拒绝了敌人的威逼利诱，在狱中写下了千古名句：人生自古谁无死，留取丹心照汗青。一天，元世祖忽必烈亲自来劝降，许以丞相之职，他毫不动摇，反而斩钉截铁地说：唯有以死报国，我一无所求。最终，他面朝南方——故国家园所在的方向，被敌人杀害，以身殉国，表现出崇高的民族气节。在近现代中国史上，展示中华民族威武不屈气节的事例更是不胜枚举。[①]

案　例

时隔79年　侵华日军岸谷隆一郎后代向杨靖宇谢罪[②]

20世纪三四十年代，以岸谷隆一郎为首的讨伐队，纠集数万之众，对杨靖宇率领的东北抗日联军第一路军展开疯狂讨伐。

1940年2月23日，已弹尽粮绝的杨靖宇在冰天雪地中坚持了5天5夜，仍在殊死抵抗，最终牺牲在吉林省濛江县（今靖宇县）三道歪子。岸谷隆一郎命人将杨靖宇的遗体剖开，发现胃里尽是枯草和棉絮，没有一粒粮食。

1945年，日本战败前夕，岸谷隆一郎毒死两个女儿和妻子后服毒自杀。据此次访问团的组织者、日中口述历史文化研究会常务副会长李素桢介绍，岸谷家后代岸谷和在二十几年前，曾化名来到通化市靖宇陵园，悄悄向杨靖宇将军谢罪。

她由于身体原因无法再来中国，就于2019年9月14日在日本横滨写下谢罪书，嘱托访问团把她的声音带到中国，完成自己晚年再次谢罪的心愿。

以下是岸谷和的谢罪书：

---

① 李昱，宋洪德．爱国主义在中华民族发展史中的重要作用［J］．大庆社会科学，2001，(2)：7－8.

② 央视新闻客户端，2019年10月25日。

"中国朋友们，大家好，我叫岸谷和，1935年出生，今年84周岁了。我是岸谷隆一郎的亲侄女。他组织讨伐杀害了东北抗日英雄杨靖宇，我自己在年轻的时候起，就赞同中国革命，所以杨靖宇将军是我敬仰的国际友人。关于岸谷隆一郎的研究，尽管有各种各样的看法，不管他本人当初去伪满洲的目的如何，也不管他本人到伪满洲后思想上发生什么样的变化。归根到底，在第二次世界大战中，岸谷隆一郎是一个忠于法西斯的日本侵略代表人物。实际上，我二十多年前去了通化，拜谒了靖宇陵园，并向（杨靖宇）谢罪。但是我认为，对于日本的侵略就是谢罪多少次也不够。这次因为我的腿脚不便，我没能来，我在日本再一次向抗日英雄杨靖宇将军表示谢罪，并献上鲜花以表达我的敬仰之意。我认为从今以后日中友好越来越重要，为了构建更好的世界和平秩序，让我们携起手来共同努力吧。"

案例评析

杨靖宇牺牲时年仅35岁，他十几年的时间都处在紧张的工作和战斗中，连回家看看的机会也没有，他把一生都献给了民族解放斗争。虽然他为国牺牲了，但是他坚持真理、忠心报国、艰苦奋战、英勇献身的精神长存于世。他始终把党和国家利益放在高于一切的位置，坚决捍卫民族利益，顽强抵抗日寇侵略。这种忠贞不渝的爱国主义思想，也是他报效国家和人民的实际行动。他向世人宣告了一个颠扑不破的真理——中华民族是不可战胜的。

三是以报效国家为己任。中华民族素有以国家为己任的爱国热情和强烈的责任感。儒家就倡导"修身、齐家、治国、平天下"的思想主张，中华儿女也总是把自身的发展与国家的发展紧密联系起来，把报效国家作为自己义不容辞的责任。这种把国家的命运与个人命运融汇在一起的可贵思想，深深地影响着中华各族儿女，成为中华民族的最高行为准则。新时代的中国青年也具有报效国家的强烈责任感，勇于扛起时代责任。

案 例

天才少年曹原，弃美国籍回国，他说"美国绿卡算什么？我是中国人！"[①]

曹原出生于1996年，是四川成都人。他从小就天资聪慧，有着超乎常人的学习天赋，是大家心目中的"天才儿童"。在老师的带领下，曹原仅用了三年时间就完成了十二年的课程。

---

① 腾讯网. 中国天才曹原：美国绿卡算什么？中国人就要回国！网友：中国魂［EB/OL］.（2020-05-01）. https://new.qq.com/omn/20200430/20200430A0MHZT00.html.

2010 年，年仅 14 岁的曹原就参加了高考，并以理科 699 分的好成绩考进了中国科学技术大学少年班。这个“少年班”中汇集了中国各个省市的“少年天才”，为国家培养了很多的科学家。但曹原的光芒却没有被遮盖住，而是在这个“天才班级”中脱颖而出。从中国科学技术大学毕业后，年仅 18 岁时他就进入了麻省理工学院物理系进修。

在进修的过程中，曹原一直在进行石墨烯超导研究。2017 年他成功进行了超导实验，解决了困扰学术界一百多年的难题。2018 年在世界著名杂志《自然》上发表了 2 篇相关论文，轰动了学术界。而他也成了《自然》杂志 2018 年度影响世界的十大科学人物排行榜榜首。要知道，中国籍科学家登上《自然》的并不多，更何况是榜首。很多报道还认为他可能是最年轻的诺贝尔奖获得者。

面对这样一位科学天才，美国向曹原抛出了橄榄枝，想让他留在美国，给他美国“绿卡”和百万年薪。但他毅然决然地放弃了美国的“绿卡”，一心想为国家奉献出自己的一份力量。他说：“‘绿卡’算什么，我是中国人，我要回中国。”

学成后归国的曹原也给石墨烯超导领域带来了重大的贡献。他的研究成果，使中国石墨烯商业化应用在很短的时间内就付诸实践，促进了华为的石墨烯电视技术的提升。曹原还说：“更好的消息还在后面，石墨烯只是冰山一角，我相信在未来还会有更多的奇迹。”

案例评析

年少有成且心系祖国，曹原这样的人才值得我们赞赏和敬佩。无论曹原身在何处，他心中总是怀着一颗赤子之心，挂念着生他养他的祖国母亲。曹原带着轰动全世界的研究成果回到了中国，却没有年轻人的急躁，而是沉心静气，依旧埋首科研，不被外界所诱惑。科学无国界，但科学家有祖国。曹原面对不少人梦寐以求的美国“绿卡”和优渥的条件，出自本能的情怀由衷说：“我是中国人，我要回国”更值得我们击节赞叹、为之感动。他身上体现出的是新时代青年的爱国情怀和时代担当。

3. 爱国主义赋予了中华民族强大的凝聚力、向心力和战斗力

几千年的中华文明，之所以始终能够保持坚强的团结和旺盛的生机，很重要的在于爱国主义生发着中华民族的凝聚力、向心力和战斗力。翻开中国历史，从岳飞的精忠报国到戚继光的抗倭守疆，从血战虎门到甲午海战，从义和团抗击八国联军到中国人民的抗日战争，都展示着中华民族强大的凝聚力、向心力和战斗力。正因为有了如此的伟力，中华民族虽历经种种磨难，但始终能生生不息。不仅赢得了生存权，更赢得了主权，也为全人类的和平与解放做出了巨大贡献。爱国主义孕育了中华民族，中华民族也书写了爱国主义的篇章。

在 2020 年抗击新冠肺炎疫情的战斗中，中华民族再次彰显出强大的力量。

案例

涓涓细流　寸寸丹心（侨界传真）[1]

——海外华侨华人倾情支援祖国抗击疫情

疫情发生以来，海外华侨华人倾情支援祖国抗击疫情，一箱箱医用物资、一长串行李托运单、一句句"武汉加油"，犹如一股股暖流，源源不断地从世界各地汇向中国。

据不完全统计，截至1月底，仅在武汉一地，已有来自10多个国家的30多家侨团侨社捐赠价值人民币2000余万元的资金和物资，筹措捐赠大批口罩、护目镜等医疗物资。

多米尼加时间2月5日下午5点多，随着最后一批医用口罩从多米尼加首都圣多明各寄出，由加拿大深圳慈善基金会筹款购买的医用口罩全部发往中国。带病奋战几天几夜的基金会理事谷剑云稍微喘了口气，便着手整理公布捐款明细和物资去向。

"我们发出捐款倡议书后不到4天，就筹到20万元人民币。"在谷剑云的朋友圈，还保存着长长的捐款接龙名单。这其中既有慷慨解囊的生意人，也有经济拮据的普通侨胞。"有位来自多伦多的单亲妈妈给我发信息说，她带着3个孩子独自生活，经济实力有限，但是祖国有难，我们不能袖手旁观。其实，那段时间她的私房菜生意很难做。"谷剑云说，募款期间，来自身边的普通侨胞的捐赠最让她感动。

在菲律宾，截至2月4日，菲律宾闽籍侨社捐赠了一批医用口罩和防护服，另募捐超过800万元人民币善款。在众多捐赠者中，一位93岁高龄的侨胞给中国驻菲使馆工作人员留下了深刻印象。

"我是一个老侨民，今年93岁，名叫庄垂楷，探知武汉同胞遭受大难，想拔出部分养老金捐给受难的武汉同胞！捐献时用先父留传下来的别名青阳庄氏一老人。"这是老华侨庄垂楷2月6日发给使馆领侨处的短信。当天，他在家人陪同下赶到使馆，拿出一张合计约41万元人民币的支票，请使馆转交武汉同胞。

从美国纽约湖北社团群，到加拿大魁北克湖北同乡会群，再到法国马提尼克的华人群，在各个海外华侨华人建立的微信群组中，总能看到一连串长长的捐款接龙名单，名单中有许多人用的是网名或干脆匿名。善款少的10加元、多的1万美元，捐款名单短则八九十人、长则200多人。"爱心不在捐款多少，重要的是海外华侨华人心系祖国，决心与同胞共同打赢这场抗疫情战役。"加拿大深圳慈善基金会会长龙佳说。

1月28日，首都航空JD476航班从莫斯科飞赴杭州，一架普通的客运航班却载着一批医用口罩、防护服、护目镜等医疗物资。在机上乘客和航空公司的帮助下，这些俄罗斯侨胞采购募得的物资第二天便送达浙江一线医护人员手中。俄罗斯浙江商会会长邓惠燕在现场看到旅客们帮忙搬运，不禁感动落泪，"大多数其实是留学生还有游

① 冯学知．涓涓细流．寸寸丹心［N］．人民日报，2020-2-16（6）．

客，很心疼他们”。

“我们团队一共70多人，大家都非常给力，一些阿姨听说物资来了，争先恐后地出去搬运，冰天雪地里忙出了一身汗。”闫春友是北京天畅商旅旅行社的领队，他带着旅行团1月21日从国内出发到俄罗斯，之后陆续看到国内疫情的新闻。“当得知华侨捐赠的物资随我们的航班一起回国时，我们毫不犹豫地表示支持。”

与此同时，旅行团乘坐的首都航空也开辟了绿色通道——免计重带回所有物品。首都航空莫斯科办事处与地服保障部门、俄罗斯海关等相关业务单位积极协调，冒着莫斯科大雪，迅速完成物资的装机起运工作。“这批医疗物资能以最快速度运抵回国，发到医务人员和老百姓手中，要感谢的人有很多。”邓惠燕说。

“在网上看到一条条国内医疗物资告急的消息，我们都很着急。”忙完口罩捐赠，谷剑云很快又参与到加拿大洪门民治党组织的募捐活动中，她说，接下来会有更多华侨华人和华人社团参与进来。只要大家团结起来，这次疫情阻击战，我们一定能够取得最终胜利。

案例评析

守望相助，同舟共济。疫情期间，海外华人华侨一直高度关注疫情发展，在做好自身防控工作的同时，千方百计筹集调度防疫物资，主动支援祖国大陆的防控疫情工作。尽全力给一线防疫人员提供保护，坚定疫情防控的必胜信心，为疫情防控构筑更加安全的屏障！

天涯海角，隔不开海外侨胞的赤子之心，关山万里，也难割舍血浓于水的同胞之情。山川异域，日月同天。爱国主义赋予了中华民族强烈的认同感和归属感。在危难面前，中华民族再次彰显出强大的凝聚力、向心力和战斗力。

二、如何做新时代的爱国者

爱国主义是中华民族的优良传统，更是我们今天凝聚爱国共识，激发奋斗力量的重要法宝。爱国主义精神既是历史的、具体的，也是发展的，会随着世情、国情、党情、社情的变化而不断发展变化。爱国主义在中华民族发展的不同历史时期有着不同的时代内涵。进入新时代，爱国主义除了其本质不变之外，具体内容与以往有所不同。今天，我们怎样做新时代的爱国者？首先，我们要了解新时代爱国主义发生的新变化。

课堂研讨

新时代爱国主义发生了哪些新变化

时间：约5分钟

目的：通过课堂讨论，使学员深入思考新时代爱国主义的新变化。

方式：以小组为单位组织课堂讨论，请3～5位同学回答。

(一) 新时代爱国主义发生了哪些新变化

1. 经济全球化与爱国主义

经济全球化是当今时代的重要趋势，它的发展使世界各国在经济上的联系日益紧密，同时影响到世界各国的政治和文化。经济全球化带来了民族国家界限淡化、民族国家身份弱化等问题，人们在不同民族国家之间的频繁流动，使人们“祖国”的观念有所削弱。传统爱国主义赖以生成的时空与根基正发生着深刻变化。一些关于爱国主义的共识，也在新的时空中发生了巨大变化。在此变化下，我们需明确：第一，经济全球化条件下，国家仍是本民族整体利益最具权威的代表者。人们的民族国家身份认同仍是主要的身份认同。我们仍然无法超脱自己的民族国家“身份”，爱国的指向依然是自己的祖国，而不是“世界”和“人类”。第二，经济全球化条件下，国外敌对势力妄图“西化”和“分化”我国的战略并未改变。我们一定要保持清醒认识，在充分利用经济全球化机遇的同时，坚决维护国家的主权和尊严。第三，经济全球化不等于政治、文化一体化。我们在借鉴国外文明的有益成果时，要按照本国国情发展自己的政治制度和民族文化，坚定捍卫国家利益，坚决维护国家主权。

知识链接

经济全球化

“经济全球化”这个词最早是由T·莱维于1985年提出的、至今没有一个公认的定义。国际货币基金组织（IMF）认为：“经济全球化是指跨国商品与服务贸易及资本流动规模和形式的增加，以及技术的广泛迅速传播使世界各国经济的相互依赖性增强”。

而经济合作与发展组织（OECD）认为，“经济全球化可以被看作一种过程，在这个过程中，经济、市场、技术与通讯形式都越来越具有全球特征，民族性和地方性在减少”。为此，可从三方面理解经济全球化：一是世界各国经济联系的加强和相互依赖程度日益提高；二是各国国内经济规则不断趋于一致；三是国际经济协调机制强化，即各种多边或区域组织对世界经济的协调和约束作用越来越强。总的来说，经济全球化是指以市场经济为基础，以先进科技和生产力为手段，以发达国家为主导，以最大利润和经济效益为目标，通过分工、贸易、投资、跨国公司和要素流动等，实现各国市场分工与协作，相互融合的过程。

2. 互联网传播与爱国主义

习近平总书记说：“当今世界，信息技术革命日新月异，对国际政治、经济、文化、社会、军事等领域发展产生了深刻影响。信息化和经济全球化相互促进，互联网已经融入社会生活方方面面，深刻改变了人们的生产和生活方式。我国正处在这个大潮之中，受到的影响越来越深。”[①] 这样的深刻影响也对爱国主义造成了巨大冲击。比如：近年来，历史虚无主义思潮借助互联网广泛传播造成了很大的社会影响。历史虚无主义除了选择以革命历史为突破口外，还抓住一些历史事件的重要时间节点，将“虚无”的触角延伸到改革开放以来的历史和唯物史观领域，分裂爱国情感、否定党的领导、否定社会主义，制造了冲击爱国主义的强大噪音，这需要军校青年学员能够理性辨别，做出正确的是非判断。[②]

知识链接

历史虚无主义

历史虚无主义，把历史视为一种无主体的偶然结果，否定历史唯物主义与历史决定论，这种“虚无主义”就是历史虚无主义。历史虚无主义通过否定历史主体，颠覆唯物史观。历史虚无主义强调个体性叙事，通过对个案的展示，用个体历史的细节研究来演绎整体历史。专家学者对历史虚无主义的定义是：其根本就是历史唯心主义。

(二) 如何理解爱国与爱党、爱社会主义的一致性

新时代的爱国主义虽然发生了一些新变化，但是它的本质并没有改变。习近平总书记强调：“当代中国，爱国主义的本质就是坚持爱国和爱党、爱社会主义高度统一。”[③]

爱国是有具体对象的，而不是虚幻的情感和行为。正如季羡林先生在《中国精神·中国人》一书中所说，爱国的国字，如果孤立起来看，是一个模糊名词。哪里的国？谁的国？都不清楚。但是，一旦同国籍联系在一起，就十分清楚了。国就是这个国籍的国。再讲爱国的话，指的就是爱你这个国籍的国。

我们爱的是哪个国籍的国呢？是中华人民共和国，是工人阶级领导的，以工农联盟为基础的人民民主专政的社会主义国家。只要爱中华人民共和国，就必然爱我们的党，爱社会主义，这是我们所爱对象的根本属性。在当代中国，爱国主义就是坚持爱国和爱党、爱社会主义的高度统一，这不仅是由爱国主义内涵的时代发展所决定的，而且有着坚实充分的理论依据、实践依据和宪法依据。

1. 从理论依据看，中国共产党的政党性质、中华人民共和国的国体性质和中国特色社会主义的本质特征，决定了中国共产党在国家治理体系和中国特色社会主义事业中的领导地位。

---

① 习近平．习近平谈治国理政［M］．北京：外文出版社，2014：197.

② 柳建营．“思想道德修养与法律基础”问题链教学详案［M］．北京：中国人民大学出版社，2018：98－99.

③ 习近平．习近平谈治国理政：第三卷［M］．北京：外文出版社，2020：334.

中国共产党是以马克思列宁主义为指导建立起来的无产阶级政党，是中国工人阶级的先锋队，同时是中国人民和中华民族的先锋队，是中国特色社会主义事业的领导核心。中国共产党领导人民经过长期革命斗争创建的中华人民共和国，是工人阶级领导的、以工农联盟为基础的人民民主专政的社会主义国家。中国共产党领导人民坚持和发展的中国特色社会主义，是根植于中国大地、反映中国人民意愿、适应中国和时代发展进步要求的科学社会主义，是全面建成小康社会、加快推进社会主义现代化、实现中华民族伟大复兴的必由之路。

2. 从实践依据看，坚持中国共产党的领导、坚定不移走中国特色社会主义道路，是中国人民经过长期探索的历史选择，也是今天中华民族实现伟大复兴的根本保证。近代以来，为了挽救民族危亡、实现民族复兴，无数仁人志士前仆后继，进行了英勇的斗争和各种尝试，但终究未能改变旧中国的社会性质和中国人民的悲惨命运。而中国共产党自诞生之日起，就把实现共产主义作为党的最高理想和最终目标，义无反顾地肩负起为国家和人民谋利益的历史使命，团结带领人民进行了艰苦卓绝的斗争，实现了中华民族从站起来、富起来到强起来的伟大飞跃。中国的历史和现实充分证明，中国共产党是高举爱国主义旗帜并躬身实践的光辉典范。坚定拥护中国共产党的领导，是实现中华民族伟大复兴的根本保证，也是新时代爱国主义的必然要求。

3. 从宪法依据看，《中华人民共和国宪法》规定，中华人民共和国是工人阶级领导的、以工农联盟为基础的人民民主专政的社会主义国家。社会主义制度是中华人民共和国的根本制度。中国共产党领导是中国特色社会主义最本质的特征。禁止任何组织或者个人破坏社会主义制度。我国宪法确立了中国共产党在中国特色社会主义事业中的领导核心地位。实践充分证明，宪法与国家前途、人民命运息息相关。维护宪法权威，保证宪法实施，也是每一个公民应尽的义务，我们必须坚决落实到思想和行动上。①

（三）如何看待抵制洋货与爱国之间的关系

2008 年奥运圣火在巴黎传递时遭抢夺并传出法国企业支持“藏独”的消息后，多地发生抵制家乐福的事件；2012 年日本“购买”钓鱼岛的闹剧发生后，各地出现抵制日货的风潮；2016 年南海仲裁案结果出来后，有人号召抵制洋货，在朋友圈转发“举国不去肯德基和麦当劳消费”的“爱国倡议”。为了国家和民族利益而抵制洋货，民众自发的爱国勇气和热情当然弥足珍贵，但是，抵制洋货就是爱国、购买洋货就是不爱国吗？这个问题我们需要辩证思考，理性对待。

① 张健．坚持爱国和爱党、爱社会主义的高度统一［N］．天津日报，2019－06－10．

课堂研讨

抵制洋货是爱国的表现吗？

时间：约20分钟

目的：通过研讨，使学员们认清抵制洋货和爱国之间的关系，树立理性爱国意识。

方式：课前由学员组成正方和反方两个辩论小组，根据辩题搜集资料，开展课堂辩论，最后由教员总结点评。

我们如何看待抵制洋货和爱国之间的关系？

一方面，在经济全球化的浪潮中，你眼中的国货，可能早已归属外国企业旗下。比如，大家熟知的国民饮品“银鹭”八宝粥和花生牛奶，该品牌已于2018年由雀巢集团100%收购。你所抵制的洋货，也可能带有中国血统。比如，中国市场上的丰田汽车主要产自天津一汽丰田和广州广汽丰田，本田汽车主要产自武汉东风本田和广州广汽本田，等等。正如《人民日报》官方微博所说：“我们早就成了他们的股东，抵制他们就是抵制我们自己。”

另一方面，在全球化深入发展的趋势下，当代中国同外部世界相互交融和依存的程度前所未有。中国既需要外国商品来丰富人民生活，更需要引进国内暂时没有或达不到的技术、设备和管理经验。在最近几年抵制洋货的活动中，不少人遭遇过这样的尴尬事。比如，在网络上发帖抵制美货时发现，Windows和安卓系统都属于美国，你用不用？当得知第二代居民身份证的照片和文字均由日本富士施乐公司的设备印刷时，一些人的心绪可能更加复杂。

改革开放以来，对外经贸合作始终是中国经济增长的重要动力，抵制洋货不仅会造成直接经济损失，还会损害国际关系，恶化投资环境，不利于对外开放战略的实施，最终将伤及中国的整体利益。我们应当明白，当今的世界是开放的世界，中国的发展离不开世界，中国与世界的前途命运日益紧密地联系在一起。

可见，消费与爱国并不是直接对应关系，抵制洋货不等于爱国，购买洋货也不等于不爱国。如果强行把消费行为意识形态化并与爱国捆绑在一起，站在道德的制高点指责别人，可能会伤害民众的爱国情感。以维护国家利益之名行违法犯罪之实更是玷污了“爱国”这个神圣的词。爱国不需要理由，但需要理性。把爱国热情转化为踏踏实实做好本职的实际行动，才是爱国的正确打开方式。①

（四）经济全球化背景下为什么仍然需要弘扬爱国主义

有人认为，在经济全球化迅猛发展的时代还提倡弘扬爱国主义会让人觉得过于狭

① 王易．“思想道德修养与法律基础”教学疑难深度解析［M］．北京：中国人民大学出版社，2019：71-74.

隘，跟不上时代潮流。我们应该提倡爱世界、爱人类、为人类做贡献。在全球化时代弘扬爱国主义真的过时了吗？我们应该如何理解全球化时代弘扬爱国主义的问题呢？

首先，当今的全球化主要是经济的全球化，是资本、生产、技术、市场的全球化。发达国家和发展中国家在经济全球化中所处的地位是不同的。

其次，经济的全球化并没有带来政治的全球化。相反，还加剧了国家间的竞争。一方面是因为社会分工所造成的世界两极分化越来越严重，另一方面是因为分工造成的一国国内的矛盾越发凸显。一些发达国家将低效率、高污染的"夕阳产业"转移到了发展中国家，加剧了这些国家环境的污染和生态的破坏，引发了发展中国家的不满。而随着这些行业的转移也造成发达国家从事相关行业的工人的失业，又引发了发达国家本国工人的不满。这样就造成发达国家与发展中国家的矛盾、发达国家内部失业工人和其政府的矛盾。因此，在经济全球化推进的同时，伴随着反全球化运动的产生、贸易保护主义抬头、区域一体化开始盛行，国家在经济全球化中所起的作用越来越大。

知识链接

反全球化

反全球化，是指反对不合理全球化的思想与运动的总称。20 世纪 90 年代以来，随着经济全球化的迅猛推进，反对全球化的浪潮日趋高涨。1999 年 11 月美国西雅图世贸组织部长会议期间的大规模反全球化示威，被认为是"反全球化现象"的开始。

反全球化的力量主要有三种取向：

（1）不是反对全球化本身，而是反对全球化过程中出现的弊端，反对全球化导致的悬殊差异。（2）不是反对全球化本身，只是反对资本主义的全球化，明确地将反对全球化与反对资本主义制度联系起来。（3）将全球化视为"殖民化""西方化"或"美国化"，反对带有这种倾向的全球化。反全球化运动的主要力量大多来自非政府组织和团体。这种情况在一定历史时期内将长期存在。反全球化运动有利于理清国际社会对经济全球化及其本质的认识，促使国际社会正视经济全球化的负面影响并进行反思，进而促使全球化朝着更公正、合理、透明的方向发展。

最后，经济全球化并没有带来人员流动的自由化。人们有条件在世界范围内行动，但国界并没有消失。对于大多数人而言，一辈子只能生活在一个国家，个人的生存、发展、荣辱都与特定国家的兴衰联系在一起。可以说，国家的强大使个人拥有了更多选择的自由，其中包括了流动的自由、不必被迫移民或移居他国的自由。[①]

① 王易."思想道德修养与法律基础"教学疑难深度解析［M］.北京：中国人民大学出版社，2019：71－74.

因此，我们不难看出，在经济全球化的趋势下，弘扬爱国主义不仅必要，而且与做一个国际主义者并不矛盾，对于军校学员来说更是如此。

爱国主义是中华民族的民族心、民族魂，它早已深深熔铸到中华民族精神和文化基因之中。作为凝聚中华儿女精神力量的重要纽带，不论时代如何发展，爱国主义都不能弱化，更不能丢掉。军人历来都有浓厚的家国情怀。作为新时代的军校学员，我们应如何传承和弘扬爱国主义精神呢?

三、军校学员如何传承和弘扬爱国主义精神

安其家，必先安于国。爱国不是抽象的，而是要将家和国统一起来，由家及国的辩证发展，所以首先，我们要思考如何处理爱国与爱家之间的关系。

(一) 如何处理爱国与爱家之间的关系

中国人历来注重家国情怀。“修身、齐家、治国、平天下”已经成为一种人生追求和价值判断。修身齐家不能陷入小家子气，要有大胸怀。一个人不能只关注自己“小清新”“小确幸”的“日常”，还需要将个人发展与国家、民族联系起来，在更为广阔的世界中实现人生价值。爱国，不能停留在口号上，而是要把自己的理想同祖国的前途、把自己的人生同民族的命运紧密联系在一起，扎根人民、奉献国家。

在新时代的奋斗者中，我们看到年轻的边防战士、忙碌的交通警察、穿梭于街巷的快递小哥……他们前行的每一步都有一个小家在温暖守候。同时，他们前行的每一步也点亮了祖国发展的万家灯火!

在军人的精神谱系里，价值取舍向来与国家的命运相依相伴。古有“常思奋不顾身，而殉国家之急”的担当，近有“祖国如有难，汝应作前锋”的气概，今有“祖国需要就是最高需要”的情怀。“将受命之日则忘其家，临军约束则忘其亲”。在国家大义面前，舍“小家”为“大家”成为革命军人家国情怀的最真实的注脚。这一切的背后，折射出的是军人的职责使命，是至死不渝的忠诚和奉献。

案　例

三角山哨所：让习主席感动的“相思树”[1]

在驻内蒙古边防某部三角山哨所前，生长着一棵樟子松，官兵们称它为“相思树”，因为它见证了一份边关军人的生死爱情和家国情怀。2014 年 1 月 26 日，习近平主席专程来到这个哨所，亲切看望慰问戍边官兵，倾听了“相思树”的故事。这是一段怎样令人难忘的故事?

36 年前，老连长李相恩带队巡逻途中突遇山洪。在洪峰扑向他们那一刻，李相恩没有丝毫犹豫，一把将身边的战友推开，自己则被卷进洪流壮烈牺牲，至今尸骨未回。

① 央视网 2017 年 01 月 26 日，http://news.cctv.com/2017/01/26/ARTIHhJ3F0zqYFV8P PkSjyH9170126.shtml.

妻子郭凤荣第二年在哨所前种下了这颗樟子松寄托哀思。此后每一年，郭凤荣都会来照料这棵树，直到2010年去世。

李相恩牺牲时年仅29岁，妻子郭凤荣没有再成家，和当时只有两岁的儿子相依为命。即使生活再艰难，她也没有向部队和政府提出任何要求。思念丈夫时，就到哨所的相思树前静静地站一会，寒来暑往，直到2010年因病去世。按照郭凤荣的遗愿，家人把她的骨灰撒进丈夫牺牲的哈拉哈河。2014年，当地政府和部队在边境线上为李相恩夫妇修建了墓碑。

李相恩之子李心说，母亲很少主动提及父亲的事情，直到他整理母亲遗物时发现了这个装满父母亲往来书信的夹子。

30多年来，钢铁哨所挺立边陲，"相思树"迎风傲雪、枝繁叶茂。它不仅是一位军嫂对牺牲丈夫的眷恋，更见证了一名边防军人戍边卫国的赤诚之心。

案例评析

什么是家国情怀？简单地说，就是以国为家、国重于家的情怀。人民军队诞生于国家民族危亡之际，从建军伊始就把忠于党、忠于祖国、忠于人民镌刻在自己的旗帜上。"为了新中国，前进"的无悔抉择，"一人辛苦万人甜，一家不圆万家圆"的牺牲奉献，"你们好好过年，祖国有我们守护"的郑重承诺，都是革命军人家国情怀的生动体现。这种情怀，源于对国家富强、民族复兴的理想追求，源于执干戈以卫社稷的神圣职责，源于对祖国和人民的深情大爱。

"修身、齐家、治国、平天下"。家与国密不可分，在民族危难时，中华儿女挺身而出，为国家的建立献出血和泪；在国家困难时，每一个人都舍身忘我，与国家共同拼搏；在国家发展时期，每一个人都奉献出自己的智慧和力量，与国家共同成长。

（二）我们应该树立什么样的国家意识

伴随全球化趋势不断加深、我国对外开放程度不断提高以及社会思潮多元化倾向不断加剧，国家意识的价值和重要性也愈加凸显。在此背景下，国家意识的概念被党和国家反复提及和强调。在党的十八届五中全会上，党中央提出要增强国家意识、法治意识、社会责任意识。党的十九大报告强调要增强香港、澳门同胞的国家意识和爱国精神。什么是国家意识？我们应该树立什么样的国家意识呢？

国家意识是指生活在同一国家的居民在长期共同的生产生活中形成的国民身份认同，是对基于血缘、地缘以及文化等多种因素所形成的情感共同体、命运共同体的归属感、认同感和责任感。

它是一种政治意识，也是一种文化意识，能在很大程度上激发公民的责任心和义务感，有利于国家的昌盛和民族的强大，使之在各国各民族激烈的竞争中立于不败之地。

在现实生活中，国家意识表现为国民自觉维护国家利益、国家安全、国家形象的意识。维护国家的国防安全、政治安全、经济安全、文化安全、互联网安全、生态安全等，都与维护国家的主权、领土完整联系在一起，关系到国家生存、统一、发展的利益问题，影响到国家形象与国家尊严。维护国家利益、国家安全与国家形象之间是相辅相成不可分割的，其中维护国家利益是核心，而军人更应该为维护国家利益奋不顾身。

案 例

亚丁湾护航对维护国家战略利益具有重要意义①

2008 年 12 月 26 日，中国派出首批护航编队赴亚丁湾、索马里海域执行护航任务，开启了人民海军赴远海常态部署并履行使命任务的新征程。10 多年来，中国海军护航官兵牢记使命、不负重托、连续奋战，安全护送 1198 批 6600 余艘次中外船舶，圆满完成了任务。

亚丁湾护航有力地维护了国家战略利益，充分体现了中国政府以人为本、执政为民的理念，也向国际社会展现了中国负责任大国的担当。

保护海运安全，是改革开放的中国保持经济和社会可持续发展的需要。随着改革开放和国家“走出去”战略的不断推进，中国经济逐步融入世界经济体系，经济发展也越来越依赖对外贸易、海外资源和海上运输。维护世界海上战略通道的安全，符合中国的国家战略利益。

派出军舰赴亚丁湾、索马里海域护航，为维护海上战略通道安全发挥了重大作用。亚丁湾是从印度洋进入地中海及大西洋的咽喉要道，是连接包括中国在内的东亚国家和西欧及北美东海岸的重要航线，又是波斯湾石油输往欧洲和北美洲的重要水路，战略位置十分重要。每年有 100 多个国家和地区的约 2 万艘船舶通过亚丁湾，货运量约占世界海上货物总运量的五分之一。中国每年有 1000 多艘商船通过亚丁湾经苏伊士运河前往欧洲。2008 年，索马里海域海盗活动升级，严重威胁了这一地区的航行安全。中国根据联合国安理会有关决议的安排和索马里过渡政府的请求，派出军舰参加国际社会在亚丁湾进行的护航行动，在向国际社会提供公共安全产品的同时，也更好地维护了中国海外利益的安全。

近年来，中国国家利益不断拓展，对外投资和公民出境旅游、留学、经商人数大幅增加，海外利益已经成为中国国家利益的重要组成部分。与此同时，中国海外公民、法人的安全问题日益凸显，因当地战争或内乱而遭受威胁和损失的情况时有发生。护航期间，中国海军护航编队先后派舰前往地中海对撤离利比亚中国公民的船舶实施了护航，前往战火纷飞的也门港口将 600 余名中国同胞和 15 个国家的 200 余名外国公民

① 张军社．亚丁湾护航对维护国家战备利益具有重要意义［EB/OL］．（2018－12－21）．http：//military.people.com.cn/n1/2018/1221/c1011－30480417.html.

安全撤离。这些海外行动对于维护国家海外利益、增强民族自信心和凝聚力发挥了重要作用。

案例评析

护航是新世纪国家利益发展变化以及国人对这一发展变化逐渐认识和体验的结果。国家利益是动态的、不断发展的，如何有效维护国家利益，是中国军队面临的严峻挑战。以亚丁湾、索马里海域护航为标志，中国派出军事力量走出国门维护国家利益。通过护航，中国不仅对自己的利益和安全做了一次全新的审视，而且对维护地区安全和做一个负责任大国也有了一个全新的认识，在此基础上，中国不再仅以慷慨激昂的语言宣示观点，而是以坚决果断的行动对维护国家利益做出贡献，对世界和平发展做出贡献。

（三）革命军人如何将爱国之情化为报国之行

爱国是有层次的：爱"国"—爱"家"—爱"人"—爱"我"。家国相连，尊亲敬长；团结友爱，文明诚信，善待他人；自爱自重，修身克己，积善成德。用双手去创造财富，用精神去感化他人，用善行去建设家园，都将生成爱国的意义。

爱国情怀对军人来说更不是空洞的口号和概念，它是对国家和军队的高度认同感、归属感和责任感，源于对国家、民族和人民的大忠、大义与大爱。作为军校学员，我们如何将爱国之情化为报国之行呢？

课堂研讨

革命军人如何将爱国之情化为报国之行？

时间：约 10 分钟

目的：通过课堂讨论，使学员深入思考如何将爱国之情化为报国的实际行动，落实到现实生活中。

方式：以小组为单位组织课堂讨论，请 3～5 位同学回答。

1. 铸牢忠诚报国的信念

"天下至德，莫大于忠。"忠诚是军人最重要的政治要求和最根本的道德标准。

中国自古就有精忠报国的优良传统。习近平总书记曾回忆儿时母亲给他讲岳母刺字的故事，当时他说，把字刺上去，多疼啊！可母亲说，是疼，但心里铭记住了。从那时起，"尽忠报国"这四个字，就成为他一生追求的目标。

在战争年代，革命者的青春可没有美丽如诗的花季，但精忠报国的信念之花依然绽放在枪林弹雨之中。

案例

绵阳：父义子忠“死字旗”　彰显不屈民族魂①

1937年“卢沟桥事变”后，滚滚抗日洪流迅速波及全国各地。当时年纪20岁出头的曲山场青年教师王建堂，与许多热血青年一样，面对日寇铁骑践踏下的破碎河山寝食难安。很快他邀约了几个志同道合的青年一起，决心从军报国。经过多方串联，队伍很快壮大到一百多人。于是，王建堂和朋友们扯起“川西北青年请缨杀敌队”大旗，向县政府请求出征抗日，并很快得到批准。

1937年秋，安县各界在“大安游艺场”召开欢送大会，队伍即将出征之际，一面绣着大大的“死”字的旗帜送到了现场。县长成云章打开旗帜，只见“死”字右边写着“我不愿你在近前尽孝，只愿你在民族分上尽忠”，左边写着“国难当头，日寇狰狞。国家兴亡，匹夫有责。本欲服役，奈过年龄。幸吾有子，自觉请缨。赐旗一面，时刻随身。伤时拭血，死后裹尸。勇往直前，勿忘本分。”

当县长大声念出这些话时，现场顿时群情激昂。送这面“死”字旗的，便是曲山人王建堂的父亲王者成。王建堂本人事先并不知情，这面旗帜是在他走后，其父连夜制好并找人带到县城请县长当面转赠的。台下掌声雷动，既为这位爱国重义的老父，也为视死如归的儿郎。

从军后的王建堂，没有让父亲失望，他背负着“死”字旗，转战在抗日沙场上，先后参加了武汉会战、常德会战、长沙会战等大小战役数十次，作战勇猛且指挥调度有方，负伤四次，多次立功受奖，实现了“伤时拭血”的誓言。

案例评析

我们很难想象得出近百年前，在民族危亡之际，这位白发老父是在怎样壮怀激烈的豪情下书写了这面“死”字大旗！这面“死”字旗展现了一种怎样的胸怀？“伤时拭血，死后裹身，勇往直前，勿忘本分。”这面“死”字旗又彰显了一种怎样的境界？送儿参军，征战沙场，爱国重义，视死如归。这是何等令人动容，令人震撼的精忠报国精神！今天之所以还能有中国，正是因为有千千万万忠勇之士，在国家最黑暗、最困难、最无助，在大多数人都万念俱灰的时候，仍然用他们的铁血忠诚，拼死捍卫我中华，支撑起民族不屈的脊梁。

现在的我们虽然已远离硝烟战场，但对军人而言，岗位就是战位、执勤就是战斗、出航就是出征、升空就是作战。忠诚依然是军人矢志报国的灵魂和本色。所以，时刻听从祖国召唤，把精忠报国的使命扛在肩上，这才是新时代军人建功立业，爱国报国的必由之路。

① 绵阳文明网2015年7月7日，http://scmy.wenming.cn/wmcj/201507/t20150707_1831216.html.

2. 练就精武强能的本领

爱国报国，不仅要有一颗耿耿忠心，还要有保家卫国的过硬本领。军人生来为打赢，报国必须向战而行。摔打和考验才能锻造出精武强能的真勇士，挫折和挑战才能磨炼出强军报国的真本事。

案例

新疆90后铁甲先锋马和帕丽：最美新时代革命军人！①

1991年出生的马和帕丽，2013年毕业于西南民族大学，她用三年时间完成了大学四年的学业，因为看到一则征兵告示，决定应征入伍。在新兵连，她第一次练战术就被尖利的铁丝划伤，但她不肯服输，一次次从低桩铁丝网下爬进爬出，作训服的肘、膝部位和迷彩鞋都磨破了，硬是闯入了训练"龙虎榜"。新训结束时，她被评为"最佳新兵"。下连当话务员，背记电话号码是第一难关，她白天背、晚上背，就连夜里做梦还在背。天道酬勤，最终成为同年兵中最早单独上岗执勤的新兵。正是凭着这种绝不服输的倔劲，她很快成为连队的训练尖子，作为优秀士兵提干，并在军校学习期间荣立三等功。

马和帕丽从小体弱多病，10个月大就被诊断患有佝偻病、鸡胸和败血症，她做过脊柱穿刺手术等各种治疗，直到8岁身体才好起来。体能训练是很多女兵犯怵的项目，好强的马和帕丽不信这个邪，不管是5公里越野，还是各种器械，她都要和男兵较劲。2017年，在参加上级组织的军事体育训练大纲标准评级时，全团只有两个人被评定为"特三级"，一位是团长，另一位就是当排长的马和帕丽。

2018年2月，马和帕丽当选为第十三届全国人大代表。8月，即被任命为坦克五连指导员，她开始了新的突击战——开坦克。

为了练习上肢力量，她和男兵们一起练单杠、俯卧撑、平板支撑，举杠铃、哑铃。在狭小的驾驶室里，她长时间忍受着高温和烟尘，一遍遍练习操作技能，汗水湿透衣背，胳膊、膝盖在高速行驶的坦克中碰得青一块紫一块。

两个月后，马和帕丽的双手变得粗糙有力，驾驶技术也突飞猛进。她不但通过驾驶考试，通信和射击专业考核也顺利过关，成为全师第一个坦克车女驾驶员。那年年底，她被师里评为"铁骑先锋"。2019年12月22日，陆军第二届"四有"新时代革命军人标兵揭晓，马和帕丽成为十名标兵中的唯一女兵，此时离她2013年入伍，仅仅过了七年。

---

① 李桂增，罗金栓，张斯琦．新疆90后铁甲先锋马和帕丽：最美新时代革命军人！[EB/OL]．(2020-08-03)．http://military.people.com.cn/BIG5/n1/2020/0803/c1011-31808158.html.

案例评析

时代骄子携笔从戎，不爱红装爱武装；军中木兰一心向战，驰骋疆场胜须眉。这位哈萨克族姑娘把个人梦想融入强军兴军的伟大事业，在绿色军营锻造精彩人生。从马和帕丽身上，我们发现，在自己的岗位上干到最出色、最极致，就是最美的。不负时代使命、牢记强军目标，苦练精武强能的真本领就是革命军人实现个人价值，报效祖国的正确途径。

报国必须向战而行。要守好祖国的每一寸江山，要承载人民的信任和重托，我们要像马和帕丽一样，以只争朝夕的紧迫感、时不我待的危机感，在摸爬滚打中锤炼钢筋铁骨，在刻苦训练中精通军事技能，在挑灯夜战中积累科技知识。这才是新时代军人建功立业、爱国报国的必由之路。

3. 发扬甘于奉献的精神

忠诚是灵魂、精武是天职，甘于奉献更是军人爱国情怀的最本质体现。

案　例

“核司令”程开甲：一生与祖国紧紧相连[①]

他，把自己的一生交付给了国家，将科学报国的理想融入了国家发展伟业。作为“两弹一星”的开拓者，程开甲为我国核武器事业发挥了至关重要的作用。2019 年，新中国成立 70 周年之际，这位“两弹一星”元勋被授予“人民科学家”国家荣誉称号。“我这辈子最大的幸福，就是自己所做的一切，都和祖国紧紧地联系在一起。”程开甲说。

1918 年，程开甲出生在江苏吴江盛泽镇一个富商家庭。祖父希望他将来考取功名，所以为他取名“开甲”　　开，就是开拓，甲，就是第一名，而他也没有辜负祖父的期望。

1937 年，程开甲以优异的成绩考入浙江大学。他在大学的 4 年，是中华民族最为苦难的时期。他在日记上曾留下了这样一段文字：“中国落后挨打的原因：科技落后。拯救中国的药方：科学救国。”为此，他一直认真准备着。随后，他留校担任物理系助教，开始钻研相对论和基本粒子研究领域。

1946 年，经英国著名学者李约瑟博士推荐，程开甲获得英国文化委员会奖学金，来到爱丁堡大学，成为被称为“物理学家中的物理学家”玻恩教授的学生。在导师的指导下，他先后在英国《自然》、法国《物理与镭》和苏联的学术杂志上发表了 5 篇有分量的超导论文，并于 1948 年与导师玻恩共同提出超导的“双带模型”。

程开甲心向新中国。1950 年，他婉拒导师的挽留，放弃国外优厚待遇和研究条件，

---

① 章文．程开甲：一生与祖国紧紧相连［N］．光明日报，2019－10－23（04）．

毅然回到当时一穷二白的祖国。回国的行囊中，除了给夫人买的一件皮大衣外，全是固体物理、金属物理方面的书籍和资料。从此，程开甲开启了科学报国的人生。1960年，他被钱三强点将担任核武器研究所技术副所长一职，加入我国核武器研究的队伍，从此“消失”20余年。从1963年第一次踏进罗布泊到1985年，程开甲一直生活在核试验基地，为开创中国核武器研究和核试验事业，倾注了全部心血和才智。

1964年10月16日，罗布泊升起的蘑菇云震惊世界，中国第一颗原子弹成功爆炸。这一声戈壁惊雷让祖国各地一片欢腾，让世界重新认识了中国。程开甲与核试验基地科研人员们立下了不可磨灭的功勋。

原子弹首次成功爆炸后，作为中国核试验技术的总负责人，程开甲还参与主持决策了30多次核试验，成为中国指挥核试验次数最多的科学家，被人们誉称为“中国核司令”。

“回国后，我一次又一次地改变工作，一再从零开始创业，但我一直很愉快，因为这是祖国的需要。”面对众多崇高的荣誉，程老感慨地说：“我只是希望，我的建议、我的研究，能对我国的武器装备发展起到作用。”

2018年11月17日，101岁的程老走了。从精研科学，到学成归来，再到矢志报国，程老的这一生波澜壮阔，风骨灼灼。

案例评析

隐姓埋名、攻坚克难、甘冒风险、不懈奋斗，“核司令”程开甲为我国核武器研究和核试验事业倾注了毕生的心血和才智。用生命诠释使命，用奉献实现誓言。他的身上体现着热血报国，牺牲奉献的爱国主义情怀。他将个人的发展与国家的发展、社会的需要紧密结合在一起，关键时刻敢上，艰苦岗位能上，以“以天下为己任”的格局视野，以“为国铸核盾”的使命担当无悔奋斗，无私奉献。

兵者，国之大事。国字的繁体字是“國”，意为一定的疆域、一定的人口、肩扛着“戈”。没有军队就不成其为国家，军人为国家而生、与国家同在，为了祖国和人民的利益，在边关冷月下饱尝孤寂，在深山阵地上枕戈待旦，在平凡岗位上默默奉献，在灾难来袭时挺身向前，在改革调整中听令而行，这些都是革命军人爱国奉献精神的最好证明。

案　例

英雄屹立喀喇昆仑[1]

——走近新时代卫国戍边的英雄官兵

喀喇昆仑高原，横亘西部边境。

立春过后，大江南北暖意渐浓，高原深处的加勒万河谷依然严寒彻骨，大河冰封，

① 中国军网2021年2月19日，https：//news. china. com/domestic/945/20210219/39297548 _ all. html.

群山耸立。

这里是祖国的西部边陲，也是守卫和平安宁的一线。来自天南海北的一茬茬官兵，扎进茫茫群山，挺立冰峰雪谷，用热血和青春筑起巍峨界碑。

2020年4月以来，有关外军严重违反两国协定协议，在加勒万河谷地区抵边越线修建道路、桥梁等设施，蓄意挑起事端，试图单方面改变边境管控现状，甚至暴力攻击我前往现地交涉的官兵。

面对外方的非法侵权挑衅行径，我边防官兵保持克制忍让，尽最大诚意维护两国关系大局和边境地区和平安宁。在忍无可忍的情况下，边防官兵对暴力行径予以坚决回击，取得重大胜利，有效捍卫了国家主权和领土完整。

官兵们敢于斗争、敢于胜利，展现出誓死捍卫祖国领土的赤胆忠诚和一不怕苦、二不怕死的战斗精神，涌现出某边防团团长祁发宝、某机步营营长陈红军和战士陈祥榕、肖思远、王焯冉等先进典型，彰显了新时代卫国戍边英雄官兵的昂扬风貌。

中央军委授予祁发宝"卫国戍边英雄团长"荣誉称号，追授陈红军"卫国戍边英雄"荣誉称号，给陈祥榕、肖思远、王焯冉追记一等功。

雪山回荡英雄气，风雪边关写忠诚。

"决不把领土守小了，决不把主权守丢了！"万千官兵发扬喀喇昆仑精神，克服极度高寒缺氧，守边护边、不怕牺牲，像钉子一样牢牢钉在战位上。

"面对人数远远多于我方的外军，我们不但没有任何一个人退缩，还顶着石头攻击，将他们赶了出去。"

——陈祥榕对一次战斗的记录

英雄勇敢无畏，只因责任在肩。一线官兵常说，我们身后就是祖国，当国家受到侵犯时，唯一的选择就是冲锋向前。

清晨，当哨声响彻营房，班长李确祥又想起了一笑就露出两颗小虎牙的陈祥榕，想起了那个新兵的第一次冲锋。

那是2020年5月初，外军越线寻衅滋事，李确祥和陈祥榕等紧急前出处置。李确祥问年轻的战友："要上一线了，你怕不怕？"陈祥榕回答："使命所系、义不容辞！"

他们赶到前沿后与对手殊死搏斗，坚决逼退越线人员。陈祥榕在日记中自豪地写道："面对人数远远多于我方的外军，我们不但没有任何一个人退缩，还顶着石头攻击，将他们赶了出去。"

诚既勇兮又以武，终刚强兮不可凌。面对严峻斗争考验，一线官兵越是艰险越向前，生死关头更凛然。

2020年6月，外军公然违背与我方达成的共识，越线搭设帐篷。按照处理边境事件的惯例和双方之前达成的约定，团长祁发宝本着谈判解决问题的诚意，仅带几名官兵，蹚过齐腰深的河水前出交涉。

交涉过程中，对方无视我方诚意，早有预谋地潜藏、调动大量兵力，企图凭借人多势众迫使我方退让。

“他们的人陆续从山崖后冒出来，黑压压挤满了河滩……”参谋陈鸿宇回忆说，“我们人虽少，可拼了命也不能退呀！”

祁发宝张开双臂挡在外军面前，大声呵斥：“你们破坏共识，要承担一切后果！”同时组织官兵占据有利地形。

官兵们组成战斗队形，与数倍于己的外军对峙。对方用钢管、棍棒、石块发起攻击。祁发宝成为重点攻击目标，头部遭到重创。

见此情景，陈红军带人立即突入重围营救团长，陈祥榕作为盾牌手战斗在最前面，摄像取证的肖思远也冲到前沿投入战斗。

增援队伍及时赶到，一举将来犯者击溃驱离，取得重大胜利，外军溃不成军、抱头逃窜，丢下大量越线和伤亡人员，付出了惨重代价。

军医韩子伟记得，祁发宝被救出后，左前额骨破裂，有一道十几厘米长的口子。包扎伤口时，“他一把扯掉头上的绷带，还想起身往前冲，那是他最后一丝力气，随后又晕倒了”。

陈红军、陈祥榕、肖思远毫不畏惧、英勇战斗，直至壮烈牺牲。王焯冉在渡河前出支援途中，为救助战友牺牲。

祖国山河终无恙，守边护边志更坚。

那场战斗后，“宁将鲜血流尽，不失国土一寸”被很多官兵自发写在了头盔里、衣服上，刻印在青春的胸膛里。

那场战斗后，陈祥榕所在连队斗志更加旺盛，服役期满的士官100%主动留队，所在团义务兵踊跃申请选取士官继续战斗。

那场战斗后，王焯冉所在团18名女兵3次请战，她们在请战书中写道：“愿同男兵一样英勇战斗，甚至流血牺牲！”

捍卫着英雄誓死捍卫的国土，肩负着英雄用生命践行的使命，一股“学英雄、当英雄”的热潮涌动喀喇昆仑高原。

如今，加勒万河谷的前哨上，官兵们时刻高度戒备，牢牢扼守河口；风雪飞扬的驻训场，官兵们驾驶新型战车精训苦练，随时准备迎敌亮剑；新型保温营房内，官兵们齐装满员、战斗生活物资充足，做好了长期斗争准备，纷纷表示——

我已严阵以待，犯我者必遭迎头痛击！

案例评析

边防很苦很累，但总有一批“理想主义者”不问得失、不畏艰苦、不怕牺牲，用青春描绘着祖国的年轮，用生命捍卫着庄严的国门，只因他们深爱着祖国，心中时刻装着人民。

青春不止眼前的潇洒，还有家国和边关。新时代军人的爱国情怀在千山万水、在海岛边防、在维和前线、在救灾现场。面对“小我”与“大我”这道时常出现的选择题，我们的官兵往往把“小我”融入“大我”，甚至做出“忘我”的选择。正是靠着每名官兵股股涓流，最终汇聚成磅礴洪流，支撑起一个国家和民族挺拔的精神脊梁。

谁说军人不懂浪漫？我们也有“风花雪月”，不过那是铁马秋风、战地黄花、楼船夜雪和边关冷月；谁说军人没有柔情？但在家与国的选择中，军人的天平始终向祖国倾斜，把对亲人的爱与思念悄悄藏在心里，把使命和担当高高举过头顶；谁说军人是“傻大兵”？那是我们甘愿吃亏，乐于奉献。我们愿意用平凡岁月的默默坚守，用硝烟战场的无畏冲锋，用危险时刻的最美逆行，为祖国，为人民撑起岁月静好的艳阳天。

“若以小利计，何必披征衣！”牺牲小我，甘于奉献，才是新时代军人建功立业，爱国报国的必由之路。

苟利国家生死以，岂因祸福避趋之。我军是党领导下的人民军队，爱国情怀是革命军人鲜明的精神禀赋。对新时代的革命军人来说，爱国不分岗位高低，贡献大小。爱国的阵地可以是轰轰烈烈的硝烟战场，可以是默默无闻的边疆哨所，可以是霓虹灯下的一方岗亭，甚至是教室、试验场。无论身处何地，只要做到“在其位、司其职、尽其责”，都是对祖国点点滴滴，实实在在的爱！

教学拓展

（一）知识拓展

1. 阅读推荐

（1）《中国精神·中国人》，季羡林，国际文化出版公司，2013年版。

（2）《新时代爱国主义教育实施纲要》学习读本，人民出版社，2020年版。

（3）《中国军人爱国主义史》，解放军出版社，2014年版。

2. 观看推荐

（1）微视频：家国与边关。

（2）电影：《我和我的祖国》《我和我的家乡》。

（二）能力拓展

1. 爱国诗篇经典诵读

主题词：

诵读经典　爱我中华

实践目的：

该活动借鉴中央电视台《朗读者》的形式，以"诵读经典　爱我中华"为主题，组织学员通过阅读、诵读，充分感受我国经典文学作品的艺术魅力和深沉的爱国主义情感，进一步增强学员的爱国主义情怀，帮助学员进一步理解爱国主义的深刻内涵。

实践要求：

(1) 将班级划分为若干活动小组，每小组推选1～2名学员参加诵读经典活动。

(2) 围绕主题，选取作品，充分准备，自信展示。

(3) 每一个诵读作品时间不少于3分钟，不超过5分钟。

(4) 由学员推荐1名活动主持人和5名学员评委。

(5) 课堂展示，教员点评。

2. 文化展示活动：我秀我家乡

实践主题：

爱我中华　秀我家乡

实践目的：

通过开展文化展示活动，组织学员收集有关家乡的文字、图片、视频资料，用PPT或微视频的方式来展示家乡的历史文化、民俗风情、特色物产、旅游名胜、经济发展和家乡人物等，进一步加深他们对家乡、对祖国的热爱以及民族自豪感和责任感。

实践要求：

(1) 教员布置实践任务，学员了解和搜集自己家乡的人文、地理、经济建设和社会发展情况，精选资料制作PPT或微视频。

(2) 以活动小组为单位，由学员评选出本组内最优作品，在课堂上依次进行展示，并讲解有关内容。

(3) 教员点评。

专题七

时代之问——如何发扬改革创新精神

教学主题

改革创新　立足当下

习近平总书记多次强调创新对国家、对社会发展的重要意义。对于军校学员来说，确立创新思维，明确创新目标，把打赢未来信息化战争的目标和要求建立在当下勤学苦练的可变之基上，建立在以我为本、与其他军兵种的战略战术协同上，建立在对新型武器装备的智能化运用上，建立在实现新体制编制的战斗功能发挥上。本专题通过问题设置，主要引导学员深入思考“什么是创新精神?”“中华民族的伟大创新精神是什么?”“中国共产党的伟大创新精神是什么?”“中国人民解放军的伟大创新精神是什么?”“中国特色社会主义的伟大创新精神是什么?”在搞清楚以上几个问题的基础上，搞清楚我们坚守的创新理念是什么等重难点问题。让学员在学习过程中深刻领会，创新是军队适应新的形势任务和改革发展的重要坚守，创新是研究战争、遏制战争、打赢战争的重要前提，创新是新时代革命军人履职尽责的重要抓手，创新是中华民族实现中国梦的战略驱动。

教学目标

知识目标：了解创新是军事发展的动力，创新也是中国特色军事变革的重要前提，创新对于我们新时代革命军人来说其意义远远超过其本身，它将影响甚至决定军队建设和发展的未来。

能力目标：坚持辩证唯物主义和历史唯物主义的立场、观点和方法分析改革创新与军队发展的关系，学会用改革创新的精神解决发展中遇到的问题。

素质目标：坚定中国特色社会主义道路的自信心，坚定实现中国梦强军梦的必胜信念。

思维导图

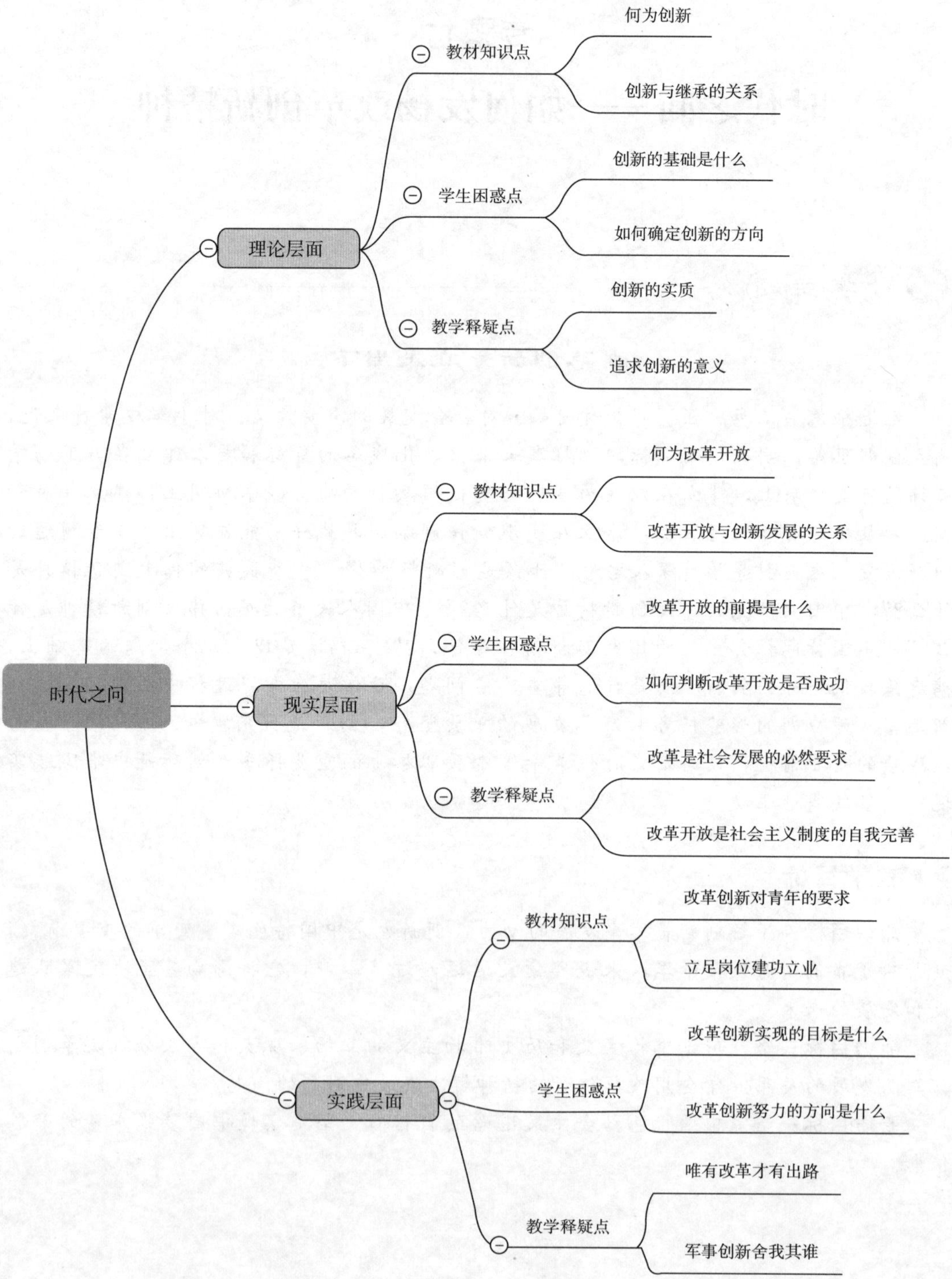
时代之问
理论层面
教材知识点
何为创新
创新与继承的关系
学生困惑点
创新的基础是什么
如何确定创新的方向
教学释疑点
创新的实质
追求创新的意义
现实层面
教材知识点
何为改革开放
改革开放与创新发展的关系
学生困惑点
改革开放的前提是什么
如何判断改革开放是否成功
教学释疑点
改革是社会发展的必然要求
改革开放是社会主义制度的自我完善
实践层面
教材知识点
改革创新对青年的要求
立足岗位建功立业
学生困惑点
改革创新实现的目标是什么
改革创新努力的方向是什么
教学释疑点
唯有改革才有出路
军事创新舍我其谁

教学详案

案　例

"天鲸"号[①]

"天鲸"号是一种自航的绞吸式挖泥船，是中国吹沙填海的利器，由中交天津航道局有限公司投资并联合上海交通大学、德国 VOSTALMG 公司进行设计，由招商局重工（深圳）有限公司建造的大型挖掘疏浚船，装机功率、疏浚能力均居亚洲第一、世界第三。

"天鲸"号作为一艘自航绞吸式挖泥船，从传统意义上理解它本来是清挖淤泥、疏通河道用的。但是经过思维创新、技术创新、方法创新之后，现在用于吹沙填海造岛。从实践情况来看，它在技术没有变、功能没有变、效用没有变、使用方法没有变的情况下，用途却大大改变了，作为我国在南海吹砂填海的利器，成为我国维护海洋权益的重要工具。

案例评析

一艘普通的挖泥船，经过改变其用途，就能帮助我国很大程度地改变南海地区的力量布局，帮助我国主动调整对南海地区的态势管控，一改过去"受制于人"的被动局面。这是一种开创性思维、创新思考、创新运用的结果。由此可见，只要我们立于创新、勇于创新、善于创新，就能化腐朽为神奇，让平凡变得伟大。

一、什么是创新精神

改革创新是在原有的基础上发展并对原有的条件、手段和目标进行再加工的过程，任何一个处于发展中的国家都带有鲜明的创新特点。对于我军的建设和发展来说，创新精神是开创中国特色军事变革的巨大优势。新时代军校学员应该最富有想象力、最具有创造力，是军事变革的主力军，要在军事变革的实践中奉献国家、服务军队、实现目标，让以军事变革为目标的改革创新成为我们努力的强大动力。

（一）如何理解创新

关于创新的话题，其实并不陌生。人类发展的脉络，就是沿着与时代同步的创新发展一路走来的。

创新是人类对社会生产、美好生活、未来期望孜孜不倦的追求。伴随着科技的发展和劳动的进步，创新与我们如影随形，并不断地改变着我们的生活方式，成为每一

① 百度百科，https：//baike. baidu. com/item/天鲸号/7208954？fr＝aladdin.

个时代的新兴话题。尤其是在军事领域，军事技术、武器装备、军事战略等方面受创新驱动的影响最直接、最明显。

1. 何为创新

创新是指以现有思维模式提出有别于常规或常人思路的见解为导向，利用现有的知识和物质，在特定的环境中，本着理想化需要或为满足社会需求，而改进或创造新的事物、方法、元素、路径、环境，并能获得一定有益效果的行为。

从哲学意义上来理解，创新是指一种在原有基础上的发展、一种脱离母体的再生。创新是一种创造性社会实践行为，这种社会实践追求发展、追求增加利益总量，是对事物和发现的利用和再创造，特别是对物质世界和社会关系的再利用和再创造。人类通过对物质世界和社会关系的再利用和再创造，使之发展变化，形成新的物质形态。

为了帮助我们学习和理解，我们可以对创新作一个概略的理解，那就是在一定的理论和实践基础之上，对已有的结论进行再假设、再研究，继而在新的条件下形成新的结论的活动。基于这个认识，我们对当下的学习生活和训练，就会有新的发现，找到新的不足，求解新的答案，以丰富我们的学习成果。

案 例

揭开天体的层层面纱①

长期以来，古希腊天文学家托勒玫的“地心体系”的理论统治着人们的头脑。托勒玫认为地球居于中央不动，日、月、行星和恒星都环绕地球运行。后来，哥白尼推翻了托勒玫的理论。哥白尼在《天体运行论》中阐明了日心说，告诉我们：太阳是宇宙的中心，地球围绕太阳旋转。而后，布鲁诺接受并发展了哥白尼的日心说，认为宇宙是无限的，太阳系只是无限宇宙中的一个天体系统。伽利略通过望远镜观察天体，发现：日球表面凹凸不平，木星有四个卫星，太阳有黑子，银河由无数恒星组成，金星、水星都有盈亏现象等。不久，开普勒分析第谷布拉赫的观察资料，发现行星沿椭圆轨道运行，并提出行星三大运动定律，为牛顿发现万有引力定律打下了基础。因此可以这样说：科学是不断发现的过程，真理是不断创新的过程。

“海鸥司令”②

二战期间，英国潜艇司令官本杰立在研究如何对付德军潜艇。一天，他独自在沙滩上散步，注意到附近海面上一群海鸥在低空盘旋。他用望远镜一看，原来海面上漂浮着潜艇里扔出的剩饭菜，海鸥出来觅食了。

于是，本杰立想出一个办法。他下令潜艇士兵每次在潜艇巡航时，不断地向海面

① 学习啦在线学习网［EB/OL］.（2021-05-21）. https：//www. xuexila. com/danao/chuangxinsiwei/c191132. html.

② 改编自：童鞋会（2022. 09. 08）. https：//tongxiehui. net/by/6210d2975ae7b. html.

施放食物。从此，每次出航，都有大批海鸥在海面上争抢食物。时间一长，海鸥一发现水下有黑影，就会在海面尾随等食了。

后来，战斗打响了，本杰立给士兵下命令：只要发现海面上有海鸥集结低空飞翔，即可对此地方发动攻击！靠这种方法，英国潜艇多次对德国队伍进行猝不及防的打击。本杰立也被士兵戏称为“海鸥司令”。

案例评析

从对以上两个案例的分析，我们能发现，只要改变一下传统的习惯思维，换一个角度去想问题，结合科学的规律，就能得到一个豁然开朗的答案。这就是创新的魅力。

2. 如何理解继承与创新的关系

案　例

十年回顾，不创新才是最大的风险[①]

华为是在艰难的学习中成长起来的。十年前，华为十分落后，当时党中央发出号召，要发展高科技，连我们自己都缺少信心。十年来，在党的政策的激励下，华为经历了艰难困苦的奋斗，终于在SDH光传输、接入网、智能网、信令网、电信级Internet接入服务器、112测试头等领域开始处于世界领先地位，密集波分复用DWDM、C&C08iNET综合网络平台、路由器、移动通信等系统产品挤入了世界先进的行列，明年华为的宽带IP交换系统以及宽带CDMA也将商用化。这标志着在党的领导下，一群土生土长的中国人，争得与世界著名公司平等的技术地位，为伟大祖国争了光。

在华为创业初期，除了智慧、热情、干劲，我们几乎一无所有。从创建到现在华为只做了一件事，专注于通信核心网络技术的研究与开发，始终不为其他机会所诱惑。敢于将鸡蛋放在一个篮子里，把活下去的希望全部集中到一点上。华为从创业一开始就把它的使命锁定在通信核心网络技术的研究与开发上。我们把代理销售取得的点滴利润几乎全部集中到研究小型交换机上。利用压强原则，形成局部的突破，逐渐取得技术的领先和利润空间的扩大。技术的领先带来了机会窗的利润，我们再将积累的利润又投入到升级换代产品的研究开发中，如此周而复始，不断地改进和创新。今天尽管华为的实力大大地增强了，但我们仍然坚持压强原则，集中力量只投入核心网络的研发，从而形成自己的核心技术，使华为一步一步前进，逐步积累到今天的世界先进水平。

有创新就有风险，但决不能因为有风险，就不敢创新。回想起来，若不冒险，跟在别人后面，长期处于二三流，我们将无法与跨国公司竞争，也无法获得活下去的权利。若因循守旧，也不会取得这么快的发展速度。

---

① 光明网，https://www.gmw.cn/01gmrb/2000-07/18/GB/07%5E18485%5E0%5EGMC2-107.htm.

案例评析

从华为先后取得的成绩和当下遭遇的挑战，我们回过头来理解任正非的肺腑之言，感受更有韵味、更具哲理。人类优秀的科技成就是需要继承和共享的，创新必须建立在学习前人成就的基础之上，而不是抛开这一过程去搞闭门造车式的创新。比如，以交通工具为例，如果有人无视社会已发展到高速铁路、宽体客机这种高科技时代，而去研制纯手工打造的“木牛”“流马”，不是很滑稽吗？

鲁迅先生在《拿来主义》一文中这样说道：“没有拿来的，人不能成为新人；没有拿来的，文艺不能成为新文艺。”这句经典名言告诉我们一个道理，那就是要厘清和摆正继承与创新的关系。首先要科学地继承和发扬古今中外人类一切优秀文明成果，使自己先站在“巨人”的肩膀上，掌握丰富的知识和促进人类文明发展的科学技术，其次才能谈得上创新。继承与创新是相辅相成的，一个是必要的前提，一个是必然的结果，人们的努力学习和实践过程也是发展创新的过程。但仅是“述而不作，信而好古”而不思创新是不可取的。时代在发展，社会在前进，一成不变也就适应不了新形势的要求。

从以上列举的事例我们可以看出，继承可以理解为取舍，创新可以理解为扬弃。继承是对事物中合理部分的接续，创新是旧事物在一定条件下向新事物转变。继承不是照搬照抄，而是加以合理的取舍，创新不是离开传统另搞一套，而是对原有事物合理部分的发扬光大。没有继承，发展就失去了基础，没有创新，发展就失去了活力。

英国著名科学家牛顿发现了万有引力定律和运动三大定律，其科研成就令世人赞叹。有人问其原因，他是这样回答的：如果我比别人看得远些，那是因为我站在巨人们的肩上。现在我们都对这句话耳熟能详，但第一个说出这话的人，才是真正理解和实践创新的人。这句话看似有平谦之意，却充分体现了继承与创新的深刻道理。试想，若没有前辈日夜仰望星空，没有先人数十年甚至数百年如一日对运动物体的研究，恐怕牛顿也只能是遥看银河落九天。

在军事领域，军事技术每天都在发生着发展和突破，这其中，继承和发展生生不息、环环紧扣。科学技术的发展使现代冶炼技术得到了充分的应用，从冷兵器到热兵器、从机械化到信息化，技术手段不断进步也让武器装备和战争形态不断升级，对应的武器装备也历经冷兵器、热兵器、机械化武器和信息化武器等形态。但每一次“升级”，都是在保留上一个阶段功能要素——“有效消灭敌人”基础之上的“更新换代”，其本质都是利用己方武器装备毁伤敌方的武器装备，用己方最先进的武器装备最大限度地毁伤或震慑敌方，迫使敌方妥协或投降。如果武器装备的发展忽视或失去了“有效消灭敌人”这一基本功能，任何关于武器装备创新、战略战术的革新都会被当作笑话，成为后来者汲取的教训。

3. 创新之路该怎样走？

科学技术的发展展现了一个国家综合国力的现状。追求科技创新体现了民族进步之力量。创新展现给人类的是科技进步领跑的美好愿景，创新更是引领发展的第一动力。

案　例

例一：《新时代的创新之路怎么走？》[①]

中国工程院院士、华中科技大学原校长李培根曾经讲了一个乔布斯的例子：乔布斯做智能手机的时候，他公司里面有人问他，说我们是不是应该做一下市场调查？乔布斯说不用做市场调查。原因是市场上还没有这个需求，大家不知道有这个需求。这实际上就是乔布斯在创造需求。

例二：《以创新为核心竞争力　为祖国百年科技振兴而奋斗》[②]

华为创始人任正非在2016年全国科技创新大会上曾经讲过一段很有意义的话：重大创新是无人区的生存法则，没有理论突破，没有技术突破，没有大量的技术积累，是不可能产生爆发性创新的。华为正在本行业逐步攻入无人区，处在无人领航、无既定的规则、无人跟随的困境。华为跟着人跑的“机会主义”高速度，会逐步慢下来，创立引导理论的责任已经到来。

例三：跨界竞争

现在汽车行业的竞争，已经远远超出我们的认知。从我们常人的认知来看，汽车行业的竞争一般是车企行业内部之间的横向竞争，一般不会发生与垂直行业的竞争。但现在的情况完全超出了我们的想象。目前世界上汽车行业的竞争已经不再是车企与车企之间的竞争，甚至超出了传统的机械行业的界线，延伸到与信息技术、电子传感器等行业领域的跨界竞争。我们想象一下，5～10年后乃至未来20年后的汽车是什么？可以理解为有一台连接5G及以上信道的高速电脑通过自动驾驶控制系统指挥四个轮子实施万向转动？同时它还是一个移动终端或是移动办公室和会议室。越来越发展的无人驾驶技术，或将取代现在的司机，操纵着智能汽车，大大解放了人力、大大释放了劳动力。

案例评析

以上三个案例，虽然说的不是同一领域的故事，但反映出的创新思路却异曲同工。创新绝不是跟在前人后面亦步亦趋，也不是抄袭别人技术的亮点，更不是挖掘别人产品的卖点。创新者是要潜心思考、努力实践的，应该是站在前人技术进步的最前端，走别人没有走过的新路，探索一个新的未知世界。

① 澎湃新闻·澎湃号·政务，2018年6月25日，https：//www.thepaper.cn/newsDetail_forward_2217709.

② 澎湃新闻，2016年6月2日，https：//www.thepaper.cn/newsDetail_forward_1478178_1.

我们生活在一个科技革命的时代、一个创新发展的时代、一个改天换地的时代。我们正经历百年未有之大变局，也正在经历百年未有之创新大格局。从站起来到富起来，中华民族励精图治、百折不挠、战天斗地，改变了一个又一个"过去"，创造了一个又一个"今天"，成绩斐然，举世瞩目。今天，我们站在强起来的伟大征程的新起点，站在人类社会发展进步大舞台的聚光灯下，国防和军队现代化各项建设稳步推进，创新发展的迫切要求从来都没有像今天这样时不我待、催人奋进。天宫、天和、天眼、墨子号、大飞机、超级计算机、量子通信等重大科技创新实践，让我们遥看未来二十年、甚至五十年后的发展前景。

在实现中华民族伟大复兴的新征程中，我们的创新之路该如何走、怎样走才能行稳致远，才能在各个领域不断赶超世界先进水平，其中一个基本经验，就是走中国特色自主创新之路。中国在历史上从来都不缺少创新要素，中国人民从来都不缺少创新精神。走中国特色自主创新之路，可以理解为根据中国的具体国情，以提升自主创新能力作为发展科学技术的总基点，推动科技创新的跨越式发展；可以理解为以增强自主创新能力为动力，调整产业结构、转变增长方式，建设资源节约型、环境友好型社会，推动国民经济又快又好发展；可以理解为以增强自主创新能力为发展战略，坚持在借鉴的基础上自主发展，调动全民族创新活力，培养高水平创新人才，形成有利于自主创新的体制机制，大力推进理论创新、制度创新、科技创新，不断巩固和发展中国特色社会主义伟大事业。可以说，走中国特色自主创新道路，就是指我国科技事业的发展，特别是在科技发展的结构布局、战略重点和政策举措等方面，既要顺应世界科技发展的潮流，遵循科技规律，又要紧密结合国情和国家战略需求，选择顺应时代要求，符合我国实际的发展道路。

（二）如何认识中华民族的创新精神

中华文明是在世界文明史中唯一始终没有中断、连续发展5000多年至今仍保持强大生命力的文明。中华民族在漫长发展历程中形成的包容天下、海纳百川的文化氛围和文化传统，深深影响了历史上的中国和今天的中国。新时代的中国强调的以人为本、与时俱进、社会和谐、和平发展，既有中华文明的深厚根基，又体现了时代发展的进步精神。从国家和民族的视角来审视创新的话题，永远是和这个民族的生存和发展息息相关的。追求民族独立、发展和振兴，是中华民族创新精神永恒的主题、不变的精髓，它既需要一代代人为之努力拼搏，也需要一代代人为之不懈奋斗。

1. 中华民族如何追求民族独立

中华民族自古以来就以勤劳、勇敢和智慧著称于世，曾经创造出灿烂的古代文明，对世界文明发展作出过巨大贡献。近代以来，西方资本主义生产借助于科技创新和技术革命，以大机器生产为代表的产业化迅速发展起来。与之相比，中国在科技进步和创新发展领域却没有明显的进步。鸦片战争后，中国逐渐衰落，逐步沦为半殖民地半封建国家，国家层面级别的科技进步事业几乎停滞，一些技艺传承通常在民间范围流传。但是，中国人民并没有屈服，也没有消沉，不断地通过各种形式的救亡图存斗争争取民族独立和人民解放，不断地通过各种改革创新发展实现国家富强和人民幸福。一部中国近代史，也可以看作是中国人民在苦难和屈辱中奋起反抗、争取独立的历史。中国历史上的历次农民起义和近代的资产阶级革命，由于缺乏正确的领导和团结全国人民的磅礴之力，缺乏文化救国、科技救国等举措，不能团结以农民为主体的一切革命力量，难以走出困境，也难以完成革命的任务。在这个历史关头，中国人民找到了适合自己的发展方向和发展道路。十月革命的一声炮响，给中国送来了马克思列宁主义。中国共产党带领全国人民经过 28 年艰苦卓绝的斗争，夺取了新民主主义革命的胜利，建立了中华人民共和国。新中国的成立，标志着在中国大陆结束了几千年的封建剥削阶级统治，结束了中华民族被帝国主义欺凌压迫的屈辱历史，中国人民从此站立起来，成为国家、社会和自己命运的主人。民族独立和人民解放的实现，为中华民族伟大复兴创造了根本政治前提。

知识链接

新中国成立标志着什么?

我国的新民主主义革命，是中国的马克思主义政党——中国共产党领导团结各爱国民主党派和团体、坚持人民立场，反帝、反封建、反官僚资本主义的人民民主革命。新民主主义革命的目标，是无产阶级争取并牢牢掌握革命领导权，彻底完成反帝反封建的革命任务，待条件成熟后向社会主义的过渡。中华人民共和国的成立，标志着我国新民主主义革命的胜利，随着社会主义改造的基本完成，我国进入到社会主义初级阶段。

新中国成立的意义是什么?

中华人民共和国的成立，在世界发展历史上、特别是自 1840 年鸦片战争以来的历史上，具有民族独立和民族解放革命运动独树一帜的象征意义。

第一，中华人民共和国的成立，从根本上改变了中国人民的命运。中华人民共和国的成立，标志着一个新生的共和国屹立在世界舞台的东方，标志着近代以来深受苦难和压迫的中国人民从此站了起来，中国人民开始用自己的双手全面建设自己的国家，中国人民将从此走上追求幸福、追求自由、追求美好生活的社会主义康庄大道。同时，中华人民共和国的成立，也使自近代以来帝国主义列强侵略和压迫中国、欺凌和奴役中国人民的历史，宣告结束。中国人民在中国共产党的领导下从此翻身得解放，真正成为管理国家的主人，实现了人民群众社会地位的根本变化，真正在国家经济、政治、文化、社会、军事、外交等领域着手自力更生的发展建设，为自己创造幸福美好的生活。

第二，中华人民共和国的成立，从根本上改变了中国的发展方向。中国的发展方向和发展道路，本来就应该由中国人民自己做主。中华人民共和国的成立，开始了我国从新民主主义社会向社会主义社会的过渡历史进程。中国共产党人把马克思主义普遍原理与中国革命实际相结合，形成了新民主主义理论，指引中国通过新民主主义走上社会主义的发展道路。在这个历史进程中，中国人民坚持走自己的路，坚持中国认识和理解的社会主义，坚持符合中国发展的社会主义的经济和政治，坚持符合中国融入世界舞台的独立自主的外交路线。走中国特色社会主义道路，是中国共产党人对中国革命的认识，也是对中国发展的正确回答。

第三，中华人民共和国的成立，从根本上改变了中华民族的国际地位。中华人民共和国的成立，从国际意义上看实现了中华民族的独立自由，从世界民族发展意义上看实现了中华民族大家庭的团结统一，从根本上改变了近代以来中华民族的地位，中华民族由此走向发展、走向世界、走向繁荣和强盛，中华民族的发展进步从此开启了新纪元。

第四，中华人民共和国的成立，从根本上改变了世界政治格局。中华人民共和国的成立，是继"十月革命"之后又一个社会主义国家经过自己的努力奋斗获得民族独立和人民解放、实现劳动人民自己当家作主的新型国家，它打破了第二次世界大战后美苏等大国划分世界的势力范围，冲破了帝国主义的东方防线，改变了资本帝国主义侵略、压迫第三世界国家和民族的历史，深刻改变了世界政治格局，进一步证明了社会主义制度可以在一国或几个国家率先建立的马克思主义国家学说的基本观点，继承、丰富和发展了马克思列宁主义。新中国的成立，为广大第三世界国家实现民族独立和解放提供了时代条件、实践经验和实现路径，也为广大第三世界国家走独立自主的民族发展道路提供了力所能及的帮助，瓦解了帝国主义阵营，广泛团结了第三世界国家，推动和促进第三世界国家争取团结实现独立并成为一支新兴的国际力量。

2. 中华民族如何追求民族发展

中华人民共和国成立之后，中国政府和中国人民在对待如何加入新的国际体系的问题上，坚持国家利益原则，并在此基础上开展外交实践。中国共产党着眼新的国际格局，开创性地提出以和平共处五项原则为基准处理国家之间的关系，为我国稳步走进国际社会打下了良好基础。

特别是改革开放以来，中国的发展进入了一个崭新的阶段。经济特区建设带动全国的现代化建设和发展，西部大开发、振兴东北老工业基地、中部崛起等国家战略的提出和实施，全国各地区、各民族日益紧密地结成经济利益整体，中国成为世界经济社会发展的一个亮点。东西、南北的联合趋势，在深度、广度上日益加大。中华民族从来都没有像现在这样拥有紧密的经济结构、联合的生产方式，集体利益空前维护，民族关系空前团结，外向型经济空前活跃。随着中国经济走出去的步伐越来越大、越来越快，中国与世界交流的形式越来越新、范围越来越广，对内搞活与对外开放呈并行发展态势，走出去与引进来呈双向发展格局。中国打开了国门，看到了新的世界，也让世界看到了一个新的中国。中国实现了经济建设突飞猛进、政治建设与时俱进、文化建设兴旺繁荣、外交建设广交朋友，中国的"朋友圈"在进一步扩大，中国的"双循环"也在进一步巩固。“高铁”“小长假”“双十一”“网购”“云闪付”“物流”等，一个个耳目一新的名词闪亮登场，背后映射的是中国经济建设、国家发展的与时俱进和突飞猛进。过去中国人以能走到国外看一看为时髦，现在我们走出去之前已经可以平视这个世界，虽然我们也希望与国际社会合作交流，但我们不再是低头求人，也不再是看别人的脸色行事。相信经过我们的不懈努力奋斗，到21世纪中叶，中国全面建设将达到空前的发展水平，中华民族伟大复兴的中国梦将以富强民主文明和谐美丽的美好形象展现在世人面前。

知识链接

中国是一个团结统一的多民族国家①

在中国广大的土地上，居住着56个民族，它们共同组成了中华民族大家庭。在中国历史发展中，各民族共同发展了经济和文化，共同反抗阶级压迫和抵御外来侵略，为缔造和发展统一的多民族国家作出了自己的贡献。

在民族大家庭中，汉族人口最多，占全国总人口的90%以上。其他55个民族人口较少，称为少数民族。在55个少数民族中，人口在百万人以上的有18个民族，依次为壮、满、回、维吾尔、苗、彝、土家、蒙古、藏、布依、侗、瑶、朝鲜、白、哈尼、哈萨克、黎、傣族，其中壮族人口最多，有1600多万人。人口在1万人以下的有6个民族，它们是鄂伦春、独龙、塔塔尔、赫哲、高山、珞巴族（按2010年实地普查区域的人数计算）。各民族虽然人数多少不同，但都是祖国大家庭中的亲密兄弟。

中国民族的分布具有既集中又分散，大杂居、小聚居，交错分布的特点。汉族分布最广，主要集中分布在东部地区，少数民族聚居的地区主要集中在东北三省、内蒙古、新疆、西藏、云南、广西、贵州和海南等省区，占全国总面积的1/2以上。少数民族的分布具有分布广又相对集中、相对聚居又互相杂居等特点。这样的分布既有利于各民族间经济、文化上的交流，又促进相互间的往来，形成了相互依存、密不可分的关系。

《中华人民共和国宪法》第一章总纲第四条规定：中华人民共和国各民族一律平等。国家保障各少数民族的合法权利和利益，维护和发展各民族的平等、团结、互助关系。禁止对任何民族的歧视和压迫，禁止破坏民族团结和制造民族分裂的行为。

国家根据各少数民族的特点和需要，帮助各少数民族地区加速经济和文化的发展。

各少数民族聚居的地方实行区域自治，设立自治机关，行使自治权。各民族自治地区都是中华人民共和国不可分离的部分。

各民族都有使用和发展自己语言文字的自由，都有保持或者改革自己风俗习惯的自由。

① 中华人民共和国年鉴社．中国国情读本［M］．北京：新华出版社，2020：24－25.

3. 中华民族如何追求民族复兴

中华人民共和国的成立，是中国人民追求民族独立的新起点，也是中华民族经过不懈努力实现伟大复兴的新起点。坚持走中国特色社会主义道路，是中华民族实现伟大复兴的必经之路。我们说，中国梦是国家发展的梦，也是中华民族发展的梦，更是每个中国人孜孜以求的梦想，新时代青年学子应勇于责任担当。首先，要有责任意识。毛泽东在莫斯科接见中国留苏学生时曾说：世界是你们的，也是我们的，但是归根结底是你们的。你们青年人朝气蓬勃，正在兴旺时期，好像早晨八九点钟的太阳。希望寄托在你们身上。青年的责任是国家的责任、民族的责任，也是时代的责任，青年人成长成才，既是个人发展的需要、事业发展的需要，也是国家和民族发展的需要。其次，要有担当意识。一代人有一代人的奋斗，一代人有一代人的担当。青年一代是新时代的建设者，将个人理想与国家民族的伟大梦想联系在一起、同频共振，勇做走在时代前列的奋进者、开拓者、奉献者，提高全局站位、紧紧围绕中心、服务大局开好局。再次，要有担当能力。没有能力干不了事、也干不成事。能力既是个人素质的体现，也是干好工作的前提。青年一代有知识、见识广，富有活力，创新性强，具有不断学习、不断提高科学文化素质与思想道德素质的潜力，能直面各类问题、应对各种挑战、战胜各种困难，只要树立正确认识、远大抱负，就能成为有理想、有本领、有担当的时代新人，就能成为中华民族伟大复兴的建设者。

知识链接

中华民族伟大复兴的内涵、展望与动因①

中华民族伟大复兴的内涵。中华民族伟大复兴的内涵是一个内容完整、各部分地位明确的理论体系，其中，古老中华文明和中华文化是中华民族伟大复兴的根基，全体中国人民是中华民族伟大复兴的主体，中国共产党是中华民族伟大复兴的领导力量，中国特色社会主义是中华民族伟大复兴的根本道路，全面建成中国特色社会主义是中华民族伟大复兴的必由之路，迈向"大同世界"是中华民族伟大复兴的根本目标。

中华民族伟大复兴的前景展望。这一展望既要着眼于新中国成立100年前后的中国与世界面貌，还应在全面考量经济、政治、文化、社会、生态"五位一体"建设情况的同时，将对外关系的全面发展也列为重要内容，对上述六个方面将要实现的发展目标进行阐述。同时，需要对2050年中国在全球中的地位作出全景式展望，对中华民族伟大复兴的前景作出科学预测和准确判断。

中华民族伟大复兴的动因。讨论中华民族伟大复兴的动因，旨在明确中华民族伟大复兴的历史必然性，从而为复兴之路上的民族自觉、民族自信提供坚

---

① 胡鞍钢．中华民族伟大复兴的内涵、展望与动因[N]．光明日报．2013-07-10(11)．

实基础。首先，中华民族伟大复兴是十几亿中国人的共同心愿、共同创造，是历史必然，追求中华民族伟大复兴是顺时而动、顺势而为。这是中华民族伟大复兴得以实现的社会基础。其次，中华民族伟大复兴有中国共产党的坚强领导。当今中国没有其他任何一支政治力量能够比中国共产党更有能力、有条件、有资格承担起中华民族伟大复兴的“旗手”角色。党的领导是中华民族伟大复兴得以实现的组织保证。再次，中华民族伟大复兴有着古老中华文明的根基。中华文明不仅在古代造就了举世无双的大国盛世，其自强不息、厚德载物的思想精髓还将为今天的中华民族伟大复兴提供强大的精神动力。

（三）如何把握改革创新精神的实质

改革创新精神是我们在发展中国特色社会主义的伟大实践中形成的宝贵精神财富，是时代精神的集中体现。

1. 改革的实质是什么

改革通常指改变旧制度和旧事物。改革一般包括对政治、社会、文化、经济做出的改良革新，相较于革命以极端的方式推翻原有政权，以达成改变现状的目的，改革是指在现有的政治体制之内实行变革。

从方法论的角度来理解，改革也是一种创新。从社会进步的层面来理解，我们所说的改革是指社会制度的自我完善和发展，改革的实质是体制创新。改革不是根本制度的重新选择，而是政策的重新选择、体制的重新构建。具体从中国改革开放的意义来看，改革的目的是发展社会主义，扩大社会生产力，以市场调配社会资源，让市场迸发出更大的活力，这是坚持和发展社会主义。

我国实行改革开放的目的，是为了解放和发展社会生产力，推动我国社会主义制度的自我发展和自我完善，是巩固和发展社会主义制度。它不是一个阶级推翻另一个阶级意义上的革命，不是否定我们已经建立起来的社会主义基本制度，而是社会主义制度的自我发展和自我完善。

2. 改革创新的本质是什么

改革创新是我们这个时代最重要的理论发展与实践探索。

改革，最本质的要求就是创新。创新，首先是思想解放和观念革新。中华民族是具有伟大创新精神的民族，无论是历史还是当代，中国人民都以伟大创新能力著称于世。改革开放40多年来，走中国特色社会主义道路、发展社会主义市场经济本身就是创新发展的历史。“苟日新，日日新，又日新”，是对中华民族创新精神的最好写照。中国坚持实事求是的思想路线，冲破保守陈旧观念的桎梏，以大无畏的精神、以思想的解放来推动改革的突破。在此基础上，中国创造性地尝试在社会主义国家建立市场经济体制，发展中国特色社会主义市场经济体系，以经济体制的根本性创新带动各方面制度的创新；中国坚持自主创新，最大限度地弥补生产的不足和最大限度地催生生产力的发展。

改革开放是社会范围的创新，创新是改革开放的生命。一个民族的兴衰、一个国家的强弱、一个政党的成败，可以从多种原因作出解读，但归根到底，都可以从是否解放和发展了生产力，是否创造了新的科学技术、新的社会关系、新的思想理论，是否激发了广大人民的创造活力来判断。

中国在完成20世纪历史任务的基础上，要在21世纪中叶实现中华民族伟大复兴的中国梦，就不能没有理论创新，更不能停止实践创新。改革开放既是理论创新，更是实践创新。从我国改革开放40多年来取得的非凡成就来看，凡是坚持创新，凡是体现创新，凡是坚持真理、坚持发展、不惧失败，就有符合国家发展、人民需要的建设成果，也充分体现了创新的生命力。

3. 怎样把握改革创新的要求

改革创新是时代的迫切要求，也是社会发展本身的自我要求。随着我国改革开放的不断推进和发展，改革迫切需要我们立足当下、着眼未来，开创中国特色社会主义新局面、新事业，这本身就是创新对我们的要求，也是时代发展、社会发展的主旋律，这必将成为全社会的共识，成为时代的最强音。改革开放的每一重大步伐，都离不开改革创新精神的指引和激励。坚持改革开放、践行实事求是，就必须秉承改革创新精神。

改革创新精神应用于指导思想领域，就是以实事求是的态度科学地总结经验和教训，推进了马克思主义中国化理论创新，不断丰富中国共产党的思想理论宝库。中国共产党百年发展历程，始终重视时代精神的作用。革命、建设和改革的过程，实际就是将时代精神不断挖掘、总结、培育和弘扬的过程。改革开放以来，时代精神也随之发生变化，而改革创新精神则成为其中最核心最突出的主题。以改革创新为核心的时代精神与马克思主义指导思想、中国特色社会主义共同理想、以爱国主义为核心的民族精神和社会主义荣辱观，共同构成了具有导向、凝聚、规范功能的社会主义核心价值体系。

自觉将改革创新精神应用于社会发展领域，就必须全面把握和体现创新理念，自觉把创新摆在国家发展全局的核心位置来考虑，不断推进理论创新、制度创新、科技创新、文化创新，让创新贯穿全社会、全领域、全行业，使之成为一种社会时尚。以创新为发展基点和起点，构建创新型发展体制，塑造更多依靠创新驱动、更多发挥先发优势的引领型发展。进一步培育创新动力，激发创新创业活力，推动大众创业、万众创新，解放新需求，创造新机会，推动新技术、新产业、新业态发展的新空间；进一步推进创新驱动发展，发挥技术进步在全面创新中的牵引作用；进一步推进第一产业、第二产业等行业的现代化发展，创新产业体系，推进制造强国建设；进一步推进发展新体制，形成有利于创新发展的技术环境、市场环境、资本环境、人力资源环境建设。

改革开放是我国社会主义制度的自我完善，是以经济体制创新为龙头的全面创新，是中国在新时代的一场新的革命，是当代中国最鲜明的特色。因此，改革创新精神也毫无疑问成为时代精神的核心，时刻统领时代精神的其他内容。以改革创新为核心的时代精神，既是这一时代中国鲜明的重要标志，也是未来中国不断发展的根本动力。

进一步坚持和发扬以改革创新为核心的时代精神，既是推进中国特色社会主义现代化建设的根本需要，也是促进社会全面发展的必然需要，更是实现中华民族伟大复兴的时代需要。

二、为什么要发扬改革创新精神

以改革创新为核心的时代精神是中国特色社会主义现代化建设、中华民族团结统一的精神纽带，是中华民族伟大复兴的强大动力。改革开放以来，中国人民对创新发展的理论认识进一步提高，实践创新能力进一步提升，坚持党的领导，立足新的时代条件，使民族精神激发出新的时代内涵，形成了以改革创新为核心的时代精神。改革创新精神是中国人民在改革开放的伟大实践中体现出来的崭新精神风貌和高尚精神品格，是建设新时代中国特色社会主义、实现中国梦、强军梦的强大精神动力。

（一）过去，改革创新给我们哪些启示

世上本没有路，走的人多了，便有了路。中国在改革创新的伟大实践中，坚持以经济建设为中心，坚持改革开放，坚持社会主义，坚持党的领导，坚持发展是硬道理，与时俱进，攻坚克难，走出一条通向成功的发展创新之路。

1. 中国改革创新取得了哪些成就

中国坚持走社会主义道路，不断探索，不断创新，取得了一系列骄人的成绩。

第一，经济快速发展。中国经济发展得益于新中国成立到1979年这30年间打下厚实的工业基础、夯实固本的农业基础。没有这30年基础建设，也不可能有新时期改革开放的水到渠成。改革开放之初，乡镇企业作为一支新生的工业力量在全国范围内异军突起，得益于前30年的“初级”的基础建设。在发展形势一旦成熟起来时便迸发出强大生产力。农村家庭联产承包责任制的出台和推广，不是一种强制性政策，而是积蓄巨大改革动力的农民的一种“革命自觉”。在此基础上，与工业化、农业机械化、商品市场化相对应的制度变革发挥了巨大潜力，推动社会发展向更有利于生产、流通、消费、投资的方向进发。农村土地制度、户籍制度、乡镇企业发展、城市国有企业、外商投资、金融服务、科技管理体制、经济特区等相关制度改革一项一项推开，社会主义与市场经济、政府与市场、国家与民众之间的关系日渐理顺，全面调动了生产者积极性，激发了经济活力，从计划经济到市场经济的华丽转身，中国经济发展创造了世界奇迹。

第二，治理平稳有序。改革开放以来，中国的社会治理有一个从单纯的传统管理模式向现代公共服务型治理的服务转变。社会主义市场经济体制坚持以市场为导向，这就必然带来了对国家的政府管理体制、传统管理理念、社会管理能力的改革。中国特色的社会治理不但适合改革开放对经济政治建设的要求，也满足人民日益增长的幸福生活的要求，在运行过程中对经济体制改革、对扩大社会流动性、对科技互联网技术的发展、对社会组织机构发展等都提出了新的要求，在这一过程中促进了党的自身建设、推进了政府职能转变、强化了城乡基层政权建设，体现了中国渐进式改革开放的基本特色。

第三，城乡协调发展。加强东部发达地区对西部地区的支持，实现了东、中、西

部协调发展，是中国社会主义现代化建设的重要目标之一。改革开放之初，我国还是以农村人口为主，占总人口的80%，很多地方还不通路、不通电，是一个典型的农业国。经过西部大开发、振兴东北老工业基地、中部地区自主崛起等政策措施，并逐步在改革户籍制度、改革土地制度、调整城市单位体制、开辟经济特区、进一步扩大沿海沿江开放城市等方面大力作为，大批闲置劳动力从原有的生产关系中解放出来，大量的农民工到大中型城市开拓新的就业门路，也改变了全社会的就业思路，劳动和社会人口的流动性大大增加，社会城市化趋势发展迅猛，社会生产力得到充分的解放。

第四，社会平稳进步。改革开放让中国尝试了社会发展的适合路径，在探索适合中国发展道路的同时，中国从实现人的全面发展的要求出发，实现了全面建成小康社会的崭新目标。不断在经济领域、政治建设、社会发展、生态文明建设的发展，改善了民生，广大民众增加了收入，全社会的获得感、幸福感得到了最大体现，人民群众对美好新生活的向往由希望变成了现实，生活富裕、家庭幸福、社会文明，在保持现有发展基础的同时还展望未来20年到50年的发展目标，应该说这是中国实行改革开放以来取得最大的成就。

案例

逐梦九天　展大国风范①

2021年6月17日，神舟十二号载人飞船成功发射升空，与天和核心舱实现自主快速交会对接，3名中国航天员进入天和核心舱。"这是一个伟大的时刻""展示了中国在太空领域不断增长的信心和能力""中国空间站将成为国际太空合作的重要平台"……国际社会热情点赞中国在太空探索领域取得的新成就，对与中国开展航天科技合作充满期待。

中国载人航天进入空间站阶段的首次载人飞行任务具有里程碑式意义，不仅在人类攀登科技高峰的征程中再次刷新了中国高度，也把中华民族非凡的创造力再次刻在了人类文明发展的光辉史册上。中国航天事业取得的新成就，将为人类探索太空创造新的机遇。连日来，外国航天机构、专家等纷纷表示，中国的发射任务"承载着人类的历史使命""中国航天事业的成功为人类了解周围世界、宇宙乃至人类本身作出了贡献"。

遨游浩瀚，逐梦九天。从"东方红一号"到"神舟"，从"嫦娥""玉兔"到"天宫""天问"，遥远星空不仅寄托着中国人民千百年来探索宇宙的美好梦想，也镌刻下中国不畏艰难、追求科技创新的铿锵步伐。1992年，党中央作出实施载人航天工程"三步走"发展战略；2003年，中国第一艘载人飞船发射成功；过去半年多，中国实现探测器带回月球样本、火星车成功驶上火星表面、航天员进驻中国空间站。国际社会惊叹，中国正在加速迈向航天强国。

① 和音．逐梦九天　展大国风范［N］．人民日报，2021-06-21（03）．

案例评析

中国载人航天事业的成就，充分展示了伟大的中国道路、中国精神、中国力量，坚定了全国各族人民实现中华民族伟大复兴的中国梦的决心和信心。“自立自强 创新超越”，神舟十二号载人飞船发射瞬间，写在酒泉卫星发射中心的这八个字格外醒目。它昭示着中国载人航天事业的精神内涵，也彰显出中国实现跨越式发展的内在逻辑。没有任何困难和挑战能够阻挡中国载人航天事业实现一次又一次突破，中国建设科技强国、实现高水平科技自立自强的步伐不可阻挡，中国人民迈向现代化的历史进程同样不可阻挡。

2. 中国改革创新为什么能取得这些成就

方向走对了，步子迈开了，坚持不懈地走下去，取得成绩是预料之中的事。

第一，坚持以人民为中心的理念，是中国改革创新的原生动力。有了这个原生动力，就能做到解放思想，就能坚持实事求是，就能做到与时俱进，就能实现求真务实，就能始终保持奋发有为的精神状态，摒弃一切不合时宜的旧认识、旧观念、旧做法、旧体制，摆脱一切束缚，下大力气推进改革。从这个意义上来说，坚持创新，就把准了技术进步、社会进步、民族进步的脉搏，也找到了社会发展的最强动力。

第二，坚持推进社会不断进步，是中国改革创新的又一力量源泉。社会进步的内涵是要求经济、政治、文化、生态文明建设同时推进、共同发展，共建高质量发展、共创高水平未来。中国坚持改革创新并把它作为一种与时代发展相协调的动力来看，是中国人民对时代的正确理解、对发展的正确理解、对未来的正确理解，也是由此迸发强大社会活力的生动实践。这种以改革创新时代精神为核心的创造性、主动性实践，反映人心所向、反映社会进步的前进方向、反映时代潮流，是当今中国社会精神风貌、精神气质和社会风尚的集中体现。

第三，坚持推进党的领导与时俱进，是中国努力实现改革创新的根本保证。改革创新是一场技术革命、生产革命、体制革命、社会革命，改革创新必须确保坚定正确的政治方向，必须有利于社会主义经济建设、民生建设、社会稳定，这就需要坚持党的领导。从这个意义上说，改革创新要求党的领导必须关注新的社会环境、国际环境和自身建设环境，必须提高自身的建设科学化水平，始终保持与人民群众的血肉联系，不断巩固执政之基。我们党成立一百年来顺应时代发展，经历了不断改革与创新，实现了党的指导思想的与时俱进，十九大提出建设富强、民主、文明、和谐、美丽的社会主义现代化强国的奋斗目标就是顺应新时代发展要求的新的目标，这也清楚地指明了党领导人民努力实现中华民族伟大复兴中国梦的前进方向。

3. 中国改革创新取得成就的基本经验是什么

走中国特色社会主义道路，没有前人的基本经验，也没有别人走过的路可寻，只有靠我们自己不断探索。事实上即使别人有成功经验我们也不能照搬照抄，不能采取“拿来主义”生搬硬套别人的东西，不经自己消化处理的外来经验犹如夹生饭难以吸收。走中国特色社会主义道路，最核心是就是要坚持党的领导，坚持实事求是，以人民为中心，坚持解放思想，改革开放，不走封闭僵化的老路、也不走改旗易帜的邪路，坚持以经济建设为中心，解放和发展生产力。

一是要在坚持解放思想的前提下继续推进理论创新。解放思想就是要顺应时代发展的要求，不墨守成规，推陈出新，只要是满足人民对美好生活向往的需要就是我们改革必须坚持的方向。改革开放以来，我们党创造性地提出了社会主义市场经济理论及其政策体系，解决了过去我们不敢想、不敢做、不会做的问题，实现了实践探索前进一步，理论创新就跟进一步。

二是要在坚持走社会主义道路的基础上把定市场经济改革方向不动摇。让市场作为资源配置手段，是建立社会主义市场经济体制的一个重要原则，这是我们把对市场经济认识运用到社会主义经济建设上来的一个成功范例，也是我们在经济体制改革中的与时俱进。改革开放 40 多年的成功经验，最体现创新性的，就是把定市场化这一改革方向。社会主义市场经济体制的建立，没有受制于西方市场经济形式的约束，坚持中国特色、中国方案，坚持以公有制为基础，多种经济形式并存和相互支持，使社会生产的活力极大迸发，劳动生产率得到极大提高。

拓展阅读

读懂创新的五大关键词——从全国两会看科技自立自强①

关键词一：基础研究

基础研究是科技创新的源头。

"我们要实现科技自立自强，基础创新能力就要过硬。"今年全国两会"部长通道"上，科技部部长王志刚表达了对基础研究的重视和关切。

困扰中国科技发展的"卡脖子"之痛，根在基础。中国工程院院士、哈尔滨工业大学校长周玉代表指出："当前我国面临一些'卡脖子'难题，其深层次原因在于基础不牢"。

"制定实施基础研究十年行动方案""重点布局一批基础学科研究中心"……规划纲要草案打出了强化基础研究的创新组合拳。

"基础研究是科研的总开关，迈向高质量发展必须打牢基础。"中国东北振兴研究院院长赵继委员表示，做强基础研究才能将技术和发展的主动权牢牢掌握在自己手里。

"这些政策有的放矢，含金量高。"周玉说，只有从国家和社会发展需求中发现重大科学问题，加强基础研究，才能为创新提供源源不断的源头活水。

关键词二：战略科技力量

政府工作报告和规划纲要草案中，都提到了"强化国家战略科技力量"。

5G 遇上北斗，会碰撞出怎样的火花？两会上，中国移动浙江公司董事长郑杰代表

① 中国政府网，http://www.gov.cn/xinwen/2021-03/10/content_5591881.htm.

向人们描绘了这样一幅图景：当5G与北斗融合，将形成一个从天上到地下全范围覆盖的信息服务网络，构建高精度、高可靠、高安全的新一代信息时空体系，持续释放科技创新带来的发展动力……

“国家战略科技力量代表了国家科技创新的最高水平，对解决制约国家发展和安全的‘卡脖子’难题，掌握创新主动权、发展主动权至关重要。”北京国际城市发展研究院院长连玉明委员说。

中国航天科工二院25所毫米波国家级重点实验室主任董胜波委员认为，我们应坚定不移走自主创新之路，围绕产业链布局创新链，统筹上下游创新主体联合承担国家重大科技项目，形成创新合力。

关键词三：人才创新活力

规划纲要草案鲜明地将人才定位为“第一资源”，强调要“激发人才创新活力”。受制于压任务、定指标、求数量等一些科研评价倾向，不少科技人员表示“压力山大”。

“这种算工分式的做法，会让一些科研人员急功近利。”中国科学院院士袁亚湘委员说。在袁亚湘看来，应取缔不合理的评价指标，破除不利于科研人员健康成长的“藩篱”，让他们安心、潜心、舒心研究。

坚持问题导向，规划纲要草案提出全方位为科研人员松绑，拓展科研管理“绿色通道”，这些暖心的政策令来自科技领域的代表委员们非常振奋。

“创新正从单点突破走向融合发展。”全国人大代表司富春说，“期待这些政策尽快落地生根，让广大科研人员更有获得感，推动创新链产业链上下游共同进步。”

关键词四：揭榜挂帅

政府工作报告提出，2021年要改革科技重大专项实施方式，推广“揭榜挂帅”等机制。规划纲要草案就“深化科技管理体制改革”提出实行“揭榜挂帅”“赛马”等制度。

“英雄不论出处，能者尽展其才。”联泓新科董事长郑月明代表认为，“揭榜挂帅”等机制的实施，能让企业和更多创新主体在国家重大科技创新项目中占有一席之地，形成“万类霜天竞自由”的良好局面。

“‘揭榜挂帅’就是要让能者上、让有为者上。”联想集团董事长兼CEO杨元庆代表认为，科技创新要“顶天立地”，“顶天”就是要有先进的原创科研成果，“立地”就是要让科研成果走出实验室，从科学技术到管理模式全方位创新。

关键词五：企业创新主体

面对新一轮科技革命浪潮，如果仅靠“一招鲜”，很难“吃遍天”。政府工作报告提出，强化企业创新主体地位，鼓励领军企业组建创新联合体。

“组建创新联合体开展联合攻关，是实现科技自立自强的重要途径，五指并拢成一个拳头打出去才有力。”赵继委员建议，由龙头企业当盟主，各相关企业、科研单位及投资机构共同参与，研发关键共性和前沿核心技术。

（二）现在，改革创新让我们有哪些收益

中国在变，越变越好。中国改革开放所取得的成就堪称“人类历史上最辉煌的转变”。在西方国家变得越来越因循守旧、贸易保护主义甚嚣尘上的国际大背景下，中国

继续深化改革开放，这对于中国自身发展和世界发展，都具有积极的意义。

1. 明确改革创新实现的目标是什么

经济保持持续发展。我国经济建设经过了40多年的高速发展，积累了持续稳定发展、高质量发展的雄厚基础，同时也预留了持续健康稳定发展的上升空间，转变发展方式、优化经济结构、转换增长动力已提到经济保持持续发展的议事日程，我们从粗放型发展中收获的经验，奠定了今后集约高效高质量发展的基础，这既是经济发展本身的客观需求，也是我们对经济发展认识提高到一个新水平的必然结果。

民主政治深入人心。改革创新越追求质量，与之相适应的民主政治建设就越接近人民群众。着眼人民群众的需要、反映人民群众的呼声，体现了改革创新的时代要求。人民参与国家治国理政，既是民主政治建设的应有之义，也是在新时代人民群众的政治参与性、社会治理参与性的集中体现。

文化建设彰显大国魅力。在改革创新中发展是中国特色社会主义文化建设的一个突出亮点。中国特色社会主义文化的历史脉络，可以追溯自中华文化五千多年的文明历史，它是中华优秀传统文化的宝贵遗产，是党领导人民在革命、建设、改革中创造的革命文化的新生，是社会主义先进文化的发扬光大，它的全部实践来源基于中国特色社会主义伟大实践。中国先进文化的发展方向，就是要面向现代化、面向世界、面向未来，有中国特色，彰显中国文化魅力。

社会治理平稳有序。创造新时代条件下幸福美好的生活，就要更加尊重人民群众，尊重人民群众的首创精神，尊重人民群众的获得利益的权利。只有社会分配科学合理，把人民利益视为最高利益，社会秩序才能有章可循、社会治理才能平稳有序。在社会治理上坚持改革创新，就要让改革发展成果更多更公平惠及全体人民，实现全体人民共同富裕。

生态建设社会共识。人与自然和谐发展是自然规律，也是社会发展规律。懂得尊重自然、敬畏自然、保护自然，才是社会健康发展、高质量发展的本意。在创造更多的物质财富的同时，也不能忘记或忽视生态环境建设持续跟进，破坏了持续发展的生态环境，经济发展就违背了其本意，也违背了人民健康生活的本意。回归自然，不是返回原始，而是回归尊重自然规律，在经济发展的同时让我们的生活环境保持应有的和谐和美丽。

2. 明确改革创新努力的方向是什么

一是探索中国特色自主创新道路。中国在理论创新和科技创新的道路上没有现成的样板可以照搬照抄，也没有任何捷径可走，特别是关键领域涉及国家发展关键方面，等不来、要不来，只能依靠自己。因此，走中国特色自主创新道路，绝不是一句高调口号，而是实实在在的超越自我、发展自己。改革开放40多年来，中国的发展过程也是一个自我创新的过程，这个过程包括理论创新、技术创新、生产创新、社会创新，中国人在自己的土地上、事业中书写了最完善的创新答卷，在工业化、信息化、城市化的道路上，提出一个个设想、克服一个个困难、攻克一道道难关、取得一项项成绩，所有这些，都源于我们把自主创新作为科技发展的战略基点，这是一条艰辛的探索之路，也是一条成功发展之路，中国制造和中国创造之所以能平视天下、俯视天下，就是因为我们坚持走自主创新之路，不受制于人，不被别人“卡脖子”，而又能广泛吸收人类文明一切优秀成果，在开放合作中提升我国科技水平、创新水平。

二是提高社会生产力和综合国力。中国庞大的社会生产力和坚实的综合国力，不是仅仅增加量的积累，而是在科技进步的基础上的累累硕果。当然，中国的社会生产能力也源于中国庞大的生产市场和消费市场。生产和消费都很庞大，必须催生社会生产力迅猛发展。农业发展解决的是吃饭问题，工业发展解决的是生产基础问题，贸易的发展解决的是资源和需求交换的问题，诸类如此需求，充分激发全社会的创新创造活力，极大地促进中国特色新型工业化、信息化、城镇化、农业现代化同步发展，我们在追求客观需求的同时，又兼顾主观向好的问题，从而使创新发展成为中国特色的一大亮点。

三是加快建设国家创新体系。在解决现实问题的过程中认识到国家创新体系建设的重要性，是我国一边搞基本建设、一边追求高质量发展的典型案例。“两条腿走路”的模式并不是走一步看一步，而是在充分积累、充分反思基础上的“向前看”。建设国家创新体系，就是形成一个有技术创新、有服务创新、有引导创新、有发展创新的全方位建设格局，人人参与的创新体系是一个生动活泼的建设格局，它正在形成从“需要创新”到“我要创新”的蓬勃局面。

3. 明确改革创新发展的动力是什么

第一，社会基本矛盾是社会发展的根本动力，也是促进改革创新发展的力量源泉。1957 年毛泽东同志在《关于正确处理人民内部矛盾的问题》一文中，对社会基本矛盾已经有一个清醒的、科学的认识：“在社会主义社会中，基本的矛盾仍然是生产关系和生产力之间的矛盾，上层建筑和经济基础之间的矛盾。”人民群众的生活需求永远都是社会生产的直接目的，满足人民群众对美好生活的需要则是扩大社会生产的正当理由。只要物质生产还不能充分满足人民群众的需要，改革创新一定是常议常新的不变话题。

第二，民族精神和时代精神为改革创新提供强大精神动力。民族在进步，时代在发展。中华民族在发展进步的历史进程中，始终秉持创新发展。类似于中国古代的四大发明等一系列思想创新、理论创新和技术进步，不仅仅反映了在实际生产和劳动中解决必须有的技能问题，更富意义的则是体现劳动人民改造自然、征服自然的勇气、能力、决心和意志，体现了以爱国主义为核心的民族精神和以改革创新为核心的时代精神。这种民族精神和时代精神，支撑中华民族一代代人的生存和发展，推动中华民族走向富强、走向兴旺。

第三，科学技术的发展成为改革创新的有力杠杆。科学技术的发展源于人们对生产劳动的技术探索，这反过来又促进和推动生产更加便利化、人性化。手工机械是最原始的技术革命，到了蒸汽机的发明和使用，人们开始看到科技革命极大地推动生产力发展的成果，从此之后人类便再也没有停止过技术革新、改革创新的步伐，同时也无时无刻不在进一步利用技术创新来为生产劳动服务。这种不断进步和依次递进，伴随着改革创新，人类从第一次工业革命、第二次工业革命、第三次科技革命一路步入信息时代。

（三）未来，改革创新对我们提出哪些要求

人类生产和劳动的步伐不断前进使我们越来越离不开技术进步、离不开改革创新，这种客观与主观并行的要求已经成为我们的自觉，成为我们生活的一部分。

1. 怎样认识改革创新是推动人类社会发展的第一动力

生产劳动和社会实践是人类社会向前发展的不竭动力，与之相伴的改革创新将人类社会实践推向一个新的更高的领域。《淮南子》中提道：苟利于民，不必法古；苟周于事，不必循旧。两千多年前的古人都懂得朴素的创新道理，不拘泥于习俗，不受制于传统，不必效法古代规定，只要能够促进生产，让老百姓获益，就可以因地制宜、推陈出新。习近平总书记在中共十八届四中全会第二次全体会议上曾引用这句话，既针对加快建设社会主义法治国家的会议主题，也为我们深刻认识改革创新对于推动人类社会发展所起到的根本性作用提供了思想引领。

知识链接

爱迪生发明电灯的启示

发明电灯泡的世界著名发明家、物理学家、企业家托马斯·阿尔瓦·爱迪生，是一个勇于创新、善于创新的人。他一生众多的发明创造为人类科技进步事业作出了巨大贡献。当年，为了寻找一种合适的材料作灯丝，他与实验室的同事们反复进行了几千次尝试。从金、铂等贵金属到竹纤维等植物，他不断去尝试，试用了 1600 多种耐热材料，反复尝试了 2000 多次，但都没有找到自然界普遍存在、经济适用、物美价廉的材料，这等于说他最初的设想都失败了。对于上千次失败，对于普通人来说，可能早就放弃或转行了，但是他却没有，而是继续尝试并坚信一定能找到一种最适合做灯丝的材料。经过不断的尝试、不懈的努力，他最后确定了钨是最符合要求的材料，这就回答了他最初的提问，也回报了他几千次实验的结果。可以说，他的成功，不仅仅是他个人的成功、团队的成功，更是人类科技进步的成功、人类创新革命的成功。

2. 怎样理解创新能力是当今国际竞争优势的集中体现

当今世界，日趋激烈的国际竞争越来越表现为科技实力和创新能力的竞争。

总体来看，二战结束以来，世界许多国家都在利用各自的优势争取在不对称竞争中赢得先机，不断填补科技领域和创新领域的空白，在工业化和现代化的发展道路上进行内容不同、形式各异的探索。这些现象表面看属于国家间的科技力量竞争，但客观上也的确推进了世界科技、信息技术、资源利用等领域的创新发展。主要发达国家重点瞄准科技创新领域，集中了人才优势、技术优势、市场优势，特别是垄断资本优势，在科技竞争中领先一步、独占鳌头，不但自己领头跑，还通过类似于滥用知识产权保护等手段限制其他国家跟跑，控制其他国家参与竞争的节奏，牢牢把握世界科技创新的制高点；而发展中国家由于错失打捞科技创新第一桶金的机会，在相当长的时间内只能跟在发达国家后面捡漏，艰难地在夹缝中生存。竞争机制一旦被发达国家抢先控制，发展中国家想异军突起则需要通过加倍的努力、付出成倍的代价。从目前的国际技术创新和竞争市场行情来看，事关技术突发优势的、事关行业技术垄断领域的、事关尖端科技领域的、事关新材料新体系领域的、事关国家安全领域的竞争，都是你死我活的竞争，毫不相让、寸土必争。所以说，事关国家发展的真正核心技术是租不来的、借不来的、买不来的。因此，我们在21世纪中叶实现中华民族伟大复兴的中国梦，只有靠我们自己努力，建立国家自主创新体系，实现产业技术的跨越式发展。

具体来说，技术创新带动产业发展和行业发展，推动其他领域并行相随，形成技术带动产业、创新驱动发展的良性有序的发展局面。在这种情形下，生产的成本降低了，可以相对增强产品的市场竞争力；产品的技术指标更加科学化、合理化、人性化，赋予产品更多的亲和力以及延伸带来的社会购买力；社会供给的品种更多更新更加生活化，在满足不同群体、不同类型消费需求的同时，无形中放大了市场规模；生产和消费的梯次循环助推创新型人才辈出，人力资源竞争条件日趋成熟；新材料、新能源导致新设备、新体系升级换代，工业体系建设的现代化使制造业竞争力走向国家竞争的前台；服务行业与之如影随形，可以说技术创新走到什么地步服务行业就配套到什么程度，社会一体化就此不断完善。

3. 怎样把握改革创新是我国赢得未来的必然要求

这个命题最关键的要素是赢得未来。未来有什么要求，改革创新就去争取、去赢得什么条件。就我国目前来说，当前目标和远景目标都明确在列，怎么做就是一个能动发挥的问题了。按照已有的套路按部就班肯定不行，直接拿来主义显然更行不通，没有捷径可走，只能在现在的成就之上、按照既定的目标，继续努力、奋勇前进。就科技创新这个领域来说，根据我们国家的实际现状，如果能获得外援当然更好，但我们不能把希望寄托在外援上，最根本的还是要立足自主创新，把自主创新确立为我国的发展战略根本，在此基础上解决与创新发展不相符的、不一致的、相互掣肘的体制问题和机制问题，最大限度地解放和激发科技这个第一生产力，在科技引领的基础上发展产业助推、经济领跑、国家富强的发展逻辑，让改革创新进一步释放能量，让一切创新源泉充分涌流。只要我们形成了大胆创新、勇于创新、包容创新的社会共识并努力为之奋斗，我国经济社会发展必将提高一个发展水平。

拓展阅读

让创新之火在战位燃烧[①]

在中国科学院第二十次院士大会、中国工程院第十五次院士大会、中国科协第十次全国代表大会上，习近平总书记强调指出，“我国要实现高水平科技自立自强，归根结底要靠高水平创新人才”，明确要求“培养更多高素质技术技能人才、能工巧匠、大

① 樊伟伟．让创新之火在战位燃烧［EB/OL］．（2021－06－22）．http：//www.81.cn/ll/2021－06/22/content_10051347.htm.

国工匠"。

天下之事，非新无以为进。创新是社会进步的阶梯、撬动未来的杠杆，抓创新就是抓发展，谋创新就是谋未来。置身百舸争流的时代、千帆竞渡的当口，我们只有着眼长远、立足本职，转变观念思创新，盯着问题谋创新，扛起责任务创新，才能始终站上时代潮头、把握竞争主动，创造出一个又一个新的奇迹。

创新是一个国家发展进步的灵魂，也是一个军队发展进步的灵魂。克劳塞维茨说过，"战争是最少保守的领域"。军事领域是竞争和对抗最为激烈的领域，也是最具创新活力、最需创新精神的领域。当前，世界新军事革命浪潮风起云涌，谁主动创新、善于创新，谁就能抢占未来战争的制胜先机，赢得最终胜利；谁思想保守、故步自封，谁就会在竞争中错失宝贵机遇，陷入战略被动。这就要求我们要有逢山开路、遇水架桥的意志，有敢为人先、勇于冒尖的锐气，有探索真知、求真务实的态度，紧跟强敌对手之变、战争形态之变、科技发展之变，谋制胜之道，砺打赢之技，研创新之法，用新的理念、新的视野、新的方法、新的标准推进军事斗争准备和部队各项建设。

"致天下之治者在人才。"人才从来都是创新活动中最活跃、最积极、最关键的因素。广大官兵身处练兵备战第一线、转型建设链条最末端，最了解部队建设中的堵点淤点，最清楚备战打仗中的难点弱点。创新的活力在基层，创新的源头在官兵，一个单位就是一个创新团队，一项攻关就是一次创新实践。建设创新型人民军队是开拓性、实践性很强的事业，广大官兵肩负重要职责，理应主动贡献智慧、汇聚力量，自觉在强军号角催征中保持冲锋姿态，在改革创新创造中抢占制胜先机，做到打赢需求在哪里，创新的突破口就选在哪里，练兵备战最需要什么，创新就重点关注什么，什么在实战中最管用，就主动创新什么，真正让创新成为官兵心头的烽火、逐梦的奔跑。

创新如同登山，无限风光在险峰。想领略"会当凌绝顶，一览众山小"的美景，离不开专心致志、孜孜不倦的埋头钻研，离不开不惧道阻且长、不怕冒险登攀的拼搏攻坚。每名官兵都应主动自我加压、积极创新创造，既坚决破除因循守旧的思维定式、摒弃经验主导的路径依赖、摆脱自我循环的固有模式，又突出换脑筋、转观念、闯新路，把联合制胜、体系建设、集约高效、融合发展等思维理念牢固立起来；既多读马克思主义经典军事著作、多研究古今中外战史战例，又紧跟科技创新步伐，系统学习掌握最新军事指导理论和现代军事科技知识，不断提高科技认知力和运用力，厚植开展创新的素质根基；既多研究大数据、云计算、物联网、智能化等决胜未来的前沿技术，又注重紧贴岗位开展小发明、小革新、小创造，推进全方位、宽领域、深层次的探究攻关，努力在创新实践中积累经验，在破解难题中提升能力。

"苟日新，日日新，又日新。"创新是一场没有终点的赛跑，过程必定曲折向前、充满坎坷，决不会一路坦途、一蹴而就。恩格斯说："当技术革命的浪潮正在四周汹涌澎湃的时候……我们需要更新、更勇敢的头脑。"作为新时代革命军人，尤须把谋划创新、推动创新、落实创新作为自觉行动和不懈追求，以更加开放的思维、开放的视野、开放的心态，大兴务实之风，高扬创新之帆，把创新之火燃烧在战位，使创新智慧、创新活力在强军实践中充分涌流、竞相迸发，用创新成果点亮强军之路。

三、新时代如何做改革创新主力军

服务社会、服务国家的创新创造不限年龄、不论群体，但青年时期是创新创造的黄金时期。新时代军校学员是青年一代的佼佼者，应自觉置身于强军兴军的宏伟战略、实现中华民族伟大复兴的时代洪流之中，当以新时代使命任务为己任，把握时代脉搏，迎接时代挑战，增强创新创造的能力和本领，勇做改革创新的实践者，将弘扬改革创新精神贯穿于实践中、体现在行动上。

（一）改革创新要求我们想什么

作为新时代的军校学员，面临时代的呼唤、使命的召唤，置身于实现国防和军队现代化、建设世界一流军队的时代大考，直接参与军队改革，就必须勇立时代潮头，着眼未来大局，树立起为战、能战、善战的成才导向，为国防和军队现代化建设、建设富强民主文明和谐美丽的社会主义现代化强国而努力。

首先，站在时代的高度。军校学子，当为时代先锋。时代发展给我们创造机会，让我们融入其中，我们不能置身事外，而应直接投身改革创新的伟大社会实践中去。今天的中国，正朝着实现中华民族伟大复兴的宏伟目标迈进，需要全体人民共同为之努力奋斗，青年一代首当其冲。青年最有希望，青年最有抱负，青年最有未来，广大青年是改革创新的主体，是国防和军队现代化建设主力军。今天，建设世界一流军队的神圣使命已经历史地落到当代军校大学生的肩上。

其次，站在国家的高度。改革开放 40 多年来，我们一步步确立发展目标，一步步实现发展目标，每一个阶段性目标都是在原有基础上的创新发展。如：从解决温饱到实现总体小康，从总体小康到全面小康，这是在极为有限的时间里，干了过去难以想象的事情，干了别人难以想象的事情。国防和军队建设也是一样，我们从建设机械化、实现机械化向建设信息化、向带有智能化特点的方向迈进，一直在创新，一直在发展，一直在进步。可以说没有理论创新、思想创新、体制创新、机制创新、技术创新和社会创新，就不可能取得举世瞩目的成绩，也不可能赢得国际社会和世界各国的尊重。因此只有站在国家发展的高度才能正确理解青年一代在实现国富民强的实践中所承担的历史责任。

第三，站在军队建设的高度。中国特色社会主义进入新时代，国防和军队建设也步入新的发展阶段。建设与我国国际地位相称、与我国发展相适应的强大军队和巩固国防，我们肩上的责任重大、使命光荣。新时代军校学员要着眼于自身的全面发展，坚持以习近平强军思想为指引，切实提高政治感悟性和政策理解力，加强科学知识、科学方法、科学思想、科学精神的学习和体会，树立正确的世界观、人生观和价值观；坚持和弘扬爱国主义，坚决抵制各种拜金主义、享乐主义、极端利己主义思想；不断提高自己，学思想、学理论、学知识、学军事、学技术，夯实基本功，瞄准新方向，知行统一、脚踏实地，为强军事业贡献智慧和力量。

（二）改革创新要求我们学什么

今天，我们比历史上任何时期都更接近中华民族伟大复兴的目标，比历史上任何时期都更有信心、有能力实现这个目标。而要实现这个目标，我们就必须坚定不移贯彻科教兴国战略和创新驱动发展战略，坚定不移走科技强国之路。

科技兴则民族兴，科技强则国家强。实现“两个一百年”奋斗目标，实现中华民族伟大复兴的中国梦，必须坚持走中国特色自主创新道路，面向世界科技前沿、面向经济主战场、面向国家重大需求，加快各领域科技创新，掌握全球科技竞争先机。

成为世界科技强国，成为世界主要科学中心和创新高地，必须拥有一批世界一流科研机构、研究型大学、创新型企业，能够持续涌现一批重大原创性科学成果。科学技术是人类的伟大创造性活动。一切科技创新活动都是人做出来的。我国要建设世界科技强国，关键是要建设一支规模宏大、结构合理、素质优良的创新人才队伍，激发各类人才创新活力和潜力。要极大调动和充分尊重广大科技人员的创造精神，激励他们争当创新的推动者和实践者，使谋划创新、推动创新、落实创新成为自觉行动。

实践告诉我们，伟大事业都基于创新。创新决定未来。建设世界科技强国，不是一片坦途，唯有创新才能抢占先机。我们要深刻把握世界科技发展大势，弘扬科学精神，瞄准战略性、基础性、前沿性领域，坚持补齐短板、跟踪发展、超前布局同步推进，努力实现关键核心技术重大突破，提升国家创新体系整体效能，不断增强科技实力和创新能力，努力在世界高技术领域占有重要一席之地。

我们要充分发挥我国社会主义制度能够集中力量办大事的显著优势，打好关键核心技术攻坚战。要依托我国超大规模市场和完备产业体系，创造有利于新技术快速大规模应用和迭代升级的独特优势，加速科技成果向现实生产力转化，提升产业链水平，维护产业链安全。要发挥企业在技术创新中的主体作用，使企业成为创新要素集成、科技成果转化的生力军，打造科技、教育、产业、金融紧密融合的创新体系。基础研究是创新的源头活水，我们要加大投入，鼓励长期坚持和大胆探索，为建设科技强国夯实基础。

习近平总书记的谆谆教导，为我们军校学员指明了学习的目标、努力的方向。立足当下，立志成才，是对我们学习的总要求，也是我们学习的起点。打牢基础，推陈出新，是对我们学习和继续学习的基本要求。学以致用，学有所得，是对我们学习的现实要求。投身改革，勇于创新，是对我们学习的发展要求。在此基础之上，我们才能有效处理好课内学习与课外学习的关系、院校学习与部队实践的关系、基础学习与专业学习的关系、个人学习与团队培养的关系、理论学习与实战训练的关系，使学习与个人成长相契合，与集体建设相融合，与事业进步相吻合，与奋斗目标相结合。

（三）改革创新要求我们做什么

改革创新是在继承基础上的发展，是创新与继承的完善结合。中华民族自古以来尊重知识、尊重人才、尊重创新。新时代实现中华民族伟大复兴的中国梦需要创新型人才、呼唤创新型人才。有用的人才越多越好，有本事的人才越多越好。中国人要超越自己、超越过去，就应该在创新实践中发现人才、在创新活动中培育人才、在创新事业中凝聚人才，培养更多的、素质优良的创新型人才。军事领域是军事人才的聚集地，是现代化人才的高地，也是培养人才、应用人才的基地。军校学员是军队院校的主体，是最富活力、最具创造性的群体，理应走在创新创造的前列。我们只有勇立时代潮头，敢于直面信息化战争，不拘泥于传统、不受制于技术、不迷信于权威、不受困于条件，打破框框条条，打破旧习陈规，看准了就大胆去试、大胆去闯，走前人没有走过的路、蹚前人没有蹚过的河，敢为天下先，逢山开路、遇水架桥，百折不挠、勇往直前；求知、求真、求实，立足脚下、勇于登攀，不断积累、不断进步，才能达到国防和军队现代化建设的宏伟目标，有效塑造态势、管控危机，遏制战争、打赢战争。

教学拓展

（一）知识拓展

1. 阅读推荐

（1）论十大关系，《毛泽东文集》第七卷，人民出版社，1999年版。

（2）改革是中国的第二次革命，《邓小平文选》第3卷，人民出版社，1993年版。

（3）改革开放中有进行时没有完成时，《习近平谈治国理政》，外文出版社，2014年版。

（4）真枪真刀推进改革，《习近平谈治国理政》第二卷，外文出版社，2017年版。

（5）中国开放的大门只会越开越大，《习近平谈治国理政》第三卷，外文出版社，2020年版。

2. 观看推荐

军营微课：《创新是强军之源》，课程建设单位：火箭军士官学校，课程网址：军事职业教育平台，课程编号：2092020003052。

军营微课：《哲学思维与科技创新》，课程建设单位：国防科技大学文理学院，课程网址：军事职业教育平台，课程编号：2152021008281。

（二）能力拓展

1. 主题演讲

主题词：新时代·创新·强军

实践目的：

（1）通过演讲展示学员的强军追求，引发学员思考自己作为新时代的革命军人，应该追求怎样的强军梦。

（2）学员联系实际感悟创新发展如何为强军事业增添力量。

实践要求：

（1）以班级为单位，每班推选一名同志参加主题演讲比赛。

（2）围绕主题，结合自身经历，自拟演讲题目，演讲中要注重故事性。

（3）演讲时间不少于5分钟，不超过8分钟。

（4）学员推荐1名主持人、5名评委。

评分标准：

<table>
<tr><td>序号</td><td colspan="2">评分标准</td><td>分值</td><td>得分</td></tr>
<tr><td rowspan="4">1</td><td rowspan="4">演讲内容
（30分）</td><td>主题鲜明、突出、标题醒目</td><td>5分</td><td></td></tr>
<tr><td>观点正确、鲜明，角度新颖、得当，</td><td>10分</td><td></td></tr>
<tr><td>内容原创，材料典型，事迹感人，事、情、理交融。</td><td>10分</td><td></td></tr>
<tr><td>用词精炼，逻辑严谨，说服力强</td><td>5分</td><td></td></tr>
<tr><td rowspan="3">2</td><td rowspan="3">语言表达
（20分）</td><td>表达准确、自然流畅</td><td>10分</td><td></td></tr>
<tr><td>语言生动、形象，语气、语调、声音、节奏富于变化，抑扬顿挫，切合演讲内容</td><td>5分</td><td></td></tr>
<tr><td>普通话标准，脱稿演讲</td><td>5分</td><td></td></tr>
<tr><td rowspan="2">3</td><td rowspan="2">形象气质
（20分）</td><td>精神饱满，表情动作恰当</td><td>10分</td><td></td></tr>
<tr><td>仪表端庄，举止自然，军人气质佳</td><td>10分</td><td></td></tr>
<tr><td rowspan="2">4</td><td rowspan="2">现场效果
（20分）</td><td>具有较强的吸引力、感染力、号召力</td><td>10分</td><td></td></tr>
<tr><td>能较好地与听众互动和交流情感</td><td>10分</td><td></td></tr>
<tr><td>5</td><td>时间
（10分）</td><td>少时扣2分（如时间限制为5～8分钟，若少时或者多时，每分钟扣2分）</td><td>10分</td><td></td></tr>
<tr><td></td><td>备注</td><td>评分采取100分制，每位选手不分别亮分，待所有人演讲全部结束后，由裁判汇总后得平均分，最后亮分。</td><td>总分</td><td></td></tr>
</table>

2. 制定创新学习方案

实践主题：

创新学习，开发我们的集体智慧。

实践目的：

让学员学习创新、理解创新、实践创新，根据人才培养目标，构建学员小组创新学习方案。

实践要求：

创新学习是对基础学习的“升级发挥”；创新学习要“头顶蓝天、脚踏实地”；创新学习小组的构建。

实践步骤：

一是按学习兴趣组成学习小组（起点）；二是选择一个学习研究的“课题”（载

体)；三是选择学习研究方法，如：归纳法或演绎法（方向)；四是确定学习研究的目标（检验依据)；五是确定人员分工（途径)。

实践成果：

对学员实践活动的验收要点：是否具有团队合作的具体安排？是否具有明确的、可操作的训练目标？在现有条件下是否行得通？是否对每一名成员都有帮助？同时达到以上四项指标的方案为合格方案，否则为不合格。

3. 组织参观创新成果

实践主题：创新成果与学习研讨。

实践目的：

学习了解现代科学技术创新成果，启发创新思考，启蒙创新之道。

实践方法：

组织集体参观创新馆（科技馆)，个人结合已知装备器材选择项目，自由结对成组，现场研讨，事后总结。

实践成果：

能简述科技创新成果的应用，能梳理清楚该成果的技术创新之处，能联系到军事训练方法改革或某类装备的开发。

专题八
崇德之问——如何创造崇德向善的道德人生

教学主题

知德明德求真　崇德修德向善

习近平总书记在纪念五四运动100周年大会上的讲话中对青年人的成长成才提出了殷切希望，他指出："人无德不立，品德是为人之本。止于至善，是中华民族始终不变的人格追求……青年要把正确的道德认知、自觉的道德养成、积极的道德实践紧密结合起来，不断修身立德，打牢道德根基，在人生道路上走得更正、走得更远。"① 大学时期是个体道德意识形成和发展的一个重要阶段，军校学员要提高自身的道德素质，首先需要认真学习道德的基本理论，树立正确的道德观念。本专题通过问题设置，主要引导学员深入"思考什么是道德？""什么是社会主义道德？""如何创造崇德向善的道德人生"等几个问题，同时引导学员重点理解"道德是如何产生的？""道德发挥着什么样的作用？""社会主义道德的核心和基本原则是什么？""军事生涯里，如何恪守职业道德？"等难点问题。让学员在认知上正确认识道德的基本理论，明白"道德是什么"的基本问题，在情感上弘扬以为人民服务为核心、以集体主义为原则的社会主义道德，在行动中遵守公民道德准则，增强道德修养的自觉性，在投身崇德向善的实践中不断提高道德品质。

教学目标

知识目标：理解道德的基本理论，了解社会主义道德的主要内容，明晰公民的基本道德准则。

能力目标：运用马克思主义立场、观点和方法分析道德的起源及本质，把握社会主义道德与其他类型道德的本质区别，结合自身实际，规划出投身崇德向善道德实践的可行性路径。

素质目标：正确看待道德在现代社会的作用，理性认识"道德滑坡论"，科学掌握社会主义道德的核心和基本原则，正确理解社会公德、家庭美德、职业道德的基本要求。

① 习近平．习近平谈治国理政：第三卷［M］．北京：外文出版社，2020：337.

思维导图

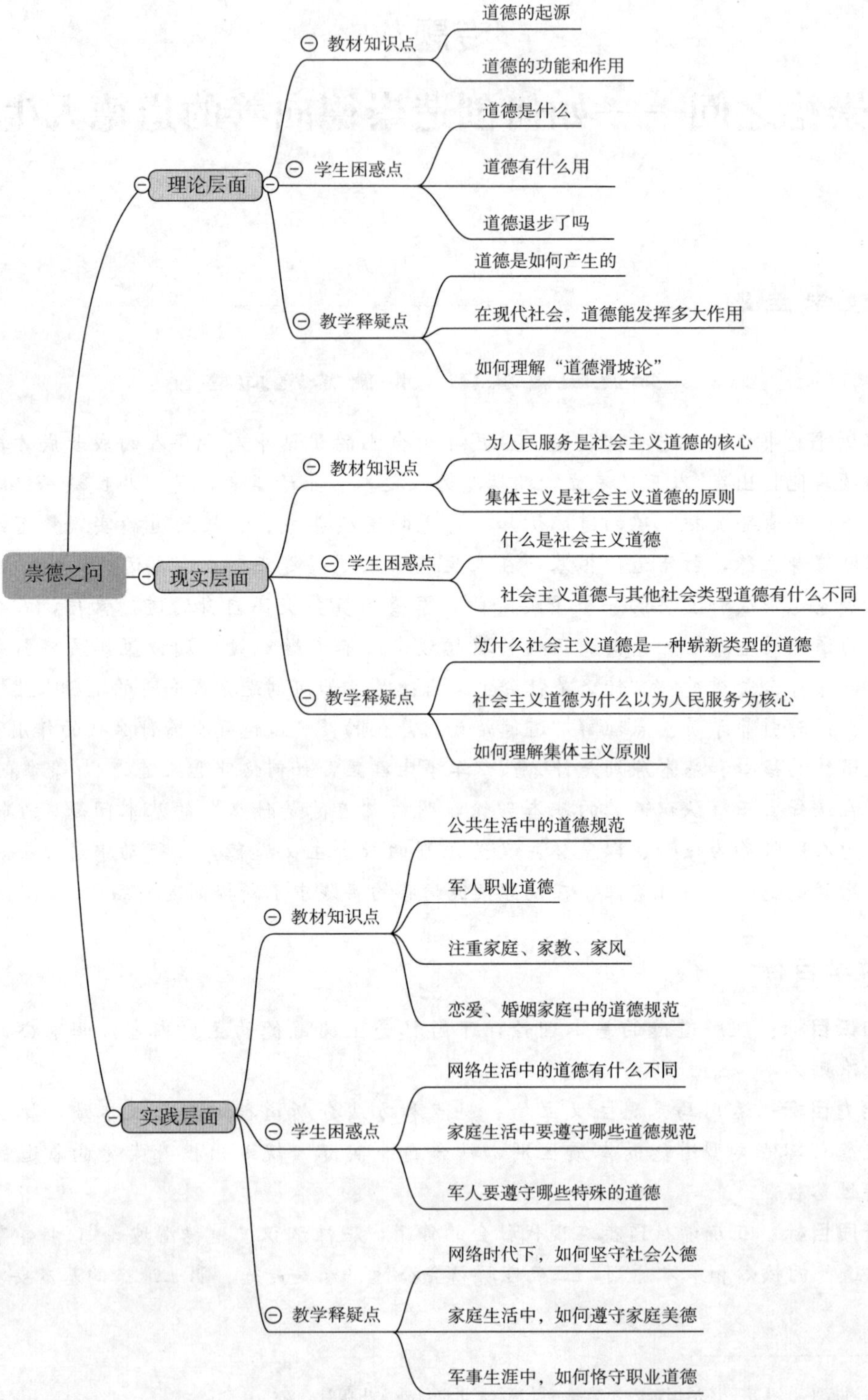
崇德之问
理论层面
教材知识点
道德的起源
道德的功能和作用
学生困惑点
道德是什么
道德有什么用
道德退步了吗
教学释疑点
道德是如何产生的
在现代社会，道德能发挥多大作用
如何理解"道德滑坡论"
现实层面
教材知识点
为人民服务是社会主义道德的核心
集体主义是社会主义道德的原则
学生困惑点
什么是社会主义道德
社会主义道德与其他社会类型道德有什么不同
教学释疑点
为什么社会主义道德是一种崭新类型的道德
社会主义道德为什么以为人民服务为核心
如何理解集体主义原则
实践层面
教材知识点
公共生活中的道德规范
军人职业道德
注重家庭、家教、家风
恋爱、婚姻家庭中的道德规范
学生困惑点
网络生活中的道德有什么不同
家庭生活中要遵守哪些道德规范
军人要遵守哪些特殊的道德
教学释疑点
网络时代下，如何坚守社会公德
家庭生活中，如何遵守家庭美德
军事生涯中，如何恪守职业道德

教学详案

近日，一段乘客在高铁吃泡面遭女子狂怼的视频火爆全网。视频中，该名女子情绪激动、言辞激烈，高声斥责在高铁上吃泡面的乘客，质问其“有公德心吗”“没素质”“没道德”。之后被骂的乘客将这段视频发布至网络，扬言要“人肉”该女子……

对于这起事件，网友的意见分歧较大。有的网友认为该女子在高铁上咆哮喧哗不太妥当。也有人指出，在高铁上吃泡面的行为本身不对，确实会影响其他乘客。还有人认为，双方都有错，还是应该对彼此多一分理解。更多的网友有这样的疑问：高铁上到底能不能吃泡面？12306 客服人员表示，高铁上一般不卖泡面，但是目前没有明确规定禁止在高铁上吃泡面的行为。

那么，高铁上男子吃泡面的行为道德吗？女子车厢中大声呵斥怒怼男子的行为是否扰乱了社会公德？男子可否在网上发帖并“人肉”该女子？要解决这些问题，必须掌握道德的含义及公民道德规范的相关知识。那么，究竟什么是道德？

一、什么是道德

道德是以善恶为评价标准，主要依靠社会舆论、传统习俗和内心信念来发挥作用的行为规范的总和。作为人类社会特有的一种社会现象，道德是人类发展到一定阶段的必然产物，准确把握道德的起源，了解道德是如何产生的，是青年学员建立正确道德认知的前提。

（一）道德是如何产生的

自古以来，中外伦理学家对道德起源这一重大理论问题，做过很多积极探索和深入研究，形成了各种见解和理论。

神启论认为，道德起源于神的启示或者上天的意志。东西方文化当中都有神启论的观点。西汉时期董仲舒提出“王道之三纲，可求于天”，他把封建道德纲常神圣化，认为触犯封建道德就是违反天意。西方中世纪的宗教伦理学也认为，道德源于上帝的启示。在基督教当中提到的“摩西十诫”便是上帝启示摩西，摩西再把启示的教规和戒律传给教民，类似这样的观点还有很多。

知识链接

摩西十诫

摩西十诫，是《圣经》记载的上帝（天主）借由以色列的先知和众部族首领摩西（梅瑟）向以色列民族颁布的十条规定。据《圣经》记载，这是上帝亲自用指头写在石板上，后被放在约柜内。犹太人奉之为生活的准则，也是最初的法律条文。

天赋论将道德的起源归结于人与生俱来的善性，进化论认为道德观念起源于动物的互助性，感觉欲望论则将道德起源归结于人的情感欲望。在马克思主义产生之前，这些关于道德起源的观点，有的是唯心主义，有的则是旧唯物主义中的形而上学，均无法正确揭示道德的起源。而马克思主义的道德观从辩证唯物主义和历史唯物主义的立场、观点和方法出发，认为物质生活的生产方式制约着整个社会生活、政治生活和精神生活的过程，从而正确揭示了道德的起源。

1. 劳动是道德起源的前提条件

马克思认为，劳动是道德起源的首要前提。正是劳动将人与动物逐渐区别开来，逐渐产生了人和人类社会，并且随着劳动的进一步发展，道德在调整人与人之间因劳动而产生的社会关系，明确人与人之间的责任、权利和义务的过程中应运而生。如原始社会时期，人们基于自然的体质差异，在长期的劳动实践中形成了男人狩猎、女人采集、老人承担未成人教育训练等分工关系，并在此基础上产生了相应的道德义务。因此，劳动创造了人和人类社会，劳动是道德起源的第一个历史前提。

2. 社会关系是道德赖以产生的客观条件

在劳动的过程中，由于各种各样社会关系的产生，需要明确个人、他人和社会利益的界限，以调整各种冲突和矛盾，此时发挥着协调社会关系功能的道德规范得以不断进步和发展。著名的思想家爱尔维修曾指出：“如果我生存在一个孤岛上，孑然一身，我的生活中就没有什么罪恶和道德，我在那里既不能表现道德，也不能表现罪恶。”一个人在荒郊野岭高声呼喊，也不会有人说这是不道德的行为，而在人员密集、夜深人静的时候高声大叫，因为影响了他人，就变成了不道德的行为。因此，社会关系是道德产生的必要条件。

3. 人的自我意识是道德产生的主观条件

意识是道德产生的思想认识前提。人只有在社会实践中，充分意识到自我作为社会成员和其他动物的根本区别，意识到自我在社会中的角色与地位，意识到自我与他人、集体之间不同的利益关系，意识到自我的行为对他人、集体的重要影响，道德才得以产生。

马克思主义道德理论从以上三个方面在人类历史上第一次科学而全面地阐述了道德起源问题，为正确认识和理解道德的本质奠定了基础。

(二) 在现代社会，道德能发挥多大的作用

道德作为人类社会发展到一定阶段的必然产物，源于人的社会生活的需要，又服务于人的社会生活需要。道德在人类社会生活中发挥着重要作用，具有特殊的功能。

1. 道德的功能

道德的功能，一般是指道德作为社会意识的特殊形式，对于社会发展所具有的功效与能力，道德的功能是多元的，同时也是多层次的。

道德具有认识功能，可以反映社会关系的功效与能力。道德往往运用人们的善恶、荣辱、良心为人们提供行动指南，使人们在生活实践中，认识到自己对他人、集体、社会的责任，从而使人们能够明辨是非善恶，正确选择自己的道德行为。

道德具有规范功能。在正确善恶观的指引下，道德可以规范社会成员在公共领域、职业领域、家庭领域的行为，引导并促进人们崇德向善。

道德具有调节功能。通过社会舆论、传统习俗和人们的内心信念来指导和纠正人们的行为和实践活动，从而协调人们之间的社会关系和人际关系。

道德除了具有认识功能、规范功能、调节功能等最基本的功能，还具有导向功能、激励功能等。

案　例

一岁孩子坐飞机，父母的一个细节超暖心！①

旅途中如果遇到小孩子哭闹，家长态度又置若罔闻，难免让人感到困扰。近日，在上海，一对父母的做法冲上热搜，网友纷纷称赞，“暖心又有素质！”

10 月 13 日，上海一对年轻夫妇带刚满一岁的孩子坐飞机去成都游玩，家长怕孩子哭闹，给同舱旅客添麻烦，于是为每人准备了一份小礼物，并以小朋友的口吻，附上一张卡片：“我是哎呀，刚刚一岁，这是爸爸妈妈第一次带我坐飞机，他们有点小紧张，担心我哭闹会打扰到您，这里有耳塞和小糖果，祝您旅途愉快。”还有一个细节，戳到了大家。年轻夫妇细心地在礼物袋贴上已消毒的标签。

孩子父母贴心温暖的举动，引发网友称赞，“将心比心，世界会更美好”“小细节好暖心”。还有网友分享类似的温暖身边事，“感觉这个世界很有爱！”

案例评析

案例中一岁孩子的父母在正确道德观的引领之下，首先认识到了公共场合公民必须要遵守的道德义务，这是道德的认识功能，而后自觉规范自己的行为，尽量减少给同舱旅客的麻烦，这体现了道德的规范功能。通过这些暖心的举动，不仅正确调节了和同舱旅客的关系，还感动了无数网友，让大家“感觉这个世界很有爱！”这说明了道德在发挥调节功能的同时，还具有导向、激励功能，体现着良好道德行为引人向善的感召力量。

上述道德功能的发挥和实现，必然会产生一定的社会影响和实际效果，这些影响和效果其实就是道德的作用。

2. 道德的作用

习近平总书记指出：“道德之于个人、之于社会，都具有基础性意义，做人做事第一位的是崇德修身。”② 道德的作用，可以从国家社会与个人两个层面来理解。

---

① 资料来源：人民网微信公众号，2020 年 10 月 14 日。

② 习近平. 习近平谈治国理政：第一卷［M］. 北京：外文出版社，2014：173.

从国家社会层面看，道德是国家与社会治理的重要内容，维系着社会稳定，促进着国家的发展。人们总结历史上国家兴亡衰败的原因时发现，道德在国家治理中具有重要作用。秦朝“二世而亡”源于其“仁义不施”的错误做法，为后人所称道的文景之治与贞观之治，很大程度上是当时统治者在治国经验中注重“施大德”“专以诚信为治”的结果。在当今社会多元复杂的治理体系中，绝不能忽视道德和伦理的建设，加强道德建设是国家治理体系建设的重中之重。

从个人层面看，道德是个人发展的核心竞争力，可以提升人的精神境界，促进人的自我完善。一个人想要在社会关系中立足站稳，不得不树立良好的道德。道德是个人可持续发展的必备条件，是处理好社会关系的重要筹码。俗话说，“退一步海阔天空，让几分心平气和”，与他人相处需要豁达谦让的心境。日常生活中，应学会换位思考与正确定位，多体会他人的感受与立场，做出最佳的判断和选择，这些都是个人发展与进步的必备素质。

知识链接

道德是万能或者无用的吗?

在道德作用问题上，两种极端看法，即“道德万能论”和“道德无用论”。

“道德万能论”，片面夸大道德的作用，认为道德决定一切，高于一切，支配一切，只要道德水平高，一切社会问题都可以迎刃而解。这种观点的根本错误在于颠倒了社会存在和社会意识、经济基础同上层建筑之间的决定与被决定的关系，否定了物质资料的生产方式在社会发展中的决定作用。事实上无论是在古代社会还是在现代社会，道德都不是社会历史发展的最终决定因素。

“道德无用论”，根本否认道德的作用，或者通过强调非道德因素的作用来否定道德的积极作用，或者通过强调道德的消极因素来否定道德的积极作用。这种观点的根本错误在于忽视了道德作为上层建筑的重要组成部分，一方面由经济基础所决定，另一方面对经济基础和生产力发展有一定的反作用。片面强调其消极方面，或者从根本上忽视其积极方面的存在，必然不利于道德作用的发挥。

（三）如何理解“道德滑坡论”

因关爱之心、互助之情对老人施救却遭到诬陷的事情曾经接二连三刺痛着公众与社会的神经。道德底线、社会良知受到冲击，跌倒老人该不该施救，成为社会广泛热议的主题，网上甚至出现了“没有10万元，千万别扶老人”的戏谑之语，生活中充斥着关于道德不道德、公正不公正、合理不合理的争论。面对社会中的一些不道德的现象，有人得出“道德滑坡论”的消极观点，认为当今社会道德停滞了、甚至倒退了。如何正确看待“道德滑坡论”，正确认识我国现阶段的道德现状？

1. 正确认识我国现阶段的道德现状，离不开具体的价值观立场

评价一个社会道德状况的好坏，一般需要考虑两个方面：一是要看社会道德建立在什么样的经济基础之上；二是要看道德对于社会经济基础起到什么样的作用。建立在进步经济基础上并且能够对社会的发展起推动作用的道德，是一种好的道德，反之则为坏的道德。

从正确的价值观立场出发来分析我国的道德现状。一方面，我国的社会主义道德是建立在生产资料公有制基础之上的，改革开放 40 多年社会经济的飞速发展，为中国社会道德的进步发展奠定了坚实的经济基础；另一方面，社会主义道德又为社会的进步发展营造了良好的精神道德环境，提供了强大的精神支撑和动力，促进了社会的发展。从以上分析可以得出结论：我国道德现状的主流是发展进步的，“道德滑坡论”是一种错误的观点。

2. 正确认识我国现阶段的道德现状，需要认清道德领域的主流与支流

客观地说，在当前中国社会出现的一些道德事件中，某些人、某些领域的局部道德滑坡确实存在。以社会公德为例，南京的彭宇事件、天津的许云鹤案件，颠覆了不少人的道德观念，使得“老人摔倒扶不扶”成为社会中的热议话题。但无论怎样高估失德现象的严重性，失德现象仍属支流，社会道德的主流依然是积极向善的。

勇敢徒手接住坠楼女童的杭州“最美妈妈”吴菊萍，在看到孩子躺在马路上抽动那一刻“只想着救人”的陈贤妹，路遇老人电梯摔倒、救人不留姓名的军校学员阚锐，这一个个平凡的道德模范用自己的实际行动证明中国社会的主流道德是积极的、进步的。这些年，中国遇到的大灾大难不少，但是每当灾难来临，中国社会都会出现“一方有难，八方支援”的感天动地的场景。

案　例

一方有难八方支援，又多了一次实证！[①]

“你们是哪个医院的？”“华西医院！你们是哪里的？”“山东大学齐鲁医院的！”这是日前在武汉偶遇的两支医疗队之间的对话。

新冠肺炎疫情发生以来，各地医疗力量从四面八方向湖北集结。特别是按照党中央的部署决定，全国 19 个省份在做好本地防控的同时，加大对湖北省武汉市以外其他地区的对口支援。在这场没有硝烟的战斗中，全党全军全国各族人民都同湖北人民站在一起，为打赢疫情防控的人民战争、总体战、阻击战，凝聚起更强大的力量。

山东、湖南——黄冈

2 月 11 日下午，山东省第九批援助湖北医疗队从济南开拔，其中 107 名医护人员援助黄冈，对口支援黄冈市疫情防控前方指挥部先遣队同时启程。“众志成城，不辱使

① 资料来源：《经济日报》官方微博账号，2020 年 2 月 18 日。

命，敢打必胜！”是他们的铮铮誓言。当晚，湖南省派往黄冈市第三批医疗队也踏上征程……到达后，直接派往麻城、红安、罗田、英山、黄州五个区县。

山西——仙桃、潜江、天门

1月26日，137名山西医疗队员启程，出发所携带的医用物资包括口罩、防护衣、手套、消毒药物等，可供一周左右的物资储备；截至2月13日，山西医疗队在仙桃、潜江、天门三地参与诊治患者3164人次，出院患者51人。

天津——恩施

天津驰援恩施的117名天津医疗专家，分成9支队伍先后奔赴恩施州各县市，与当地医护人员并肩作战；在建始县，10位天津医疗专家分为医疗组和预防组，分别进驻建始县人民医院、建始县中医院、建始县疾控中心等医疗单位，对接新冠肺炎诊治、专家会诊、发热门诊、呼吸内科、流行病学调查、消杀、心理危机干预等工作。

福建——宜昌

2月13日，福建医疗队第一批23名护士和8名医生进入宜昌市第三医院隔离病房工作；2月16日，医疗队正式接管宜昌市第三医院重症监护病区；开通了宜昌市第三医院与福建省新冠肺炎防治远程指导中心的远程会诊平台。

浙江、内蒙古——荆门

接到任务后，浙江邵逸夫医院依托牵头建设的国家呼吸区域医疗中心优势，不到24小时便迅速组织了一支37人组成的团队；到荆门后，在荆门市第一人民医院北院区13楼，医疗队新建起一个ICU病区。

内蒙古医疗队分成5个小组，奔赴荆门市第一人民医院、钟祥市人民医院、京山市人民医院等定点医院，与当地医疗工作者一起投入到防治工作中。

贵州——鄂州

首批援助鄂州医疗队在1月27日晚从贵阳启程，于28日凌晨抵达鄂州，共有135名队员与2名领队，由普通患者救治组、危重症患者救治组两个小组组成；贵州医疗队接管了鄂州市中心医院ICU病区，承担了鄂州二医院重症病人的救治工作，分别加入中心医院、鄂钢医院、鄂州三院相关科室参与临床工作。

江苏——黄石

动员令一经下达，江苏各地医护人员主动请缨奔赴战场，2月11日下午，310名援黄石医疗支援队队员列队整齐，搭乘飞机从南京前往黄石；“黄石疫情防控需要什么，江苏就提供什么”，目的就是集中优质兵力打赢这场战争。

河北——神农架林区

2月11日晚，河北省对口支援医疗队启程；截至2月17日上午，神农架林区10例确诊病例全部治愈，实现医务人员零感染，完成确诊病例治愈“清零”目标。

重庆、黑龙江——孝感

2月11日14时许，重庆市赴孝感对口支援医疗队158名队员集结，火速驰援疫情防控阻击战前线，截至2月15日，重庆支援孝感医疗队累计治愈出院61人。

2月12日晚，黑龙江派出316人援助医疗队从哈尔滨启程，星夜驰援孝感，他们来自13个地市，具有精湛医术和丰富救治护理经验的医护力量，以呼吸科、重症医学科等新冠肺炎救治核心专业医护人员为主。

随州，江西来了；

咸宁，云南来了；

十堰，广西来了；

襄阳，辽宁、宁夏来了；

荆州，广东、海南来了；

……

白衣天使们从天南海北奔赴湖北，在抗击疫情之战中不断冲锋，奋力与病毒厮杀，温暖了荆楚大地，感动了无数华夏儿女！

这是全国一盘棋、集中力量办大事的有力证明，已经凝聚起众志成城、共克时艰的强大力量，必将迎来生机勃勃的春天！

案例评析

当疫情来临，各地区前往湖北支援的广大医务工作者、人民子弟兵以及社会各界人士积极发扬大无畏的革命英雄主义精神，闻令而动，星夜援驰，勇敢逆行。这不仅仅是社会主义制度“显著优势”的生动体现，更如同一面镜子，反映出中国社会绝大多数人的社会责任感和社会公德心，折射出中国社会道德状况的主流。面对来势凶猛的新冠肺炎疫情，只要全党全军全国各族人民同湖北人民站在一起，并肩作战，共克时艰，一定能取得疫情防控斗争的全面胜利。

3. 正确认识我国现阶段的道德现状，需要正视社会转型大背景下的道德变化发展

当前中国社会正经历由熟人社会向陌生人社会的大转型，这必然会投射到道德领域，引发道德领域的相应变化。有调查显示，道德缺失的现象，发生在陌生人间的数量比发生在熟人间的数量要多。在熟人社会环境中，人们更容易和自觉地遵守道德，比如当亲朋好友陷入困境，人们往往甘愿为朋友两肋插刀，但当陌生人陷入困境，人们往往更倾向于退避三舍。因此，正确认识我国现阶段的道德现状，必须将道德问题放在社会转型的大背景中进行思考。在从熟人社会走向陌生人社会的过程当中，不可避免地会使一些人的价值观念发生纠结，陷入道德困惑，这是社会转型中的附带影响，而不能简单粗暴地认为当前中国的道德出现普遍滑坡。此外，生长在新时代的青年人遵守社会公德的情况，在总体上要好于生长在熟人社会的更加年长的人。他们更能适应陌生人社会的社会公德，在公共场所不大声喧哗、遵守交通规则、不闯红灯、在公交车上主动让座……这些小细节的变化反映出的正是转型社会中的道德正在不断进步的趋势。

综上，“道德滑坡论”的观点是不正确的，社会主义道德发展的总体趋势是前进的、上升的。虽然一些时段、一些领域、一些人的局部道德存在滑坡的客观现象，但这不能影响中国社会中主流道德的发展。我们应该以更加广阔的视野，正确看待社会

中的各种失德现象，不断加强道德建设、改善道德环境、解决道德领域中的突出问题，动员起全社会的力量，共同构建我们的美好道德家园。

二、如何理解社会主义道德

与其他社会意识形态一样，道德不是亘古不变的，而是不断变化发展的。迄今为止，人类社会先后经历了五种基本社会形态，与此相适应，出现了原始社会的道德、奴隶社会的道德、封建社会的道德、资本主义社会的道德、社会主义社会的道德。其中，社会主义道德是人类道德合乎规律发展的必然产物，是人类道德历史上一种最新的道德类型。

（一）为什么社会主义道德是一种崭新类型的道德

与以往的原始社会道德、奴隶社会道德、封建社会道德、资本主义社会道德相比较，社会主义道德具有显著的先进性的特征，主要表现在以下几个方面：

1. 社会主义道德据以产生的社会制度是先进的

社会主义制度是在生产力充分发展基础之上对少数人剥削多数人的社会制度的超越。在以生产资料公有制为主体的社会主义社会，广大人民不仅在政治上实现了当家作主，而且在道德上实现了从被动到主动的转变。

2. 社会主义道德是对人类优秀道德资源的批判继承和创新发展

以当代中国社会主义道德体系为例，我们倡导的社会主义道德规范，不仅与中华传统美德相承接，与中国共产党人在革命战争年代创立的革命道德相延续，同时也是对人类优秀道德成果的吸收和借鉴。

3. 社会主义道德是共产主义道德的初级形态

社会主义道德坚持以为人民服务为核心，以集体主义为原则，克服了以往阶级社会道德的片面性和局限性，展现出了真实而强大的道义力量，是共产主义道德的初级形态。刘少奇说过：“我们的道德之所以伟大，就是因为它是无产阶级的共产主义道德，这种道德不是建筑在保护个人和少数剥削者的利益的基础上，而是建筑在无产阶级和广大劳动人民的利益的基础上，建筑在最后解放全人类、拯救世界脱离资本主义灾难、建设幸福美丽的共产主义世界的利益的基础上，借助在马克思列宁主义的科学共产主义理论基础上。”①

共产主义道德代表着人类道德发展的前景。随着生产的不断发展和社会的持续进步，在生产力高度发达、人类文明空前繁荣的共产主义社会，政治、法律会随着国家的消亡而消亡，人们终将在共产主义道德的指引下实现真正自由而全面的发展。

（二）社会主义道德为什么以为人民服务为核心

为什么人服务是道德的核心问题，决定并体现着道德建设的根本性质和发展方向，规定并制约着道德领域的所有道德现象。在人类以往的阶级社会当中，占统治地位的道德形态都是为少数统治者服务的。比如，奴隶社会的道德是为奴隶主服务的，将奴

① 刘少奇．论共产党员的修养［M］．北京：人民出版社，2018：64.

隶视为为奴隶主服务的工具，剥夺奴隶道德主体的资格；封建社会的道德是为封建地主阶级服务的，强调农民对封建地主的依附关系，维护封建地主阶级的利益；资本主义社会的道德是为资产阶级服务的，虽然从表象上来看资本主义社会的道德强调自由与平等，但其实质是为了维护资产阶级的利益，剥削工人阶级的剩余价值。

社会主义社会道德的核心是什么？党的十四届六中全会审议通过的《中共中央关于全面加强社会主义精神文明建设若干重要问题的决议》指出："社会主义道德要以为人民服务为核心，以集体主义为原则，以爱祖国、爱人民、爱劳动、爱科学、爱社会主义为基本要求，开展社会公德、职业道德、家庭美德教育，在全社会形成团结互助、平等友爱、共同前进的人际关系。"为什么社会主义道德要以为人民服务为核心？

知识链接

"为人民服务"思想的产生历程

"为人民服务"的思想由来已久。马克思在《共产党宣言中》中指出："过去的一切运动都是少数人的，或者为少数人谋利益的运动。无产阶级的运动是绝大多数人的，为绝大多数人谋利益的独立的运动。"列宁进一步丰富了这一思想，他指出："社会主义无产阶级的写作不是为饱食终日的贵妇人服务，不是为百无聊赖、胖得发愁的一万个上层分子服务，而是为千千万万劳动人民服务。"毛泽东从新民主主义革命的客观实际出发，对"为人民服务"的思想进行了继承、丰富和发展。1939 年，在给张闻天的信中，毛泽东在评价孔子的道德论时指出，孔子所主张的"知仁勇"之"勇"的含义主要是指勇于压迫人民，勇于守卫封建制度，而不勇于为人民服务，这是毛泽东首次提出和使用"为人民服务"的命题。1944 年，毛泽东在悼念张思德烈士时发表重要演讲，深入、系统地阐述了"为人民服务"的思想，他指出："我们的共产党和共产党所领导的八路军、新四军，是革命的队伍。我们这个队伍完全是为着解放人民的，是彻底地为人民的利益工作的。"

1. 为人民服务是社会主义经济基础和人际关系的客观要求

社会道德作为上层建筑，其内容归根到底是由经济基础所决定的。在社会主义公有制的经济基础下，每一位劳动者都是社会主义的建设者，其职业没有高低贵贱的区别，只有社会分工的不同。社会中的每个人既是接受他们服务的对象，也都在为社会中的他们服务。整个社会就是通过成员间的相互服务，来实现社会的共同利益，推动社会共同进步。

2. 为人民服务是社会主义市场经济健康发展的要求

在社会主义市场经济条件下，市场主体必须通过向社会和他人提供一定数量和质量的产品，建立满足社会和他人需要的良好信誉，才能实现市场主体的利益。社会主义市场经济本质上要求为人民服务，不仅在于人们在一切经济活动中，应当正确处理个人与社会、竞争与协作、效率与公平、先富与共富、经济效益与社会效益等关系，形成有序的经济社会生活规范，更在于强调每个市场主体都要有为人民服务的思想，积极自觉地为人民服务、为社会服务，更好使市场主体把自身的特殊利益同国家和人民的共同利益结合起来。

课堂研讨

问题：有人说，“为人民服务是对党员干部的政治要求，我是普通群众，为人民服务与我没有关系”，请问，上述说法正确吗？

解析：有些人将为人民服务，看作是一件高不可攀、远不可及的事情，但实际上为人民服务，既伟大又平凡，既高尚又普通，它可以通过不同的层次、不同的方式表现出来：毫不利己、专门利人、无私奉献是为人民服务；顾全大局、先公后私、爱岗敬业、办事公道是为人民服务；同志间、师生间、同学间相互关心、相互爱护、相互帮助是为人民服务；热心公益、助人为乐、见义勇为、扶贫帮困、扶残助弱也是为人民服务；遵纪守法、诚实劳动并获取正当的个人利益同样也是为人民服务。那种认为为人民服务，只适用于党员干部，而不能推广到全体人民的看法，是一种误解。

（三）如何理解集体主义原则

集体主义是指一切言论和行为以最合乎广大人民群众的集体利益为根本出发点的思想。作为社会主义道德建设的基本原则，我们提倡集体主义，但是如何理解集体主义的原则？集体主义是否意味着要抹杀个人利益，意味着要无节制的牺牲个人利益？

1. 社会主义的集体主义强调集体利益高于个人利益

在社会中，个人既作为一个单独的个体而存在，又是集体中的一员，个人和集体是不可分割的关系。柏拉图的学生就曾经问他这样一个问题：“怎样才能让一滴水永不干涸？”柏拉图说：“其实很简单，只要让这滴水放进大海就可以了。”集体利益体现着个体根本的、长远的利益，个体的力量源于集体，个体只有在集体中才能生存和发展。因此，社会主义的集体主义强调，集体利益高于个人利益。当个人利益与国家集体的利益发生冲突，并且无法调和、化解时，个人必须坚持以大局为重，在必要时做出牺牲，将个人利益服从国家集体的利益。

2. 社会主义的集体主义强调重视和保障个人的正当利益

集体和个人的关系是辩证统一的。个人离不开集体，集体也离不开个人。每个人的正当利益是集体利益的重要组成部分，只有个人的价值和尊严得到实现，个人的正当利益得到保证，才能调动大家的积极性和主动性，集体才能有更强大的生命力和凝聚力。因此，社会主义的集体主义重视和保障个人的正当利益的实现。但这并不等于任何个人不分场合不分时间的利益需求，都应该无条件得到满足。社会主义集体主义所重视和强调的是个人的正当利益，而不是任何性质的个人利益，非法的个人利益是不可能得到满足的。

3. 社会主义的集体主义有不同层次的要求

以前我们一讲到集体主义，就认为集体主义就是要求牺牲个人利益，最大限度地维护集体利益，而根据我国现阶段经济现状和社会道德实际，集体主义也是有不同层次的要求的：

一是无私奉献，一心为公。这是集体主义的最高层次，要求个人时时刻刻自觉为他人、为社会多做贡献，全心全意为人民服务。这一层次是优秀共产党员、先进分子所应该达到的道德目标。

二是先公后私、先人后己。要求个体把国家利益、集体利益放在个人利益的前面，在社会公德、职业道德、家庭美德等各方面尽自己应尽的义务，履行自己应尽的职责，形成良好的社会风气。这一层次是对于已经具有较高社会主义道德觉悟的人所提出的要求。

三是顾全大局、遵纪守法、热爱祖国、诚实劳动。这一层次是对社会主义社会的公民最基本的道德要求。每一个社会主义公民只要以正当合法的手段追求个人利益，不损人利己、损公肥私，遵纪守法，同样是社会主义集体原则所应当支持和鼓励的。

集体主义离我们并不遥远，人人都可以而且应当践行集体主义原则。当代青年学员应该对自身有更高的要求，坚持个人利益服从集体利益，反对小团体主义、本位主义和极端个人主义，沿着道德的阶梯循序渐进地向上攀登。

三、如何创造崇德向善的道德人生

公民道德建设，涵盖社会公德、职业道德、家庭美德和个人品德等方面，它们与社会主义道德的核心、原则一脉相承，相互联系、相互渗透、相互影响，在社会主义道德建设中都具有不可替代的作用。青年学员要创造崇德向善的道德人生，无论在何种场合、何种环境，都必须时时刻刻做到自觉讲道德、尊道德、守道德，不断涵养高尚品格，始终注重道德实践，努力提高道德境界。

（一）网络时代下，如何坚守社会公德

根据第46次《中国互联网络发展状况统计报告》显示，截至2020年6月，我国网民规模达9.40亿，较2020年3月增长3625万，互联网普及率达67.0%，较2020年3月提升2.5个百分点。互联网不仅深刻改变着人们的生活方式和思维方式，还会对国家与社会产生巨大的影响。在新冠肺炎疫情期间，我国互联网产业展现出巨大的发展活力，不仅在疫情防控中发挥了重要作用，还在数字治理、数字经济、数字基建等方面取得了突破性进展，成为我国应对新挑战、建设新经济的重要力量。但网络其实是一把双刃剑，一方面由于其具有方便快捷、信息量大、覆盖面广等多种优势，可以极大地促进社会的发展，另一方面又可能因为不正当使用或缺乏法律约束而损害社会公德，妨碍社会的进步与发展，带来网络谣言、网络暴力、网络诈骗、网络色情、网络盗版、网络安全等一系列问题。

统计报告显示，年轻网民所占比例明显高于其他年龄群体，网络已经成为大学生生活中不可或缺的组成部分。但当前大学生的网络道德现状不容乐观，网络中不道德的行为比比皆是。习近平总书记指出：“网络空间同现实社会一样，既要提倡自由，也

要保持秩序。自由是秩序的目的，秩序是自由的保障。我们既要尊重网民交流思想、表达意愿的权利，也要依法构建良好网络秩序，这有利于保障广大网民合法权益。”[①] 面对网络道德缺失的现象，青年学员应该遵守网络生活中的哪些道德要求？

1. 正确使用网络工具

网络是一个信息覆盖面非常广泛的共享平台。“网络是个宝，查找资料不用跑”，同学们可以通过网络便利地浏览新闻、查询资料、下载数据、在线学习等，但同时也有不少网络信息鱼龙混杂，甚至充斥着虚假、反动、淫秽等信息，特别是一些境外非法组织在网络中的恶意攻击和思想渗透行为，更是严重扰乱了网络生活的秩序。此外，网络失泄密事件也时有发生，对国家安全造成极大危害。青年学员要提高鉴别力，严格落实军队关于安全保密的相关规定，防止政治性问题和失泄密问题发生，积极运用网络传播正能量，使网络成为提高自己学习能力的重要工具。

2. 健康进行网络交往

当今社会，网络已成为人们相互交流的重要媒介工具，微信、QQ、微博、抖音、网络直播等应用平台的出现为人们的生活提供了便利，扩展了人们社会交往的范围。青年学员在享受网络交往便利的同时，应时刻牢记军队人员使用互联网的有关规定，通过网络开展有利于个人身心健康和品德培养的网络交往，积极参与网络文化的建设和管理。

案 例

“假靳东”的背后到底是隐藏着什么利益链条？[②]

近期“真假靳东”一下子在全网火了起来。事件中，这位六旬大妈来自江西。本名姓黄，今年已经 61 岁高龄。大妈的家人给她换了智能手机以后，大妈开始喜欢上了刷抖音，并在抖音平台上关注一个“假靳东”。随后这个账号通过加好友聊天的方式让刚刚进入网络的黄大妈深信不疑，并以所谓靳东本人的合成视频向全网公开表白黄大妈。黄大妈也认定了自己要和靳东在一起，在家里闹得沸沸扬扬，并和自己的老伴儿产生了很多不愉快。

随着事件的持续发酵，靳东的工作室第一时间发文，表示将要起诉这个“假靳东”侵犯肖像权、名誉权等罪责。

黄大妈其实也很可怜，对于中老年人来说，追星和这充满套路的网络是一个很大的陷阱，闹出这样的乌龙也是我们不想看到的。那么在这个“假靳东”事件的背后究

① 习近平．习近平谈治国理政：第二卷［M］．北京：外文出版社，2017：533.

② 摘编自：诸未静．“假靳东”的背后到底隐藏着什么利益链条？［M］．南方都市报，2020－10－21（12）．

竟隐藏着什么利益链条呢？

原来这类“假靳东”的账号还存在很多！他们通过发布靳东的视频和大量合成的视频来欺骗中老年女性网友关注，当粉丝数量累积到一定程度时，通过直播带货的方式向这些中老年女性朋友售卖价值几十元到几百元不等的商品并从中谋利！

案例评析

随着互联网的发展，网络诈骗方式层出不穷，有的犯罪分子甚至通过网络交友的方式对被害人实施诱骗。我们在畅游网络的同时，也要做到网络健康交友，时刻提高警惕，避免上当受骗，防止给自己的人身财产安全带来危害。

3. 自觉避免沉迷网络

凡事都有度，适度上网，对学习和生活是有益的。老话讲“过犹不及”，过度沉迷于网络对人的身心健康有着极大的损害。成都某高校有一位大学生几乎把全部的课外时间用于网络游戏，同学聚会和课外活动一律不参加，为了虚幻的网络游戏他可以用“废寝忘食”来形容，然而两个月之后他发现自己的思维逐渐发生了退化，上课跟不上老师和其他同学的节奏，逐渐适应不了现实的生活，从而陷入了深深的焦虑之中。

有研究显示，电脑屏幕发出的低频辐射与磁场不仅会损害我们的身体健康，带来视力、颈椎等方面的问题，更会影响我们的心理健康，引发种种心理问题。大家应当从自己的身心健康发展角度考虑，合理安排上网时间，避免网络成瘾。

4. 不断加强网络自律

《礼记·中庸》有言：“君子戒慎乎其所不睹，恐惧乎其所不闻。莫见乎隐，莫显乎微，故君子慎其独也。”可以说，慎独是衡量一个人道德水平的试金石。由于网络虚拟性、隐匿性的特征，使得网络中的舆论监督作用弱化，从而降低了网络道德的外在约束力。因此，在网络社会中，加强网络自律尤为重要。青年学员应当在网络生活中培养自律精神，做到“慎独”，促进网络生活的健康与和谐。

知识链接

网络空间的“七条底线”

中国互联网大会倡议，全国互联网从业人员、网络名人和广大网民，都应坚守“七条底线”，营造健康向上的网络环境，自觉抵制违背“七条底线”的行为，积极传播正能量，为实现中华民族伟大复兴的中国梦作出贡献。

“七条底线”是：法律法规底线、社会主义制度底线、国家利益底线、公民合法权益底线、社会公共秩序底线、道德风尚底线和信息真实性底线。

5. 积极引导舆论

由于网络社会缺乏足够监管，加之网络传播速度十分迅猛，网络中的言论如果得不到正确引导，就会形成一系列因网络谣言而引发的社会问题。青年学员学会利用正确的价值观对网络中的言论作出正确判断，对于网络言论中模糊认识要及时廓清，不做不明真相的"吃瓜群众"。

习近平总书记指出："网络空间是亿万民众共同的精神家园。网络空间天朗气清、生态良好，符合人民利益。网络空间乌烟瘴气、生态恶化，不符合人民利益。"[①] 青年学员在网络生活中要坚守网络道德底线，在网络生活中加强社会公德自律，养成科学文明健康的上网习惯，增强维护网络秩序的责任感，成为营造清朗网络空间正能量的传播者。

（二）家庭生活中，如何遵守家庭美德

"欲治其国，先齐其家"。家庭是社会的细胞，是人生的第一所学校。事业成功，往往与美好的爱情和美满的婚姻家庭密切相关。习近平总书记曾指出："家庭和睦则社会安定，家庭幸福则社会祥和，家庭文明则社会文明。历史和现实告诉我们，家庭的前途命运同国家和民族的前途命运紧密相连。"[②] 军人的婚姻家庭不仅关系到军人个人的成长进步和生活幸福，更关系到军队的安全稳定和战斗力的生成。那么家庭生活中，如何遵守家庭美德？

1. 注重家庭家风家教

家风，又称门风，是指一个家庭或家族在长期生活和发展过程中形成的行事风格、道德风尚和精神面貌，其与家规、家教、家训等密切相关，共同构成一个相对稳定且世代承袭的文化和道德风尚。家庭是人生的第一所学校，家风好不好直接影响到个人的家庭幸福和事业发展。军人的家风关系到忠诚勇敢、崇德向善、仁爱孝廉、节俭朴素等革命精神的传承，关系着部队的安全稳定，连接着部队的战斗力。正是靠着良好家风的传承才培育出一代又一代矢志强军报国的军队优秀人才，涵养出无数军人身上优秀的道德品质。因此，无论时代如何变化，无论经济社会如何发展，都必须注重家庭，注重家教，注重家风。

案例

习近平的一封家书[③]

2001年10月15日，是习近平的父亲、老一辈革命家习仲勋88岁生日。习家人难得团聚在一起，为习仲勋在深圳举办88岁寿宴。时任福建省省长的习近平由于公务繁忙，难以脱身，于是抱愧给父亲写了一封拜寿信。

敬爱的爸爸：

今天是您的88周岁生日，中国人将之称为米寿。若按旧历虚两岁的话，又是您90

① 习近平．习近平谈治国理政：第二卷［M］．北京：外文出版社，2017：336.

② 习近平．习近平谈治国理政：第二卷［M］．北京：外文出版社，2017：354.

③ 资料来源：《习近平的一封家书》，央视网新闻频道，2016年6月19日。

岁大寿。这是一个值得庆祝的大喜日子。昨晚我辗转反侧，夜不能寐，既为庆祝您的生日而激动，又因未能前往祝寿而感到遗憾和自责。

自我呱呱落地以来，已随父母相伴48年，对父母的认知也和对父母的感情一样，久而弥深。我从您身上要继承和学习的高尚品质很多，最主要的有如下几点：

一是学您做人。爸爸年高德劭，深受广大人民群众和我党同志、党外人士的尊敬。这主要是您为人坦诚忠厚、谦虚谨慎、光明磊落、宽宏大度。您一辈子没有整过人，坚持真理不说假话，并且要求我也这样做。我已把你的教诲牢记在心，身体力行。

二是学您做事。爸爸自少年就投身革命，几十年来勤勤恳恳、艰苦奋斗，为党和人民建功立业，我辈与您相比，实觉汗颜。特别是您对自己的革命业绩视如过眼烟云，从不居功，从不张扬，更值得我辈学习和效仿。

三是学习您对共产主义信仰的执着追求。无论是白色恐怖的年代，还是极“左”路线时期；无论是受人诬陷，还是身处逆境，爸爸对共产主义的信念仍坚定不移，相信我们的党是伟大的、正确的、光荣的。您的言行为我们指明了正确的前进方向。

四是学您的赤子情怀。爸爸是一个农民的儿子，热爱中国人民，热爱革命战友，热爱家乡父老，热爱您的父母、妻子、儿女。您自己博大的爱，影响着周围的人们。您像一头老黄牛，为中国人民默默耕耘着。这也激励着我将毕生精力投入到为人民服务的事业中去。

五是学您的俭朴生活。爸爸平生一贯崇尚节俭，有时几近苛刻。家教的严格，是众所周知的。我们从小就是在您的这种教育下，养成勤俭持家习惯的。这样的好家风我辈将世代相传。

此时此刻，百感交集，书不尽言，上述几点，不能表达我的心情于万一。我衷心遥祝尊敬的爸爸健康长寿，幸福愉快！

儿近平叩首

二〇〇一年十月十五日

习仲勋收到这封信后有什么反应呢？习近平母亲齐心在《忆仲勋》一文中写道：

当桥桥向大家宣读这封信的时候，她不禁热泪盈眶，我和在场的人也无不为之动容。仲勋听完来信，非常理解儿子，向家人、子女和亲朋们说：“还是以工作为重，以国家大事为重”“为人民服务，就是对父母最大的孝！”仲勋在最后的日子里多次对儿女们说：“我没给你们留下什么财富，但给你们留了个好名声！”这就是仲勋留给儿女及子孙后代的最为宝贵的精神财富！

案例评析

书信，又称尺素，自古以来就是人们相互联系、沟通情感的主要方式之一。见字如面，书信的作用不可替代。这封家书，虽短短数百字，笔笔见真情，既是习近平总书记作为子女对父亲感情的真实流露，也是一个革命后代继承先辈精神的铿锵宣示。

"为人民服务，就是对父母最大的孝！"父亲的回复传输出一种强大的精神力量，激励着习近平总书记始终践行"为民服务，为国尽力"的誓言，"夙夜在公"为民，"抓铁有痕"治党，用实际行动践行着革命接班人的责任与担当。习近平总书记的家书，一提一顿之间既拥有最柔软的心，又饱含最真挚的情。

2. 恋爱中的道德规范

从恋爱到缔结婚姻，再到建立家庭是人生需要经历的阶段。恋爱作为男女双方培养爱情过程的交往活动，其本质也是一种人与人之间的相处交流，也必然会受到道德的调整和约束。作为建立婚姻家庭的前奏，恪守恋爱中的道德规范关系到未来婚姻家庭生活的幸福。青年学员正是青春年华，对爱情充满着憧憬和向往。但当我们谨慎选择恋爱对象、建立恋爱关系时，就必须要严格遵守恋爱中的道德规范。

一是尊重人格平等。人格是人之所以为人的基本尊严和资格，人格平等是一切平等的基础。当年"跳水皇后"郭晶晶嫁给霍启刚，有人问郭晶晶有没有压力。郭晶晶说："他是富二代，我还是奥运冠军呢，富二代有很多，奥运冠军可不多。"虽然郭晶晶出生于普通家庭，但她努力上进、为国争光，霍启刚虽然出身豪门，但两人在人格地位上也是平等的。"歌神"张学友有首歌叫《情书》，其中有这样一句歌词："等待着别人给幸福的人，往往过得都不怎么幸福……"可见，人格上的平等是爱情里最美的模样。如果把对方当作自己的附属品或者过于依赖对方而失去自我，都不符合爱情的本质。

二是自觉承担责任。西方人结婚时要宣誓，誓言是这样说的："我愿意和你结为一体，从此爱你、安慰你、尊重你、保护你，像我爱自己一样，无论你生病或健康，富有或贫穷，始终忠于你，直到离开这个世界。"这其实就是讲爱情的责任。自愿为对方承担责任也是爱情本质的体现，爱一个人或接受一个人的爱，就要自觉地为对方承担责任。责任的担当常常体现在日常生活微不足道的细节之中，需要的是见诸行动的自觉和数年如一日的坚守。

案例

周恩来和邓颖超的爱情故事①

周恩来和邓超两人在1919年五四运动中相识，1925年步入婚姻的殿堂，新中国成立之初，周恩来负责组建中央人民政府政务院，在酝酿政务院内阁名单时，不少党内外知名人士提出，应该在政务院里给邓颖超安排一个职务，被周恩来拒绝了。他说："我是政府总理，如果邓颖超再担任一个政府的部长，那么我这个总理和她那个部长就分不清了，人家会把她那个部长说的话当成是我这个总理的话，把她做的事当作是我

① 摘编自：他们照见现代人的爱情渴望［N］. 文摘报，2017-02-28（05）.

支持的。这样家庭关系、夫妻关系、政治关系、政府关系就都到一起去，这就不利于我们党的事业，不利于我们的工作”，他又补充了一句：“只要我当一天总理，小超就不能到政府里任职”，对此，邓颖超从无怨言，也很理解。两人携手走过整整51年，他们一辈子忠于自己的婚姻，周恩来曾对邓颖超说：“我一生都是坚定的唯物主义，可是因为你我希望有来生。”

案例评析

周恩来与邓颖超之间相濡以沫的感情一直成为世人传颂的佳话。他们的爱情和婚姻生活一直与无产阶级革命事业紧紧联系在一起。他们不仅在感情中为对方承担责任，责任担当能够做到自觉见诸行动，这份责任和担当还体现在无产阶级的事业之中，努力用事业成就完美的家庭，用幸福的家庭推进事业，做到家庭与事业的完美统一、相互补益，这对于今天的大家而言仍有重要的启示意义。

三是文明相亲相爱。2017年9月1日施行的《普通高等学校学生管理规定》第四十二条规定：“学生不得有酗酒、打架斗殴、赌博、吸毒、传播、复制、贩卖非法书刊和音像制品等违法行为；不得参与非法传销和进行邪教、封建迷信活动；不得从事或者参与有损大学生形象、有悖社会公序良俗的活动。”文明的恋爱要求恋人在相互爱慕的同时，在公共场合做到举止得体，划清公共场所和私人场所的界限，在私人场所可以做的行为，到了公共场所应该有所收敛，不要对他人生活和公共生活造成不良影响。

（三）军事生涯里，如何恪守职业道德

所谓职业道德，就是同人们职业活动相联系的具有职业特点的道德准则和规范。简而言之，就是各行各业的道德准则和规范。比如救死扶伤，对病人要热情负责任，医术要精益求精，是医务人员的道德规范；诲人不倦、教书育人、为人师表，是教师的道德规范；买卖公平、货真价实、态度平和、讲求信用，是商业人员的道德规范；铁面无私、执法如山、廉洁公正、刚正不阿，是司法人员的道德规范；锲而不舍、治学严谨、坚持真理，为科学献身，是科技人员的道德规范。这些各行各业的道德规范，就是职业道德。爱岗敬业，努力做到技艺精良，是各种职业道德的基本要求。自古道：“在学言学，在商言商。”工人就要热爱做工，农民就要热爱种田，科学家就要热爱科研。同样，军人就应遵守作为军人的道德行为准则。

1. 听党指挥

就是要对党绝对忠诚，坚定理想信念，自觉贯彻党的基本理论、基本路线、基本方略，在思想上政治上行动上同党中央、中央军委和习主席保持高度一致，一切行动听从党中央、中央军委和习主席指挥。

2. 爱国奉献

就是要热爱祖国，以实现中华民族伟大复兴为己任，积极为建设社会主义现代化强国贡献力量，全心全意为人民服务。树立强烈的民族自尊心、自信心和自豪感，忠

实履行宪法赋予的神圣职责，誓死捍卫国家主权、安全和发展利益。

3. 爱军习武

俗话说：“文无第一，武无第二。”把爱军习武作为军人最基本的职业道德是由军事职业激烈对抗性的特点所决定的。当前国际形势总体趋于缓和，但霸权主义仍然存在；周边安全环境有所改善，但潜在威胁日益突出。作为军人，我们要安心服役，献身国防，强化当兵打仗、带兵打仗、练兵打仗思想，牢固树立战斗力这个唯一的根本的标准，做到召之即来，来之能战，战之必胜。

4. 尊干爱兵

我军是共产党领导下的新型人民军队，无论是革命战争年代还是社会主义建设时期，始终保持着同甘共苦、生死相依的革命关系。毛泽东同志曾指出：一切革命队伍的人都要互相关心、互相爱护、互相帮助。这“三个相互”言简意赅，是我们构建和谐、融洽、团结内部关系的牢固基础。密切内部关系，重在付诸实践，贵在全员参与，每一名同志都有责任和义务为增进部队内部团结贡献自己的力量。

5. 严守纪律

“纪律中有你，纪律中有我，纪律中有无穷的战斗力。”严明的纪律不仅是军队战斗力生成的决定因素，也是人民军队夺取胜利的重要保障，更是军人健康成长的重要前提。军校学员从跨入军校大门那时起，就必须在日常生活实践中努力使自己成为严守纪律的模范。严格遵守国家的宪法和法律，执行军队的法规制度，执行上级的命令和指示，用铁的纪律凝聚铁的意志、锤炼铁的作风、锻造铁的队伍。

6. 严守气节

要发扬革命英雄主义精神，英勇顽强，视死如归，血战到底，压倒一切敌人而不被敌人所压倒，征服一切困难而不被任何困难所征服，勇于坚持真理，维护正义，绝不背叛祖国和军队。革命军人必须要强化自我修炼、自我约束、自我塑造，守得住清贫、耐得住寂寞、抵得住诱惑、经得起考验。

7. 艰苦奋斗

艰苦奋斗是人民军队的光荣传统，是我军克敌制胜的重要保证。虽然当今社会的物质生活水平极大提高，我们仍要坚持艰苦朴素、勤俭节约、艰苦奋斗的精神，永远保持革命战争时期那么一股劲、那么一种革命热情、那么一种拼命精神，培养吃苦耐劳、以苦为乐的意志品质，不断在求真务实的实践中锻炼成长。

8. 文明礼貌

作为社会道德的标杆和模范，军人在日常生活当中要注意仪表风范、举止端正、谈吐文明、精神振作、姿态良好。尊老爱幼，乐于助人，见义勇为，带头践行社会公德和家庭美德。

教学拓展

(一) 知识拓展

1. 阅读推荐

(1)《新时代公民道德建设实施纲要》，2019 年。

(2) 曾仕强：《中国式家风》，北京时代华文书局，2020 年版。

(3) 韩鹏杰：《道德经说什么》，江西人民出版社，2019 年版。

2. 观看推荐

《2020 年感动中国人物颁奖盛典》。

(二) 能力拓展

1. 制定班级文明公约

实践主题：自律自治改陋习，文明公约树新风

实践目的：

引导学员关注和参与创建良好校园环境、促进校园文明建设、树立优良学风的活动，培养学生高尚的道德情操和文明举止。

实践方案：

(1) 教员布置活动内容进行分组。

(2) 各组成员一起讨论，形成文明公约，制作幻灯，选出代表上台发言。

(3) 教员记录各小组表现，总结、评价、公布分数。

评比标准：

评分组成	分值	评分标准
宗旨	20	积极向上、健康阳光
内容	40	顶层设计，内容丰富；能够涉及班级管理的方方面面，调整到每一个人，每一件事； 结构完整，层次分明；文字简练，具有较强的思想性，上口易记，紧贴班级实际
幻灯展示	15	结构清晰，内容协调，设计合理，视觉效果较好
语言表达	15	精神饱满，自然得体，语速恰当，声音洪亮，表达流畅，张弛有度
现场效果	10	具有较强的感染力、吸引力和号召力，现场效果良好
总　分	100	

2. 校园调查

实践主题：青年学员谈恋爱现象调查

实践目的：

调查青年学员谈恋爱的比例、谈恋爱的原因、恋爱成功的比例，分析军校学员谈恋爱的利和弊，帮助其树立正确的恋爱观和婚姻观，加强个人道德修养，追求崇高的

精神境界。

实践方案：

（1）通过网上调查、发放调查问卷、实际考察等方式，了解青年学员的恋爱情况。

（2）分析各项反馈信息。

（3）学员通过撰写调研报告，总结青年学员谈恋爱的利和弊。

专题九
英雄之问——如何发扬革命英雄主义

教学主题

崇尚英雄　争当英雄

习近平总书记在纪念中国人民志愿军抗美援朝出国作战70周年大会的讲话中指出："70年来，我们始终没有忘记在抗美援朝战争中英勇牺牲的烈士们。19万7千多名英雄儿女为了祖国、为了人民、为了和平献出了宝贵生命。烈士们的功绩彪炳千秋，烈士们的英名万古流芳！"[①] 英雄是一个民族的脊梁，英雄也是一个民族最闪亮的坐标。在中华民族五千多年的历史上，每当民族有难，人民有危，总有一部分人挺身而出，舍生取义，支撑着中华民族历经磨难而屹立不倒，也正是这些英雄的事迹，激励着一代又一代中华儿女奋勇前行。一个有希望的民族不能没有英雄，战争年代需要英雄，和平时期同样需要英雄。但是，一段时间以来，我们的青年中崇拜偶像明星，梦想当网红、当主播的大有人在，有的搞不清"在和平时期，什么样的人可以称之为真正的英雄？""今天我们为什么仍然要大力提倡崇尚英雄？"，更不知道"在相对和平时期，崇尚英雄具体又应该怎么做？"在面对抹黑英雄、调侃英雄、质疑英雄的现象时，少数青年学员甚至深以为然，欣然认同。这些是萦绕在青年学员头脑中的关于"英雄"话题的时代之问。本专题重点围绕学员的这些困惑，从理论、历史、现实等多维度出发，解答学员关于"英雄"话题的时代之惑。

教学目标

知识目标：了解英雄的典型特质，明白英雄的时代内涵，认清抹黑英雄、质疑英雄等社会现象背后的实质，理解我们为什么要崇尚英雄。

能力目标：知道如何用实际行动崇尚英雄、捍卫英雄、学习英雄、关爱英雄。

素质目标：树立起尊重英雄、崇尚英雄、争当英雄的信念。

---

① 习近平在纪念中国人民志愿军抗美援朝出国作战70周年大会上的讲话［M］. 解放军报，2020－10－23（02）.

思维导图

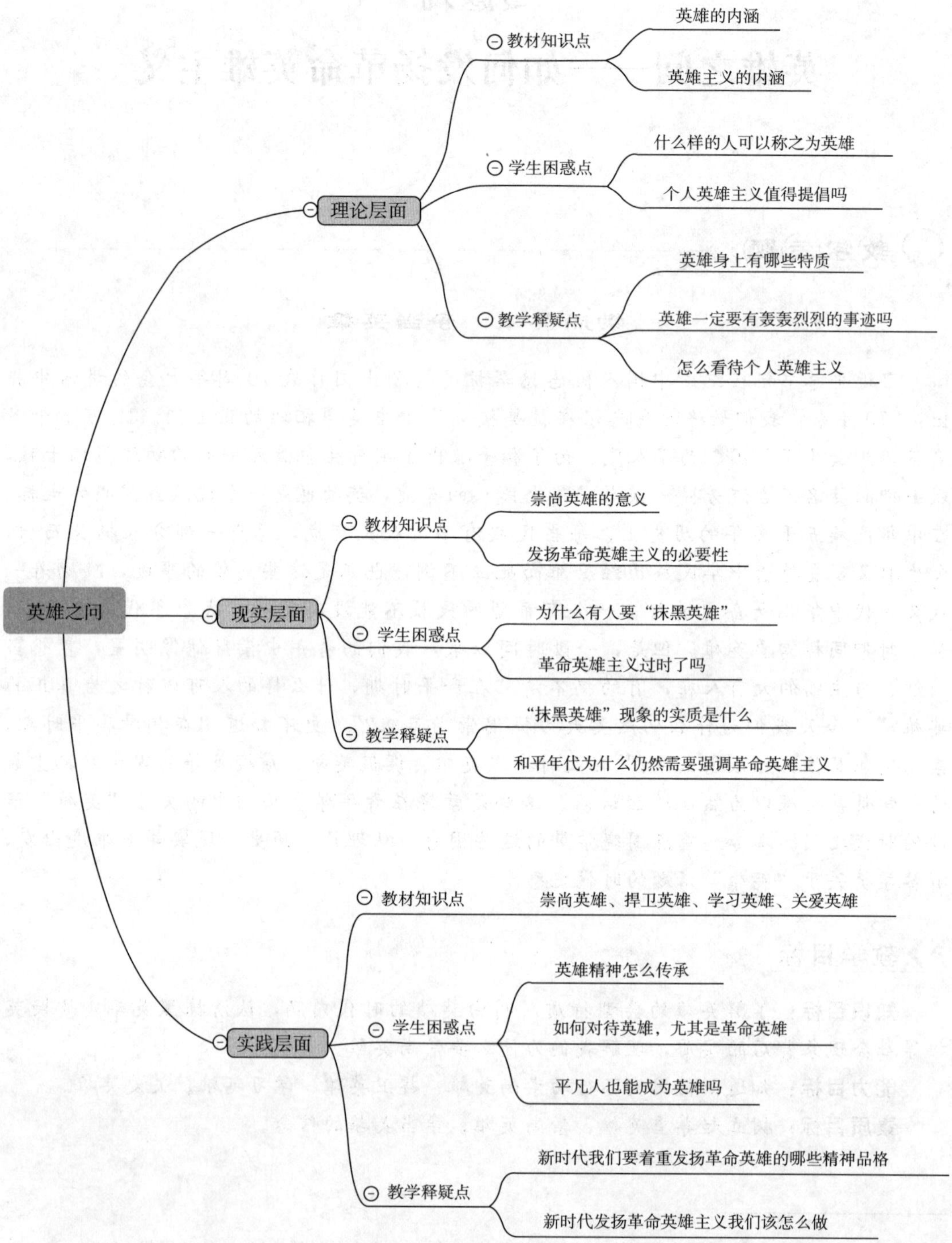
英雄之问
理论层面
教材知识点
英雄的内涵
英雄主义的内涵
学生困惑点
什么样的人可以称之为英雄
个人英雄主义值得提倡吗
教学释疑点
英雄身上有哪些特质
英雄一定要有轰轰烈烈的事迹吗
怎么看待个人英雄主义
现实层面
教材知识点
崇尚英雄的意义
发扬革命英雄主义的必要性
学生困惑点
为什么有人要“抹黑英雄”
革命英雄主义过时了吗
教学释疑点
“抹黑英雄”现象的实质是什么
和平年代为什么仍然需要强调革命英雄主义
实践层面
教材知识点
崇尚英雄、捍卫英雄、学习英雄、关爱英雄
学生困惑点
英雄精神怎么传承
如何对待英雄，尤其是革命英雄
平凡人也能成为英雄吗
教学释疑点
新时代我们要着重发扬革命英雄的哪些精神品格
新时代发扬革命英雄主义我们该怎么做

教学详案

2020 年 9 月 8 日，全国抗击新冠肺炎疫情表彰大会在北京举行。习近平总书记向国家勋章和国家荣誉称号获得者颁授勋章、奖章，并发表重要讲话。大会对全国抗击新冠肺炎疫情先进个人、先进集体，全国优秀共产党员、全国先进基层党组织进行表彰。

2021 年 2 月，军队主流媒体公布了 2020 年发生在中印边境加勒万河谷冲突中我军牺牲和受伤官兵的详细情况，迅速引发了民众对英雄的礼赞。中央军委授予祁发宝“卫国戍边英雄团长”荣誉称号，追授陈红军“卫国戍边英雄”荣誉称号，给陈祥榕、肖思远、王焯冉追记一等功。习近平总书记对卫国戍边行动任务部队的英雄事迹做出了重要批示，对一线官兵敢于斗争、勇于吃苦的革命精神给予高度褒奖。

喀喇昆仑卫国戍边英雄故事

不管是敢于担当的抗疫英雄，还是为了祖国、为了胜利一无所惜的卫国戍边英雄，国家都给予了他们最隆重最庄严的礼遇，这不仅寄予着党和国家对英雄的高度肯定和褒扬，也饱含着全国人民对英雄模范的崇高敬佩。

近年来，党和国家每每隆重褒奖英雄，以此来强化对英雄的国家尊崇与民族记忆，弘扬他们爱国、忠诚、担当、奉献、牺牲的崇高品质，营造崇尚英雄、争当英雄的浓厚社会氛围。这一举措，让我们深深感受到新时代中华民族敬重历史、崇敬英雄的价值导向。今天，作为新时代的军校学员，我们有必要赓续中华民族这一优良传统，继续弘扬革命英雄主义，争当新时代的英雄。

一、何为真正的英雄

何谓英雄？不同的时代有不同的解释。三国时期魏国思想家刘劭在《人物志》·英雄中是这样说的，“聪明秀出，谓之英；胆力过人，谓之雄。若一人之身，兼有英雄，则能长世。”清代袁枚则说：“何以称英雄？识以领其先。”这个“先”，既体现在能力素质上，更体现在精神品质、责任担当上。可以说，每个时代都有每个时代的英雄，每个民族也都有每个民族的英雄。尽管英雄事迹各不相同，但总体来说，我们可以看到，英雄身上普遍存在一些共同的过人之处，主要体现在两个方面：一是本领高强、勇武过人；二是不怕困难，为了人民利益英勇斗争、令人敬佩。其中，第一个方面从事实层面，说明了英雄区别于普通人的特征，第二个方面从价值层面，说明英雄之所以进行英勇斗争，是因为英雄将人民的利益作为自己的价值追求。因此，理解英雄的含义，需要从事实和价值两个层面去理解，而价值层面、精神层面是英雄内涵更为核心的一个方面。罗曼·罗兰说：我称为英雄的，并非以思想或强力称雄的人，而只是靠心灵而伟大的人。罗曼·罗兰眼中的“英雄”之所以伟大，是因为他们拥有伟大的心灵，并能够倾心为公众服务。

那么，英雄身上主要有哪些精神特质呢？

（一）英雄的精神特质

1. 舍我其谁的责任与担当

“知责任者，大丈夫之始也；行责任者，大丈夫之终也。”我们生而为人，在这个世界上就有自己的使命和责任。面对责任，如何去承担，如何付诸行动，则是英雄和普通人的一个重大区别。翻看历史的画册，在任何时期，英雄总能用实际行动践行自己的责任。新时代排雷英雄杜富国的名字如今已众人皆知，因为“你退后让我来”六个字，他永远失去了双手和双眼，但当记者问他后不后悔时，他说：如果还有机会自己还会选择雷场，选择“让我来”。这就是新时代英雄的担当。2020 年 1 月 24 日，除夕之夜，军队三所军医大学 450 名医护人员闻令而动，星夜出征武汉。疫情面前，很多医护人员没有选择留在安全的地方，而是纷纷写决心书、请战书，要求去抗疫第一线。陆军军医大学医疗队员彭渝主动请战后，为了不让家人担心，谎称自己在医院值班。直到丈夫在别人朋友圈看到了出征的照片，才知道妻子也去了抗疫第一线，并随即打去电话，和她大吵了一架，责怪她没和家人商量。但是几天后，彭渝看到丈夫之前发来的微信：“你是我妻，也是战友。使命在先，盼早日凯旋。”正是因为有责任，有担当，他们才义无反顾地选择了冲向抗疫第一线。当他们明白了自己肩上的责任和担当，内心的恐惧便被战胜，从而产生高于常人的勇气，选择逆向而行。这就是英雄的典型特质之一。

2. 向死而生的血性与品格

血性是英雄的另一个显著特征。有血性就是英勇顽强、不怕牺牲，体现为直面生死、舍生忘死的英雄气概，体现为任务面前敢于担当、强敌面前敢于亮剑、危急关头敢于冲锋的品质。无论时代如何变化发展，我们都需要锻造舍生忘死、向死而生的民族血性。我军历来以敢打敢拼闻名于世，也正是靠着广大官兵不畏强敌、敢于战斗的品格，我军才得以在战争中打败数倍于己的敌人，上演了一幕幕威武的战争活剧。

案例

抗美援朝第二次战役中，志愿军第 38 军 112 师 335 团奉命抢占松骨峰，在毫无工事依托的阵地上，与敌人展开激烈搏斗。敌人用了 32 架飞机、10 多辆坦克，采取集团式冲锋向这个连的阵地汹涌扑来，整个山顶的土都被炸翻了，汽油弹的火焰把阵地烧红了，但官兵们毫不退缩，与敌人激战整整 8 小时，打死了 300 多个敌人，以牺牲 111 人、幸存 7 人的代价，牢牢守住了阵地，成功阻击美军第 2 师 9 团南逃，为主力部队聚歼敌人赢得了宝贵的时间。

案例评析

在我军历史上，像这样的故事太多了，像这样的英雄人物、英雄集体也太多了。狼牙山五壮士、刘老庄连 82 勇士、王杰、董存瑞、邱少云等等，他们在国家危难时刻，毫不畏惧，迎着强敌挺身而出，为了胜利一无所求，为了国家一无所惜。毫无疑问，他们是真的英雄，他们将“一不怕苦、二不怕死”的精神诠释得淋漓尽致。

然而，现在的战争形态已经发生了巨大变化。有人认为，现代战争很难遇到短兵相接、刺刀见红的对抗，血性似乎没那么重要了。这种观点是错误的，在任何时代，有血性都在关键时刻彰显其巨大作用。与新冠肺炎疫情的对抗，相当于一场没有硝烟的战争，有战争就意味着有人会牺牲。疫情发生后，据统计，我国至少有53名医护工作者牺牲在抗疫一线。南京市中医院副院长徐辉，连续奋战18天后，积劳成疾牺牲了。之后，南京市第一医院又接到任务，要派出54名医护人员支援武汉。其实，当时医院领导对于有没人愿意去，心里是没底的。谁都知道其中的危险和艰辛。但是，当院领导发出自愿报名的通知后，仅仅几分钟，主动报名的人就齐了。面对疫情，众多医护人员几乎做出了同样的选择："不获全胜绝不收兵"。明知危险，明知可能会牺牲，依然能义无反顾，向死而生，这就是有血性的体现，这也是英雄的一大特质。

3. 无私奉献的情怀和境界

英雄不仅意味着敢于直面生命危险，还意味着无私奉献。这种无私，不是"我必须"，而是"我要"，这意味着一切选择都是他自觉的、自愿的、主动的选择。新冠肺炎疫情期间，"武汉是英雄的城市，湖北人民、武汉人民是英雄的人民"，习近平总书记铿锵有力的号召，鼓舞着冲锋在武汉抗疫一线的万千英雄向前、再向前。疫情发生后，钟南山院士告诫民众"没有特殊情况，不要去武汉"，但他自己却逆向而行。2020年1月18日，他要从广州赶往武汉。由于受春运的影响，当天的航班、高铁已经买不到票，钟南山院士在国家卫健委的协调和铁路部门的帮助下，最终挤上了高铁，在餐车找到个位置。在国家危难之际，钟南山院士不顾个人安危，毅然选择去抗疫第一线。当有记者采访他提到他80多岁时，他笑着说："我好像还没老成这个样子吧，如果可以，我想再为国家奉献10年。"钟南山院士的回答也为英雄的奉献精神做出了最好的解释。武汉市第六医院重症医学科主任朱国超，一周之内她的三位至亲先后感染新冠肺炎，其中一位因抢救无效离开了人世。但是她没有沉浸在悲伤之中，而是选择继续奋战在抗击疫情一线。在他们身上，我们看到一种无私、无畏、无我的崇高境界。这种境界，不管在哪个时代、哪个领域、哪种职业，都能在英雄身上被展现。

案例

"人民楷模"王继才——一辈子守着这面旗[①]

10月1日早上，五点半左右，黄海前哨开山岛上，天才微微亮。

这是新中国成立70周年的日子，岛上值守的民兵升起了一面崭新的五星红旗。

海面很平静。阳光穿过薄薄的海雾，照在鲜艳的国旗上，洒向守岛英雄王继才的铜像——他手指着太阳升起的方向，眺望着波光粼粼的大海。

英雄，仿佛从未曾离开过。

① "人民楷模"王继才——一辈子守着这面旗[N]. 人民日报，2019-10-11 (06).

这座面积仅有0.013平方公里的国防战略岛，长期没水、没电、缺衣少食，王继才却整整坚守了32年。他让五星红旗每天在这里伴着朝阳升起，让松树、桃树、梨树在石头缝上开花结果，而自己却因积劳成疾，永远倒在了开山岛的台阶上。

在庆祝新中国成立70周年之际，王继才被授予"人民楷模"国家荣誉称号。

开山岛是我国的黄海前哨。1985年部队撤防后，当地人武部曾先后派出4批10多名民兵守岛，都因条件艰苦没能长期值守。1986年7月，人武部政委找到王继才。面对组织挑选，他毫不犹豫接受了任务，瞒着家人上了岛。

放心不下丈夫的妻子王仕花，毅然辞去工作，上岛与丈夫并肩值守。

从此，王继才夫妻俩每天做的第一件事就是在岛上升起五星红旗。

没有人让他们升旗，王继才却认定，在这座岛上国旗比什么都重要。

他曾说："升起国旗，就是要告诉全世界，这里是中国的土地，谁也别想欺负咱！"

一次，台风来袭，王继才脑子里只想着国旗。他顶着狂风，跌跌撞撞爬到山顶，奋力把国旗降了下来。

回来时，他一脚踩空滚下17级台阶，肋骨摔断了两根，人差点被吹进海里卷走。可手里，还紧紧抱着那面国旗，像是护着一个初生的孩子。

第二天，赶来的渔民把他接下岛送进医院。大家劝他，为了一面旗摔成这样，如果真的命没了，值得吗？

王继才却说："守岛这么多年，开山岛就是我的家，如果哪天真出事了，就把我埋在岛上，让我一辈子陪着国旗！"

海风呼啸间，王继才坚持了32年，让开山岛永远飘扬着一抹令人魂牵梦绕的红色，直到他生命的最后一刻。

开山岛是座石头山，上面没水、没电、没粮，只有几间破营房。一年四季，石缝里的茅草绿了又黄，在海风中簌簌发抖。当地人说，在上面活着都很难，更不要说守。

然而，王继才没有退缩。没有水，他们喝水窖里攒下的雨水；没有电，他们晚上点蜡烛；没有粮，他们在岛上种菜、捕鱼，让大女儿在岸上当"补给队长"，不时买点东西托渔民捎来……

风一来，岛就与世隔绝了。有一次柴火用光了，夫妻俩一连嚼了5天生米。风停时，渔民上岛发现，他们已经饿得说不出话。

王继才没有动摇：守岛就是守国，守岛也是守家。

那30多年里，曾有过许多诱惑和机遇。走私犯要与他平分利润，蛇头对他威逼利诱、拳打脚踢，王继才没有动摇；岸上经济发展如火如荼，改革开放让周边的人们都富起来了，王继才没有离开。

一年又一年，守岛，从"有期限的任务"变成了"终生的使命"。

在与犯罪分子的斗争中，在对渔民、对设施的守护中，在每天升起的五星红旗上，王继才看到了自己守岛的价值。

儿子王志国曾因为工作枯燥乏味向父亲抱怨，王继才却语重心长地告诉他："如果你觉得工作没趣味，那是因为你没花时间、没用心。"

王志国在以后的日子里才更深刻领会到这句话的含义：用了心，花了时间，再平凡的小事，也会有价值。

2018 年 7 月 27 日，老民兵王继才倒在了开山岛的台阶上。

哨所的营房里，一面国旗整整齐齐放在桌上。

那是他生前升过的最后一面国旗。

案例评析

王继才 30 多年如一日守卫着开山岛。他把枯燥的重复工作变成了生动的事业。干别人不愿意干的事、吃常人吃不了的苦，并且长期坚持舍小家为大家，这需要一种怎样的情怀和境界才能做到呢？这就是无私无我的境界，这就是奉献精神，奉献精神正是对英雄精神的另一种诠释。

从以上几个方面，我们大致在头脑中对英雄有了一幅图像。英雄，敢为人之所不敢为，敢当人之所不敢当；英雄，挽狂澜于既倒，扶大厦于将倾；英雄，无私无我，至诚至坚。这样的人，我们可以称他为英雄。有人可能也会产生这样一个困惑：英雄似乎都是伟大的人物，英雄都有着超于常人的觉悟，英雄都有着轰轰烈烈的事迹。但是否一定要有轰轰烈烈的事迹才能被称为英雄呢？

（二）英雄是否一定要有轰轰烈烈的事迹

我们看过很多关于英雄的影视作品，也听过很多关于英雄的故事，故事的主人公绝大多数都是有着轰轰烈烈事迹的大人物。所以，在我们的头脑中，似乎英雄就意味着必须要有轰轰烈烈的事迹。纵观历史，英雄几乎也都是大人物的代名词，即使是在当下，人们似乎也习惯把对英雄的礼赞送给有轰轰烈烈成就的人。毫无疑问，他们是我们的大英雄。但对“英雄”的定义，如果仅仅定义为大人物，这样的价值坐标是否是一种自我设限呢？事实上，为英雄者，不必轰轰烈烈，也不必顶天立地。正如贝多芬所言：“在全人类之中，凡是坚强、正直、勇敢、仁慈的人，都是英雄。”面对一个摔倒在地的老人，不假思索去帮扶，你就成了这个老者的英雄；为急需手术移植的病人捐献器官，你就成了病人一家的英雄；面对疫情，主动请战出征一线，你就成了国家的英雄。这些都是平凡人细小的举动，但这些也是英雄精神的体现。

案 例

平凡英雄　向英雄致敬[①]

今年与往年不同，不再有车水马龙的街道，也不再有五彩缤纷的烟火。

有的只是一道又一道紧急通报，一批又一批奔赴前线的医护背影，一声又一声般

① 资料来源：《平凡英雄　向英雄致敬》，“浙经院校学生纪管”微信公众号，2020 年 3 月 1 日。

切的祝福与希冀。

自1月23号武汉封城，疫情暴发以来，有人逃离；也有人负重前行；有人为了利益致他人于不顾；也有人为了他人不惜牺牲自己……

患难下见人性，疫情下见英雄！

今年注定是不平凡的一年！

①

疫情发生以来，有着31年党龄，15年兵龄，已经55岁的程林芳，一直坚守在疫情防控一线，一天也没有歇过。

他每天早上6点左右就起床，顾不上吃早餐便到达执勤地点。在执勤点，他按要求对过往车辆和行人，逐个测体温、登做记录，面对面宣传解释，仅靠一个单薄的口罩防护，他根本就顾不上考虑个人被感染的风险。

意识到疫情防护一线危险性大，值班备勤回家后，也实行自我隔离，尽量不与家人见面，并安排一家人每人一个起居室，从窗口打个招呼。

有熟人见了说：“这活让年轻人干吧，你一个老同志该歇歇了”。

他却说：“年轻人干行，可是他们父母会牵挂，还是我干合适……”

②

大年三十的晚上，她带领着48位长征医院的孩子前往武汉战场

“央视军事”这样点评陈静：ICU里的低调“管家”，却拥有着“硬核”态度！

2020年新型冠状病毒肆虐时，陈静发挥集体主义精神，无私奉献，一心为民，服务社会。带领志愿学生前往一线，组成海军医疗队，担任护士长，负责病区所有物资保管和清点，监督每一名进出重症监护室的医生护士。

在医疗队，她像妈妈一样地唠叨。

面对病人的不听从和不理解，陈静告诉自己的同事：“讲一次不听讲两次，讲两次不听讲到他听为止。”

在汉口医院，陈静护士长再三叮嘱，要求医生与同事不断地洗手，换手套，言语间还会严厉地批评：“你换手套了吗？你换个手套，再洗手，每个人一定要注意防护，现在是自己管理自己。”

世间如果有天使，我想她们肯定长这般模样。

③

曾经听过一句话：“只有在特殊背景下所折射出来的善良，才是一个人真正的品质，也是他心底最温暖纯良的东西。”

在山东日照，一名环卫工大爷在派出所扔下了一万两千元钱，还附上了一张纸条，上面写着：急转武汉防控中心，为白衣天使们加一点油，我的一点心意。

落款是简单的四个字：东巷环卫。

面对旁人的不解，他朴实地回答道：“人家能豁出生命，咱不能做点贡献吗？我只是为武汉人民做一滴水的贡献。”

尽自己一份力去温暖这个世界的人，值得被世界温柔对待。

世上哪有天降的英雄啊！只有做了不平凡选择的普通人。像这样在阴霾里默默发光的人还有很多。伟大出自平凡。因为他们，我们才坚信，我们终将胜利。因为他们，地球才成为了浩瀚宇宙中最温暖的一颗星。

案例评析

英雄的表现未必都是轰轰烈烈的，事实上，我们就身处这样一个英雄无处不在的国家。正是因为我们身处这样一个英雄辈出、处处英雄的国家，我们国家才能在每一个危难时刻充满底气地挺过来。一个时代有一个时代的英雄。疫情期间，一个个平凡的医生护士、快递小哥、志愿者等等，他们默默无闻、坚守岗位，他们都是这个时代的英雄。

作为新时代的军校学员，我们应该明白，英雄并不是从天而降的，而是普通人在每一个平凡瞬间的挺身而出。一个小小的善意之举，一份持之以恒的仁爱之心，都可以成就一个英雄。在今天，英雄主义，不是奢侈品，而是我们日常生活中的必需品。正如鲁迅所言："不必等候炬火，有一分热，发一分光，自是英雄。"

(三) 如何看待个人英雄主义

我们自古就崇尚英雄，但大部分都是崇尚英雄个人。比如古代的诸葛亮、岳飞、霍去病，近现代的刘胡兰、董存瑞、邱少云等等。那么，推崇个人英雄是不是意味着推崇个人英雄主义？到底该如何看待个人英雄主义？

这个问题说到底是英雄史观与人民史观的问题。要明白什么是个人英雄主义，首先要搞清楚什么是英雄主义。

知识链接

英雄主义

什么是英雄主义？按照《辞海》的解释，就是"主动为完成具有重大意义的任务而表现出来的英勇、顽强和自我牺牲气概和行为"。其特点是：反映当时的历史潮流和社会正义，敢于克服超出通常程度的困难，主动承担比通常情况下更大的责任，敢于向社会上的反动、黑暗势力以及自然界进行坚强不屈的斗争。

英雄主义有个人英雄主义和革命英雄主义之分。

"个人英雄主义"是与我们所提倡的英雄主义相违背的。我们所提倡的英雄，虽然也是个人，但是我们所提倡的英雄主义，有一个重要内涵，即个人敢于担当、敢于牺牲、敢于奉献，认识并承认集体的力量，一切以他人或者集体的利益为最高的出发点。而个人英雄主义的思想基础是个人主义，这种思想基础的社会根源是生产资料私有制和剥削阶级的存在。其突出特点是喜好出风头，居功自傲，片面夸大个人作用，轻视或者否定人民群众的集体智慧和力量，把个人的作用摆在集体和人民群众之上。总之，个人英雄主义的本质是：在集体行动中，个人英雄主义把自己当成核心和关键，强调自己一个人的作用，强调自己一个人的功绩。这里要注意两种情况，一是在"集体行动"中容易出现个人英雄主义。如果是个人行动，那么，把个人作为关键是必然的，发挥个人的作用是理所当然的。但是在集体行动中，就应该注重与集体配合，共同发挥集体的作用。不能为了凸显个人的作用，将集体置之度外，也不能将集体的功劳最终归于一己之力；二是个人英雄主义很多时候有可能是盲目的，本人只是主观地认为自己处于关键地位，能够发挥关键作用，因而轻视集体的作用。因此，个人英雄主义的标志性行为是忽视集体，不顾大局，而这种行为，往往会对集体行动产生负面的影响。

当然，现实生活中，也确实可能存在个人在集体中居于核心地位的情况和个人行动暂时决定集体行动走向的情况。这种情况下，我们要注意判断到底是我们所提倡的英雄主义还是个人英雄主义。真正的英雄主义是可以在危机中团结集体，并带领整个集体共进退、共荣辱、共生死的。而个人英雄主义实际上就是一种特殊的个人主义，往往呈现出来的是不惜牺牲他人或者集体利益，以满足和成全自己的虚荣心和利益。

案 例

我们为什么热爱岳飞的"个人英雄主义"？①

我们爱英雄，尤其荧屏上的英雄主角们总是单枪匹马就能化解各路危机，拯救危难，让人看得热血沸腾。但在现实中，没有人能凭借一己之力解除所有危机，太过标榜个人英雄主义也容易招来厌烦。

然而，在南宋战场上，岳飞的"个人英雄主义"却让后人无限敬仰。人们津津乐道的是他初入沙场时凭借一腔孤勇冲杀敌阵，一个人就是一支队伍；是别人临阵退缩时他的主动请缨，用小部队就能打出千军万马的气势；是他打造出岳家军这个英雄集体，在战场上一往无前、所向披靡。

一个人的冲锋

岳飞自小练就了一身好武艺。初入战场的岳飞十分英勇，面对敌军，他更愿意做一个孤胆英雄，常常单枪匹马直击敌军。

岳飞跟随刘浩解开封之围时，在滑州南和金兵列兵对峙。一日，岳飞率领一百名骑兵在结冰的河上演习时，突然遭到金兵袭击。岳飞对部众说："敌人人数虽多，但还

① 资料来源：我们为什么热爱岳飞的"个人英雄主义"，https://zhidao.baidu.com/guestion/171020280832 4986660.html.

不知道我方虚实。我们应该趁其立足不稳，迅速出击，打他们一个措手不及。”说罢，岳飞便独自策马冲向敌人，挥刀将前来迎战的金军大将斩于马下，敌军惊慌大败而归。

建炎元年（1127 年），岳飞领兵在太行山一带抗击金军。一日，与金军遭遇，岳飞单人独骑，手持丈八铁枪，刺死金军将领黑风大王，敌军又一次大败而逃。

建炎四年（1130 年），岳飞率部移屯常州。盗贼郭吉听说岳飞前来，逃入太湖之中，岳飞遣部将中善战者领兵追击，又派能言善辩者前去劝降。软硬兼施下，大部分盗贼归降。对个别不肯降附的，岳飞又一次单人独骑冲入营寨，将其斩首。

一个人的坚守

然而并不是所有的将领都能像岳飞一样不惧生死、冲锋在前。战场上，岳飞不仅要面对敌人的威胁，还要时时面对友军的惧敌与不配合。于是当别人怯懦时他总是挺身而出，当别人撤退时他总能迎难而上。

建炎三年（1129 年），当贼寇王善等人集结五十万人打来时，岳飞手中只有八百人马。面对敌人乌泱泱一片，部众都惊慌失措打起了退堂鼓。此时，岳飞站了出来，说：“吾为诸君破之。”说完，他左手挟弓，右手运矛，冲向敌阵。敌军登时大乱，大败而散。

开封留守杜充率军南撤建康，岳飞苦劝：“中原之地尺寸不可弃，今一举足，此地非我有，他日欲复取之，非数十万众不可。”怎奈杜充听不进去，岳飞只好随他南归。金军追来，杜充惧敌，闭门不出，岳飞流泪劝谏他前去坐镇监军，杜充哪里肯听。金军已经渡江，危机近在眼前，杜充不得不派兵迎战，谁知仗还没开打，领头大将就先逃了，其他将领也纷纷作鸟兽散。此时，只有岳飞独自留下，率军苦战。

一个人的担当

做岳飞的部将，能享受连战连捷的喜悦，但是也必然会承担更多的风险。因为，在战场上，面对危险的任务，很多功成名就的大将都唯恐躲避不及，而岳飞却总是那个主动向前一步的人。

金军进攻楚州，形势十分危急，朝廷令张俊率部增援。张俊推辞不去，朝廷于是改派岳飞前去。岳飞领命出兵，三战三胜，杀死并俘虏敌将七十多人。胜利就在眼前，奉命支援岳飞的大将刘光世却惧敌不敢前进，岳飞最终因势单力薄，未能保住楚州。

绍兴元年（1131 年），张俊请岳飞一同再次前去讨伐李成。岳飞说：“贼贪而不虑后，若以骑兵自上流绝生米渡，出其不意，破之必矣。”并主动请求由自己打头阵，张俊闻之大喜。

岳飞身披重甲率领部将突入敌阵，之后乘胜追击贼众。敌军人多势众，岳飞沿路设伏布阵，打出醒目的“岳”字旗，挑选二百名骑兵跟随其后。敌人中计，认为岳飞兵少可欺，于是发动进攻，被预先埋伏的军队突袭围剿，最后大败而逃。

一群人的英勇

战场上有畏战之人，就有勇毅之士。岳飞在战场拼杀这些年，靠着英勇杀敌立下赫赫战功，也引来无数英杰追随在侧，逐渐建立起一支军纪严明、训练有素的“岳家军”。他的孤勇终于成为一群人的英勇，他的“个人英雄主义”淬炼成了集体英雄主义。

案例评析

不论在哪个时代，我们都需要像岳飞一样的英雄，更需要能带领一个集体成为英雄的英雄。今天，我们崇尚英雄个人，崇尚的是始终将国家、社会、集体利益作为个人行为最高价值标准的英雄，我们大力弘扬革命英雄主义，弘扬的也是英雄人物身上所承载的忠诚、勇敢、果断、坚毅、专注、敢于牺牲、身处险境而临危不乱的精神特质。

二、为什么要大力弘扬革命英雄主义

习近平在和基辛格的一场会面中讨论抗美援朝战争。基辛格说：中国军队缺乏后勤保障、空中保障，装备是如此之差，但居然没有"打输"。习近平告诉他："我们靠的是一种革命的战斗精神，我们的战士是不怕你们的，无论拿什么武器，都敢和你们较量。"抗美援朝战场上，正是革命英雄主义极大地激发了志愿军部队的战斗精神，促使志愿军战士浴血奋战、视死如归，涌现了30多万名功臣，其中包括一大批战斗英雄。

不仅仅是抗美援朝战场上，自古至今，中华民族从来都不缺少英雄。中华民族屹立几千年不倒，就是因为英雄总是能在国家和民族危难之际，力挽狂澜。英雄用他们的血肉之躯，筑起了民族最坚不可摧的脊梁，催生出民族最深厚的前行力量。但一段时间内，网上出现了一些别有用心的人，他们诋毁英雄，抹黑英雄，而这些现象甚至混淆了一些青年的价值判断。对待英雄的态度代表的是一个民族的价值取向。我们必须看清楚"抹黑英雄"现象的实质，才能端正对待英雄的态度。

（一）"抹黑英雄"现象的实质

"抹黑英雄"的现象并非首先出现在我们国家。早在二战时期，美国就提出，整个世界正从军事帝国主义向经济、文化帝国主义转变，他们将毁坏其他民族的道德观念，摧毁其他国家的主流价值观作为手段，尤其重视从青少年身上着手。在苏联解体的过程中，西方国家就采取了抹黑领导人，诋毁英雄的方式，达到了从意识形态领域摧毁一个国家政权的目的。他们不仅将斯大林抹黑为独裁者，还诋毁了一大批像卓娅和舒拉那样的英雄。这些手段导致苏联民众质疑自己本国历史的真实性，最终让民众的信仰崩塌。意识形态领域的瓦解就像一只无形的手，将一个国家暗暗摧垮。

案例

苏联女英雄卓娅因何被抹黑？[①]

那是1941年冬天一个寒冷的夜晚，莫斯科附近一个普通农庄，德国军人抓住了一个放火烧德军马厩的年轻女孩。风雪寒冬，尽管女孩弱不禁风，但法西斯德军依然对她进行了严刑拷打。毒刑之下，女孩毫不屈服，对敌人昂然报以冰冷的眼神。最后德

① 陈先义．捍卫我们的英雄［EB/OL］．（2015－05－22）．http：//theory.people.com.cn/n/2015/0522/c40531－27041858.html.

军在白雪皑皑的广场上对这位18岁的女孩处以绞刑。当一条粗大的绳索套上女孩的脖颈时，女孩挣扎着高喊："斗争啊，同志们！别胆怯，最后的胜利一定是属于我们的！"罪恶的德军踢开了女孩脚下的木箱，女孩英勇就义。

这个女孩的名字叫卓娅，二十世纪五六十年代出生的人都在小学课本上读过记述卓娅事迹的名篇《卓娅和舒拉的故事》。如果讲战果，卓娅的成就可以忽略不计，但是她却感染了整个苏联，从统帅到士兵都愤慨万分，从内心发出为卓娅复仇的呐喊。1942年2月，经过斯大林和最高苏维埃批准，授予卓娅"苏联英雄"的光荣称号。

然而，在卓娅牺牲50年后，苏联解体前夕，这个曾经被作为圣女崇敬的英雄却再次被推上了"绞刑架"。不过，这次"行刑"的刽子手不再是德军法西斯，而是西方敌对势力和国内投降卖国的知识分子。一篇由西方参与炮制、由苏联人撰写，在媒体公开发表的所谓解读真相的文章震惊了整个苏联。文章用诡辩的手法，称卓娅当年烧的不是德军马厩，而是普通老百姓的民房，是当时愤怒的村民把她抓住后扭送给德军的。一些不怀好意的人进一步推波助澜，编造了卓娅曾经是精神病患者的谎言，说只有精神病患者才那么无畏。甚至进一步污蔑说连卓娅的尸体照片，都是奉斯大林之命为宣传需要伪造摆拍的。一个在苏联人民心目中的英雄，在谎言的淹没中轰然倒地。整个苏联在谎言中由惊讶到徘徊到动摇。

与此同时，恶搞英雄的暗潮在各种媒体上涌动。苏军一批著名的战斗英雄，如世人皆知的关键时刻与敌人同归于尽的大英雄马特洛索夫等，被说成是人为编造的谎言。甚至连列宁都被贴上了德国间谍的标签。在一阵阵毁灭英雄的恶潮中，一个个二战中的英雄被无端诬陷和攻击。

案例评析

丢掉本国的历史，质疑自己的英雄，颠覆自己英雄人物的形象，这实际上意味着一个民族信仰的缺失，价值体系的分崩离析。而这一切，其实都是敌对势力在意识形态领域抛出的一颗重磅炸弹。当一个国家的民众都被敌对势力的阴谋混淆了价值判断，这个国家离灭亡也就不远了。抹黑英雄人物正是西方敌对势力对苏联展开"颜色革命"的突破口。卓娅作为苏联人民心中的英雄人物，原本是一个精神支撑，但当这个女英雄的形象坍塌时，人们的信仰被动摇了，随之开始质疑一切，质疑整个国家，人心的离散正始于对英雄人物的质疑。

今天，西方国家又将对付苏联的这一套手段搬抄过来对付我们国家。在二十世纪五十年代，美国中情局就制定了专门针对中国的《十条诫令》，其中第一条就是"尽量用物质来引诱和败坏他们的青年，鼓励他们藐视，鄙视，进一步公开反对他们原来所受的思想教育。"第九条是"我们要利用所有的资源，甚至于举手投足，一言一笑，都足以破坏他们的传统价值观。我们要利用一切来毁灭他们的道德人心。"摧毁道德人心和价值观，最简单的方法就是抹黑一个民族的英雄，我们必须认清它的本质。

首先，我们要看清"抹黑英雄"是西方敌对势力对我国攻心战中的一环。英雄人物和革命英雄主义，集中体现了一个国家、一个民族的核心价值追求，是凝聚社会道德共识的纽带。西方敌对势力抹黑我们的英雄，实际上就是对我们进行咄咄逼人的意识形态攻击，我们必须保持清醒的头脑。

其次，我们也要看清这种手段本质上就是历史虚无主义的表现。历史虚无主义是一种以否定客观存在的历史、罔顾历史事实为基本特征的社会思潮，主要体现为两个方面：一方面把真实历史"虚无化"，另一方面体现为把虚假历史真实化。敌对势力通过抹黑英雄，同时又不断宣扬自己的英雄，最终想要达到瓦解我们的信仰，摧毁我们价值体系的目的。反观这些现象产生的原因，根本来说是因为人们对党史国史军史不够了解，知之不深。因此，我们必须铭记历史，识别西方敌对势力的险恶用心，守住我们的英雄，守住我们的意识形态阵地，守住我们的价值高地。

(二) 和平年代为什么仍然需要强调革命英雄主义

中华五千年英雄万万千，在这磅礴悠久的历史当中，英雄精神支撑着中华民族历经波折却始终屹立不倒。而革命战争时期出现的英雄，更是汇聚成了革命英雄主义，成了我军战无不胜的精神力量。

知识链接

革命英雄主义

革命英雄主义通常指无产阶级的英雄主义。革命者为了革命利益和革命理想敢于斗争、不怕艰难、勇于自我牺牲的理想行为与"个人英雄主义"相对。无产阶级的革命英雄主义在无产阶级的革命斗争中产生，是英雄主义的新的历史形式。它与以往的英雄主义和资产阶级革命英雄主义不同，代表无产阶级和人民群众的根本利益，有明确的为共产主义事业的彻底胜利和最终消灭阶级剥削和压迫而斗争的目标。

回顾我军历史，革命英雄主义哺育了一代又一代官兵。今天，尽管处在相对和平时期，但世界并不太平，战争仍然可能一触即发，尤其是我们国家周边安全形势不容乐观，还有种种风险和挑战等着我们。所以，在中华民族伟大复兴的道路上，需要更多的英雄人物带领全国人民去攻坚克难。新时代，英雄仍然是我们奋力前行的行动标杆和精神动力。

案例

第 83 集团军某旅杨根思连：官兵庄严集会　致敬维和英烈[1]

烈日青松挺立，盛夏哀思绵延，在陆军第 83 集团军某旅杨根思连驻训场上，杨根思连全体官兵再一次庄严集会。每一名战士的眼神中是诉不尽的哀思，一班长林思琦

① 张培，张超，王玉恒．第 83 集团军某旅杨根思连：官兵庄严集会　致敬维和英烈［EB/OL］．（2020-07-15）．http：//k. sina. com. cn/article_2232878475_v8517058b00100sbug. html.

的眼中更是噙满了泪水，因为他面前的那两张画像正是他曾经朝夕相处的战友李磊、杨树朋，而他们还有一个共同的名字——维和烈士。

2016 年 7 月 11 日，杨根思连赴南苏丹维和步兵营执行任务的 105 号步战车突然被火箭弹击中，李磊、杨树朋壮烈牺牲。此后，每年的 7 月 11 日，连队官兵都会为牺牲的两名烈士举行纪念仪式，而今天正是他们牺牲 4 周年的纪念日。

尽管时光已走过 4 个年头，但是南苏丹的那一场战火至今仍时常萦绕在连队每一名官兵的脑海中，今天连队在野外驻训场庄严集会，就是为了让两名烈士的精神代代相传。

连队新任政治指导员王玉恒专程前往许昌革命烈士纪念馆，代表全连官兵向两位烈士报告工作。他讲到：一直以来全连官兵始终秉承老连长"三个不相信"的英雄宣言，出色完成各项任务，请两位班长放心，我们一定会继承老连长和你们的意志，带领全连在今后创造更大辉煌！

70 年前，抗美援朝战场上，老连长杨根思带领一个排的兵力，连续打退美军的 8 次疯狂进攻，在阵地上仅剩他一人的情况下，老连长毅然决然抱起炸药包冲入敌群，与 40 多名敌人同归于尽，成为志愿军战场上首位"特级英雄"。

在南苏丹执行任务的中国维和步兵营，始终把老连长作为自己的精神坐标，传承了"不相信有完不成的任务，不相信有克服不了的困难，不相信有战胜不了的敌人"的"三个不相信"精神。新时代的全连官兵定将继承烈士遗志，传承红色基因，争当英雄传人。

案例评析

"杨根思连"是我军第一支以英雄名字命名的连队。1950 年 11 月 29 日，在朝鲜战场上，杨根思为国牺牲。66 年后，"杨根思连"的两名战士在执行维和任务的时候壮烈牺牲。时隔 66 年，英雄精神始终在赓续传承，指引着全连官兵守护着今天的"小高岭"。在这样一个英雄的连队，英雄精神穿越时空，始终引领官兵不断前行。

今天，我们礼赞英雄、表彰英雄，就是要画好英雄坐标，明晰价值导向，让英雄成为指引普通人的精神灯塔。在中华民族伟大复兴的路上，只有我们不断将英雄之光普照大地，我们才能在前行的道路上不迷惘、不畏难、不放弃。

三、发扬革命英雄主义我们该怎么做

习近平总书记指出："崇尚英雄才会产生英雄，争做英雄才能英雄辈出。"[①] 面对新时代、新征程、新使命，发扬革命英雄主义我们要怎么做呢？

（一）新时代我们要着重发扬革命英雄的哪些精神品格

革命英雄是我们党领导新民主主义革命、社会主义革命时期，为民族独立和人民

① 中华人民共和国国家勋章和国家荣誉称号颁授仪式在京隆重举行［N］. 解放军报，2019－09－30（01）.

解放、为国家主权和安全、为人民利益和福祉而做出重要贡献的杰出人物。他们追求真理、他们忠诚信仰、他们舍生取义、他们艰苦奋斗……他们身上凝聚了中华民族几千年历史长河中最优秀的品格。今天，时代已经发生了许多新的变化，我们发扬革命英雄主义，必须要结合时代特征。

1. 提升至善至美的道德情怀

革命英雄将为党为国为民的至善至美道德追求融入自己的革命生涯之中，铸就出人类历史上最为高尚的道德情怀，成为社会道德的风向标。进入新时代，我国在道德领域面临着很多新的挑战，新的问题，出现了很多道德失范的现象，可以说，社会道德状况还不能完全满足新时代对道德的要求。在新时代，青年是道德建设的主力军，我们必须以革命英雄主义来规范自己的道德品格，提升自己的道德境界，并努力成为新时代道德风尚的引领者。

案　例

大学生“硬核隔离”彰显了责任爱心①

武汉学院会计专业大三学生郭岳从武汉回河北沧州老家后，做了“教科书式隔离”，未感染一人。隔离期满后，他还给一名新冠肺炎患者捐献血浆。目前为止他仍独自住在家中车库里，打算再住满一个14天，“这样更安全一些，也不会给家人和周围人带去不必要的麻烦”。

据专家介绍，隔离是人类数千年来在对抗疫情中积累的重要经验之一，是人类到目前仍然最有效的对抗疫情传播、保护健康人群的重要手段。新冠肺炎疫情发生以来，一场全国总动员的疫情防控阻击战迅速打响，从武汉到全国，从城市到乡村，到处都拉起一道道隔离大网，严防死守，加强防控。尤其是针对从武汉回来的人员，各地都严格盘查登记，实行有病则治，无病则隔离。

当然，其中也有个别“漏网之鱼”。有人不仅不自觉登记备案、主动隔离，故意隐瞒武汉工作史、旅居史、确诊病人接触史，还经常在外活动，造成疫情扩散。比如，四川雅安人侯某有意隐瞒途经武汉汉口返雅的事实，密切接触群众达100余人，还导致有30多名医护人员密切接触，后来被确诊为新冠肺炎。这无疑是在给防止疫情扩散添乱。

大学生郭岳的“教科书式隔离”，显然值得称道。首先他在思想上高度重视隔离，“感染后有潜伏期，途中要接触很多人，防护好，对自己、对他人都好”。出发时虽无明显感染症状，但他还是戴了3层口罩和手套，行程中没摘下口罩手套，没和任何人交谈；他提前打电话让接机的父亲带上酒精，给自己全身和行李消毒；回到家主动联系社区说明情况，然后就把自己隔离在卧室，没有密切接触他人；出院后马上把自己再次隔离在车库，避免传染给他人。

① 大学生“硬核隔离”彰显了责任爱心［N］. 北京青年报，2020-03-01（A02）.

案例评析

相比较疫情期间一些隐瞒个人旅居史、病史的现象，郭岳通过一波“硬核隔离”让人们看到了一名普通大学生的责任与担当，这也是英雄主义精神的体现，他用自己的实际行动，为全社会树立起一根道德的标杆。

2. 弘扬革命英雄坚定信仰的风骨

坚定理想信念是革命英雄战胜一切艰难困苦的力量源泉和精神动力。在我们党的革命历史上所出现的革命英雄，无一不是为马克思主义和共产主义信仰而奋斗终生。1934 年 12 月，时任中国工农红军第三十四师师长陈树湘，在湘江战役中率领部队与几倍于己的敌人殊死搏斗四天五夜，最后陷入敌人的重重包围，身负重伤，不幸被俘。押送途中，他趁敌人不注意，在担架上从伤口处掏出肠子，用力绞断，壮烈牺牲，年仅 29 岁，践行了他“为苏维埃新中国流尽最后一滴血”的誓言。今天，革命英雄已经成为信仰的化身，他们身上所展现的信仰的力量，至今仍然在源源不断地产生作用。作为新时代的青年，只有从革命英雄身上汲取信仰的精神力量，才能为国家富强和民族复兴做出更大的贡献。

3. 坚守革命英雄舍身为国的追求

革命英雄的爱国情怀和爱国之行一直激励着我们每一个人。但是，爱国在每一个历史时期都有着其特殊的内涵。革命战争年代，英雄用流血牺牲来夺取政权、建设国家。今天，对于我们来说，爱国最鲜明的主题就是实现中华民族伟大复兴的中国梦。新时代青年，应当传承革命英雄的爱国情怀，将这种爱国情怀与时代主题相结合，在坚持爱国、爱党、爱社会主义相统一的前提下，坚持立足民族与面向世界的统一，以开放的视野、包容的胸襟，为实现中华民族伟大复兴的中国梦而努力奋斗。

（二）新时代发扬革命英雄主义我们该怎么做

1. 崇尚英雄品格，涵养英雄情怀

2015 年，习近平总书记在为 30 名抗战老兵颁发中国人民抗日战争胜利 70 周年纪念章时，走到 105 岁高龄的刘汉声的轮椅前，俯下身子为他佩挂上纪念章，这一幕令人动容。2017 年 11 月 17 日上午 9 时 30 分，习近平总书记参加全国精神文明建设表彰大会，合影时他拉着两位老人坐在了自己身边，现场的这一细节，感染了在场的所有人，场上响起了持续热烈的掌声，这两位老人是黄旭华和黄大发。2020 年 8 月 11 日，国家主席习近平签署命令，授予钟南山“共和国勋章”，授予张伯礼、张定宇、陈薇“人民英雄”国家荣誉称号，表彰他们在抗击新冠肺炎疫情斗争中做出的杰出贡献。习近平总书记通过自身的表率，向我们传递出他深深的英雄情怀。英雄，为了今天的和平，舍生忘死，不求功名，我们在享受英雄用鲜血换来的和平和安宁的同时，更应该牢记他们所作出的牺牲和奉献，对英雄常怀敬仰之心。

2. 尊重英雄人物，捍卫英雄形象

革命英雄形象是我们对英雄的一种总体认知。受各种因素的影响，革命英雄形象可能会失真、失传甚至被扭曲。所以，我们必须尊重和捍卫英雄形象。这就需要我们一方面深入学习历史，了解英雄的真实故事，全面把握英雄的真实形象，当我们遇到诋毁、抹黑英雄的现象时，才能分辨真伪。另一方面，面对抹黑英雄等现象，我们要敢于拿起真相这个最有力的武器，同一切侵害英雄烈士名誉、荣誉，严重损害英雄烈士人格尊严的现象作斗争。

案例

邱少云家属诉孙杰、加多宝一般人格权纠纷案在京开庭①

2015 年，面对网上抹黑邱少云的行为，邱少云的家人委托某律师事务所针对加多宝公司抹黑英雄邱少云一案，向法院提起民事诉讼。

邱少云家属诉孙杰、加多宝一般人格权纠纷案经过简介：

律师事务所于 2015 年 5 月 17 日受邱少云烈士之胞弟邱少华先生的委托，指派胡忠义、张力律师担任邱少云烈士遭到有关人员和单位名誉侵权案件的代理人，正式启动维护邱少云烈士名誉权工作。

2015 年 5 月 20 日，律师事务所通过中国邮政 EMS 向孙杰和加多宝公司发出律师函，要求孙杰和加多宝公司停止侵权、消除影响、赔礼道歉。由于该律师函未得到回复，故邱少华委托胡忠义、张力律师向北京市大兴区人民法院对孙杰、加多宝公司提起民事诉讼。

2015 年 6 月 30 日，北京市大兴区人民法院正式受理本案。

2015 年 8 月 6 日，加多宝公司向法院递交管辖权异议申请书，认为北京市大兴区人民法院对本案没有管辖权。

2016 年 4 月 5 日，北京市大兴区人民法院做出〔2015〕大民初字第 10012 号民事裁定，驳回了加多宝公司对本案管辖权提出的异议，本案仍由北京市大兴区人民法院审理。

2016 年 6 月 8 日，北京市大兴区人民法院组织双方当事人进行了证据交换。

2016 年 7 月 15 日，北京市大兴区人民法院在第 11 法庭适用普通程序对本案开庭审理。

案例评析

面对抹黑英雄的行径，邱少云的家属拿起法律武器捍卫英雄的名誉，这是对抹黑行为的有力回击。今天，捍卫英雄，不仅仅是英雄亲属需要做的事，更是我们无数普通青年应该做的事。当我们发现抹黑英雄的情况时，我们也应该理直气壮地讲出历史真相，让抹黑英雄的行径无处遁形。

---

① 张炎良．邱少云家属诉孙杰、加多宝一般人格权纠纷案在京开庭［EB/OL］．（2016－07－15）．http：//news. youth. cn/gn/201607/t20160715 _ 8290508. htm.

3. 学习英雄事迹，争当岗位英雄

有人曾经说，谈到英雄人物，谁都很激动，但是英雄貌似离我们太远了。《孟子》说：“人皆可以为尧舜。”习近平总书记在给国家勋章和国家荣誉称号获得者颁奖时，说：“伟大出自平凡，平凡造就伟大。”换言之，我们在自己的平凡岗位上，同样可以成为不平凡的英雄。

在 2020 年抗击新冠肺炎疫情中，一直被称为“垮掉的一代”的“90 后”，却成了这次与病毒抗争的主力军，许多“90 后”甚至“00 后”主动请缨加入前线。他们说：“儿时赶不上，长大就顶上，17 年前，前线医护人员保护我们，17 年后，轮到我们守护全世界。”不仅是医护人员，许多平凡岗位上的普通人，都在国难当头的时刻，义无反顾地迎难而上。我们在他们身上看到，英雄其实并没有离我们多么遥远，每一个岗位上都可以成就自己的英雄梦。战争年代流血牺牲的是英雄，平常日子里在岗位上无私奉献，在被需要的一刻勇敢站出来，也是英雄。

国有脊梁，才能屹立不倒；军有忠魂，才能屡创辉煌。强军兴军的征途上，我们只有铭记英雄事迹，发扬革命英雄主义，才能切实担负起党和人民赋予我们的使命任务。

教学拓展

（一）知识拓展

1. 阅读推荐

梁振华、王柯：《理想照耀中国》，海天出版社，2021 年版。

2. 观看推荐

视频：新华社首部武汉战“疫”全景纪录片《英雄之城》。

（二）能力拓展

英雄故事汇

主题词：新时代 · 英雄

实践目的：

（1）通过学员讲述历史的、身边的英雄故事，感受英雄的精神特质。

（2）让学员联系实际，思考在当下如何崇尚英雄、学习英雄。

实践要求：

（1）以班级为单位，每班推选一名同志参加。

（2）围绕主题，结合自身经历，自选题目，注重故事性。

（3）讲述时间不少于 5 分钟，不超过 8 分钟。

专题十
德法之问——如何实现法安天下德润人心

教学主题

法安天下　德润人心

习近平总书记在十八届中央政治局第三十七次集体学习时指出："法律是成文的道德，道德是内心的法律。法律和道德都具有规范社会行为、调节社会关系、维护社会秩序的作用，在国家治理中都有其地位和功能。法安天下，德润人心。"[①] 国家治理需要法律和道德协同发力，青年学员人生观的培养也离不开法律和道德的协同合作。青年学员在学习道德的基本理论，树立正确的道德观念的基础上，还需要学习法律的基础知识，培育法治思维，并且要准确把握道德与法律的关系，这既有利于加深青年学员对道德的理解，又有利于提升对法律的认识。本专题通过问题设置，主要引导学员深入思考"什么是法律?""法律与道德是什么关系?""如何坚持法治与德治的统一?"等问题，同时引导学员重点理解"法律是如何产生的?""法律发挥着什么样的作用?""法律与道德的冲突如何解决?"等难点问题。让学员在认知上正确掌握法律的基本理论，明白"法律是什么"的基本问题；在情感上把握法律与道德的联系与区别，不断提高自身的道德修养和法律素质；在行动中推动社会崇德向善，努力做尊法守法用法的模范。

教学目标

知识目标：掌握法律的基本理论，了解法律与道德的关系，明晰依法治国与以德治国相结合的必要性。

能力目标：运用马克思主义立场、观点和方法分析法律的起源及本质，把握法律与道德的关系，结合自身实际，规划出推动社会崇德向善、努力做尊法守法用法模范的可行性路径。

素质目标：正确看待法律在现代社会的作用，理性认识道德与法律的冲突，科学掌握解决道德与法律冲突的方法。

① 习近平．习近平谈治国理政：第二卷［M］．北京：外文出版社，2017：133.

思维导图

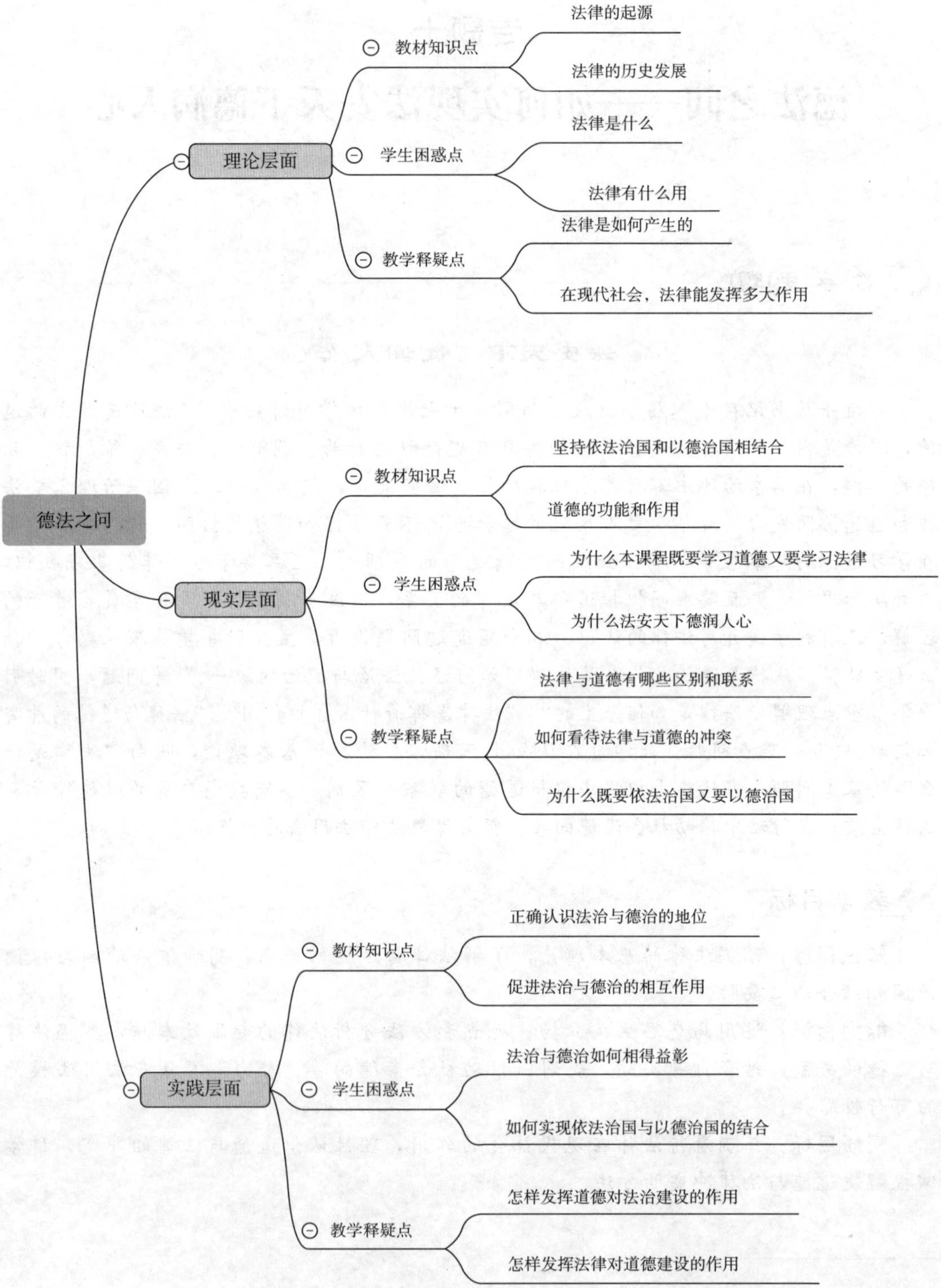
德法之间
理论层面
教材知识点
法律的起源
法律的历史发展
学生困惑点
法律是什么
法律有什么用
教学释疑点
法律是如何产生的
在现代社会，法律能发挥多大作用
现实层面
教材知识点
坚持依法治国和以德治国相结合
道德的功能和作用
学生困惑点
为什么本课程既要学习道德又要学习法律
为什么法安天下德润人心
教学释疑点
法律与道德有哪些区别和联系
如何看待法律与道德的冲突
为什么既要依法治国又要以德治国
实践层面
教材知识点
正确认识法治与德治的地位
促进法治与德治的相互作用
学生困惑点
法治与德治如何相得益彰
如何实现依法治国与以德治国的结合
教学释疑点
怎样发挥道德对法治建设的作用
怎样发挥法律对道德建设的作用

教学详案

2020年3月，河南郑州30岁小伙郭伟鹏被全国网友骂上了热搜，起因是郭伟鹏从疫情严重的米兰、巴黎回国以后，不但不居家隔离，还刻意隐瞒自己境外旅居的行程，大摇大摆地乘坐公共交通工具，直到辖区民警发现问题上门找到他，郭伟鹏还依然嘴硬，结果被强制隔离后确诊。河南14天零新增病例记录因此被打破。郑州上午发布的逐步复产、开学、放松管制的会议精神，下午就不得不宣布作废，很多人因成为他的密切接触者而被隔离观察，很多小区也再次封闭，可谓是一个人毁了一座城。网友给其冠以"郑州毒王"的称号。其实郭伟鹏的这种满嘴谎言、极度自私、弃他人生命健康于不顾的行为，不仅违反了最基本的道德，他的行为也已经违反了法律，应受到法律的严惩。2020年4月3日上午，郭伟鹏被郑州市二七区人民法院以妨害传染病防治罪判处有期徒刑一年六个月。道德和法律作为约束人行为的规则，我们都应该遵守。如果丧失道德底线，触碰法律红线，就会像郭伟鹏一样付出沉痛代价，给自己的人生留下无法抹去的污点。青年学员要以此为戒，在不断加强自身道德修养的同时，也要提升自己的法律素养，做到尊法学法守法用法，使自己不仅具备良好的思想道德素质，也具备良好的法律素质。想要具备良好的法律素质，必须对法律有明确的了解，那么什么是法律?

一、什么是法律

今天我们使用的"法"字，是由古体字是"灋"演化而来。东汉学者许慎在《说文解字》中这样解释："灋，刑也，平之如水，从水；廌，所以触不直者去之，从去。""灋，刑也"，意思是说在中国古代，法和刑是同一个意思，所有触犯法律的行为都要施以残酷的刑罚。"平之如水，从水"，以水作偏旁表明法是公平的，是公平的化身。"廌"是传说中的一种独角神兽，它眼如铜铃，目光如电，天性能分辨是非曲直、真伪正邪。

知识链接

古代最早的法官

皋陶，传说是黄帝之子少昊之后，生于尧帝之时，卒于禹之前。皋陶是传说中上古时期的政治家、思想家、法学家，与尧、舜、禹齐名，被奉称为"上古四圣"之一，是中国史学界和法学界公认的"司法鼻祖"。

相传"皋陶造狱，画地为牢"，造狱先驱皋陶因此被尊为狱神。皋陶是我国最早见于文字记载的司法长官，专掌断案治狱。皋陶在担任掌管刑法的"理官"期间，一直都没有辜负舜帝的期望。相传他使用一种独角兽来决狱。这种怪兽名叫獬豸，那长在头顶居中的独角，能伸直，会弯曲。据说，獬豸很有灵性，有分辨曲直是非、确认罪犯的本领。当皋陶审案出现疑问时，他便派出獬豸，如果那人有罪，獬豸就会用独角顶触。于是，案情迎刃而解，忠奸善恶也水落石出了。

在英语中，我们把法律称为 law，law 除了表示法律之外，还有规律、规则的意思。另一个英语单词 justice 除了具有公平正义的含义外，还有法官的意思。其词根“jus”，来源于拉丁文。在古罗马时期，“jus”指的就是法律。因此，在西方的语境中，法律与公正也有着密切联系。

在现代社会，根据马克思主义对法的概念的理论阐释，我国法学界将法律定义为：法律是由国家制定或认可并由国家强制力保障实施，反映由物质生活条件所决定的统治阶级意志，以权利义务为内容，具有普遍效力的行为规范体系。马克思主义法学在阐释法律含义的时候，特别注重法的本质与现象的统一，指出法律的本质是物质生活条件所决定的统治阶级意志的体现，法律具有阶级属性，反映的是统治阶级的意志，维护的是统治阶级的利益，它不是凭空产生的，其性质和内容归根究底根源于特定社会的物质生活条件。

知识链接

法律与其他社会规范的区别

作为社会规范的一种，法律与其他社会规范（道德规范、政治规范、宗教规范、职业规范、风俗习惯）的区别主要在于以下几个方面：（1）法律是调整人行为的社会规范；（2）法律是具有普遍效力的社会规范；（3）法律是由国家制定或认可的社会规范；（4）法律是以权利和义务为内容的社会规范；（5）法律是由国家强制力保障实施的社会规范。

（一）法律是如何产生的

法不是从来就有的，也不是永远存在的。法是随着私有制、阶级和国家的产生而产生的，是阶级社会才存在的特殊社会现象，其产生和发展经历了漫长的历史过程。在原始社会，由于生产力水平十分低下，个体在强大的自然面前很难生存。为了活下去，人们之间互助合作，过群体生活，形成以血缘关系为纽带的氏族。氏族成员共同劳动，生产资料公有，打来的猎物和摘来的野果平均分配，处于一种平等的关系。原始社会中，没有阶级，没有国家，也没有法律。受人们认识能力和思维能力的限制，原始初民尚不能通过预先设定某种界限来主动引导人们的行为，原始社会主要依靠自发形成并世代相传的氏族习惯来维持氏族秩序。比如：在婚姻家庭方面，实行族外婚制，禁止氏族内部通婚；生产、生活方面，在渔猎为主、采集为辅的经济模式中，依据年龄、性别简单分工，强调协作精神，捕获的食物平均分配；氏族成员之间互相帮助，如果某一个成员遭遇外族人的伤害，氏族的每个成员都有为他复仇的义务；在民主管理方面，氏族首领、部落酋长由内部选举产生，负责处理日常事务；宗教禁忌方面，部落出征，要由神职人员祭祀做法，问明神意；遇到疑难案件，可以通过占卜进行神明裁判。自发形成并世代相传的氏族习惯，为氏族成员共信共守，维系着初民社会的社会秩序。

但是这种看似美好的景象在原始社会末期逐渐改变。原始社会末期，生产工具的进步引起生产力的极大发展，产品有了剩余，私有制与阶级逐渐形成，社会矛盾加剧，此时氏族习惯已经无能为力，需要一种新的规范来调整社会秩序，于是法就登上了历史舞台。

法律并不是从来就有的，也不是永远存在的，是阶级社会才存在的特殊社会现象，其产生和发展经历了漫长的历史过程。它随着私有制、阶级和国家的产生而产生，也将随着私有制、阶级和国家的消亡而消亡。在人类发展历史上，除了原始社会没有法律之外，奴隶社会、封建社会、资本主义社会、社会主义社会都产生了与之相适应的法律。

（二）在现代社会，法律能发挥多大的作用

法律作为人类社会发展到一定阶段的必然产物，在现代社会，法律能发挥多大的作用？

法律的作用可以分为规范作用和社会作用。规范作用是指法律对社会中每个个体行为的规范和调整，而通过对社会中单独个体行为的调整，法律又具有各种社会功能，可以发挥一定的社会作用。

1. 法律的规范作用

从性质上讲，法律和道德、宗教、习俗都一样，都是一种行为规范，目的是为大家制定一个统一的行为标准和解决冲突的合理程序，以衡量是非，辨别善恶。根据法律的规范作用的指向和侧重，我们可以把法律的规范作用分为五个方向：指引作用、预测作用、评价作用、强制作用和教育作用。

一是指引作用。指引作用是法律首要的作用，法律首要的目的并不在于制裁已经发生的违法行为，而在于防患于未然，引导人们从事正确、合法的行为。法律的指引作用主要是通过授权性规范、禁止性规范和义务性规范三种形式实现。

知识链接

授权性规范、禁止性规范和义务性规范

授权性规范是告诉人们可以做什么或者有权做什么；禁止性规范是告诉人们不得做什么；义务性规范是告诉人们应该做什么。

《中华人民共和国道路交通安全法》第44条规定："机动车通过交叉路口，应当按照交通信号灯、交通标志、交通标线或者交通警察的指挥通过；通过没有交通信号灯、交通标志、交通标线或者交通警察指挥的交叉路口时，应当减速慢行，并让行人和优先通行的车辆先行。"这些都是通过义务性规范指引人们正确去行动。

二是预测作用。预测作用是指法律通过其规定，对某种行为作出肯定或者否定的判断，使人们能够预先估计到自己行为的性质和后果，从而自觉地实施合法行为，预防和减少违法犯罪行为。法律就好比天气预报一样。天气预报告诉你明天有雨，如果明天不带伞，后果是淋成落汤鸡；而法律告诉你这样的行为是违法的，如果还要去做，

就会受到法律的制裁和惩罚。

三是评价作用。法律具有评价行为法律意义的作用，对自然人、法人和其他社会组织已经实施的行为，可以作出合法与非法、正当与不当的评价。法律的评价作用可以向社会昭示，法律崇尚什么、贬斥什么、鼓励什么、禁止什么。

四是强制作用。法律如何使人信服，让人遵守？要靠它的强制作用。法律的强制作用主要表现为法律以国家强制力为后盾强制法律主体必须实施某种行为或者不实施某种行为。比如，当一项盗窃罪发生后，警察会抓捕罪犯，检察院提起公诉，法院做出相应判决，监狱收监执行，这都体现了法律的强制力量。

五是教育作用。法律的教育作用是指法律的制定和实施可以引导人们依法行动，从而起到教育人们的思想，提高人们的法律意识的作用。法律的教育作用主要有三种实现方式：通过法治宣传教育，使人们树立法律的信仰；通过制裁各种违法犯罪活动，对社会成员进行警示教育；通过表彰法治先进人物，弘扬法治精神，营造良好的法治环境。近年来，我国一些地方兴建了一批法治文化公园，公园以石雕、碑刻、橱窗等多种形式，宣传常用法律法规，传播法治理念，寓教于乐，让大家能看懂、能喜欢、能接受，取得了良好的效果。

课堂研讨

问题：法律的规范作用分为五种：即指引作用、评价作用、预测作用、强制作用、教育作用，哪种作用最重要？

解析：强制作用最为重要，它是法律其他作用的保障。如果没有强制作用，指引作用的功能就会降低，评价作用和预测作用在很大程度上就会失去意义，教育作用的实效也会受到影响。法律的强制作用是法律权威树立的重要条件。现实社会中人们大多选择做守法良民，未必都是出自内心的信仰，不少人是因为害怕受到法律的惩罚，才不去违法犯罪。

法律之所以要对社会中的每个个体的行为进行规制，其最终目的在于维护社会秩序，推动社会的进步与发展。因此，法律除了规范作用外，还起着重要的社会作用。法律的规范作用只是手段，法律的社会作用才是目的。

2. 法律的社会作用

法律的社会作用也可以分为四个方面：

一是确立和维护人民民主专政的国家制度。我国社会主义法律确立和维护人民民主专政的国家制度，确立国家的性质，确立国家政权结构形式和组织形式，规定不同群体、不同阶层和不同成员的权利和义务，以维护广大人民群众的意志和根本利益，保障人民当家作主的权利。二是确立和维护社会主义经济制度。社会主义市场经济是我国的基本经济制度的运行模式。社会主义法律保障市场经济主体的合法权利，能够使市场经济主体平等地参与市场竞争和其他经济活动，维护市场经济秩序，处理经济领域中的矛盾和纠纷，打击经济领域中的违法犯罪，为社会主义市场经济的发展创造良好的法律环境。三是确立和维护和谐稳定的社会秩序。社会必须要处于一定的秩序之中，而法律的作用就在于调整和解决各种社会关系，保障和谐稳定的社会秩序。四是推动社会改革与进步。社会变革与进步应该是有序进行的。通过法律的制定、修改、实施及废止等一系列体现社会变革趋势的法律运行活动，可以增强社会革新与进步的计划性和有序性。

二、为什么法安天下、德润人心

社会机体的正常运转需要规范的支撑。相较于动物世界弱肉强食的丛林法则，人类想要有序维系社会的秩序也必须遵守共同形成并认可的社会规则。人类社会的规则按作用的领域、途径等方面的不同可以分为两大基本规范：道德与法律。

（一）法律与道德有哪些区别和联系

1. 法律与道德的区别

一是产生和存在的时间不同。人类在原始社会是没有法律的，当时的社会关系相对比较简单，主要是依靠道德或者氏族习惯来调整。在原始社会末期，随着私有制的出现，氏族社会的解体，法律作为一种阶级统治的工具伴随着阶级、国家的产生而产生。所以，道德的产生时间要早于法律，二者同时存在于阶级社会，并且随着经济基础的变化而不断地发生变化。在共产主义社会，由于法律不再适应新的经济基础，因而必将被废除并将被新的其他规范所代替，而这种规范实际上就属于道德的范畴。

二是调整人行为的方式不同。法律强调权利和义务的统一，通过权利义务来调整人们之间的关系，“没有无权利的义务，也没有无义务的权利。”比如军人有献身国防、忠于祖国的义务，法律也规定了军人的一些特殊权利。而道德则侧重于强调义务，通过建立以义务为纽带的道德关系来调整人们的行为。比如，你有助人为乐的道德义务，但你没有要求别人助人为乐的权利。因此，法律是以权利为本位的，而道德则是以义务为本位的。

三是调整的对象不同。法律是一种调整人行为的社会规范，只能对人的外在行为起调整作用，对于人们内心的思想感情起不到调整和约束的作用，而道德不仅仅调整人的外部行为，而且更加关注人的内心思想、内在动机，侧重于通过内在的信念来影响外在的行为。比如，法律可以禁止和惩罚军人擅离岗位、玩忽军事职守的外在行为，但法律不能强制军人在内心深处真正做到爱岗敬业，这是道德所调整的范围。

四是违反的后果不同。法律是依靠统治阶级政治机构的强制力来保障实施的，没有政权中的监狱、法庭等惩罚机构，法律的实行是难以保证的；而道德主要依靠社会舆论、传统习惯以及内心信念来保证实施，相较于法律的“硬约束”，道德则是一种“软约束”。

五是规范体系的结构不同。法律作为国家意志的体现，法律规范体系较为严密具体，从横向上看，由刑法、民商法、行政法、诉讼法等部门法组成，从纵向上看，由宪法、法律、法规、规范性法律文件组成。道德则是一种社会意识形态，由个别的道德规范直接组成，一般不诉诸文字，其规范体系的严密程度与法律不可同日而语。

2. 法律与道德的联系

林肯曾经说过：法律是显露的道德，道德是隐藏的法律。道德和法律虽存在区别，却又是密切联系的。这种联系可以表现为横向与纵向两个方面。从纵向上看，法律与道德都属于上层建筑，都由物质生活条件所决定，服务于经济基础，其阶级本质和服务方向是相同的。作为两种重要的社会调控手段，历史上无论哪个统治阶级都把道德和法律作为维护自己阶级的经济和政治利益的有力工具。

从横向上看，法律与道德之间的相互影响和作用，可以体现在以下四个方面：

一是法律是传播道德的有效手段。法律把较为抽象的道德原则具体化，把遵守某些抽象的道德规范上升为具体的法律义务，这样国家能够对公民的道德行为实行直接的、有强制力的监督，使得严重违反道德的行为受到相应的制裁，从而确保道德的有效传播。

二是道德会影响法律的内容。道德的价值判断会渗透到法律之中，使法律的内容符合最基本的价值标准。比如，诚实信用原本是道德的要求，现在法律吸收这项道德规范作为民法的基本原则之一。其实不只是诚实信用，公平正义、尊老爱幼、助弱扶困等其他道德规范，在诸如民法、社会法、诉讼法等部门法中都有所体现。

三是道德对法律的实施有保障作用，是法律的有益补充。法律作用的发挥离不开道德的作用，立法者、执法者、司法者职业道德的提高，守法者道德意识的加强，这些都对法律的实施发挥着促进的作用。一个社会的人的总体道德素质状况如何，在一定程度上决定着这个社会的法治化水平。法治的效度说到底取决于人们内心自知自觉的认同度和自律度。人的道德水准达到什么高度，法治的水准就达到什么高度。如果人们的道德素质不高，法治再严，法律制定得再多、再好，也难以达到"法治化"。此外，法律并不能调整所有的社会关系，有些领域的社会关系只能由道德调整，还有一些领域的社会关系本应该由法律调整，但是由于立法尚处于起步阶段，此时道德调整仍起到主导作用。

四是道德和法律在某些情况下会相互转化。一些道德规范随着社会经济的发展，其重要性逐渐彰显，并有经常被违反的可能，此时立法者就可赋予其刚性，将其纳入法律的范畴。反之，某些曾经被视为不道德的因而需要用法律加以禁止的行为，则有可能随着社会的发展，由法律这种"硬约束"退出，重新回归道德这种"软约束"的调整。

总之，法律与道德是相互区别的，不能相互替代、混为一谈。同时，法律和道德又是相互联系的，二者在本质上是同一的，在功能上是互补的，都是社会调控的重要手段。

(二) 如何看待法律与道德的冲突

案例

陆勇案[①]

2014 年 12 月，湖南省沅江市人民检察院、法院收到一封 300 多名白血病患者的联名信。信中请求司法机关认定陆勇无罪，免予刑事处罚。究竟陆勇是何许人也？为什么如此多的人为他求情？

① 大河报网，2021 年 7 月 5 日，www.dahebao.cn/news/1190314?cid=1190314.

陆勇是江苏无锡一家针织品出口企业的老板，在2002年被查出患有慢性粒细胞白血病，当时医生推荐他服用瑞士诺华公司生产的名为“格列卫”的抗癌药。这种药品效果不错，但就是价格太高（23500元/盒），且不能报销。所以，没用两年，陆勇的家底就被掏空了。

2004年陆勇发现了印度生产的仿制“格列卫”抗癌药，但一盒售价仅为4000元。如从印度直接购买此药仅需3000元。更可喜的是，陆勇试吃印度仿制“格列卫”抗癌药一个月后，经医院检查，各项指标均正常。于是，陆勇立即通过慢性粒细胞白血病QQ互助群将这种生的希望分享给了其他病友。很多病友开始服用这种药，陆勇建的QQ群也在不断扩大，目前已有5个群，4000名左右的成员，有上千人通过他购药。虽然此药效果不错，并且价格已经跌至了每盒200元左右，但从印度公司购药非常麻烦，尤其对于广大不懂英文的普通农民来说更是无法自己操作。为了帮助病友购药，陆勇从网上买了3张信用卡，并将其中一张卡交给印度公司作为收款账户，另外两张卡因为无法激活，被他丢掉。2013年8月下旬，湖南省沅江市公安局查办一网络银行卡贩卖团伙时，将曾购买信用卡的陆勇抓获。2014年3月11日，陆勇被取保候审，7月21日，沅江市人民检察院以妨害信用卡罪、销售假药罪对陆勇提起公诉。

事情发展至此，就出现了前面300多名病友联名求情的情况。不少患者在信中写道：“进口格列卫费用昂贵，吃不起如同等死，印度仿制药的出现，才增加了我活下去的勇气，请给慢性粒细胞白血病患者一些活路吧，以人为本才是正路。”“陆勇是我们白血病患者的救命恩人，他的行为是善举，在他的努力下挽救了多少个家庭和病人，他未从中收取任何费用，而且印度药效果很好，怎么会是假药呢？国家不把治白血病的药纳入医保，那我们只能自救，不能等死啊！”“广大病友向印度购买廉价的仿制药是集体自救行为，陆勇只是为他们提供了帮助。”

案例评析

陆勇替其他白血病患者代购治疗白血病药物的行为，从道德的角度上看，陆勇是在做善事，是在帮助病友寻找救命的活路，但是从法律的角度，他的行为确实违反了相关法律法规的规定，是违法行为。虽然法律与道德都是调整社会关系的基本规范，但我们在社会生活中有时会遇到道德与法律相冲突的社会现象，出现“合法不合理”或“合理不合法”的特殊情形。

1. 法律与道德为什么会产生冲突

道德与法律之所以会产生冲突，究其原因不外乎两方面的因素：一是由道德与法律的区别所引起的；二是由法律自身的局限性带来的。

法律与道德作为两种调整社会关系的规范，其着眼点是不同的，在评价标准上存在着一定区别。道德的评价标准是善与恶，而法律的评价标准是合法与非法。虽然合法的常常是善的，非法的常常是恶的，但是善的却未必一定是合法的，恶的也未必一定是非法的。道德作为一种社会意识，其依靠的是内心信念、良知，在道德评价上难免会比较主观，从而出现因人而异、因时而异、因地而异的倾向。而法律作为一种国家意识，表现为成文的国家制度的规范，更具有客观稳定性的特点，对所有人都普遍适用，强调的是法律面前人人平等。比如，不管是穷人还是富人，只要你抢劫，哪怕是1元钱，法律意义上就是犯罪行为，不会因你的身份不同而有所改变。但道德则不同，同样的行为，发生在不同人身上，道德给出的评价可能完全相反。比如，灾后救援，如果流浪汉捐款100元，我们会称赞他有爱心，而一个亿万富翁捐款100元，社会可能会认为他缺乏爱心，为富不仁。善恶，作为道德的评价标准源自人的内心的评价，往往比较多元。而法律的评价标准源自成文的规范性法律文件，相对固定、客观、统一。所以，在法律的行为评价上，即使已经按照法律做出了合法或非法的评价结果，但是按照道德评价，不同阶层、不同价值观的人仍然会在道德上做出不同的善与恶的评价，此时就会产生法律与道德的冲突。

法律自身的局限性也会引发其与道德的冲突，主要有两种情况：首先，由于人的知识有限性与利益的狭隘性，可能会出现与道德要求相背离的法律。法律是统治阶级制定的，体现的是统治阶级的意志，代表的是统治阶级的利益，而道德来源于社会，不同社会阶层有着不同的道德标准，这可能带来法律与道德的冲突。其次，法律的一般性所带来的机械和僵化会引发法律与道德的冲突。具有指引和预测作用的法律必须是明确的、一般的，而不能是特殊的，否则会损害法律的公正性。但同时也意味着法律有可能机械和僵化，在一些较为特殊的情形下，不能设身处地对个体行为作出具体评价，从而出现法律与道德的冲突。

2. 法律与道德的冲突如何化解

既然道德与法律不是一直在同一阵营，有时会产生冲突。那二者发生冲突时，情与法的天平如何平衡？如何去化解法律与道德的冲突？

如果因评价标准不同而产生法律与道德的冲突时，我们需要严格地遵守法律，这是维护社会秩序的底线。法律具有对人们行为进行评价的功能和作用，其对社会成员的评价标准更加客观、统一，也更加公平、公正，不能用道德评价去取代法律的评价，这是法治社会对公民的基本要求。如果是因法律自身局限而引发法律与道德的冲突时，我们又应如何处理？是服从法律，违背良心？或是违反法律，遵从道德？我们依然要坚持法治思维，树立法律至上的观念，自觉做到遵守法律，维护法律权威。

案例

以身殉法的苏格拉底[①]

苏格拉底，古希腊著名的哲学家、思想家、教育家。他以善于思考，能言善辩著称，是一位学识渊博、受人尊敬的智者。然而，这样一位受希腊人尊敬，同时也热爱希腊城

① 李致．民主的讽刺：苏格拉底之死［J］．新闻世界，2012，(6)：242-243.

邦与人民的智者，却被自己的城邦判处死刑。这样的悲剧，究竟是怎么发生的呢？

苏格拉底出生于希腊雅典一个普通公民的家庭。他自学成才，并以传授知识谋生。后来，他逐渐意识到身边的人缺乏对道德和真理的认知，于是成为一名不收报酬的社会道德教师。他自视为神赐予雅典城邦的礼物，不断与雅典公民交谈、辩论，探索和传授真理与智慧。他时常向路过的行人提问，什么是民主？什么是美德？什么是勇敢？什么是真理？通过问答和交流，苏格拉底让人们认识到自己的无知，引导大家通过批判的研讨去寻求什么是真正的正义和善，达到改造灵魂和拯救城邦的目的。他倡导的观点深刻地影响雅典城邦，他拥有一批崇拜和追随者的同时，也有一大批激烈的反对者。苏格拉底认为他拥有自己的使命，就如一只刺激骏马的牛虻，要让雅典从沉睡中觉醒。他知道自己这样做会使许多人十分恼怒，要踩死这只牛虻，但神给自己的使命不可违，故冒死不辞。在此意义上，他自称是针砭时弊的神圣牛虻。面对压力，苏格拉底并不退缩，反而更加笃定地坚持自己的理念。

苏格拉底的很多想法超前于时代，他的提问也经常让很多自认为智慧的人难堪，这使得嫉恨苏格拉底的人很多。当时的雅典奉行奴隶主民主制，雅典公民可以任意起诉交由500人陪审团审判。终于，苏格拉底遭到了起诉。三个公民称苏格拉底是一个腐蚀青年，教导他人蔑视制度，蔑视神灵的坏人。苏格拉底内心十分清楚，他可以通过一些手段逃脱法庭的审理，但出于对城邦的尊重，对法律程序的遵守，苏格拉底决定放弃对陪审员的说服，而是坚持自己的信念，表达他所主张的观点。在法庭上，苏格拉底称自己听到了神灵的声音，神谕说在场没有人比他更加富有智慧。陪审团面对苏格拉底挑衅式的坚持，以280对220票判处苏格拉底有罪，随后又以360票对140票判处苏格拉底死刑。

苏格拉底被判处死刑后，他的朋友和学生都十分焦急，纷纷开始营救苏格拉底。苏格拉底的朋友克里多为他准备了一大笔钱，并帮他打点好了联络人，让苏格拉底随时可以逃出监狱。但苏格拉底拒绝了出逃的建议。他认为，即使判决本身是错误的，但只要法律的判决是通过正当的程序下达，他就不能尝试逃脱判决，否则就是破坏法律的行为，是有悖于他的道德准则和法律观念的。他的学生们多次劝说他，但也没有令苏格拉底动摇，反而被他一一说服。苏格拉底向他的学生们说："我没有什么遗言，只希望你们牢记我平日对你们说过的话，要保持高尚的节操。"于是，苏格拉底最终没有选择出逃，而是平静地饮下毒酒，以死亡捍卫了他对法律和道德的忠诚。

案例评析

苏格拉底认为法律至上，即使判决本身是错误的，但只要法律的判决是通过正当程序下达，他就不能尝试逃脱判决，否则就是破坏法律的行为，是有悖于他的道德准则和法律观念的。苏格拉底选择以身殉法，体现了苏格拉底信仰法律、维护法律、尊重法律权威的可贵精神。日常生活中，我们很少会像苏格拉底那样面临生死抉择，但是当自己的行为方式、利益诉求与法律发生冲突时，我们要能够服从法律，尊重法律权威，按照法律指引自己的行为。

法律是调节我们社会生活根本的保护底线，这并不意味着我们只是被动地接受法律、遵守法律。对于那些已经明显不符合时代发展要求和人民利益的需要而应当改进的法律。我们应保持批判的态度，通过合法的立法程序尽快对法律进行修改和完善，确保其在价值取向上与社会主流道德相符合。

当然，法律的修改与完善需要一定时间，在此期间，如果是因法律的滞后性和机械性所引起的道德与法律的冲突，该如何解决？其实，我们还可以有最后一道防线，即法官。法官不是机械的法律执行者，他享有一定的自由裁量权。因此，在不能及时修改完善法律的情况下，我们可以寻求法官素质的提高，用法官的智慧化解道德与法律的冲突。

案 例

廖丹案[①]

廖丹下岗后成为北京市低保户，妻子杜金领是农村户口，2007 年，妻子患上尿毒症，每周去医院做两次血液透析，每月医药费超过 1000 元，三口之家的低保只有 1700 元。妻子没有北京户口，入不了北京医保体系，回河北老家，"身体受不了来回折腾"。"为了让妻子先不死"，廖丹伪造医院收费公章，4 年来"骗"来了 17.2 万治疗费用。2012 年 2 月 21 日，廖丹因涉嫌诈骗罪被羁押。7 月 16 日，廖丹通过网友捐助退还全部赃款。后北京市东城区法院判处廖丹有期徒刑 3 年，缓刑 4 年，并处罚金 3000 元。

案例评析

人们对廖丹家庭的遭遇深表同情，敬佩他对妻子的不离不弃，"受害方"医院也表达了深切同情。但廖丹毕竟违反了法律，所以法院要对其进行处罚。法律有时会给人不近人情的感觉，因此，才有"法不容情"的说法，但本案中法院"判三缓四"的结果，维护了司法权威，彰显了人性的悲悯，使情和法在对立统一中达成了和谐。

可见，道德与法律的冲突并非无解之题，需要我们运用智慧在二者之间寻找到平衡点，巧妙化解道德与法律的冲突，从而让道德与法律相得益彰。

在之前介绍的"陆勇案"中，检察机关撤回了对陆勇的起诉，认为陆勇的行为不属于销售行为，没有侵犯他人的生命权、健康权，故不构成销售假药罪。陆勇通过淘宝网购买 3 张以他人身份信息开设的借记卡的行为，违反了金融管理法规，但其目的和动机是为了方便白血病患者购买抗癌药品，没有用于任何营利活动，更没有实施其他危害金融秩序的行为。所以，检察机关认为陆勇的行为情节轻微，危害不大，不认为是犯罪。在《释法说理书》的第三大部分，检察机关还专门论述刑事司法活动所应该遵守的价值观，提出如果认定陆勇的行为构成犯罪，将背离刑事司法应有的"司法为民"

① 刘洋硕．真实版的"北京爱情故事"［J］．意林，2012，(17)：2.

的价值理念。可见，在这个案件中办案的检察官运用了自己的智慧，化解了法律与道德的冲突，体现出司法活动所应该具有的人文关怀，实现了道德与法律的有机协调。

（三）为什么既要依法治国又要以德治国

在中国历史上，德治和法治是两种相对的治国方式，而今天我们所说的依法治国，以德治国，与传统的法治、德治含义有所不同。以德治国是要以马克思主义和中国特色社会主义理论为指导，以服务人民为核心，以集体主义为原则，以爱祖国、爱人民、爱劳动、爱科学、爱社会主义为基本要求，以职业道德、社会道德、家庭美德的建设为落脚点，积极建立适应社会主义市场经济发展的社会主义思想道德体系。依法治国就是指广大人民群众在党的领导下，按照宪法和法律的规定，通过各种途径和形式管理国家事务，管理经济文化事业，管理社会事务，保障国家各项工作都依法进行，逐步实现社会主义民主的制度化、法律化，使得这种制度和法律不因领导人的改变而改变，不因领导人的看法和注意力改变而改变。

习近平总书记指出："改革开放以来，我们深刻总结我国社会主义法治建设的成功经验和深刻教训，把依法治国确定为党领导人民治理国家的基本方略，把依法执政确定为党治国理政的基本方式，走出了一条中国特色社会主义法治道路。"① 这条道路的一个鲜明特点，就是坚持依法治国和以德治国相结合，强调法治和德治两手抓、两手都要硬。这既是历史经验的总结，也是对治国理政规律的深刻把握。

那么，为什么要坚持依法治国和以德治国相结合？主要有以下三方面原因：

1. 从道德和法律自身特点来讲，坚持依法治国和以德治国相结合是道德和法律内在联系的逻辑要求

道德与法律作为两大调节社会秩序的规范，既有区别，又有联系。首先，正是因为道德与法律在诸多方面存在不同，才使得德治与法治存在相互结合、相互补充的意义。法律的调整范围相较于道德较窄，在法律所调整不了的地方，道德可以发挥作用；而由于道德相较于法律是一种软约束，因此在道德惩罚不了的时候，法律可以惩恶扬善。此外，也正是因为法律与道德有着密切联系，才使得德治和法治存在相互结合、相互补充的可能。法律与道德本质相同，都由一定社会的物质生活条件所决定，并且在内容上相互渗透、相互保障、相互转化。法治与德治虽然作为两种治国方式，其实并不是非此即彼、二选一的关系。道德由内及外，法律由外及内，二者就如同太极阴阳结合一样，在互相依存的基础上通过不同的调控方式共同维系着社会秩序。

2. 从历史的发展来看，坚持依法治国和以德治国相结合既是对世界各国治理经验的总结，也是对我国古代治国经验的继承与发展

亚里士多德在政治学中指出："邦国虽有良法，要是人民不能全部遵循，仍然不能实现法治。法治应该包含两种含义：已经成立的法律获得普遍的服从，而人们所服从的法律又应该是本身制定的良好的法律。"亚里士多德认为"良法"加"普遍服从"是法治的基本内核，其中"良法"是"善治"的前提条件，对"良法"的强调，恰恰说

---

① 习近平．习近平谈治国理政：第二卷［M］．北京：外文出版社，2017：133.

明了法治是不能脱离道德的。随着时代的发展，治国理政的实践在不断变化，但放眼全世界，任何一个治理有效的国家，坚持德治和法治的统一是其治国理政的基本经验。

我国古代社会治国理政最鲜明的特点是伦理政治化，通过伦理道德来达到政权稳定和社会安定的目的。如我们所耳熟能详的"修身齐家治国平天下"，都是注重从个体伦理道德要求出发，进而达到政权稳定和社会稳定。虽然我国封建社会伦理道德中蕴含着一些不合理的东西，但不可否认，其在一定程度上维持了政权的长期稳定。从这种意义上说，我们今天要重视道德的作用，用道德来约束和规范社会成员的行为。当然，在我国古代治国理政经验中，还有一种更加深刻的治国理政模式，那就是"明儒暗法"，也称为"外儒内法"，指的是在我国古代的治国理政经验中，除了道德的劝诫和引导外，还通过严格的法规来规范社会成员的思想行为。中国古代尽管有封建王朝的更替，但是几乎每个王朝都有严格、规范的封建法律。法治的警示、约束、惩戒作用，为历代统治者所重视。尽管古代封建社会中的法律实施，还不是现代意义上的法治，但是我国古代治国经验表明，法律是维持社会正常运转和国家稳定不可或缺的因素。因此，对于当代中国，借鉴中国古代治国经验，既要把德治放在治国理政的重要位置，同时也不能忽视法治的作用。

3. 从现实发展来看，坚持依法治国与以德治国相结合是全面深化改革、实现社会主义和加强党的领导的必由之路

当前中国正由熟人社会向陌生人社会发展，随着社会关系的日益复杂，道德越来越难以适应社会调整的需要，而法律正逐渐代替道德成为社会生活最基本的调整手段。可以说，法治已经成为现代社会的普遍共识。

我国现在进入全面深化改革的关键期，需要运用法治手段化解社会矛盾和风险挑战，理顺各种利益关系，让改革在法治的轨道上推进。法律的规范性、稳定性能够保证改革的预期和美好的前景，增强全社会对于改革的共识和信心。如果离开了法治的引领，改革会陷入困境，甚至会跑偏。因此，无论是全面深化改革，实现社会主义，亦或是加强党的领导，都必须坚持法治。但是，强调法治并非意味着道德要退出历史舞台，相反，在法律不能调整或难以发挥作用的领域，更需要道德的调控。因此，在强调全面依法治国的同时，我们也要加强社会主义核心价值观建设，坚持依法治国和以德治国的统一。

三、如何坚持依法治国与以德治国相结合

法安天下，德润人心。坚持依法治国与以德治国相结合，是建设社会主义法治国家的基本原则，是中国特色社会主义法治道路的鲜明特色。国家治理需要法律和道德协同发力，要求法治和德治两手抓，两手都要硬，实现法律和道德相辅相成，法治和德治相得益彰。那么如何实现依法治国和以德治国相结合？

（一）怎样发挥道德对法治建设的作用

法治建设是包括立法、执法、司法、守法等环节在内的有机运行的统一整体，每一个法律运行的环节都必须把道德的要求贯彻其中，以道德滋养法治精神，发挥道德对法治的支撑作用。

1. 立法的道德之维

"良法是善治之前提"。作为法律运行的第一个环节，立法活动中要体现道德的要求，以确保制定出来的法律是"良法""善法"，就必须坚持立法的民主原则，不断扩大公民的有序参与，将人民群众的意志最大限度地体现在法律的制定中。同时需要将社会中的一些认同度高、较为成熟的道德规范和重要的公序良俗通过立法程序上升为法律的内容，及时修改与道德要求明显相违背的法律，确保法律条文本身符合最基本的道德方面的价值要求。

2. 执法的道德之维

执法是法律实施和实现的重要环节，将道德的基本要求贯彻到执法活动中，就必须在执法过程中坚持行政合法、行政合理、行政效率的基本原则，不断提高执法人员的执法水平和思想道德素质，防止出现粗暴、野蛮的执法方式，从而为良好的社会道德环境的营造奠定现实基础。

3. 司法的道德之维

十八届四中全会通过的《中共中央关于全面推进依法治国若干重大问题的决定》中指出："公正是法治的生命线。司法公正对社会公正具有重要引领作用，司法不公对社会公正具有致命破坏作用。必须完善司法管理体制和司法权力运行机制，规范司法行为，加强对司法活动的监督，努力让人民群众在每一个司法案件中感受到公平正义。"

司法活动作为法律运行的纠错及救济环节，尤其要贯彻公平正义的道德要求，否则将会给整个社会的公平正义带来极大的负面影响。在司法活动中不断贯彻道德的要求，首先需要坚持司法公开的原则。阳光是最好的防腐剂，司法公开之后才能更好地接受社会的监督；其次，法官在审理案件的时候，不仅要时刻以法律的要求作为自己行为的底线，还应该在司法活动中运用自己的智慧在现有法律规制和案件事实之间寻找一个法律与道德的平衡，做到情理和法理的融合，使司法活动真正起到化解社会矛盾、惩恶扬善、弘扬社会公平正义的效果。

案例

"最美离婚判决书"解开了夫妻心结①

法院判决书，给人的印象都是言简意赅，行文相对保守刻板。可最近的一封判决书被"曝光"后，却得到了众多好评，被网友称为"最美"判决书。它不仅有判决书该有的行文标准，而且文风优美，还包含着法官对原告和被告的劝解。

"投我以木桃，报之以琼瑶。岁月像一条长长的河流，婚姻和家庭就是我们赖以生存的小船，最惜执子之手，韶华共度，却亦难免遭遇'沐甚雨、栉疾风'……"

① 荔枝网新闻，2019年11月12日，www. news. jstv. com/a/2019114/1573699384368. shtml.

起草这封离婚判决书的法官名叫张邈，是徐州市鼓楼区法院的一名法官。他所办理的这起离婚案件的原告和被告是大学同学，两人携手走入了婚姻殿堂，却因为生活中的琐事，妻子打算结束这段婚姻。并且，女方起诉过两次，都是以撤诉来了结案件。这次今年又起诉了，理由大体相似，就是家庭矛盾或者双方性格不合。在处理案件的过程中，张邈了解到夫妻俩有一个正在上初一的孩子，两人都很爱这个孩子，这也成为他作出这份判决书的初心。

张邈觉得，这段婚姻是非常令人羡慕，应该珍惜的一段感情，所以他写判决书的初心，是劝导双方都为这个家庭付出更多，弥补夫妻的感情，照顾孩子的利益。

最终，法院依法作出了感情未破裂，不准予离婚的判决。

张邈说，离婚纠纷、家庭纠纷涉及的不仅仅是法律问题、是非问题，更多的是一种感情问题，距离法律有一段距离；要照顾到原被告双方，而且还要牵扯到小家庭。

张邈告诉记者，这封判决书，不仅交给本案的原告和被告，也想交到所有夫妻手中。在本案中，原被告双方人到中年，四十不惑，生活确实很艰辛。中年人到了这个年龄阶段，婚姻更需要加把油、鼓把劲。爱就是一个未知数，是需要每天证明的一个未知数。

案例评析

法律不能调整所有的社会关系，有些不宜由法律调整的，或者可以由法律调整但是不能很好达到社会效果的，则需要道德补充。离婚案件虽然要适用法律，但是感情问题离不开道德的调整，在司法活动中也要贯彻道德的要求，让当事人感受司法的温度，更好地化解社会纠纷、解决社会矛盾。

4. 守法的道德之维

守法是国家机关、社会组织和公民个人依照法律规定行使权力和权利，履行职责和义务的活动。守法要求社会中的一切组织和成员都遵守法律，严格依法办事。作为法运行的最后一个环节——守法，同样离不开道德作用的发挥。当一个社会的社会成员都养成了尊重他人利益、社会利益及公共规则的道德意识，都自觉践行高尚的道德实践，在这个社会中很难会有违法犯罪现象的出现。社会成员道德水平的高低，会直接影响到人们遵纪守法的程度。因此，在守法活动中，也应该大力贯彻道德的要求，强调道德教化的作用。当社会中的成员严格遵守法律，不是基于对法律制裁的恐惧，而是出于对道德的信念和实践，社会成员普遍的守法才能实现。

（二）怎样发挥法律对道德建设的作用

法律与道德相互联系，密不可分，不仅道德对法治建设具有巨大作用，法律反过来也对道德建设意义非凡，社会主义道德风尚的形成、巩固和发展，离不开社会主义法治建设。

1. 加强法治宣传教育，划定行为边界，促进道德教化

道德和法律关系密切，二者关系就如同两根线，道德是上线、高线，法律是下线、底线。当全民都认真遵守法律，自觉规制自身行为，使之符合法律底线的最低要求，那么，社会整体秩序将得到极大改善，有助于道德这根高线的实现。全民的执法和守法的过程本身就是一个道德价值传播和内化的过程。

2. 严格公正执法司法，营造扬善惩恶的社会风气

惩恶可以扬善，借助法治对恶的惩治的威慑力量，可以促进社会道德风气的好转，尤其是对于那些引起公愤的、丑恶的失德现象，必须用法治手段进行治理，让失德者付出高昂的法律代价，以发挥警示教育作用，使人们在生活中感受到善有善报，恶有恶报，推动良好社会风尚和社会秩序的形成。

3. 完善法律法规体系，保义举，弘美德

中国向来就是礼仪之邦，我们有着优良的道德传统，但近年来，这些道德规范却不断遭到冲击。学术造假、官员腐败、食品安全危机、信任危机等问题，虽然是道德问题，但是很多时候是由于相关规范不完善所导致的。比如老人摔倒了，很多人想去扶，只不过怕“扶了之后自己倒下了”才选择袖手旁观，不敢做一个有道德的人。我们缺乏的其实不是有道德的心，而是让人们能够敢于做一个有道德的人的机制，以及一个可以惩戒人们失德行为的机制。所以当我们面对“好人吃亏”“英雄流血又流泪”的情形，光有道德的倡导还不够，还需要有法律制度的保障，需要用完善的法律法规体系，保义举，弘美德。

案　例

《深圳经济特区救助人权益保护规定》出台[①]

《深圳经济特区救助人权益保护规定》经深圳市第五届人民代表大会常务委员会第二十三次会议于2013年6月28日通过。《深圳经济特区救助人权益保护规定》简称《保护规定》是全国首个保护救助人的专门立法，将为好人好事行为撑起一把保护伞，诬告陷害救助人将担责。深圳此次出台《保护规定》旨在保护救助人的合法权益，弘扬社会正气。该规定全文仅10条，不足700字，是深圳市最短法规之一。

《保护规定》法条全文：

第一条　为了保护救助人的合法权益，弘扬社会正气，促进社会和谐，根据法律和行政法规的基本原则，结合深圳经济特区实际，制定本规定。

---

① 百度百科：深圳经济特区救助人权益保护规定，2020年10月14日，www. baile. baidu. com/item/深圳经济特区救助人权益保护规定.

第二条 本规定所称救助人，是指没有法定义务或者约定义务，对在紧急情况下遭遇人身损害或者人身损害危险的人，自愿提供救助的自然人。

第三条 被救助人主张其人身损害是由救助人造成的，应当提供证据予以证明。没有证据或者证据不足以证明其主张的，依法由被救助人承担不利后果。

第四条 被救助人主张救助人在救助过程中未尽合理限度注意义务加重其人身损害的，应当提供证据予以证明。没有证据证明或者证据不足以证明其主张的，依法由被救助人承担不利后果。

第五条 救助人因被救助人捏造事实，诬告陷害而发生费用的，有权依法向被救助人追偿。

第六条 被救助人捏造事实，诬告陷害救助人，构成违反治安管理规定行为的，依法予以行政处罚；构成犯罪的，依法追究刑事责任。

被救助人捏造事实，诬告陷害救助人的，救助人可以向人民法院提起民事诉讼，要求被救助人承担赔礼道歉、赔偿损失、消除影响、恢复名誉等民事责任。

被救助人诬告陷害救助人的，处理机关应当在法律文书生效之日起十五个工作日内将处理结果通知公共征信机构，录入个人信用记录系统。

第七条 知道救助情况的单位或者个人，对救助人的救助行为提供合法有效证据予以证明的，有关部门依照规定对证人予以奖励。

第八条 救助人因救助行为与被救助人产生民事权益纠纷请求法律援助的，法律援助机构应当及时提供援助。

第九条 对救助人的奖励和其他保护，适用见义勇为法律、法规的相关规定。

第十条 本规定自 2013 年 8 月 1 日起施行。

案例评析

此规定在法律的框架下为救助人的利益提供了保驾护航，从而能够消除好人做好事的顾虑，促进社会公平正义风气的弘扬。好的法律规范不仅能够为人们的行为提供规范，而且可以借助此规定维护社会公序良俗，这本身就是道德教化的另一种途径。

教学拓展

（一）知识拓展

1. 阅读推荐

（1）《中共中央关于全面推进依法治国若干重大问题的决定》，2014 年发布。

（2）马振清：《国家治理现代化中的道德治理与法律治理》，中国书籍出版社，2017 年版。

（3）富勒：《法律的道德性》，商务印书馆，2005年版。

2. 观看推荐

中共中央宣传部、中央电视台联合录制：《法治中国》第二集《大智立法》。

（二）能力拓展

1. 知识竞赛

实践主题：法律与道德常识。

实践目的：

调动学员学习法律与道德的积极性，使学员在了解知识竞赛的流程和提高团队意识的同时，学习法律与道德基本常识，提高思想道德素质与法治素养。

实践方案：

（1）活动前准备：划定组别，确定人员分工。

（2）组织实施：由竞赛出题组事先整理好参赛题库，由指导教师负责把关和完善。由竞赛组织者负责实施、拟定比赛规则。各参赛队基准分为100分，在此基础上通过竞赛增减分数，比赛结束后依据各队得分高低排定名次。

（3）颁奖讲评：统计分数，发放奖品，教员点评。

2. 校园调查

实践主题：青年学员法律意识与行为现状。

实践目的：

调查青年学员对法律知识的了解程度，对自身权利与义务的认识程度、法律思维方式、行为习惯等。同时通过活动的开展，培育学员的法律实践能力。

实践方案：

（1）通过网络或其他工具，学习研究与学员法律意识相关的研究报告或问卷调查，学习社会调查的基本方法和技巧，对拟调查的问题形成初步认识。

（2）指导学员设计问题，编制问卷。

（3）组织学员分成小组，按照不同年级展开调查。调查可利用网络、手机等现代化信息平台。

（4）以小组为单位，对收集的问卷进行统计分析，展示现状、剖析原因、找出对策，并撰写调查报告。

（5）以幻灯展示调查报告，学员现场问答，教员当场点评。

（6）计入平时考核成绩。教员按照评价标准对小组进行评价，小组内部根据成员工作情况给予成员成绩。

专题十一
法治之问——如何建设法治中国

教学主题

坚定法治道路　建设法治中国

解决好法治和人治这一人类政治文明史基本问题是实现国家现代化过程中必须解决的关键问题。同时中国特色社会主义道路是社会主义法治建设成就和经验的集中体现，是建设社会主义法治国家的唯一正确道路。本专题通过问题设置，引导学员深入思考“中国共产党为何带领新中国走上法治道路?”“为什么把依法治国作为党领导人民治国理政的基本方略?”“为什么要坚持走中国特色社会主义法治建设之路?”等几个问题，同时引导学员重点理解“走中国特色社会主义法治道路为什么要坚持中国共产党的领导?”“在推进全面依法治国过程当中为什么要坚持依宪治国?”“为什么要持续大力推进司法改革?”等难点问题。让学员在认知上熟悉法治的内涵和特征，在情感上认同党的领导是社会主义法治最根本的保证，用实际行动支持和参与法治国家、法治社会、法治政府建设活动。

教学目标

知识目标：了解法治、全面推进依法治国的内涵，掌握中国共产党的领导是中国社会主义法治建设最根本的保证的重要理论，明确中国法治建设必须走中国特色社会主义法治道路的重大意义。

能力目标：能够运用法治思维全面、辩证、客观地分析社会现象，科学分析中国特色社会主义法治道路与西方法治道路的区别，了解法治建设的主要任务，积极投身社会主义法治建设实践。

素质目标：加强学员对中国特色社会主义法治道路的理论认同与道路自信。

思维导图

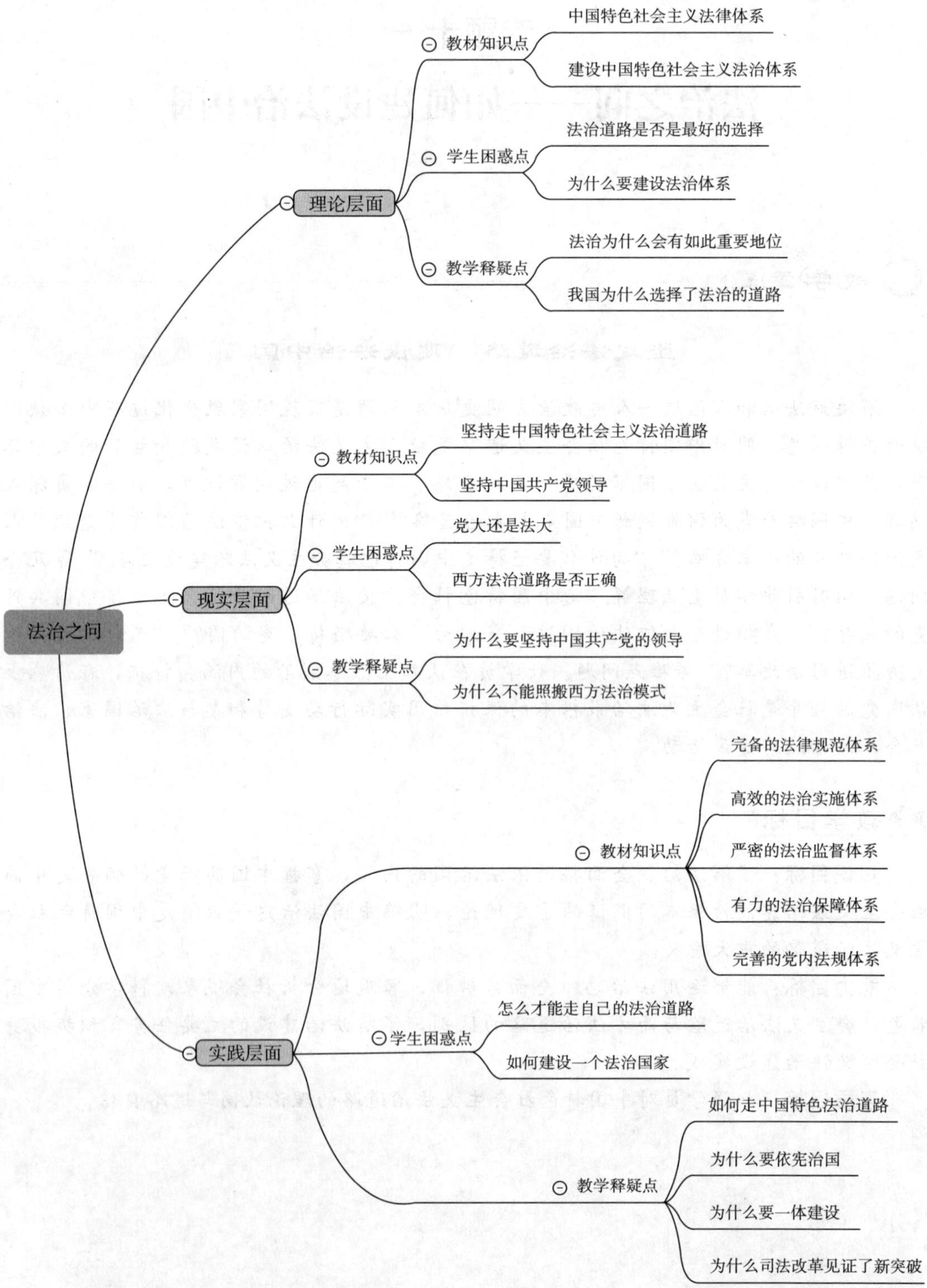
法治之问
理论层面
教材知识点
中国特色社会主义法律体系
建设中国特色社会主义法治体系
学生困惑点
法治道路是否是最好的选择
为什么要建设法治体系
教学释疑点
法治为什么会有如此重要地位
我国为什么选择了法治的道路
现实层面
教材知识点
坚持走中国特色社会主义法治道路
坚持中国共产党领导
学生困惑点
党大还是法大
西方法治道路是否正确
教学释疑点
为什么要坚持中国共产党的领导
为什么不能照搬西方法治模式
实践层面
教材知识点
完备的法律规范体系
高效的法治实施体系
严密的法治监督体系
有力的法治保障体系
完善的党内法规体系
学生困惑点
怎么才能走自己的法治道路
如何建设一个法治国家
教学释疑点
如何走中国特色法治道路
为什么要依宪治国
为什么要一体建设
为什么司法改革见证了新突破

教学详案

案 例

法治护航 改革行远[①]

在日常行政审批中，多头交材料、开“奇葩证明”、办事时间长等问题成为群众和企业反映强烈的改革难点和堵点。浙江省梳理公布省、市、县三级“最多跑一次”办事事项主项1411项、子项3443项，基本包括群众和企业到行政机关办理的所有权力事项和公共服务事项，对“最多跑一次”进行改革立法。《浙江省保障“最多跑一次”改革规定》经浙江省十三届人大常委会第七次会议审议通过，于2019年1月1日起施行。《规定》要求减少办事环节、整合材料、缩短时限、减免费用、优化流程、提高效率，明确要求实行统一收件或者受理的办事事项只需提供一套材料，可以通过公共数据平台提取的材料不再要求申请人提供。户口本、居住证、驾驶证、社会保障卡、市民卡、老年卡、人像认证等都可以作为身份证明材料。《规定》在地方立法权限范围内破除“最多跑一次”改革的体制机制障碍，对“最多跑一次”改革的重要成果进行了固化提升。

当前，法治成为处理好改革、发展、稳定之间关系的基本治理方式，实现了三大主体任务之间的良性互动。法治已经成为当前国家治理体系中的关键一环。推进国家治理体系和治理能力现代化，就是要适应时代变化，既改革不适应实践发展要求的体制机制、法律法规，又不断构建新的体制机制、法律法规，使各方面制度更加科学、更加完善，实现党、国家、社会各项事务治理制度化、规范化、程序化。同时各级领导干部要提高运用法治思维和法治方式深化改革、推动发展、化解矛盾、维护稳定的能力，努力推动形成办事依法、遇事找法、解决问题用法、化解矛盾靠法的良好法治环境，在法治轨道上推动各项工作。

一、法治为什么会成为治国理政的主要方式

（一）法治在人类社会发展史上为什么会有如此重要的地位

法治是人类对社会治理方式探索得出的结论。对于治理方式，人类社会已经探索了几千年。人类社会的文明史也是人类思考到底应该用什么样的治理方式来治理世界的发展史。远古时代对武力的推崇曾达到鼎盛，但先哲们很快发现，虽然武力可以包打天下，也可以压制一时的反抗，但仅靠武力无法真正有效地去统治和管理人类世界。在人类社会文明的进步过程中，曾有很多人通过反躬自省，认为上到最高统治者，下到君臣百姓，都应当能够加强自律，抵达“神圣”和“高尚”的境界，但这种忽略了

① 翁浩浩，何双伶．《浙江省保障“最多跑一次”改革规定》解读［N］．浙江日报，2019－03－24.

人性的理想状态从未在人类社会普遍实现。正如马克思所说，人们奋斗所争取的一切都同他们的利益有关。无论是为金钱还是为名利，归根到底都是一种利益衡量。李勇在谈论法治思维时提出，简单要求自律通常都是制度漏洞较多、合法性欠缺时统治者所采取的一种策略，在历史上效果一直不明显，特别是统治者自己通常也做不到。在柏拉图反复思考找不到理想中的"哲学王"后，他也不得不转而投向法治国。遵从符合人们普遍利益的可预期的制度而不是人治社会的"灵光一现"已经成为现代社会治理的主要方式，也被认为是人类社会利益最大化的选择。"国无常强无常弱，奉法者强则国强，奉法者弱则国弱"成为通识。[①]

法治是实现社会公平正义的有效方式。法治总是以动态的眼光看待社会，从不会把社会看成是僵化不变的。法治把现实中遇到的每一个问题都当成社会进步的契机，在肯定人性的基础上，推动社会向前进步和发展，以可预期制度的治理方式着力使人权得到保护，使人们生活得更加幸福。它不是对社会进行简单的解释说明，更不是对社会现象予以简单认可或否定，法治是以公平正义为目标，运用科学的制度来解决社会问题的治理方式和思维习惯。而这种方式遵循科学的制度，能够实现人们普遍的情感，让人民大众认可并服从，因此法治使社会变得更好。正如习近平总书记指出的那样，法治是人类文明的重要成果之一，法治的精髓和要旨对于各个国家治理和社会治理具有普遍意义。

法治的形态具有多样性。需要关注的是，世界上没有一种一成不变的道路可以引导所有国家的发展，同样世界上也没有一种一成不变的法治道路可以引导所有民族实现法治现代化。法治形态的多样性是法治理论的一个重要原理，也是当今世界各国法治建设的普遍现实。法治运行有其自身规律。各个国家的文化、国情、传统、特点、制度、历史都存在着差异，选择哪种方式和道路来实现法治的发展，来确定法治的具体制度，并没有统一的法治建设模式、法治实现机制和客观评价标准。

（二）我国为什么选择了法治的道路

"全面依法治国，必须走对路。如果路走错了，南辕北辙了，那再提什么要求和举措也都没有意义了。"[②] 习近平总书记的话一语中的，深刻指出中国特色社会主义法治道路，从根本上保证了我国社会主义法治的正确方向。党和国家为什么选择了法治的道路，为什么坚持走法治的道路？如果从历史的视角来分析，法治道路的确立经历了艰辛的探索过程。

定法治为治国的基本方式确之不易。在人类社会从蒙昧走向文明的几千年以来，管理、治理社会和国家的模式，可以概括为是一个从"神治"到"人治"再到"法治"的演变进程。所谓神治，主要是指奴隶制时代，统治阶级假借神的意志赋予其统治权"合理性"，假借"神明裁判"给予其审判权的公正性。所谓人治，简单理解就是在很长一段历史发展时期，君王的意志是国家治理的最高原则和最高意志。这就导致个别

① 李勇．法治思维让社会变得更好［N］．学习时报，2016-06-09.

② 习近平．习近平谈治国理政：第二卷［N］．北京：外文出版社，2017：113.

人特别是统治者个人的偏好、个性、价值观成了治理的基本甚至决定性影响因素。以至于国王的喜怒哀乐都可以影响和决定百姓乃至大臣的生死存亡。中国几千年的封建社会给中国社会留下了深刻的“人治”烙印。历史的经验教训告诉我们，人治存在的重大缺陷就是掌握权力的人出现认识上或利益上的私欲，很容易出现偏差和错误，而其权力会将这种错误急剧放大。因此，在改革开放之初邓小平同志就曾强调过，为什么我们要推进社会主义民主和法治，就是说我们的国家治理不能因为领导人的改变而改变，不能因为领导人注意力的转移而转移。因此，当前文明国家都将法治确定为治理国家的基本方式。

新中国法治建设的巨大成就来之不易。对于法治的重要性，党的领导人有着清醒的认识。革命可以打破一个旧世界、建立一个新的国家，但要治理国家、治理社会，还是要靠规则、靠制度。新中国成立后的法治建设之路可以分为初创、停滞、破坏、恢复、发展、全面推进六个阶段。回顾几十年的发展，从 1954 年制定我国第一部宪法确立国体政体到 2021 年《中华人民共和国民法典》的正式实施，从“文革”期间“砸烂公检法”到新时代“建设社会主义法治国家”，历史的印记让我们在享受我国法治建设取得巨大成就的同时，也不禁感慨这些成就的取得和奋斗历程实属不易，须倍加珍惜。

拓展阅读

新中国法治建设的六个阶段

第一阶段：法治的初创期。时间是 1949 年到 1956 年。建国伊始，百废待兴。国民党《六法全书》已经被彻底否定，立法任务非常艰巨。因此在如此众多的任务当中，核心议事日程主要是如何保证刚刚建立起来的无产阶级政权能够保存下来。新中国立法主要围绕维护国家安全、社会稳定、国家基本制度构建展开，比较有代表性的法治建设成就是 1950 年的《婚姻法》和 1954 年《中华人民共和国宪法》。

第二阶段：法治的停滞期。时间是从 1956 年到 1966 年。国家建设和发展处于探索阶段，主要依靠有关政策性文件来指导社会发展，调整社会关系。出台的“工业 70 条”“农业 60 条”“商业 40 条”等规范性文件从严格意义上属于党的政策，尚未到国家法律的层次。这一时期的法治建设相对停滞。

第三阶段：法治的破坏期。时间是 1966 年到 1976 年，党领导的法治建设在此期间遭到很大的破坏。

第四阶段：法治的恢复期。时间是 1979 年到 1996 年，以十一届三中全会宣布建立社会主义民主法治为起点，制定和颁布了一系列法律，我们的法治走上了正轨，取得了不少的成就。特别是制定了《刑法》《刑事诉讼法》《民法通则》等多部国家基本法规，为后期的法治体系构建奠定了基础。

第五阶段：法治的发展期。时间是 1997 年到 2011 年，这个阶段是依法治国方略确立和社会主义法治获得初步发展的时期。1997 年召开了中国共产党第十五次全国代表大会，正式宣告确立依法治国，建设社会主义法治国家的治国方略，并通过不懈努力在2010年初步建成了中国特色社会主义法律体系。

第六阶段：法治的全面推进期。党的十八大之后，我们进入全面推进依法治国、加快建设法治中国的新阶段。以《民法典》为代表的立法领域和司法体制改革领域不断取得新的成效。

探索出符合国情的法治道路来之不易。法治作为一个理念是全人类共享的、是全世界普适的。世界上绝大多数国家都推行法治、反对人治。但法治与法制不同，西方故意歪曲法治的内涵，偷换法治的概念，讲所谓的"普世价值"，把他们的法治概念当作普遍的概念，将资本主义国家所谓的"全民选举""三权分立"等模式定义为法治标准模式，似乎只有实行这些制度才是真正的法治。各国的国情不同、现实需要不同、历史文化各异，法治道路显然也不会相同。早在2013年3月23日，习近平总书记在莫斯科国际关系学院演讲时针对这个问题曾有个形象的比喻，鞋子合不合脚穿着才知道，一个国家的发展道路，只有这个国家的人民才知道。这个比喻有力地展示了这样一个基本道理：一个国家选择什么样的民主制度，走什么样的民主政治发展道路，需要依据本国国情并参照历史文化传统等多种因素做出决定，简简单单照搬照抄并不能解决问题。况且西方式民主的弊端这些年来愈发凸显出它的内在问题，特别是美国2020年总统大选举，美国国会极端混乱的场面从一定程度上反映出西方民主模式特别是"美式民主"的失败。更让大家深刻认识到，法治没有一个唯一的道路、没有一个唯一的模式。民主价值不具备多种选择性，而搞民主、发展民主则具备多种选择性，这就在客观上决定了制度民主选择的复杂性和风险性。一旦选择失当，不适合国情，实践上、政治上就会出大问题，就会造成巨大的历史性、方向性失误。

案　例

"美式民主"神话的终结[①]

美国一向自诩为"民主灯塔"，把自己装扮成世界民主楷模，编造了无数美国民主的神话，极力向其他国家推销和输出，甚至不惜为此使用武力。第二次世界大战以后，尤其是冷战结束以后，许多国家模仿"美式民主"，移植美国选举制度，却陷入政治不稳定的恶性循环。美国不断宣扬"美式民主"定期和平更换政府的优越性，要求其他国家学习。每当别的国家在权力交接上出现问题的时候，美国就会将问题归结为没有"美式选举"。可是，很多追随"美式民主"的国家经常发生冲突和内战。对于这些现象，美国要么视而不见，要么宣称这些国家学习"美式民主"没有到家。近年来，美国国内政治冲突加剧，"黑人的命也是命"反种族歧视抗议活动席卷全美，政府高官如走马灯一样换来换去，总统弹劾案在众议院表决通过。2020年美国总统选举不但没有

① 李云龙．"美式民主"神话的终结［N］．人民日报，2021-01-13（03）．

带来稳定，反倒引发新一波更大的政治动荡。2021 年 1 月 6 日，美国首都华盛顿发生暴力示威，部分示威者冲进国会大厦，与警方发生冲突，4 名抗议者死亡，1 名国会警察重伤后不治身亡，国会依照宪法举行的确认拜登胜选的程序也被迫中断。这件事被外媒称为美国政治制度的重大挫败。

疫情发生后，美国一些政客不为民众生命负责，无视科学，不采取积极措施应对疫情，任由疫情不断蔓延，造成防疫重大失败。根据美国约翰·霍普金斯大学统计的数据，截至北京时间 2021 年 1 月 10 日，美国新冠肺炎确诊病例总数超过 2200 万例，新冠肺炎死亡病例总数达到 371862 例。美国人口不到世界的 5%，但新冠肺炎确诊病例数占世界的 24%，累计死亡数占世界的 19%，远远超过世界平均水平。尤其讽刺的是，没有一个美国官员因为防疫不力被撤职。

美国总统选举花费的金钱越来越多，从 2004 年的 7 亿美元，增加到 2008 年的 10 亿美元、2012 年的 20 亿美元和 2016 年的 66 亿美元。根据美国无党派研究机构响应政治中心公布的报告，2020 年大选总成本接近 140 亿美元，是 2016 年大选支出的两倍多，成为美国历史上最昂贵的政治选举。同时由于美国实行选举人团制度，获得多数选民支持的候选人未必当选总统。21 世纪以来，已经有两届美国总统是由获得普选票较少的获选人当选。在美国政治体系中同众议院分享立法权的参议院，其组成方式是无论人口多少，每州均选出 2 名参议员。这样，在罗得岛州，只要 50 多万人就可以选出 1 名参议员，而在加利福尼亚州，却要近 2000 万人才能选出 1 名参议员。

案例评析

2021 年暴力冲击国会事件戳穿了“美式民主”的神话，证明美国并非民主的伊甸园。“美式民主”存在根本缺陷。主要表现为：

“美式民主”无法保证权力的和平交接和政治稳定。“美式民主”的神话之一是选举可以避免权力争夺造成的激烈冲突和内战，选举提供了最稳定的合法性基础，有效解决了现代国家的合法性问题，实现权力的平稳过渡。现在，这场煽动抗议者冲击国会、向全世界公开播放的“美式民主”实景秀证明，选举未必能够保证政治权力的和平交接，更无法保证政治的稳定。

“美式民主”没有提供治理效能。美国一再说，只有定期选举才能够实现有效治理，因为民选官员需要对选民负责，而任期制和分权制衡又可以防止出现重大决策错误。而历史上，美国民主制度并未阻止美国政府发动越南战争和伊拉克战争这类重大错误决策。美国政府面对新冠肺炎疫情的种种拙劣表现，再次证明“美式民主”无法带来有效治理。

“美式民主”无法保障公民平等的政治权利。“美式民主”编造了一个所谓“多数人统治”的神话，称一人一票的民主就是按照多数人的意志治理国家。可是，高额的选举费用大大提高了参选门槛，排除了绝大多数人参加竞选的可能。“美式民主”既非“人民的统治”，也非“多数人统治”。美国各项选举投票率普遍不高。同时只有少数有能力筹集大量竞选资金的人，才能加入美国政治选举角逐。这无疑为富人和利益集团通过金钱笼络候选人营造了温床。金钱政治贯穿了美国选举、立法和施政的所有环节。选举沦为金钱游戏。政治参与实际上成为少数有钱人的特权。说到底，美国选举制度无法充分实现美国民众的政治权利，选举只是少数人操控政治的工具。

二、如何走中国特色社会主义法治之路

(一) 走中国特色社会主义法治道路为什么要坚持中国共产党的领导

党的领导是社会主义民主政治的应有之义。任何法治道路和法律制度，都是政治的具体形式。党领导人民用法治的方式进行治国理政，从本质上讲，这是我国社会主义民主政治的内容，社会主义法治是这一政治内容的表现形式。对于这个问题，习近平总书记指出：“党和法的关系是政治和法治关系的集中反映。法治当中有政治，没有脱离政治的法治。西方法学家也认为公法只是一种复杂的政治话语形态，公法领域内的争论只是政治争论的延伸。每一种法治形态背后都有一套政治理论，每一种法治模式当中都有一种政治逻辑，每一条法治道路底下都有一种政治立场。我们要坚持的中国特色社会主义法治道路，本质上是中国特色社会主义道路在法治领域的具体体现。”[①]虽然我们经常说“法律至上”，但要注意的是任何表述都应当注意其特定语境。“法律至上”是指在法治语境下，为了凸显法律的地位而进行的特定表述，但要看到法治本身并不是目的，根本的目的是国富民强和政通人和。张会峰在《坚持走中国特色社会主义法治道路》一文中曾经这样论述：法治与政治的关系应该是政治为体，法治为用，政治是内容，法治是形式，政治是目的，法治是手段，政治是法治的源头，法治是政治的制度和规范化。法治背后是政治，政治背后是政党，政党背后是人民，法治不能脱离政治，政治不能脱离政党，政党不能脱离人民。用一个比喻来说，法治是社会主义民主政治运行的轨道，党领导人民治国理政则是在这个轨道上运行的火车，轨道本身不是目的，目的还是诗和远方。“火车跑得快，全靠车头带”，党就是人民的火车头。失去轨道，火车寸步难行，而失去火车头或牵引力，轨道也将毫无意义，双方缺一不可，而非谁大谁小的关系。[②]

党的领导是社会主义法治的“定海神针”。全面依法治国，必须坚持党的领导。党的领导和社会主义法治是一致的，不存在党大还是法大的问题。两者的关系处理得好，则法治兴、党兴、国家兴。新中国成立以来，在党的领导下，我国社会主义法治事业取得了巨大成就，特别是党的十八大以来，在中国共产党的领导下，全面依法治国进入举措最有力最集中、成就最丰硕最显著、经验最丰富最系统的新时期，我们在科学立法、严格执法、公正司法、全民守法等领域取得了丰硕成就。开辟了全面依法治国的理论和实践新境界[③]。习近平总书记指出：“推进党的领导制度化、法治化，既是加强党的领导的应有之义，也是法治建设的重要任务。为什么我国能保持长期稳定，没

① 中国中央文献研究室．习近平关于全面依法治国论述摘编［M］．北京：中央文献出版社，2015：34-35.
② 张会峰．坚持走中国特色社会主义法治道路［J］．教学与研究，2020，(6)：92-102.
③ 张会峰．坚持走中国特色社会主义法治道路［J］．教学与研究，2020，(6)：92-102.

有乱？根本的一条就是我们始终坚持共产党领导。党的领导是党和国家事业不断发展的‘定海神针’”[①]。党的领导，当然也是中国特色社会主义法治的“定海神针”。

党的领导是推动社会主义法治建设的动力保障。马长山在研究党领导法治建设的动力论、方向论和效率论时认为，世界各国法治建设的模式大致分为两种：一种是以西方法治先行国家为主的自然演进型法治模式，另一种是以东方后发法治国家为主的政府推进型法治模式。在自然演进型的法治模式中，“自发性”是其典型特征，法治在相当程度上是一个自发演进的过程，不需要外在力量的领导和推动。而在后发法治国家，权威性的政府或政党是推动法治道路建设的主要力量。权威主体通过国家的“顶层设计”与能动规划，积极、快速、高效、有序地推进法治建设。[②] 中国传统人治思维影响深远，缺少法治的生长土壤，因此法治道路对政府推进依赖巨大。法治的建立、发展是一项系统工程，建设以法治为基础的综合的治理体系，需要长期而艰巨的努力，这些建设都必须依靠强有力的领导有计划、分步骤地扎实推进。中国共产党具有先进性与纯洁性，在领导中国革命和建设过程中彰显了强有力的领导权威。实践也证明，正是坚持党的领导，中国的法治建设才得以焕发活力，走向了中国特色社会主义法治道路。由此可见，党的领导是法治中国建设的动力源泉，能为中国特色社会主义法治建设注入持久而强大的推进力量。

（二）中国法治发展道路为什么不能照搬西方模式

每一种法治形态都不能脱离其国家历史文化和国情条件。两千多年前的商鞅就曾经说过：“为国也，观俗立法则治，察国事本则宜。不观时俗，不察国本，则其法立而民乱，事剧而功寡。”一个国家的治理方式、法治道路、法治体系都应当建立在一个国家的基本国情之上。建设法治中国，必须从我国的实际国情出发，立足于中国特色社会主义制度，着力于推进国家治理体系和治理能力现代化的目的要求。我们必须按照当前中国特色社会主义进入新时代的国情和发展需要，立足于解决人民日益增长的美好生活需要和不平衡不充分的发展之间的矛盾，走适合自己的中国特色社会主义法治道路。

西方法治模式并不是法治建设的唯一标准。西方国家的法治模式从英国资产阶级革命起迄今已有300多年的历史，尽管其法治理论和法治实践对人类法治文明产生过深远影响，也具有一定的借鉴意义，但西方法治模式并不是世界上法治模式的唯一方式和评价标准。因为西方国家的法治模式也是基于其特定的历史传统和资本主义社会基本国情而建立。西方资本主义国家的发展历史就是殖民扩张、全球贸易侵略别国和掠夺资源基础上的发展史，并通过其先发优势占据国际政治经济秩序中的支配地位。而广大发展中国家的历史传统、现实国情和发展基础与之完全不同，这也是西方先后使用各种各样的办法，把包括其法治模式在内的制度模式向其他发展中国家推介甚至强加但仍然无法获得成功的根本原因。历史和现实都表明，西方国家的法治模式特别

① 习近平．加强党对全面依法治国的领导［J］．奋斗，2019，(4)：1-8.

② 马长山．国家“构建主义”法治的误区与出路［J］．法学评论，2016，34 (4)：26-33.

是"美式法治"模式不适合我国，这是由我国历史传统和现实国情所决定的。西方法治模式的经济基础是发达的资本主义私有制经济，所依托的政治环境是需要"分化"选民以争夺选票的两党制、多党制，其核心价值观念是个人被摆在最优先位置的个人主义。中国特色社会主义法治道路的经济基础是公有制为主体、多种所有制经济共同发展的基本经济制度，这与西方私有制市场经济不同。中国特色社会主义法治道路所依托的政治制度包括人民代表大会制度、中国共产党领导的多党合作和政治协商制度、民族区域自治制度、基层群众自治制度等，这与西方分权制衡、多党竞争的政治制度不同。中国特色社会主义法治道路的指导思想是马克思主义指导下的中国特色社会主义法治理论，倡导社会主义核心价值观，这与西方个人主义及对内对外实行双重人权标准的理念和做法不同。

当然，坚持走中国特色社会主义法治道路也不能因循守旧、墨守成规，要广泛吸收人类文明的发展成果，坚持法治服务大局的原则，在党和国家工作大局下思考法治、实施法治。要充分尊重人民群众在依法治国中的主体地位，鼓励人民群众在法治建设中进行理论和实践的创新。我们坚信，中国特色社会主义法治道路一定能够在实践中展现强大生命力，开拓更加光明的前景。

（三）如何走出法治建设的中国之路

既然法治建设的表现形式是多种多样，中国法治建设在借鉴人类法治发展成果经验的基础上，应当充分考虑法治在中国发展的可适用性和适应性。西方法治发展模式曾经促进了西方政治文明和社会的进步，正是因为它的制度一定程度上适应了西方价值和主体追求。而中国法治建设，必须立足中国现实，满足中国人民的需要。这就要求我们必须探索和走出一条法治建设的中国之路。

要坚持中国特色社会主义方向。中国法治建设起源于清朝末年，清末法制大臣沈家本等人刚开始改革清政府就垮台了。民国政府时期，国民党曾颁布了《六法全书》，法治建设得到了一定程度发展。新中国成立之后，特别是改革开放以来，中国法治建设才得到了长足进步。党的十八大之后更是取得了巨大的成效，无不昭示了一个道理，一个国家走什么样的法治发展道路，是历史选择的必然结果。马克思曾深刻揭示了法的本质是阶级意志性和物质制约性的统一。这就说明"依法治国"的法治观也不是一个超阶级的事物。法律作为治国的方式，其本身没有阶级性，但依法治国所依托的物质基础和国家政权是具有鲜明阶级性的。这就决定了我们建设的法治国家其性质必须是社会主义国家，所依赖的经济基础是社会主义公有制。所以法治建设首要的就是要坚持社会主义方向，这也是我们汲取苏联法治改革教训得来的宝贵经验。

坚持中国共产党的领导。从世界范围来看，政党和法治之间存在必然联系。从政治属性上看，政治都是同国家和全体人民的利益直接联系在一起的，不论是资本主义制度下"多数人的统治"还是社会主义制度下"人民当家做主"，都需要制定规矩，并把这些规矩上升为法律，从而使政治在明确、具体的规范下进行。从政党属性上看，正当活动也进行了规则制度化到法制化的过程，否则政党无法顺利开展活动。从法治属性看，现代法治存在民主性、普遍性、平等性的特点，政府、政党的法制化保证了政治法治化和决策法治化，确保了国家的稳定。中国共产党历来重视通过法治来保护人民利益，注重通过制度保护人民权利，这种保护从建党之初就已经开始。中国共产党的领导地位是在长期革命斗争中逐步形成的，是历史的选择和人民的选择。法治建设的伟大成就也是在中国共产党领导和推动下完成的。

拓展阅读

“党大还是法大”是个伪命题[①]

新的党章中规定：“党政军民学，东西南北中，党是领导一切的”，体现了党的领导地位。我国宪法规定“一切国家机关和武装力量、各政党和各社会团体、各企业事业组织都必须遵守宪法和法律”，体现了法律至上的要求。那在处理党的领导与法治的关系时，到底是党大还是法大呢？

党的领导地位，并不仅仅是党章里规定的，在我国宪法序言和总纲中都有明确的规定。2018 年我国宪法修订，在总纲第一条增加了一句“中国共产党的领导是中国特色社会主义的最本质特征”。党的领导原则与法治原则一样，都是我国宪法规定的基本原则。于是很多人就陷入了如下的思维回路不能自拔：党要遵守宪法，宪法要遵循原则，原则是党的领导。那到底党大还是法大？这岂不成了“石头剪刀布”的问题了吗？习近平总书记对这个问题曾有过明确的定性。他说，“‘党大还是法大’是一个政治陷阱，是一个伪命题。对这个问题，我们不能含糊其词、语焉不详，要明确予以回答。”[②]为什么说是个政治陷阱呢？因为这是个两头堵的问题，回答谁大都是不对的。如果说党大，那法治原则怎么理解？如果是法大，那党的领导地位和作用又如何充分彰显？说这是一个伪命题，是因为这个问题混淆了政治与法治、内容与形式、整体与个体、立法与守法等多个层面的问题。下面我们选取政治与法治、立法与守法两个视角来回答这个问题。

从政治与法治的视角看党与法的关系。党大还是法大的追问，是把政治与法治两个层面的问题对立起来了。一般来讲法治属于政治文明的范畴，而严格来讲，两者还是有不同的层次划分。如果把以上论述说得更通俗和直白一些，可以这样理解：党领导人民治国理政，是我国社会主义民主政治的内容，社会主义法治则是承载这一政治内容的形式。内容与形式是哲学上的一对范畴，不能简单地讨论内容大还是形式大，因为两者不可分离，缺一不可。

从立法和守法的角度来看党与法的关系，要区分法律生成之前和法律生成之后，要区分党的集体领导和个别党员干部。从立法层面来看，法律不是天上掉下来的，而是党领导人民制定出来的，先有党和人民的意志，后有法律。党和人民的意志不但可

① 张会峰．坚持走中国特色社会主义法治道路［J］．教学与研究，2020（6）：92－102.

② 中国中央文献研究室．习近平关于全面依法治国论述摘编［M］．北京：中央文献出版社，2015：34－35.

以生成法律，党和人民的意志还可以依照程序修改或废止法律。法律的立、改、废活动是法律正常的新陈代谢，不足为奇。人们不能简单套用守法的逻辑来评价立法层面的问题（当然立法本身也有合宪合法的问题），否则每次改法岂不是违法？每次废法岂不是造反？立法层面人们很少谈法律至上，而是谈宪法至上，而宪法至上背后则是人民至上。而人民主权与人民遵守法律之间，并没有矛盾。

从执法司法守法的层面来看，也就是法律生成之后，党和人民，每一个党员干部和每一个公民，都要严格遵守法律，置身于在法治之下，不存在法外之人，不存在法上之权，这是法治的必然要求。"法律至上"的格言，更多是在这个层面讲的。法律就像党领导人民订立的君子协定，先有君子，后有协定，君子生成了协定，没有好的君子，也就没有好的协定，因此君子很重要。但是协定订立之后，君子必须服从协定，这叫契约精神，也是君子之风，协定也很重要。两者缺一不可，并行不悖，而不是谁大谁小的问题。党领导立法与党带头守法的逻辑，与以上类比，大致相同。

《中共中央关于全面推进依法治国若干重大问题的决定》中有这样两段表述：一段是"加强党对立法工作的领导，完善党对立法工作中重大问题决策的程序。凡立法涉及重大体制和重大政策调整的，必须报党中央讨论决定。党中央向全国人大提出宪法修改建议，依照宪法规定的程序进行宪法修改。法律制定和修改的重大问题由全国人大常委会党组向党中央报告。"这一段表述充分体现了党领导立法的要求；另外一段是："各级党政机关和领导干部要支持法院、检察院依法独立公正行使职权。建立领导干部干预司法活动、插手具体案件处理的记录、通报和责任追究制度。"这一段表述则体现了党支持司法，带头守法的要求。

习近平总书记强调"我们说不存在'党大还是法大'的问题，是把党作为一个执政整体而言的，是指党的执政地位和领导地位而言的，具体到每个党政组织、每个领导干部，就必须服从和遵守宪法法律，就不能以党自居，就不能把党的领导作为个人以言代法、以权压法、徇私枉法的挡箭牌。我们有些事情要提交党委把握，但这种把握不是私情插手，不是包庇性的插手，而是一种政治性、程序性、职责性的把握。这个界限一定要划分清楚。""如果说'党大还是法大'是一个伪命题，那么对于各级党政组织、各级领导干部来说，权大还是法大则是一个真命题。纵观人类政治文明史，权力是一把双刃剑，在法治轨道上行使可以造福人民，在法律之外行使则必然祸害国家和人民。"①

坚持人民主体地位。人是法治的核心，法治建设中，法律不仅保护人民权利，而且保护人民在法治建设中的主体地位。我国宪法第二条明确规定："中华人民共和国一切权力属于人民"，因此坚持人民主体地位是依法治国的基本原则。在毛泽东人民民主思想中，"人民"并不是一个抽象概念，而是以劳动阶级为主体的广大民众。这是对马克思主义阶级学说的接受与发扬，也是对中国传统民本精神的批判与集成。当代中国，

① 中国中央文献研究室．习近平关于全面依法治国论述摘编［M］．北京：中央文献出版社，2015：37－38.

法治建设关注的对象就是全体中国人民，在实践层面上，体现为实现人民的社会关系生活与规则的生活有机统一。这对于坚持走中国特色社会主义法治道路具有十分重要的意义。坚持人民主体地位，不仅是社会主义法治和资本主义法治的根本区别，也是现代法治与古代“法治”的根本区别。人民之所以自愿地信仰法律、遵守法律、服从法律、维护法律，就是因为坚持人民主体的法治，才能实现人民通过法治治理国家的目的，而不是以法治的名义，受制于人。

拓展阅读

先秦法家“以法治国”与现代“依法治国”的区别[①]

无论是先秦法家主张的法治还是当代法治，都强调规章制度的重要性。法家主张“不别亲疏，不殊贵贱，一断于法”的思想，与现代法治思想有相通之处。但是秦的“以法治国”（Rule by law）与现代的“依法治国”（Rule of law）还是有很大区别的。法家先驱管仲曾这样论述法治，“有生法，有守法，有法于法。夫生法者君也，守法者臣也，法于法者民也。君臣上下贵贱皆从法，此谓大治。”（《管子·任法》）由此可以明确看出，先秦法家所主张的法治是法自君出，是君王用法律来治理国家，体现了法律工具主义，没有摆脱君权至上，“受制于人”的专制背景。秦重用商鞅、韩非等法家思想，“以法治国”，国富民强，灭六国而统一天下，成就了中国历史上第一个大一统的封建王朝，这也是中国古代法治思想在政治实践中大放异彩的鼎盛时期。然而好景不长，秦帝国转眼由盛而衰，二世而亡。法家的法治思想也随着秦政权的灭亡而失去了主导地位。没有摆脱“人存政举，人亡政息”的命运。我国学者萧公权评价秦的法治思想时说：“商韩之专制思想，嬴秦之专制政府，貌似法治，而实与法治根本不相容。专制为君本位之思想，法治为法本位之思想……依据法家思想以建立之秦政乃专制而非法治，而秦之覆亡乃专制之失败，非法治之失败……”

而现代法治则是法自民出，体现了法律至上主义，其背景则是众人之治的民主政治。1945 年 7 月 1 日至 5 日，黄炎培等六位国民参政员从重庆来到延安。其间，黄炎培在同毛泽东谈话时讲到了中国历朝历代都没有跳出“人亡政息”的历史周期律，并问中国共产党能否跳出这个周期律。对此，毛泽东的回答是“我们已经找到了新路，我们能跳出这周期律。这条新路，就是民主。只有让人民来监督，政府才不敢松懈；只有人人起来负责，才不会‘人亡政息’。”这段对话史称“窑洞对”。“窑洞对”并非针对法治而谈，但是从中可以得到的启示是，现代社会主义法治要以史为鉴，避免走古代法治人亡政息的老路，必然也要以民主为基础，体现人民的主体地位。

坚持法律面前人人平等。法律面前人人平等，是东西方法治国家共用的法治格言。这句格言的潜台词就是反对特权，用法律约束权力，这其实就是法治的题中之义了。

① 张会峰．坚持走中国特色社会主义法治道路［J］．教学与研究，2020，（6）：92－102.

法治的基本属性和理想状态，就是法律面前人人平等。不同时代、不同国家，凡是推崇法治理想的，都曾提出过类似"法律面前人人平等"的政治愿景，但是真正实现的程度却大不相同。坚持法律面前人人平等，要求公民不分民族、种族、性别、职业、家庭出身、宗教信仰、教育程度、财产状况、居住期限等，都应当平等享受公民权利、平等履行公民义务。坚持法律面前人人平等，一方面要求违法必究，一切违反宪法法律的行为都必须予以追究。法治意味着不管什么人，不管涉及谁，只要违反法律就要依法追究责任。另一方面要求非歧视，即无差别对待。只要是正当权益诉求，就应当在法律上得到平等对待；只要是合法权益，就应当依法得到平等保护。资本主义法治侧重保障自由（有产者基于个人主义的逻辑），而社会主义法治则更加侧重保障平等（无产者基于集体主义的逻辑），特别强调弱势群体合法利益的法律保护。

拓展阅读

古代的"王子犯法与庶民同罪"①

我国先秦法家也提出过法律面前人人平等的政治理想。管仲提出"君臣上下贵贱皆从法，此谓大治。"韩非提出："法不阿贵，绳不挠曲。法之所加，智者弗能辞，勇者弗敢争，刑过不避大臣，赏善不遗匹夫。"（《韩非子·有度》）这种法律面前人人平等，充其量指的是"谁都得遵守法律"，但并不意味着犯罪人员的法律处遇针对的犯罪都是一样的。我国古代也有过"王子犯法与庶民同罪"的提法和愿景，但在"刑不上大夫，礼不下庶人"的封建等级社会的大背景下，又该怎么理解呢？这难道不是自相矛盾吗？对"王子犯法与庶民同罪"的比较恰当理解应该是王子犯法同庶民犯法一样，同样要治罪，即"法不阿贵，绳不挠曲"，但这并不意味着给王子与庶民治同样的罪，更不意味着王子与庶人处同样的刑。王子有王子的罪，庶民有庶民的罪。即使治同样的罪，也还是王子有王子的刑，庶民有庶民的刑。我国古代法治中，有各种各样对贵族阶层犯罪的减免量刑制度，如八议制度、官当制度等。"王子犯法与庶民同罪"其实是打了很多折扣的"法律面前人人平等"。

坚持从中国实际出发。中国过去四十多年的发展经验深刻表明，什么时候盲目地跟随西方法治模式，什么时候就会得到适得其反的效应。"亦步亦趋""人云亦云"的发展套路在中国是绝对走不通，走也容易出乱子的。中国法治建设必须考虑中国的语境，考虑民族的差异。孟德斯鸠曾说过："我并不否认，一个民族的法律、风俗和礼仪大部分是因为气候环境而产生的。但是，我要指出的是，一个民族的风俗和礼仪同它的法律有密切的关系。"② 不仅如此，"法律应当和国家的自然状态有关系：和寒、热、温的气候有关系；和土地的质量，形式与面积有关系；……和居民的宗教、性癖、财

① 张会峰．坚持走中国特色社会主义法治道路［J］．教学与研究，2020，(6)：92-102.

② 孟德斯鸠．论法的精神（上册）［M］．张雁深，译．北京：商务印书馆，1997：153.

富、人口、贸易、风俗、习惯相适应。”① 所以中国法治建设必须考虑主体行为的公共性和偏好性。同时特别要关注和思考中国的历史资源、民族结构特点、经济发展特点和社会结构特点。在这些基础上，发展和完善中国特色社会主义制度、推进国家治理体系和治理能力现代化。既不能罔顾国情、超越阶段，言必称希腊，奉欧美为圭臬，也不能因循守旧、墨守成规。当然，从我国实际出发，不等于关起门来搞法治。坚持走中国特色社会主义法治道路，必须学习借鉴世界上优秀的法治文明成果。学习借鉴不是简单的拿来主义，不能将某种法治理论或成果当成唯一准则，不能企图用一种法治模式来改造整个世界。必须坚持以马克思主义法学理论为指导，坚持以我为主、为我所用，合理吸收国外法治理论、法学概念、法律话语、法律方法，坚决反对搞“全盘西化”和“全面移植”。

三、如何实现依法治国的整体推进

（一）依法治国为什么首先要依宪治国

习近平总书记指出：“依法治国首先要坚持依宪治国”“依法执政首先要坚持依宪执政。党领导人民制定宪法法律，领导人民实施宪法法律，党自身必须在宪法法律范围内活动。任何公民、社会组织和国家机关都必须以宪法法律为行为准则，依照宪法法律行使权利或权力，履行义务或职责，都不得有超越宪法法律的特权，一切违反宪法法律的行为都必须予以追究。”② 这两段话是对依宪治国的高度概括。依宪治国是习近平法治思想的重要组成部分，目前已经直接指导中国法治建设的实践。

宪法是我国法治体系建设的统领。全面依法治国的总目标是建设中国社会主义法治体系，建设社会主义法治国家。法治体系主要包括法律规范体系、法治实施体系、法治监督体系、法治保障体系，党内法规体系。这五个体系中，静态的法律体系中的任何规定都必须以宪法为指引，都是对宪法的具体化。宪法在法律体系中具有无可撼动的核心地位。与此同时，法治体系中关于法治的实施、监督与保障等方面都体现了法治的动态特性，而在法治的整个运作过程中首先需要注意的就是必须充分体现宪法的权威，必须充分体现宪法在法治实施中的引领作用。无论法治实施还是法治监督，抑或法治保障都必须在宪法的统领之下实现自身的价值。

宪法主导了治理体系建设的过程。国家治理体系和治理能力现代化是一个大命题，它要求党和政府在国家治理中要有所升级，走更加科学和规范的道路。而在治理体系和治理能力现代化的本质属性中有一个属性绝对不能忽视，那就是治理体系和治理能力的规范性，即法治属性。在这个过程中法治是核心要义，而主导这个法治过程的同样是宪法。正如习近平总书记所指出的：“党的领导是人民当家作主和依法治国的根本保证，人民当家作主是社会主义民主政治的本质特征，依法治国是党领导人民治理国家的基本方式，三者统一于我国社会主义民主政治伟大实践。”③ 这非常科学地阐释了

---

① 孟德斯鸠．论法的精神（上册）［M］．张雁深，译．北京：商务印书馆，1997：7.

② 习近平．加强党对全面依法治国的领导［J］．奋斗，2019，(4)：1-8.

③ 习近平．决胜全面建成小康社会 夺取新时代中国特色社会主义伟大胜利——在中国共产党第十九次全国代表大会上的报告［M］．北京：人民出版社，2017：36.

国家治理过程中人民与法治的关系，进而也阐释了宪法对治理过程的主导作用。

宪法设计了社会主义法律制度。习近平总书记强调指出："全面依法治国必须正确处理政治和法治、改革和法治、依法治国和以德治国、依法治国和依规治党的关系。"① 这一论断，强调了在新时代依法治国当中的若干重大问题之间的辩证关系。法律制度不管是宏观层面还是中观和微观层面，每个方面或者每个范畴都有着严密的逻辑关系，必须把根本制度、基本制度和其他相关制度的关系梳理清楚，这样才能理顺和最终形成国家治理体系和治理能力现代化的完整方案。而在这一系列的制度当中，不管是起顶层决定性、全域覆盖性、全局指导性作用的根本制度，还是微观层面上的一般制度，都依赖于宪法的确认，特别是宏观层面上的制度都必须通过宪法来设计和实现，所以依宪治国的含义当然包括宪法对法治的制度设计。从这个角度讲，宪法和依宪治国解决的是治国理政宏观上的法治设计问题，法律和依法治国解决的是治国理政具体实施层面的法治的运作问题。

案 例

备案审查②

2015 年 10 月，浙江省杭州市居民潘洪斌骑行的一辆电动自行车被杭州交警依据条例扣留。潘洪斌认为，该条例在道路交通安全法的有关规定之外，增设了扣留非机动车并托运回原籍的行政强制手段，违反了法律规定，因此于 2016 年 4 月致信全国人大常委会提出审查建议，建议对条例进行审查，请求撤销条例中违反行政强制法设立的行政强制措施。由于此事涉及地方性法规合法性和保护公民财产权利，全国人大常委会法工委高度重视，根据审查建议，就《杭州市道路交通安全管理条例》有关规定的相关问题进行了监督纠正。2017 年 6 月 28 日，浙江省杭州市人大常委会审议通过了《杭州市人民代表大会常务委员会关于修改〈杭州市道路交通安全管理条例〉的决定》，根据决定，《杭州市道路交通安全管理条例》中违反行政强制法设立的行政强制措施被删除。

案例评析

备案审查制度具有两重基本功能：一是保证中央令行禁止；二是保证宪法法律实施。党的十八届三中、四中全会和宪法法律都对备案审查工作提出了明确的要求。对那些可能与中央精神或与改革方向不一致，或在施行中引发社会广泛关注甚至重大争议，或因现实情况与立法之初相比发生重大变化而不宜继续施行等情形，都要深入研究，适时作出调整和完善，确保中央决策部署贯彻落实，确保宪法法律一体遵循。维

① 习近平．加强党对全面依法治国的领导［J］．奋斗，2019，(4)：1-8.

② 朱宁宁．杜绝地方立法"放水"加强改进备案审查工作［N］．法制日报，2017-09-12.

护社会主义法制统一，是完善中国特色社会主义法律体系的内在要求，也是地方立法必须遵循的法定原则和前提。加强备案审查工作，是完善宪法监督制度、维护社会主义法制统一的重要抓手，对于加强和改进立法工作，提高立法质量具有重要的促进作用。

（二）法治国家、法治社会、法治政府为什么要一体建设

从法治国家与法治社会的关系来看，法治国家与法治社会源于政治国家与市民社会的分立。法治国家建设内在蕴含着法治社会建设。同时，法治社会建设也是一个社会自治规则不断发展完善，社会自治体不断成熟的过程，在这个过程中，社会主体参与到社会公共事务中，社会自治规则成为制约国家权力的武器，促进了法治国家建设。

从法治国家与法治政府关系看，法治国家是法治政府建设的前提和关键。从历史文件看，自 1997 年“法治国家”出现在党的十五大报告中，在之后党的历届大会中得到连续的确认，并写入了宪法。因此，“法治国家”在宪法和执政党的政策中有着明显高于“法治政府”和“法治社会”的地位。法治政府是依法行政的政府，只有完善法律制度才能给依法行政提供前提条件。没有法治国家的存在，也就没有法治社会和法治政府所必需的“良法”。从国家权力系统中的立法、司法、行政、监察等权力分配中可以看出，行政权面向社会，具有侵犯性，行政机关一般是首长负责制，权力集中，且行政自由裁量权的行使，让行政权成了依法治国中难度最大的部分。法治的实质之一就是控制权力，控制好行政权，法治国家才能建设好。法治政府担负了巨大的公共事务职能，建好法治政府才能实现法治国家的国家管理职能。

从法治政府与法治社会的关系看，法治政府是法治社会建设的保障，法治社会是法治政府建设的目标。法治社会既是法治国家建设的现实基础，又与法治政府有直接的现实交互性，同时还具有独立的、不可替代的终极法治价值。社会的法治化依赖干政府的法制化，法治政府为社会建设提供基础和保障，与此同时，法治政府建设过程也是法治社会不断完善的过程。法治政府要求控制国家公共权力的行使，这需要公民的参与。

（三）司法改革如何见证了依法治国的新突破

良法善治的实现离不开权威、高效、公正的司法体制机制。新中国成立七十多年来，以司法改革推动我国良法善治的发展历程，见证了我国法治进步的历史。“努力让人民群众在每一个司法案件中感受到公平正义”，这是习近平总书记 2013 年 2 月 23 日在中央政治局第四次集体学习时对政法工作所作的重要指示。这句看似朴实无华的话，实则蕴含了司法人民性的深刻内涵，也是新时代良法善治法治目标的实在体现。因为，良法善治的实现离不开权威、高效、公正的司法体制机制。从新中国成立后的法制初创时期，到十年“文革”期间法制被彻底破坏，再到十一届三中全会提出加强民主法制建设，一步步发展到十八大以来提出良法善治的法治目标。

十一届三中全会后，中国开始修改宪法和制定新的法律，法治建设步入恢复重建、

持续发展、形成中国特色的光明大道。这一时期的司法改革以审判方式改革为主导，主要内容包括：逐步改变职权主义的庭审模式，强调当事人的举证，加强对证据的质证和开庭辩论，充分发挥开庭审理的功能；强化依法适用简易程序，及时处理一般经济纠纷；简化诉讼程序，减少诉讼消耗，以取得最佳的审判效果；扩大合议庭职权，提高依法独立审判水平，等等。审判方式改革的全面推进，有力地推动了庭审模式的深刻转变，促进了审判质量的提高，也有力配合了这一时期的法制建设。

党的十五大划时代地提出"依法治国，建设社会主义法治国家"，开启了依法治国新阶段，十五大同时强调要推进司法改革，从制度上保障司法机关依法独立行使审判权和检察权。由此，改革开放以来的中国司法改革进入了第二个发展阶段。从人民法院改革和发展来看，这一时期的司法改革主要在内部层面上全方位展开。最高人民法院发布的"第一个五年改革纲要"第一次系统阐述了人民法院司法改革的目标和原则，提出了39项具体的改革任务，涉及审判方式改革、审判组织改革、法院内设机构改革、法院人事管理制度改革、法院办公现代化建设、审判管理和社会监督机制改革、法院深层次改革的探索等七大领域，成为指导人民法院司法改革的重要文献。改革纲要颁行的五年间，以"公正与效率"为基本取向的人民法院司法改革波澜壮阔，蓬勃展开，被认为是改革成果最丰硕的五年。

党的十六大进一步把"依法治国，建设社会主义法治国家"上升到政治文明的范畴。党的十七大进一步强调要"深化司法体制改革"。与前两个阶段的司法改革进程明显不同的是，这一新阶段的司法改革更多地触及体制性层面的问题。所以，党的十六大用司法体制改革来统摄当代中国司法领域的发展取向。它把保障在全社会实现公平和正义视为社会主义司法制度的本质性特征，进而强调要健全司法体制，按照司法公正的要求，完善司法机关的机构设置、职权划分和管理制度，进一步健全权责明确、相互配合、相互制约、高效运行的司法体制；强调要从制度上保证审判机关和检察机关依法独立公正地行使审判权和检察权；强调要改进司法管理制度，改革司法机关的工作机制和人财物管理体制，逐步实现司法审判和检察同司法行政事务相分离。党的十七大还把"建设公正高效权威的社会主义司法制度"作为深化司法体制改革的总体目标。与以往相比，党中央推进司法体制改革的目标更远，方向更明，决心更大。

党的十八大以来，中国特色社会主义进入新时代，中国法治也跨入新时代，我国司法体制改革也进入了体制性的彻底革新时期，从全面推进依法治国的战略高度，提出"完善司法管理体制和司法权力运行机制"的改革要求。这是党中央在全面深化改革的新形势下，对深化司法体制改革提出的新的重大任务。中央成立全面深化司法体制改革领导小组，习近平总书记亲自担任组长，从中央进行顶层设计，明确部署各项具体改革任务，在进一步完善司法体制配套制度改革方面继续加大改革深度与力度。随着司法体制改革的深入进行，司法机关革命化、正规化、专业化、职业化模式逐渐形成，我国良法善治的明天定会更加美好。

教学详案

案　例

浙江岱山遗腹子案①

郭榕（化名）婚后一直未孕，夫妇俩决定做试管婴儿。郭榕经过各项检查后成功完成了试管胚胎，本来可以立即移植，因她的身体条件暂不允许，需要治疗一段时间再移植胚胎。在此期间，郭榕丈夫出海打鱼，结果失踪。郭榕接到医院告知说不能继续手术了，因为按照卫计委《人类辅助生殖技术规范》规定“禁止给不符合国家人口和计划生育法规和条例规定的夫妇和单身妇女实施人类辅助生殖技术”。医院认为郭榕因丈夫失踪属于单身女性，不能移植胚胎。郭榕认为丈夫不在了，整个家庭把希望寄托在这个胚胎上，希望能生下一个孩子。医院方面认为其不能突破卫计委规定。双方僵持不下，医院建议可以通过法院解决，法院判下来，我们听法院的。于是，郭榕到法院起诉。法院依法判定郭榕与医院签署的合同合法，医院应继续履行先前的合同，这个问题得到了解决。

案例评析

此案涉及民法中的宣告失踪和宣告死亡、宪法中上位法与下位法关系等具体法律问题，更值得关注的是，当前在处理一些类似具体事件的过程中，如果判断不准确，可能就会造成矛盾。医院有医院的理由，既然法律做了这样的规定，医院就不能违反。而医院最后提出的建议是非常智慧的。有时候，当问题出现僵局解决不了时，可以走诉讼渠道。这也给我们提供了一条思路：我们在化解社会矛盾的时候，在有些问题僵持不下，双方在理解上存在差异的情况下，就应该去找法院。法院是一个裁决机构，由法院来对这个事件做出判断，做出裁决，这就充分发挥了司法对于化解和解决社会基层矛盾的作用。

2016 年 6 月 28 日，教育部、司法部和全国普法办专门发布了《青少年法治教育大纲》，对立足中国国情和新时代“法治中国”建设需要，探索青少年法治教育的新模式和新路径，塑造新时代的法治精神和公民文化提出了新要求。新时代的军校学员在尊法学法守法用法的同时，必须养成良好的法治思维和行为方式，提高运用法治思维分析解决问题的能力。

一、行使权利履行义务为什么要依法进行

宪法所规定的公民基本权利和基本义务是公民最主要的也是必不可少的权利和义

① 资料来源：中央电视台 2017 年 8 月 5 日《今日说法》栏目：《“遗腹子”之困》。

务，直接反映了公民与国家之间的关系。宪法所规定的公民基本权利，应当得到国家充分的尊重和保护。国家应采取一切有效措施，包括政治、经济、文化以及法律等手段保障公民宪法权利的实现。宪法规定了公民基本义务，国家有权要求公民履行其义务，对于不履行义务的公民，国家可以依法采取强制措施。

（一）权利和义务是从哪里来的

权利和义务的观念从古至今不断发展，但权利和义务从哪里来？人们有各种不同的观点。有的认为是源于正义，有的认为是自然天赋，早期人们还认为是神授、君授等。古希腊时期，权利被认为是"按正义原则应得的利益"[①]。后来西塞罗提出自然权利思想，认为理性是自然赋予所有人的，自然权利是每一个人都应当具有的。中国古代权利思想萌芽产生得也比较早，特别是儒家思想，孔子的"仁政"、孟子的"民为贵，社稷次之，君为轻"都非常重视人民的地位。但统治阶级一直宣扬君权神授的观点，中国百姓期盼明君给予自己更大的权利，期盼清官更多地保护自己的权利。到了欧洲资产阶级启蒙运动时期，提出了天赋人权理论。英国思想家洛克认为，人们既然是平等的和独立的，任何人就不得侵害他人的生命、健康、自由和财产。这种理论认为国家产生之前，人们的天赋权利就存在，为了保护这些权利，人们签订契约，让渡部分权利，建立国家。除了天赋权利观和神授权利观外，法律权利观认为国家创制法律并对权利加以确认和保护。马克思主义的权力观强调社会的物质生活条件对权力的制约或决定作用。权利是一定的社会物质生活条件所制约的行为自由，不是天生就有，而是历史地产生的。从马克思主义视角下审视法律权利和义务，法律权利的内容、种类和实现程度会受到社会物质生活条件的制约，法律权利的内容、分配和实现方式受到社会制度和国家法律的差异化影响，法律权利由法律产生，受法律保护，同时必须依法行使。

知识链接

人权发展的过程[②]

第一代人权是公民权利和政治权利，其核心是自由权。第一代人权产生于17、18世纪的资产阶级启蒙运动，以保障公民的自由不受到国家的侵害、公民的自由得到保障为核心，因此，也被称为消极权利。第二代人权是经济、社会、文化权利，其核心是平等和社会公正。第二代人权与社会主义革命和西方福利国家的建设密切相关。经济、社会、文化的发展需要国家采取行动，因此，也被称为积极权利。第三代人权是联合国建立以来出现的新权利，如民族自决权、发展权、和平权、环境权等。这里的"代"并不是说后者取代前者，当前人们谈到的人权，可能包含一代或多代。此外，在探讨人权问题时，还需要注意用辩证的眼光看待问题。

① 丛日云．西方政治文化传统［M］．大连：大连出版社，1996：191.

② 张晓玲．人权理论基本问题［M］．北京：中共中央党校出版社，2006：11-12.

拓展阅读

百年奋斗，推动人权事业发展进步①

中国共产党的一百年，是尊重和保障人权伟大实践的一百年，是创造中华民族史上人权发展奇迹的一百年，也是为世界人权事业发展作出巨大贡献的一百年。

中国共产党的百年奋斗史，是一部争取人民解放、保障人民权利、致力于人的全面发展的光辉历史。中国共产党把为中国人民谋幸福、为中华民族谋复兴作为初心和使命，担当起领导中国人民争取和实现人权的重任。中华民族从站起来、富起来到强起来的伟大飞跃，也标志着中国人权事业不断取得历史性进步。《中华人民共和国宪法》《中国共产党章程》皆明文规定"尊重和保障人权"。很多国际观察人士称赞，中国共产党始终代表中国最广大人民的根本利益，全心全意为人民服务，这是中国人权事业不断进步的重要保障。

中国共产党坚持以人民为中心的发展思想，不断增强人民群众获得感幸福感安全感，中国人民不断享有更加充分的人权。新中国成立之初，有西方人妄言中国共产党连老百姓的吃饭问题也解决不了。事实是，中国共产党不仅成功带领中国人民解决了温饱问题，而且完成了消除绝对贫困的艰巨任务。中非民间商会国际联络部主任桑迪·恩杜维马纳表示，中国共产党通过在各领域的一系列改革，极大改变了人民的生存现状。多国政党人士表示，中国共产党从一个胜利走向另一个胜利，根本原因在于始终坚守初心和使命，着力解决人民群众最关心、直接影响人民群众利益的现实问题。

在中国共产党领导下，中国成功走出了一条符合国情的人权发展道路。新中国成立以来，特别是中共十八大以来，中国不断总结人类社会发展经验，在建设中国特色社会主义的伟大实践中，坚持把人权的普遍性原则与自身实际相结合，奉行以人民为中心的人权理念，始终把生存权、发展权作为首要的基本人权，协调增进全体人民的各项权利，努力促进人的全面发展。国际观察人士指出，保障人权是一种理念，更是一种实践，中国正是在一次次实践中验证了以人民为中心的人权理念的正确性和有效性。

中国始终坚持平等互信、包容互鉴、合作共赢、共同发展的理念，以实际行动推进全球人权治理。中国积极参与国际减贫合作，做国际减贫事业的倡导者、推动者和贡献者；中国珍视各国人民的生命权和健康权，推动构建人类卫生健康共同体；中国坚持扩大开放，积极推动共建"一带一路"，同世界各国共享发展机遇，促进更加包容、更可持续的全球发展，让发展成果惠及更多国家和人民……实实在在的中国行动，有效促进了世界人权事业发展。

中国共产党的一百年，是尊重和保障人权伟大实践的一百年，是创造中华民族史上人权发展奇迹的一百年，也是为世界人权事业发展作出巨大贡献的一百年。展望未

---

① 和音．百年奋斗，推动人权事业发展进步［N］．人民日报，2021-04-10（03）．

来，中国共产党将继续以坚强的决心和坚实的行动，在更高层次、更高水平上推进人权保障事业，为中国人民享有更加充分的人权、实现人的全面发展不懈奋斗，为全球人权事业发展作出新贡献。

（二）我国公民有哪些法律权利和义务

法律权利是指由一定的社会物质生活条件所制约的行为自由，是法律所允许的权利人为了满足自己的利益而采取的、由其他人的法律义务所保障的法律手段。

法律义务是指由一定的社会物质生活条件所制约的社会责任，是保证法律所规定的义务人应该按照权利人要求从事一定行为或不从事一定行为以满足权利人利益的法律手段。

《中华人民共和国宪法》第三十三条至第五十六条，专门列举了我国公民的基本权利和义务，其中，基本权利包括平等权、政治权利、人身自由权、宗教信仰自由、人格权、批评建议权、申诉控告权、检举权、取得赔偿权、社会经济权利、文化教育权利、妇女的权利、婚姻家庭权利、华侨和侨眷的权利等。同时规定了遵守宪法法律、保卫祖国、依法服兵役和参加民兵组织、依法纳税等基本义务。

拓展阅读

公民的基本权利和义务[①]

第三十三条 凡具有中华人民共和国国籍的人都是中华人民共和国公民。

中华人民共和国公民在法律面前一律平等。

国家尊重和保障人权。

任何公民享有宪法和法律规定的权利，同时必须履行宪法和法律规定的义务。

第三十四条 中华人民共和国年满十八周岁的公民，不分民族、种族、性别、职业、家庭出身、宗教信仰、教育程度、财产状况、居住期限，都有选举权和被选举权；但是依照法律被剥夺政治权利的人除外。

第三十五条 中华人民共和国公民有言论、出版、集会、结社、游行、示威的自由。

第三十六条 中华人民共和国公民有宗教信仰自由。

任何国家机关、社会团体和个人不得强制公民信仰宗教或者不信仰宗教，不得歧视信仰宗教的公民和不信仰宗教的公民。

国家保护正常的宗教活动。任何人不得利用宗教进行破坏社会秩序、损害公民身体健康、妨碍国家教育制度的活动。

宗教团体和宗教事务不受外国势力的支配。

第三十七条 中华人民共和国公民的人身自由不受侵犯。

① 摘自《中华人民共和国宪法》(2018 修正)第二章，检索于北大法宝。

任何公民，非经人民检察院批准或者决定或者人民法院决定，并由公安机关执行，不受逮捕。

禁止非法拘禁和以其他方法非法剥夺或者限制公民的人身自由，禁止非法搜查公民的身体。

第三十八条　中华人民共和国公民的人格尊严不受侵犯。禁止用任何方法对公民进行侮辱、诽谤和诬告陷害。

第三十九条　中华人民共和国公民的住宅不受侵犯。禁止非法搜查或者非法侵入公民的住宅。

第四十条　中华人民共和国公民的通信自由和通信秘密受法律的保护。除因国家安全或者追查刑事犯罪的需要，由公安机关或者检察机关依照法律规定的程序对通信进行检查外，任何组织或者个人不得以任何理由侵犯公民的通信自由和通信秘密。

第四十一条　中华人民共和国公民对于任何国家机关和国家工作人员，有提出批评和建议的权利；对于任何国家机关和国家工作人员的违法失职行为，有向有关国家机关提出申诉、控告或者检举的权利，但是不得捏造或者歪曲事实进行诬告陷害。

对于公民的申诉、控告或者检举，有关国家机关必须查清事实，负责处理。任何人不得压制和打击报复。

由于国家机关和国家工作人员侵犯公民权利而受到损失的人，有依照法律规定取得赔偿的权利。

第四十二条　中华人民共和国公民有劳动的权利和义务。

国家通过各种途径，创造劳动就业条件，加强劳动保护，改善劳动条件，并在发展生产的基础上，提高劳动报酬和福利待遇。

劳动是一切有劳动能力的公民的光荣职责。国有企业和城乡集体经济组织的劳动者都应当以国家主人翁的态度对待自己的劳动。国家提倡社会主义劳动竞赛，奖励劳动模范和先进工作者。国家提倡公民从事义务劳动。

国家对就业前的公民进行必要的劳动就业训练。

第四十三条　中华人民共和国劳动者有休息的权利。

国家发展劳动者休息和休养的设施，规定职工的工作时间和休假制度。

第四十四条　国家依照法律规定实行企业事业组织的职工和国家机关工作人员的退休制度。退休人员的生活受到国家和社会的保障。

第四十五条　中华人民共和国公民在年老、疾病或者丧失劳动能力的情况下，有从国家和社会获得物质帮助的权利。国家发展为公民享受这些权利所需要的社会保险、社会救济和医疗卫生事业。

国家和社会保障残废军人的生活，抚恤烈士家属，优待军人家属。

国家和社会帮助安排盲、聋、哑和其他有残疾的公民的劳动、生活和教育。

第四十六条　中华人民共和国公民有受教育的权利和义务。

国家培养青年、少年、儿童在品德、智力、体质等方面全面发展。

第四十七条　中华人民共和国公民有进行科学研究、文学艺术创作和其他文化活动的自由。国家对于从事教育、科学、技术、文学、艺术和其他文化事业的公民的有益于人民的创造性工作，给以鼓励和帮助。

第四十八条 中华人民共和国妇女在政治的、经济的、文化的、社会的和家庭的生活等各方面享有同男子平等的权利。

国家保护妇女的权利和利益，实行男女同工同酬，培养和选拔妇女干部。

第四十九条 婚姻、家庭、母亲和儿童受国家的保护。

夫妻双方有实行计划生育的义务。

父母有抚养教育未成年子女的义务，成年子女有赡养扶助父母的义务。

禁止破坏婚姻自由，禁止虐待老人、妇女和儿童。

第五十条 中华人民共和国保护华侨的正当的权利和利益，保护归侨和侨眷的合法的权利和利益。

第五十一条 中华人民共和国公民在行使自由和权利的时候，不得损害国家的、社会的、集体的利益和其他公民的合法的自由和权利。

第五十二条 中华人民共和国公民有维护国家统一和全国各民族团结的义务。

第五十三条 中华人民共和国公民必须遵守宪法和法律，保守国家秘密，爱护公共财产，遵守劳动纪律，遵守公共秩序，尊重社会公德。

第五十四条 中华人民共和国公民有维护祖国的安全、荣誉和利益的义务，不得有危害祖国的安全、荣誉和利益的行为。

第五十五条 保卫祖国、抵抗侵略是中华人民共和国每一个公民的神圣职责。

依照法律服兵役和参加民兵组织是中华人民共和国公民的光荣义务。

第五十六条 中华人民共和国公民有依照法律纳税的义务。

知识链接

军人的权利

军人的权利是军事法规的重要组成部分，它关系着军人地位、职业热情和专业精神。只有切实保障好军人的权益，才能确保公民服役的积极性，解除军人的后顾之忧，确保军人能安心军队工作，履行好军事义务。

1. 军人政治荣誉权。主要包括，国家对于在作战、训练、抢险救灾及其他工作中做出突出贡献的军人，予以表彰和奖励；军人的军衔、荣誉称号、勋章和奖章，是军人的终身荣誉，国家给予特别保护，未经合法程序，不得剥夺。

2. 军人人格权。主要包括，国家对冒充军人、损害军人形象的依法予以处罚，对侮辱、诽谤、诬告、陷害军人的依法予以处罚，未经军队司法机关批准或决定，不得对军人实施逮捕和审判。

3. 军人人身自由权。主要包括，军人在执行军事任务受到非法阻碍时，有权依法采取必要手段予以排除。

4. 军人婚姻家庭权。主要包括，国家对破坏军人婚姻，侵犯军烈属和伤残军人家庭成员的违法犯罪行为，依法予以处罚。

5. 军人物质生活保障权。主要包括，国家对军人的工资、津贴、福利、被装、给养、住房、医疗、交通、通信、税收、保险等方面实行优惠和优待；军人津贴、生活补贴、转业费、复员费、退役金免交个人所得税，军人享受住房优惠；军人士兵享受免费邮件的优待等。

6. 军人退役安置权。主要包括，国家对退出现役的军人，在安置去向、生活待遇、住房分配等方面给以优待，并为继续就业的退役军人提供就业需要的中、高等专业教育条件；对离休、退伍军人的物质生活待遇从优保障；对退出现役的伤病残军人的生活实行特别保障。

7. 军人优待和抚恤权。主要包括，军人及其家属依据国家制定和颁布的对军人及其家属抚恤、优待和安置等各种法律规范享受国家和社会优待、抚恤方面的各种权利。

（三）不享受权利就可以不履行义务吗①

法律权利与法律义务是内在统一的，没有无权利的义务，也没有无义务的权利。首先，只有享受了权利才能履行义务这一观点，窄化了对法律权利与法律义务的统一的理解。权利与义务的统一表现为整个社会中法律规定的权利与义务数量上的统一。一定权利的创设总会形成一定的义务，一定义务的形成，也会因法律创设一定的权利。法律权利与法律义务的统一表现为质的相互规定性。法律权利和法律义务的统一表现为同一公民主体的统一，公民自身既是权利的主体，也是义务的主体。其次，即使是在同一公民主体下谈论法律权利的享受和法律义务的履行问题，不享受权利就可以不履行义务的观点也不符合法律历史发展的规律。法律是统治阶级意志的体现，剥削阶级社会，存在只享受权利不履行义务的特权阶级，但到了社会主义社会，人民成了国家和社会的主人，公民享有广泛的权利，同时承担相应的义务，实现了享受权利和履行义务的统一。这种观点把法律权利的享有和法律义务的履行看成了一种先后关系，颠倒了法律权利享有与法律义务履行之间目的与手段关系。因此我国公民享有广泛的权利，同时承担相应的义务，享有权利和承担义务不是先后关系而是同时的平等关系。

（四）如何依法行使权利、履行义务

公民权利义务的实现不仅依赖于国家健全完善的一系列保障制度，而且也高度依赖于公民自身对权利的正确行使和对义务的依法履行。宪法和法律规定的权利和义务最终都需要通过公民行为得以实现，而行为都是在公民意志支配下的结果。公民正确行使权利、自觉履行义务不仅有助于维护公民的利益，而且也降低了国家制度运行的

① 摘编自：吴林龙．“思想道德修养与法律基础”教学疑难深度解析［M］．北京：中国人民大学出版社，2017：210－212.

成本，同时也有助于促进国家制度的进一步健全完善。

权利的行使必须符合特定规律。首先权利的行使必须符合法律规定。法律是人类对社会发展客观规律的主观反映，在现实生活中发挥规范社会成员行为的作用，只有人人遵守法律，才能形成良好的社会秩序，社会成员才可能享受权利和自由。法国启蒙思想家孟德斯鸠就曾说过，自由是做法律所许可的一切事情的权利，如果一个公民能够做法律所禁止的事情，他就不再有自由了，因为其他人也同样会有这个权利。其次权利的实现程度，归根到底要受社会经济发展程度的制约，也就是说权利自由的行使要受社会经济文化发展水平的限制。马克思曾经指出：权利永远不能超出社会的经济结构以及由经济结构所制约的社会的文化发展。

权利的行使不能损害其他主体的合法利益。权利自由的行使不仅要受法律及社会经济文化水平等外在因素的制约，而且还受公民在行使权利自由过程中运行规律的内在制约。现实社会中，权利主体行使自己权利的同时很容易和其他行使权利的主体利益产生冲突，如果一方滥用自己权利的时候，这种冲突就更加显现出来。因此，必须有权利的内在制约，即权利主体在行使权利自由时不能侵犯或损害其他主体的合法权利和自由。一般来说，任何权利都存在这种内在的制约。我国宪法第 51 条明确规定"中华人民共和国公民在行使自由和权利的时候，不得损害国家的、社会的、集体的利益和其他公民的合法的自由和权利。"

权利的行使与履行义务是统一存在的。权利在本质上是社会的产物，是公民社会利益的法律表现形式。权利的社会属性表明，在人类社会这个共生共存的统一体中，不论采取具体的什么政治形式和社会形态，人与人之间始终是相互依存的。一个人的行为要受其他主体的影响，而自己的行为又要影响到其他人。有人享有权利必然有人履行义务，有人履行义务必然有人享有权利。公民的权利和自由是相对的，权利是相对义务而言，自由是相对纪律而言。只有权利，没有义务，那权利是空洞的，无法享有的；只有义务，没有权利，那义务也不会得到很好履行。①

二、如何维护法律权威使之成为全社会的真诚信仰②

确立法律权威是全面推进依法治国最重要的基础，也是最根本的任务。要让法律在治国理政中发挥主体作用，就必须确立和突出法律的权利，这是全面推进依法治国的核心和根本，是建设社会主义法治国家进程中必须始终坚持的价值和理念。要树立法律的权威，必须坚持科学立法，保障法律的质量和水平。法律权威的根本在于法律能够得到全面正确的实施，必须加强法律的实施，真正实现法律本身的目的和功能。法律能否真正有效实施，突出其权威，取决于民众认知度和社会环境，法律的权威源于公民内心真诚的信仰，必须发挥民众在法治建设中的主体作用，发挥法治在保障民众利益中的根本作用，营造法治建设的环境氛围。

---

① 庆启宸．建设法治国家必须树立现代公民意识［J］．中共合肥市委党校学报，2007，(2)：54－56.

② 摘编自：刘丹．新时期治国理政的伟大纲领：全面推进依法治国若干重大问题的思考［M］．北京：中国友谊出版社，2014：176－218.

（一）维护法律权威首先要维护宪法权威

为什么说维护法律权威首先要维护宪法权威呢？首先，这是由我国的国家性质决定的。我国是中国共产党领导的人民民主专政的社会主义国家，我们国家的执政党是中国共产党，执政党执政首先是通过政策，对整个国家的政治、经济、文化和社会生活实行领导。执政党执政不直接行使国家的权力，为了保障自己的政策能够在具体实践中得到有效贯彻，执政党将自己的政策转化为法律，通过法治的方式，实现自己的执政功能和政治领导。而在转化的法律中，执政党把党的路线、方针、政策转化为国家的宪法，通过国家根本大法的形式，来确立执政党领导的基本意志。我国是社会主义国家，社会主义国家的性质决定了党的领导、人民民主和依法治国是根本统一的。宪法既体现了党的意志，也体现了人民的意志。宪法本身就是党领导全中国人民通过艰苦卓绝的革命斗争最终形成的。因此，宪法是党的意志、国家意志、人民意志的高度统一。其次，这是由我国宪法的根本法地位决定的。宪法规定了国家最根本性的内容，从而在总体上实现了国家政治秩序的宪法化。宪法在国家各项领域和生活中发挥了根本性作用，形成了我们当前安定团结、稳定和谐的大好局面。宪法是国家法律体系的核心，代表一国最根本的法律规范和原则，体现了一国法律的基本精神和价值追求。法治的实现，要由宪法来统帅国家法律体系，要靠宪法保证法治的实行，保证国家法治状态的有序运行。第三，这是由全面推进依法治国的基本要求决定的。法治的精髓来自宪法的权威，宪法是法治的最高法律依据，宪法是法治的标志和条件，法治必须以宪法为逻辑起点。因此依法治国首先必须是“宪法之治”，树立和维护宪法权威是全面推进依法治国的关键。第四，这是由保障人民根本利益的需要决定的。社会主义国家的一个重要标志，就是人民根本利益受到保障。国家宪法承担着保护人民根本利益的重任，保障人民群众的安全、幸福、发展、富裕是宪法法律制度的责任。我国宪法的产生源于人民利益的需要，其重要的功能在于维护和发展人民的根本利益，这是我国宪法具有最高权威的根本所在。

怎样维护宪法权威？首先，要保持宪法的稳定性，提升宪法在公民心中的地位。宪法的稳定并不是指宪法不能修正，宪法内容应当随着时代发展要求及时修改，确保宪法的生机活力，但宪法基本精神不能随意变动。第二，要发挥人民群众的主体作用，维护人民群众的根本利益。公民的基本权利和义务是宪法的核心内容，宪法的根基在于人民发自内心的拥护，努力维护最广大人民根本利益，保障人民群众对美好生活的向往和追求，宪法才能深入人心，走入人民群众。第三，要加强宪法的实施，完善宪法实施的监督机构和运行机制。虽然宪法是根本大法，但如果没有有效制度和机制来维护它，也难免成为一纸空文。宪法本身不能自动维护其尊严，它的条文需要党领导人民来执行，它的权威需要靠全社会来树立。第四，维护宪法权威，需要完善相关制度。从立法、执法、司法等方面加强相关制度的完善和优化，构建法治国家、法治政府、法治社会的基本体制，以健全宪法体制的形式来保障宪法理念和宪法制度能在实际生活中得以运行。第五，要重视宪法教育，培育良好的宪法文化。要始终把宪法教育纳入普法重要内容，让人们在日常生活中增强宪法观念。特别是让各级领导干部增强宪法意识、树立宪法观念、熟悉宪法规范、领会宪法精神，自觉维护宪法实施。

拓展阅读

我国宪法宣誓制度的由来[①]

2014年10月，十八届四中全会通过的《中共中央关于全面推进依法治国若干重大问题的决定》提出建立宪法宣誓制度。2015年7月1日，十二届全国人大常委会第十五次会议通过了《全国人民代表大会常务委员会关于实行宪法宣誓制度的决定》，明确了宪法宣誓的范围、誓词、仪式和场所，以立法方式确立了我国宪法宣誓制度。依据这一决定，各级人民代表大会及县级以上各级人民代表大会常务委员会选举或者决定的国家工作人员，以及各级人民政府、人民法院、人民检察院任命的国家工作人员，在就职时应当公开进行宪法宣誓。

2018年2月24日，十二届全国人大常委会第三十三次会议对宪法宣誓作出适当修改。根据十九大报告提出的两个百年奋斗目标，修改完善宣誓誓词，将"为建设富强、民主、文明、和谐的社会主义国家努力奋斗"修改为"为建设富强、民主、文明、和谐、美丽的社会主义现代化强国努力奋斗"。为适应深化国家监察体制改革的需要，明确了监察委员会组成人员依法产生后应当进行宪法宣誓。为与全国人大常委会2017年9月通过的《国歌法》有关规定相衔接，增加了宣誓仪式应当奏唱中华人民共和国国歌的环节。这些修改不但有力贯彻落实了十九大精神，助力国家监察体制改革，而且有利于强化宪法宣誓氛围，激发全国各族人民对宪法的遵从和信仰，形成广泛而有效的宪法认同，强化宪法的凝聚力、感召力和生命力。

2018年3月11日，十三届全国人大一次会议通过的《宪法修正案》增加了相关条款，明确了"国家工作人员就职时应当依照法律规定公开进行宪法宣誓"。把宪法宣誓制度在宪法中正式确立下来，有利于促使国家工作人员更自觉地树立宪法意识，履行宪法使命。

（二）维护法律权威重点是正确处理权力与法律的关系

法律规范权力运行，使合法行使权力成为一种法律责任，彰显法律权威。法治的根本目的就是否定权力的绝对权威，是要让权力得到法律的规范，在法治的规制下，权力体现得更多的是一种责任。首先，法律的产生代表着社会发展的诉求，体现了人类的价值追求和对美好未来的期盼，是人类社会对于社会秩序构建的主客观相统一的结果。其次，法律是社会普遍的行为规范，它代表和维护社会的整体利益，能够对包括国家在内的权力主体进行价值约束和行为规范。再次，权力本身就是法律配置和设计的结果，权力始终存在于法律之下，来源于法律的认可，因此必须接受法律的监督

① 周婧．宪法宣誓有何重大意义［EB/OL］．（2018－05－23）．http：//www.banyuetan.org/szjj/detail/20180523/1000200033135991527056703153781876_1.html.

和裁决。离开法律，权力将失去存在的合法依据，也将失去权力本身应有的意义和正当价值。

法律防止权力滥用，使权力能合法行使，构筑法律权威。权力是支配他人的资格和力量。权力本身不等于腐败，但权力隐含的支配性、腐蚀性和膨胀性，极易使掌权者心中权与法的天平向权力倾斜，最终导致迷失本性。这也印证了“绝对的权力导致绝对的腐败”这一名言。权力必须要约束，不受约束的权力必然产生腐败，这已经成为各国普遍认同的基本理论。因此，必须对权力进行控制，而控制权力首当其冲的就是法律，让权力能够合法行使、正确行使，这才能达到权力行使的目标。权力的行使必然离不开法律的规制，法律就是权力运行的平台，通过具体的法律制度，实现权力合法行使的理想状态，是基于法治功能的必然选择。

法律可以把权力关进制度的笼子里，使权力尊重和服从法律，体现法律权威。把权力关进制度的笼子里，使权力尊重和服从法律，就是用法律确认政治权力的合法性，并以其强制力保证合法权力被遵守和不受破坏，同时法律防止政治权力的扩张，保护和保障公民的权利不受权力的滋扰和侵害。权力尊重和服从法律，也是法律权威的体现，是党对法律权威的高度认同，法律的存在意味着否定任何绝对权力的存在。

拓展阅读

用制度管住权力“任性”①

从权力运行本身反思，群众办事难，与制度不完善、问责机制不健全、一些干部手中自由裁量权过大不无关系。在不少地方，由于没有明确而细致的权力清单和程序规定，一些工作人员想怎么办就怎么办，甚至故意刁难、拖延。大道至简，有权不可任性。破解“办事难”，必须管住管好权力，让其规范化运行。最近，中办、国办印发了《关于推行地方各级政府工作部门权力清单制度的指导意见》。《意见》要求，哪些权力是要保留的，各项行政职权的行使主体是谁，都有哪些运行流程，权力清单都要作具体而细微的规定，并向老百姓公布。《意见》还要求强化权力监督和问责，不按权力清单履行职责的单位和人员，将被依法依纪追究责任。

通过这些制度设计，行政权力将纳入法治的轨道。权力清单的出台，让“法无授权不可为，法定职责必须为”有了更坚实的制度依托，“任性”的权力将被套上制度的“辔头”。具体说，百姓找政府办事，该找什么部门、该走什么程序、政府该怎么办、多长时限内办结，都由制度、清单规定得清清楚楚。政府工作人员不能刁难、拖延，否则百姓就可投诉，相关人员就会被问责，政府工作人员的自由裁量权被限制到最低。

“民者，国之根也”。解决老百姓“办事难”的问题，是党员干部应有的责任，也

① 人民日报评论部．人民观点：用制度管住权力“任性”——“让百姓办事不求人”［N］．人民日报，2015-03-25（05）．

是深化改革的重要目标。推行权力清单制度，促进办事规范化、法治化，将开启"办事不求人"时代。可以说，每一份权力清单，都是一份沉甸甸的承诺书，都是对法治中国这本巨著最具体的注解。

办事不求人，是法治国家、法治政府、法治社会最鲜活、最生动的情形之一。用法治的阳光，清除灰色地带，增强服务意识，才能让"办事难"成为历史的尘埃。从这个角度而言，中办、国办出台《意见》，用权力清单管住"任性"的权力，乃是人心所向、势之必然。

当然，改革永无止境。推出权力清单，解决"办事难"，仅仅是迈出"让百姓办事不求人"的第一步。怎样提高办事效率，如何提高便利程度，诸如这些问题，也是"让百姓办事不求人"必须迈过的坎。"天下之事，不难于立法，而难于法之必行"，沿着法治轨道，发挥制度效力，管住权力"任性"，我们就能在每一个事项、每一个环节中让群众有更多"获得感"，啃下"办事难"这块硬骨头。

（三）维护法律权威关键是执政党依法执政

依宪执政、依法执政是中国共产党领导中国人民进行社会主义建设的经验总结，是全面推进依法治国的必然要求。现代政治学研究表明，政党与宪法法律之间有着密切的内在联系，宪法法律源于政党，是政党活动的产物，不同文化背景之下的政党制度塑造了不同类型的宪法法律制度，政党也依赖于宪法法律，其执政地位尤其依赖于宪法法律提供的正当性和合法性。

依宪执政、依法执政，党要在宪法法律范围内活动。我国的宪法法律是党领导人民制定的，宪法法律本身是党的主张的法律化，体现了党的领导、人民民主和依法治国的高度统一，同时党也在宪法法律范围内开展执政活动。中国共产党作为执政党，是中国革命斗争的历史选择，更是我国国家宪法法律的确认结果。依照我国宪法法律，党要始终掌握国家政权，在国家政体中行使公权力，实现自己的领导和执政。执政党的地位、权力、责任和活动方式都得到了宪法、法律的确认，具有合宪性、合法性。同时党的执政行为也以宪法和法律为依据，并接受宪法和法律的监督。在这个方面，党的历代领导人也多次语重心长地教导全党要在宪法和法律范围之内活动。党也从来没有把自己游离于宪法法律之外，作为一个特权组织对待。现行《中国共产党党章》总纲明确规定："党必须在宪法和法律范围内活动。党必须保证国家的立法、司法、行政机关，经济、文化组织和人民团体积极主动地、独立负责地、协调一致地工作。"

依法治党、依规治党，党要依法从严治党管党。要严格按照国家的法律和党内的法规来规范党组织和党员的行为，通过党的各项具体制度来保证国家的宪法和党章成为党组织和党员的最高行为准则。党的十八大以来，中国共产党特别注重加强党内法规建设，有步骤地统筹推进党内法规制定工作，推进党的建设制度化、规范化、程序化。依法治党、依规治党在全民推进依法治国进程中具有重要意义，其要求依法把党的主张转化为国家法律，确保党的主张和人民意志的统一，要求党的各项方针政策必须符合国家的法律，要求严格依照宪法法律的规定和《党章》的要求处理党组织与立法、行政和司法部门的关系，要求党加强各项制度建设。

依法治权、依法治官，党要坚持法治反腐。腐败是一个世界性难题，也是我们全面推进依法治国进程中必须惩治和预防的一个重要问题。腐败究其根源就是权力异化的表现，就是权力失去监督制约的必然结果，就是法治对权力的规范和控制失去了效果。从实质上看，腐败是权力变质和异化的产物，是公共权力在行使过程中偏离既定的目的，不再为公共利益服务，而被用来换取个人利益，成为社会上少数拥有权力者或者集团摄取私人、局部利益的手段或工具。腐败对于一个变革的社会具有极大危害，能否抑制腐败、消除腐败现象，关系到一个社会的经济、政治社会的健康发展，关系到全面推进依法治国能否有效实现。法律规范的设置本身在其服务政治权力的同时必然制约政治权力，为政治权力的运行设置了一定的范围，促进其有序、不断健全。法治反腐是反腐的理性根基，是反腐败的制度保障。国家应当适时将经过实践检验的反腐倡廉具体制度和有效做法上升为国家法规制度，同时重视加强权力运行的监督与制约，把权力关进制度的笼子里。

三、为什么要培养法治思维

思维一般指的是人们在认识事物的过程中借助于概念、判断、推理等思维形式能动地反映客观现实的理性认识过程。[①] 思维方式的不同制约着人们对知识的获取，同时也直接影响人们的社会行为。

（一）什么是法治思维

党的十八届四中全会审议通过的《中共中央关于全面推进依法治国若干重大问题的决定》对法治思维进行了强调。所谓法治思维，是指人们在法治理念、法治精神的基础上，以合法性为起点，以权利义务对等和公平正义为目标，运用法律精神、法律原则、法律规范和法律逻辑对所遇到或要处理的问题进行分析、综合、判断、推理的思想认识活动与过程。[②] 通俗地讲，法治思维是人的一种主观意识活动，是一种以法治理念、法治精神为导向，把法治作为思考问题、判断是非和处理事务标准的思维方式。法治思维具有很强的实践性，它源于法治实践，同时又反作用于法治实践。法治思维在本质上区别于人治思维，强调以合法性判断为逻辑起点，整个决策与行动过程中必须在理性的指引下，以实践性作为思维的最终目的。

（二）法治思维有什么特点

强调合法性，法治思维遇到问题以是否合法作为逻辑起点和最高评判标准。法治思维和其他思维方式相比最大的区别就在于是否用符合法律规定的标准来思考、判断和解决问题。法治思维要求人们在观察事物、思考问题、判断是非、解决问题时都必须以是否符合法律的规定为前提。法治思维要求权力行使者在行使公共权力时，在进行决策、执行甚至调解矛盾过程中，都必须确保其行为符合法律，包括其行为动机、

---

① 张誉琳．张誉琳：公民法治思维的培育路径［J］．中国司法，2015，（8）：5.

② 刘丹．新时期治国理政的伟大纲领全面推进依法治国若干重大问题的思考［M］．北京：中国友谊出版社，2014：220.

行为的权限、行为的内容均符合法律的要求，其行为方法符合法定程序，等等。需要强调的是，行为必须符合法律的规定，同时要求违法必须承担相应的法律后果和法律责任，所有行为者都必须对自己的行为及其后果承担法律上的责任，违法行为必须得到制止、处罚和纠正，受到侵害的权利必须得到补偿或者救济。从某种意义上讲，法治思维可以理解为按照法律办事的规则性思维，也可以理解为是一种按制度办事管事的制度性思维。

案例

在法治轨道上推进改革[①]

2020年，中国社会科学院发布的一份调查报告显示，深圳法治环境指数得分位居全国第一。40年来，深圳在法治建设方面有着多个"全国率先"的创举。从1980年深港合资企业试行劳动合同制，到1987年深圳市政府发布试行办法，打破"统包统配"的"铁饭碗"就业制度；从2001年深圳市颁布关于土地交易的地方性政府规章，到2019年全国首家独立运作的破产法庭在深圳揭牌成立……深圳率先建立土地使用权依法转让制度，率先出台企业信用地方立法，率先出台知识产权保护地方立法，等等。不久前，中共中央办公厅、国务院办公厅印发《深圳建设中国特色社会主义先行示范区综合改革试点实施方案（2020—2025年）》，同时以附件形式印发了首批授权事项清单。实施方案中的一项重点任务，就是打造市场化、法治化、国际化营商环境。在先行一步的"试验田"上，深圳高度重视运用法治思维和法治方式，发挥法治的引领和推动作用。40年来，深圳地区生产总值从1980年的2.7亿元增至2019年的2.7万亿元，年均增长20.7%。

案例评析

辉煌成就，来自经济特区建设者们的披荆斩棘、埋头苦干，也离不开法治护航。改革和法治如鸟之两翼、车之两轮。经济特区的发展经验告诉我们，实现立法和改革决策相衔接，做到重大改革于法有据、立法主动适应改革和经济社会发展需要，十分重要。也正是有了立法和改革的良性互动，40年来，法治成为经济特区最好的营商环境，成为最能聚人聚财、最有利于发展的因素。习近平总书记在深圳经济特区建立40周年庆祝大会上的重要讲话中指出，深圳等经济特区40年改革开放实践，创造了伟大奇迹，积累了宝贵经验，深化了我们对中国特色社会主义经济特区建设规律的认识。其中一条宝贵经验，就是"使法治成为经济特区发展的重要保障"。

---

① 支振锋．为改革开放提供有力法治保障［EB/OL］．（2020－12－01）．http：//www.npc.gov.cn/npc/c30834/202011/94be96870986427a8369388b83496f71.shtml.

强调公平性，法治思维以实现权利义务的对等和职责职权的统一为追求目标。从人类历史发展上看，法治从诞生开始就与正义密切相关。古罗马法学家乌尔比安就曾经把法学定义为“正义与非正义之学”。当代，法理学界更是将公平正义列入了法治的重要内涵当中，将公平当作法治所追求的最高价值目标，这就要求国家必须通过法律制定过程中的立法方式平衡、调整社会上的各种利益，用法律条文的形式明确反映大多数人意志和要求的公共利益，并固定其法律上的权利和义务。同时必须通过严格的执法过程和司法活动，促使和保障所有国家机关、各种社会团体和组织以及全体公民履行法律确定的义务，实现法律确认和赋予的法定权利或者义务。

强调程序性，法治思维强调通过程序正义维护和实现实体正义。众所周知，法治包含了实体法治和程序法治两大类型，而程序法治对实体法治的实现起到了重要的保障作用。讲程序是法治区别于人治的显著特征。统治者不受制度的约束，可以依据个人意志自由行使权力是人治的突出特点，而法治则要求权力在行使过程中必须严格按照法定的形式、方式、方法、顺序和时效等开展，如在此过程中违反程序甚至无视程序，即使结果公正，也是破坏法治。从这个意义上讲，法律思维等同于程序思维。人们必须真正理解程序内在的价值和作用，把握程序的原则，掌握程序的基本内容，树立牢固的程序意识，在行使权力的过程中自觉遵守法定程序，履行程序义务和责任，才能确保国家管理职责的合法行使，才是维护法治。

强调控权性，法治思维以制约公共权力和保障公民权利为终极价值目标。从某种意义上讲，法治希望构建一个有限权力政府，所有权力都必须源于法律的赋予，同时所有权力行使都必须依法进行。由此来看，法治思维可以理解为一种以规范和制约权力主要是公共权力为核心内容的思维方式。法治思维要求将权力纳入法治的轨道，通过立法来分别确定各类权力的行使权人、权力大小、权限范围和运行规则。同时通过一系列制度，如政务公开、司法公开、质询、经济责任审计、引咎辞职和罢免等制度强化对权力的有效监督，从而实现人民对权力的有效控制，把权力关进制度的笼子，同时让权力在阳光下运行。

（三）如何培养法治思维

法治思维是推动中国特色社会主义法治发展的思维基础与现实动力，能够为全面提升国家治理体系和治理能力现代化提供强大的法治软实力支持。大力培育法治思维有助于缓解法治需求与法治能力之间的矛盾，有助于提升依法办事能力，有助于增强国家治理能力。

必须明确法治思维的培养目标。法治思维培养的首要目标，是要提高人们运用法治思维和法治方式深化改革、推动发展、化解矛盾、维护稳定的能力，只有全社会都养成法治思维，才能真正确保改革发展和社会稳定运行在法治轨道上。法治思维培养的最终目标，是要形成办事依法、遇事找法、解决问题用法、化解矛盾靠法的良好法治环境，使人们在尊崇法治、敬畏法律的基础上，塑造全社会学法守法用法的良好行为习惯，在形成良好法治环境同时，营造出“不愿违法、不能违法、不敢违法”的社会氛围，把全体社会成员从被动守法、被迫守法提升到主动守法、自觉守法的新境界。[①]

必须明确法治思维的培养对象。法治思维培养的对象，应当是全体社会成员，但领导干部是其中的重点对象。培养法治思维之所以要将全体社会成员列为培养对象，是因为全面推进依法治国需要全社会共同参加，只有人民群众的内心真正拥护法律，真诚信仰法治，法律才有权威性，法律也才能真正保障人民的利益。同时，法治思维培养的重点对象是领导干部，习近平总书记在多个场合、反复强调领导干部要带头厉行法治，自觉提高和运用法治思维的能力。"各级领导干部在推进依法治国方面肩负着重要责任，全面依法治国，必须抓住领导干部这个'关键少数'。这也就是我们党一直强调的，政治路线确定之后，干部就是决定因素。"[②]

必须明晰法治思维培养的路径。培养法治思维需要多方主体共同参与，党的十八届四中全会明确要求，"党政主要负责人要履行推进法治建设第一责任人的职责。"[③] 因此，各级党委政府承担法治思维培养的领导责任。法律职业人员和专业人员在法治思维培养中承担着重要任务，在培养法治思维的过程中发挥着重要职能作用。培养法治思维离不开一定的实践载体和物质形式，要重视以法治文化建设为重点的物质形式载体，将法治知识、法治理念、法治精神、法治文化等法治思维的内在因素生动活泼地呈现在社会大众面前。要充分利用法律仪式的功能和法律符号的载体，将法制信息细致地传播到每一个参与者，将法治的因子通过这些仪式和符号无声铭刻在人们的内心，提升法治思维培养的效果。

拓展阅读

宪法宣誓有何重大意义？[④]

2018 年 3 月 17 日，在亿万人民的瞩目下，新当选国家领导人进行宪法宣誓。这是我国国家领导人首次进行宪法宣誓，也是宪法宣誓制度实行以来首次在全国人民代表大会上面对全国人大代表举行宪法宣誓。新当选的国家领导人尤其是习近平同志作为党、国家、军队最高领导人带头进行宪法宣誓，树立了尊崇宪法、维护宪法、恪守宪法的楷模，彰显了以习近平同志为核心的党中央坚持依宪治国、依宪执政的坚强决心。

宪法是国家的根本法，是治国安邦的总章程，是党和人民意志的集中体现。国家领导人面对宪法宣誓是对人民的神圣承诺，是立党为公、执政为民的庄严承诺，是为中国人民谋幸福、为中华民族谋复兴的郑重承诺。国家领导人为国家工作人员做出表

---

① 夏锦文．法治思维［M］．南京：江苏人民出版社，2015：298.

② 中共中央文献研究室．习近平关于全面依法治国论述摘编［M］．北京：中央文献出版社，2015：118.

③ 中共中央文献研究室：习近平关于全面依法治国论述摘编［M］．北京：中央文献出版社，2015：126.

④ 周婧．宪法宣誓有何重大意义［EB/OL］．（2018-05-23）．http：//www.banyuetan.org/szjj/detail/20180523/1000200033135991527056703153781876_1.html.

率，有利于强化国家工作人员忠于宪法、遵守宪法、维护宪法的自觉性，激发国家工作人员的责任感和使命感。

国家领导人进行宪法宣誓，遵循特定的程序，具有强烈的仪式感。庄严的仪式让广大人民群众强烈感受到宪法的神圣和至上，宪法宣誓的庄重感和严肃性，激发全国各族人民对国家、对宪法的思想认同和情感认同。这对于进一步坚定宪法自信、坚定中国特色社会主义道路自信，对于鼓舞和激励全国各族人民团结奋斗、开创美好未来，具有重要意义。

宪法具有最高的法律地位、法律权威、法律效力，作为“关键少数”的国家工作人员特别是领导干部，必须以宪法为根本活动准则，恪守宪法原则，维护宪法权威。宪法宣誓是国家工作人员对人民、人大、人大常委会做出的庄严承诺，有利于促使国家工作人员树立宪法信仰，增强宪法思维，始终保持对宪法的忠诚和尊崇，严格依照宪法法律办事；有利于促使国家工作人员牢记人民是国家的主人，权力来自人民、由宪法授予，权力的行使受到宪法法律的约束，促使国家工作人员牢记自己是答卷人、人民是阅卷人，自觉接受人民监督。

宪法的根基在于人民发自内心的拥护，宪法的伟力在于人民真诚的信仰。宪法宣誓让神圣的宪法可知、可感、可用，有利于提高全社会的宪法意识，使全国人民深刻认识宪法在中国特色社会主义法治体系中的最高地位，使宪法信仰成为全国人民最根本的法治信仰，有利于在全社会形成忠于宪法、学习宪法、遵守宪法的良好氛围，促使全国人民成为宪法的忠实崇尚者、自觉遵守者、坚定捍卫者。

宪法的生命在于实施，宪法的权威也在于实施。宪法宣誓不仅是生动的宪法教育课，而且是宪法实施的重要方式。国家公职人员在任职时向宪法宣誓，是世界上多数法治国家普遍采取的一种制度。宪法宣誓是依宪治国的生动实践，是推进宪法实施的有力举措。

必须注重法治思维培养的多样方法。要做到宣传教育、示范引领、实践养成三项实施机制的有机统一。培养法治思维，首要就是提高法治素养，领导干部要带头学法，把法治作为开展工作的基本途径，要坚守法治底线，自觉维护法治尊严，在全社会大力推进法治文化建设，形成推进民主法治建设的浓厚氛围。其次要注重法治实践锻炼，“深入执法司法一线，剖析案例，探寻个中法律精神、法律规则及其运用方法；了解掌握实践中存在的突出问题，运用法治原则、法律规则思考解决办法，提高从法治层面研究解决问题的能力。”[①] 最后要建立健全全面依法治国的体制机制，将权力装进法治的笼子，强化对领导干部的监督，完善领导干部问责机制，真正树立起法治的权威。

① 汪永清．法治思维及其养成［J］．求是，2014，(12)：38－41.

教学拓展

(一) 知识拓展

1. 阅读推荐

(1)《中共中央关于全面推进依法治国若干重大问题的决定》，人民出版社，2014年版。

(2) 习近平：《关于〈中共中央关于全面推进依法治国若干重大问题的决定〉的说明》，《人民日报》，2014 年 10 月 29 日。

(3) 习近平：《充分认识颁布实施民法典重大意义　依法更好保障人民合法权益》，《求是》，2020 年第 12 期。

2. 观看推荐

(1) 中共中央宣传部、中央电视台联合录制：《法治中国》第三集《依法行政》，2017 年。

http：//www.gov.cn/zhuanti/2017fzjxszt/fzjxs.html

(可直接扫码二维码观看)

(2) 历史时刻——中国国家主席宪法宣誓纪实

http：//tv.people.com.cn/n1/2018/0319/c141029－29874910.html

(可直接扫码二维码观看)

(二) 能力拓展

模拟法庭活动

实践目的：

通过对典型案情的分析，角色扮演、法律文书准备、庭前预演、正式模拟等环节，模拟法庭庭审现场过程，将书上所学法律知识用于实践，调动学员参与的积极性，激发创造性，提升他们对法的实际感知，在法的实际运用中感悟法治思维。

实践方案：

（1）确定案情

教员选择生活中容易发生的刑事案件给定基本案情。

（2）角色分配

分为四个组：审判组、公诉组、辩护组、综合组。其中审判组由3名法官、1名书记员组成，公诉组由2名检察官、1名受害人组成，辩护组由2名辩护人、1名犯罪嫌疑人组成，综合组由证人、鉴定人、法警等其他诉讼参与人组成。

（3）诉讼流程

①庭前准备：主要包括书记员核对当事人情况，宣读法庭纪律，法官入庭、法官介绍案情；②开庭：主要包括审判长查明当事人是否到庭，宣布案由，宣布是否公开审判，宣布合议庭组成人员、书记员，公诉人及其他诉讼参与人名单，告知当事人有申请回避的权利，告知被告人有辩护的权利等；③法庭调查：主要包括公诉人宣读起诉书，被告人和被害人陈述，讯问和发问被告人，核实证据等；④法庭辩论：主要包括经公诉人和辩护人对证据和案件情况发表意见并且可以互相辩论；⑤被告人最后陈述，被告人陈述自己对案件的意见或表明自己的认识和态度；⑥评议和宣判。合议庭根据法庭审理查明的事实、证据和有关的法律规定，确定对案件如何处理并作出处理决定，作出判决。

（4）专家点评

由指导教员或邀请法官、检察官、律师对整个模拟过程进行点评，并视情讲解案件中的法律问题，同时阐释每个流程背后的程序意义。

评分标准：

评委由课程教员、邀请专家（法官、检察官、律师）、学员队干部共同担任。评价标准主要包括法律运用是否准确、说理是否透彻、语言表达是否流畅、临场应变是否自如，法律文书准备是否充分，环境布置是否得当等。评委将依据具体评审标准进行打分。

（1）角色扮演恰到好处，代入感强（15分）；

（2）反应机敏，表达流畅，辩论合理（15分）；

（3）法律运用准确，说理透彻（25分）；

（4）法律文书准备充分，格式标准规范（20分）；

（5）仪态端庄，严肃认真，尊重对手，语言恰当（15分）；

（6）环境布置规范，教具运用恰当（5分）；

（7）成员配合默契，临场应变力强（5分）。

后 记

本书是军队院校政治理论课——“军人思想道德修养与法律基础”课的教学辅导用书，可作为教员授课和学员课外辅学参考用书。本书的编写作者为陆军炮兵防空兵学院从事“军人思想道德修养与法律基础”课一线教学的教员，各专题编写具体分工如下：第一专题：石玲，第二专题：赵野，第三专题：何园园，第四专题：何园园，第五专题：朱烨昕，第六专题：朱烨昕，第七专题：曹进，第八专题：石玲，第九专题：何园园，第十专题：石玲，第十一专题：黄忠，第十二专题：黄忠。本书是在教学实践中不断积累、不断总结的过程中完成的，难免存在不足之处，希望使用本书的老师和同学多提宝贵意见，以便我们在教学实践中进一步改进和完善。

图书在版编目（CIP）数据

“军人思想道德修养与法律基础”问题引导式教学辅导用书/黄忠，朱烨昕，何园园主编．—合肥：合肥工业大学出版社，2021.12
ISBN 978-7-5650-5650-5

Ⅰ.①军… Ⅱ.①黄…②朱…③何… Ⅲ.①军人—思想修养—中国—军事院校—教学参考资料②法律—中国—军事院校—教学参考资料 Ⅳ.①E221②D92

中国版本图书馆 CIP 数据核字（2021）第 253990 号

“军人思想道德修养与法律基础”问题引导式教学辅导用书

黄 忠 朱烨昕 何园园 主编

责任编辑 张择瑞
出版发行 合肥工业大学出版社
地　　址 （230009）合肥市屯溪路 193 号
网　　址 www.hfutpress.com.cn
电　　话 理工图书出版中心：0551-62903204
营销与储运管理中心：0551-62903198
开　　本 787 毫米×1092 毫米 1/16
印　　张 18
字　　数 394 千字
版　　次 2021 年 12 月第 1 版
印　　次 2021 年 12 月第 1 次印刷
印　　刷 安徽昶颉包装印务有限责任公司
书　　号 ISBN 978-7-5650-5650-5
定　　价 83.00 元